Policies, Laws and Ethics of
JOURNALISM AND
COMMUNICATION

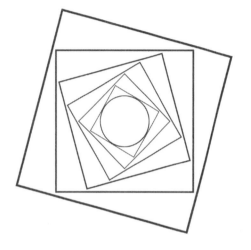

新闻传播政策、法律与伦理

刘 斌 ◎ 主编

北京大学出版社
PEKING UNIVERSITY PRESS

图书在版编目(CIP)数据

新闻传播政策、法律与伦理/刘斌主编. —北京：北京大学出版社,2024.1
ISBN 978-7-301-34476-7

Ⅰ.①新… Ⅱ.①刘… Ⅲ.①新闻学—传播学—教材 Ⅳ.①G210

中国国家版本馆 CIP 数据核字(2023)第 178684 号

书　　　名	新闻传播政策、法律与伦理
	XINWEN CHUANBO ZHENGCE、FALÜ YU LUNLI
著作责任者	刘　斌　主编
责 任 编 辑	梁　路
标 准 书 号	ISBN 978-7-301-34476-7
出 版 发 行	北京大学出版社
地　　　址	北京市海淀区成府路 205 号　100871
网　　　址	http://www.pup.cn
新 浪 微 博	@北京大学出版社　@未名社科–北大图书
微信公众号	北京大学出版社　北大出版社社科图书
电 子 邮 箱	编辑部 ss@pup.cn　总编室 zpup@pup.cn
电　　　话	邮购部 010-62752015　发行部 010-62750672　编辑部 010-62765016
印 刷 者	天津中印联印务有限公司
经 销 者	新华书店
	730 毫米×980 毫米　16 开本　27.75 印张　445 千字
	2024 年 1 月第 1 版　2024 年 12 月第 2 次印刷
定　　　价	69.00 元

未经许可，不得以任何方式复制或抄袭本书之部分或全部内容。

版权所有，侵权必究

举报电话：010-62752024　电子邮箱：fd@pup.cn

图书如有印装质量问题，请与出版部联系，电话：010-62756370

新闻传播政策、法律与伦理

主　　　编：刘　斌
编写组成员：(以姓名拼音为序)
　　　　　　　刘　斌　王瑞奇　杨立新　姚泽金
　　　　　　　阴卫芝　周　冲　周友军　朱　巍

前　言

本教材较为全面地介绍了我国新闻传播领域的有关政策、法律法规及职业伦理，系统说明了新闻工作者应具备的基本知识、基本原则、基础理论和基本技能，其对应的课程在本学科类别研究生课程体系中占有核心课程的地位，系新闻传播学科知识体系必备的课程。

本教材共十五章，章节撰写具体分工如下：

第一章　姚泽金；

第二章　王瑞奇，第二节由刘斌撰写；

第三章　姚泽金；

第四章　姚泽金；

第五章　朱巍，第三节第二部分由刘斌撰写；

第六章　周冲；

第七章　刘斌；

第八章　朱巍；

第九章　周友军；

第十章　周冲；

第十一章　杨立新；

第十二章　王瑞奇；

第十三章　阴卫芝；

第十四章　阴卫芝；

第十五章　刘斌；

全书由刘斌负责统稿。

本教材的编写成员既有多年在新闻传播政策、法律法规及职业伦理领域从事教学和研究的学者,也有长期在新闻传播实务界从事相关政策、法律法规制定和执行的实务工作人员。本教材由主编提出编写框架,经过多次讨论修改,纲目最后由国务院学位委员会新闻传播学学科评议组和全国新闻与传播专业学位研究生教育指导委员会审定。本教材在编写中注重知识性、系统性、针对性和实践性,注重对基础理论的运用和基本技能的培训,注重对讲授对象的法治思维与独立思考问题能力的培育。本教材广泛汲取了学术界的相关研究成果,也充分利用了编写成员的相关研究成果。由于我国涉及新闻传播的政策、法律法规及职业伦理处于动态的修订和不断完善的状态,所以本教材难免存在疏漏和不完善之处,切望学界和业界的同仁不吝赐教,以期及时修正。

本教材在编写和出版过程中得到全国新闻与传播专业学位研究生教育指导委员会和北京大学出版社的鼎力支持,北京大学的谢新洲先生、北京大学出版社的周丽锦女士及责任编辑梁路女士为本书的编写和出版付出了艰辛的劳动,在此一并表示深深的谢意。

编　者

2023 年初春

目　录

第一章　新闻传播的制度与政策 ·· 1
　　第一节　新闻传播体制和制度 ·· 1
　　第二节　新闻政策的性质、地位与功能 ································ 7
　　第三节　中国新闻制度的变迁与新闻改革 ······························ 13
　　第四节　新时代中国特色社会主义的新闻政策 ·························· 22
　　第五节　新闻传播规范体系 ·· 28

第二章　新闻传播的权源与法律保障 ···································· 35
　　第一节　新闻传播与言论自由 ·· 35
　　第二节　新闻传播的特征与权利渊源 ·································· 43
　　第三节　新闻传播活动的法律保障 ···································· 50

第三章　新闻传播行业的资质 ·· 59
　　第一节　传统新闻机构的资质 ·· 61
　　第二节　新闻从业者的资质 ·· 70
　　第三节　互联网新闻行业的资质 ······································ 73

第四章　传统新闻行业的管理 ·· 88
　　第一节　出版行业管理规定 ·· 88
　　第二节　报纸、期刊管理规定 ·· 91
　　第三节　广播电视管理规定 ·· 98

第四节　电影及电视剧管理制度 …………………………………… 103

第五章　网络传播的主体责任与行为规范 …………………………… 107
　　第一节　网络传播主体责任的类型 …………………………… 107
　　第二节　网络直播与网络论坛的行为规范 …………………… 113
　　第三节　微博社区与微信平台的行为规范 …………………… 120
　　第四节　APP信息与网络搜索的行为规范 …………………… 131
　　第五节　网络群组行为与网络账号的行为规范 ……………… 140

第六章　新闻传播内容的法律底线 …………………………………… 147
　　第一节　维护国家安全、荣誉与利益 ………………………… 148
　　第二节　维护社会秩序与公序良俗 …………………………… 164

第七章　新闻传播与司法公正 ………………………………………… 181
　　第一节　媒体与司法的关系 …………………………………… 181
　　第二节　新闻报道对于司法活动的影响 ……………………… 189
　　第三节　案件报道存在的问题及注意事项 …………………… 195
　　第四节　媒体与司法的良性互动 ……………………………… 201

第八章　网络传播与网络安全 ………………………………………… 208
　　第一节　网络安全的指导思想 ………………………………… 208
　　第二节　《网络安全法》的主要内容 ………………………… 213
　　第三节　网络安全的机制与体系 ……………………………… 220
　　第四节　硬件安全是网络安全的基本保障 …………………… 233

第九章　新闻传播与人格权 …………………………………………… 237
　　第一节　新闻侵权与人格权的保护 …………………………… 237
　　第二节　生命权、身体权和健康权 …………………………… 244

第三节　姓名权与名称权 ……………………………… 247
　　第四节　名誉权与荣誉权 ……………………………… 250
　　第五节　肖像权与隐私权 ……………………………… 253

第十章　新闻传播与著作权 ………………………………… 262
　　第一节　著作权的内容 ………………………………… 262
　　第二节　著作权的性质 ………………………………… 272
　　第三节　著作权的限制与平衡 ………………………… 285

第十一章　新闻侵权的抗辩事由 …………………………… 296
　　第一节　新闻侵权抗辩及其体系的构建 ……………… 296
　　第二节　新闻侵权抗辩的具体事由及规则 …………… 302
　　第三节　新闻侵权抗辩滥用及其责任 ………………… 320

第十二章　特殊新闻信息的发布与报道 …………………… 324
　　第一节　重大政务信息的发布与报道 ………………… 324
　　第二节　政府信息公开及发布 ………………………… 326
　　第三节　突发事件的发布与报道 ……………………… 331
　　第四节　气象信息的发布与自然灾害报道 …………… 336
　　第五节　证券信息的发布与报道 ……………………… 338
　　第六节　广告的刊播及其监管 ………………………… 342

第十三章　新闻传播伦理概论 ……………………………… 351
　　第一节　新闻传播伦理概念与基础理论 ……………… 351
　　第二节　新闻传播伦理的核心问题 …………………… 359
　　第三节　新闻传播伦理规范的发展历程 ……………… 370

第十四章　新闻传播伦理实践 ·············· 384
第一节　新闻传播的消息来源 ·············· 384
第二节　新闻传播的"减少伤害"及其避免 ·············· 393
第三节　新闻传播的利益冲突及其规避 ·············· 400
第四节　新闻传播的示范效应 ·············· 409

第十五章　新闻工作者的职业素养 ·············· 417
第一节　新闻敏感与业务能力 ·············· 417
第二节　一专与多能 ·············· 421
第三节　情操与责任 ·············· 423
第四节　执着勇敢与为民立言 ·············· 426

参考文献 ·············· 430

第一章 新闻传播的制度与政策

第一节 新闻传播体制和制度

一、中国的新闻传播体制

新闻传播体制实质是新闻传播的根本制度问题,主要包括媒体①资产的所有制、传播宗旨、组织结构、管理方式、经营运作模式等内容,其中媒体资产的所有制形态是核心,它决定着媒体制度的性质和其他体制内容的具体安排方式。新闻传播体制很大程度上取决于一个国家的基本政治制度和经济制度。不同国家新闻传播体制差异很大,但是从所有制的角度进行分类,主要存在四种类型,即国有型体制、政党型体制、公有型体制和私有型体制。在西方,私有型体制是主导的媒体所有制形式,但是我国的新闻传播体制基本上属于国有型。

媒体作为一种文化产品与服务,是一国文化的有机组成部分。作为国家上层建筑的重要组成部分,媒体的属性和体制与该国的政治体制、经济体制、文化体制以及社会发展阶段等存在着十分紧密的联系。中国特色社会主义新闻传播体制建立在公有制基础之上,国家创办和控制新闻媒体,媒体的资产属全民所有,新闻事业服务于党、国家和全体人民。这种体制反映了我国特定生产关

---

① 本书所称"媒体"是指能够交流传播信息的载体,例如报刊、广播、电视等,有时也用来指新闻传播机构;"媒介"是指能够使接收对象之间发生一定关系的人或事物;"传媒"是传播媒体的简称,是指传播者和接收对象发布或获取信息的物质工具,亦即指传播各类信息的媒体。本书一般情况下均使用"媒体"一词。至于"传播",则是指一种动态行为,"传"主要是指传递、传送,"播"主要是指扩散或散布。

系的发展轨迹,符合我国政治经济发展实际,富有中国特色。

媒体可以通过传播新闻信息、设定普通大众与政府的公共议题议程来影响一个国家的国家利益,所以世界各国都非常重视对新闻媒体的控制。媒体制度就是社会制度体系中对新闻传播活动起着直接或间接制约和控制作用的部分,这种控制主要包括政治控制、经济控制、社会控制以及自我内部控制等方面。各国的社会制度和基本国情各不相同,其控制媒体的方式、程度、机制安排也不一样。在我国,媒体被称为"党和政府的喉舌",即媒体在新闻报道中应当服务于党和政府的工作,为党和政府发声。我国坚持党管媒体的原则,坚持正确的政治方向和舆论导向。1978年以前,我国的报刊、广播、电视等所有新闻单位都是国家财政拨款的事业单位。当时国家不要求新闻单位积累资金,反而从财政中为其支出相应费用以支持其发展,目的在于发挥宣传作用。改革开放后,随着市场经济深入发展,越来越多的新闻单位开始在为社会提供服务的过程中自行创造收入。此后,"传媒事业"逐渐向"传媒产业"发展。在学界,被普遍认为是我国媒体迈出体制改革第一步的事件是1978年人民日报等8家新闻事业单位联合向财政部递交报告。这些新闻单位在该报告中提出希望能够在适度范围内实行企业化管理,具体实践为扩版增容、刊登商业广告等。1979年财政部颁布《关于报社试行企业基金的实施办法》,批准了上述报告,允许新闻单位在保证"喉舌"作用不变的基础上试行企业特点的财务管理办法。这一政策在当时被解读为政府允许新闻媒体单位进行市场化改革,后来这一政策陆续在电台、电视台实施。随着改革的深入,我国媒体的事业单位性质逐渐被打破,经济属性不断凸显,新闻单位虽在编制上隶属于国家机关,是实现"喉舌"功能的事业单位,但是在经营管理上却可以像企业一样运作。这种混合型体制被称为"事业单位企业化管理"。

随着市场经济的进一步发展和全球化时代的到来,混合型体制面临诸多困境,中国媒体开始借鉴企业集团化发展经验与模式,纵向延长产业链,横向进行产业扩展,组建起企业性质甚至是产业性质的集团;有些新闻单位将采编和经营分开,让经营业务部分上市,采编部分仍置于"事业单位企业化经营"框架内。但这样做往往会造成采编成本和经营收益的冲突,因此有的新闻单位尝试从

"剥离上市"转化为整体上市。2007年辽宁出版集团有限公司重组改制,成立了辽宁出版传媒股份有限公司,并于当年12月21日在上交所上市,成为我国第一家让编辑业务和经营业务整体上市的新闻单位,这在当时具有重大的意义。

进入新世纪,随着网络信息技术的迅猛发展,传媒格局和传播生态发生巨变,媒体的开放、跨界、融合发展成为趋势,媒体融合正在激发传媒体制变革。移动互联时代,万物皆媒,传统的新闻生产垄断模式被打破,媒体的控制模式与生态也发生改变。2014年中央推出"媒体融合"发展战略,县级融媒体中心、中央和省级媒体融合大变革渐次展开,极大地推动了媒体内部的开放与重组,从封闭走向开放的传媒体制变革已是大势所趋。

二、美、日、欧的新闻传播体制

(一)美国

美国的传媒体制是典型的私有型体制,传媒资产以私人所有为主体,传媒控制权掌握在资产所有者手中;私有媒体通常都以营利为目的,高度商业化;按照市场化方式运营是其典型特征。在美国,私有媒体占主导地位,媒体私有化、市场化、资本化的程度较高,形成高度垄断的传媒格局。

从所有制形态上来看,目前美国传媒共有三种类型。第一种类型是政府所有制。由政府所有的美国媒体的主要作用是帮助美国政府开展外宣工作,其中较为知名的有美国之音(VOA)、国际媒体署下辖的中东广播网、自由亚洲电台、自由欧洲电台及自由广播电台等。第二种是公共所有制。公共所有制媒体是根据《1967年公共广播法》成立的非营利性广播电视机构。美国公共广播电视台占全国电台电视台总数的15%—20%。作为非营利性的广播电视机构,其宗旨是为公众提供教育或服务,节目内容比较健康,主办者多为州政府、地方教育部门、高等学校或非营利性公共团体。这些广播电视机构不播发广告,经费来源于国会拨款、主办单位出资、企业赞助、受众捐助等,当然也包括自行开辟的其他财源。第三种是私人所有制。在这一类别之下,新闻媒体又可以分为个体所有制和股份制,美国的绝大多数媒体都属于这种类型。① 总体来看,美国的新闻媒体大都与政府关系较为疏离,即使部分公共广播公司由政府出资赞助,但其仍然保持着媒体的独立性。

从发行体制上看,美国新闻媒体普遍实行发行人制,即发行人对其所负责的媒体进行宏观管理与协调,而编辑权则归于编辑部,经营权归于总经理。报道与意见分离原则被绝大多数美国媒体所遵守,这也是保证美国新闻媒体在报道活动中独立于政府的重要原因。

(二) 日本

日本传媒体制具有自己的鲜明特色,除了公共广播机构 NHK 之外,其他媒体都实行商业化私营企业体制。总体来看,新闻媒体独立于政府之外,新闻业界内部实行行业自律,呈现出垄断化和两极化发展趋势。日本媒体在二战之后产业化发展迅速,传媒行业资金十分雄厚;每次外出采访时,记者总喜欢集体行动,这一传统在第二次世界大战之前便已形成,被外界形象地称为"记者俱乐部制度"。同时,日本的报社和电视台互相挂靠,形成"你中有我,我中有你"的态势,这种特殊的体制与西方国家形成了较为鲜明的对比,不过日本传媒体制改革方向总体来看和西方媒体十分接近。由于二战后日本政治军事托管给美国,美国对其政治体制进行了一系列改革,传媒体制也不例外,"表达的自由"被美国人写进了日本的和平宪法,新闻、出版等方面的法律保障使日本媒体在某种程度上得以自立,成为"第四权力"。这与二战前日本媒体大都受政府掌控有所不同。较为有名的事件便是"文艺春秋"一案。1974 年日本当红杂志《文艺春秋》刊登了两篇关于时任首相田中角荣资金来源的文章,使得田中角荣深陷丑闻漩涡,不久便黯然下台。这是日本媒体在日本政权更迭中扮演重要角色的历史性事件。②

虽然和美国同属资本主义制度,且新闻媒体制度也主要以美国为摹本,但是日本独特的历史文化传统和制度环境依然使其传媒制度打上日本独有的印

---

① 参见都薇:《国外传媒体制探讨及其对我国的启示》,《新闻传播》2015 年第 16 期。
② 张长弓:《日本媒体的主要运作机制》,《国际新闻界》2008 年第 6 期。

记。在日本,出版业、报业和广电业等不同形式的媒体因政府参与程度和媒体自身传统的不同也呈现出迥然各异的特征。

(三) 欧洲

在欧洲尤其是欧盟国家,媒体大都采用"双轨制",即公共传播体制与商业传播体制并行的模式。在较为发达的欧洲国家中,出版业和报刊业基本上完全实行私营企业体制,国家不直接干预报刊出版行业。但是广播电视行业由于频谱资源稀缺,具有天然的垄断特性,因此,欧洲国家普遍将广播电视视为一种比较特殊的行业,把广播电视服务视为一种特殊的社会必需的服务,认为其应该成为一种准公共产品,承担普遍服务的社会责任。广播电视的"公共服务"理念深入人心。

对于广播电视媒体管理,各国根据自己的经验制定了不同的规则,但在确保广播电视践行公共服务目标的执行方式上却是类似的,大都通过一个强大的、通常是高度集中并由国家财政支持的公共广播机构来实现。例如法国公共广播电视公司(RTF)、英国的英国广播公司(BBC)、德国的德广联等。上述受国家财政支持的公共媒体在很多事情上并不能完全避免受政府影响,如 BBC 在苏伊士运河危机以及美国轰炸利比亚等事件上的报道就受制于国家,为政府显而易见的丑行进行辩护。[①] 欧洲主要国家的广播电视体制大多经历了从公共或国有体制向双轨制过渡的体制转型过程,到 20 世纪 90 年代,欧洲公共广播电视体制和商业广播电视体制并行发展的格局基本形成。

三、中国的新闻传播制度

关于新闻传播制度,有学者认为,"一定的社会制度对大众传播的控制,体现为一定形态的传播制度,因此,传播制度是社会制度中对大众传播活动直接或间接地起着制约和控制作用的部分"[②]。新闻传播制度作为一项社会制度,其内容是十分复杂的,它体现了社会制度或制度性因素在各个方面对新闻传播活

[①] 陶鹤山:《中国和欧洲传媒体制改革及其合作前景分析》,《开放时代》2001 年第 5 期。
[②] 郭庆光:《传播学教程》,中国人民大学出版社 1999 年版,第 129 页。

动的制约和影响。新闻传播制度既包括媒体与政府的关系问题,也包括媒体与社会上广大受众的关系问题;既包括新闻出版的自由与权利问题,也包括新闻出版者所应承担的责任和义务问题。一般来说,新闻传播制度主要包括媒体资产的所有制、传播宗旨、组织结构、管理方式、经营运作模式等内容。

施拉姆等人在《报刊的四种理论》中总结论述了历史上出现过的四种传播制度的规范理论,将人类社会的传播制度分为四种类型,即封建时代的集权主义传播制度、资本主义时代的自由主义传播制度和社会责任论传播制度、社会主义时代的社会主义传播制度。这一理论假说是冷战的产物,在东西方学界影响颇大,但是随着冷战结束,其建立在强烈的意识形态基础上的理论模型和新闻传播制度分析框架受到来自东西方学界的广泛批评,"报刊四种理论"这一学术话语霸权的光环逐渐消退。

20世纪50年代我国仿效苏联确立了社会主义新闻传播制度。但是改革开放以来,在借鉴和反思苏联社会主义建设的历史经验与教训的基础上,立足于中国国情,准确把握社会主义的本质,不断完善和发展中国特色社会主义制度,最终确立了中国特色社会主义新闻传播制度。这种制度可分为宏观和微观两个层面。

宏观制度主要调整新闻媒体与国家之间的关系,具体包括中国特色社会主义新闻事业的本质属性,以社会主义公有制为主体的所有制制度,坚持党的领导、坚守党性原则的政治原则,为社会主义服务、为人民服务的"二为"基本方针的价值取向,新闻业作为党和政府和人民喉舌的性质和功能定位,正面宣传为主、以正确的舆论引导人民的工作方针,平衡产业属性与意识形态属性、社会效益与经济效益并把社会效益放在首位的新闻传媒运行规律。上述这些重大问题都涉及我国新闻传播领域宏观层面的制度设计和构建,有些是通过传媒政策形式表现出来,有些则是以法律法规的形式确立。微观层面的制度主要包括:一是新闻传播的采编运作制度,指采、写、编、评、摄、传等新闻传播领域的相关制度安排;二是媒体经营管理制度,指新闻媒体的财务、资本、广告、发行及人力资源管理等方面的制度,亦即媒体的生产、销售、投资与再生产等一系列与盈利有关的媒体规则。①

第二节　新闻政策的性质、地位与功能

一、政策的定义及功能

在对媒体进行管理和规制的过程中,法律、政策、纪律、伦理都是重要的制度手段和制度资源。各个国家根据自身国情和历史文化传统,赋予这些制度资源的权重各不相同,有的国家采取法律主导、其他配合的方式,有的国家采取伦理主导、其他配合的方式,我国采用的是政策和法律主导、纪律和伦理配合的规制模式。

政策与法律是现代国家进行社会调控和治国理政的互为补充的两种手段,在加快推进依法治国的进程中,各自发挥着独特的作用。"政策"是"国家、政党为实现一定历史时期的路线和任务而规定的行动准则"②,灵活多变和可以及时调整是政策的最大特点。法律是由一定的物质生活条件所决定的,由国家制定或认可并由国家强制力保证实施的具有普遍效力的行为规范体系,具有普适性、规范性、稳定性等特征。政策与法律的关系极为密切,二者相互影响、相互作用,具有功能的共同性、内容的一致性和适用的互补性。政策指导法律的制定和实施,法律是政策的具体化、条文化,任何一项法律都要体现政策。法律一般比较稳定,制定和修改的程序比较复杂,政策则比较及时灵活,因此在实施法律时,仍需因时因地制宜地参照有关政策,进行综合分析处理。法律对政策有制约作用,任何政策的制定都不能与宪法和法律相违背。政策与法律是可以相互转化、相互补充的:在一定条件下,政策可以具体转化为法律,以促进政策的完善和执行;在另一些情况下,法律条文可以转化为政策,以促进法律的严格实施。

一般来说,政策具有导向、调控、分配三种基本功能。政策的导向功能是指

---

① 参见潘祥辉:《论媒介制度的内涵及其分层演化原理》,《理论界》2012 年第 2 期。
② 夏征农主编:《辞海》,上海辞书出版社 1999 年版,第 1465 页。

政策往往是为了实现某一个或多个特定的目标而设立的,通过对人们的行为或者观念加以引导,将整个社会的发展与人们的行为纳入统一而明确的目标,使其按照既定方向有序发展。政策的调控功能是指政府为了平衡不同利益群体之间的利益矛盾,实现社会的稳定和发展,通过出台政策的方式对社会公共事务中出现的利益矛盾加以调控。政策的分配功能是指在社会资源不能满足所有人的不同利益需求时,为了防止利益冲突激化,通过政策手段进行利益分配,以实现社会公平。

二、新闻政策的定义及性质

(一) 新闻政策的定义

新闻政策是政策体系中的一部分,既具有政策的一般特征与作用,又具有该领域的独特个性,体现了政党和政府就新闻事业发展制定的总的方针、规划、策略、措施。学术界对于"新闻政策"尚无统一的定义,新闻政策反映的是不同国家对于媒体采取的不同策略。我国学界对"新闻政策"有广义、狭义、双义等多种不同的定义。

广义说是从宏观上定义新闻政策,认为新闻政策是政党和政府对新闻活动的总体要求。多数学者倾向于采用广义的新闻政策。有人认为新闻政策是政党和政府对其所属的新闻传播媒体所颁布的新闻法规、规章制度和组织纪律的总称,是政党或政府调控新闻传播活动的主要办法。也有人认为新闻政策是指一个国家把握新闻报道活动的指导思想的总和,是政党和政府对其管理的媒体所颁布的新闻法规或一定时期某些规定的总和。

狭义说认为新闻政策只是针对新闻宣传和新闻报道而规定的原则、规范。例如徐宝璜在我国第一部新闻学著作《新闻学》中提出:"新闻纸对于各事有所主张,或保守、或进取、或赞成、或反对,日日于其社论栏内发表之、拥护之,乃正常之事也。新闻政策如作此解,吾人对于新闻纸之主张,纵或有怀疑之处,然不咎其有一定之主张也。换言之,新闻政策之当存在,无可疑也。"①因此,狭义说主张新闻政策只是针对新闻宣传和新闻报道而明确的倾向、原则以及规范。

双义说主张新闻政策既包括广义的新闻政策,也包括狭义的新闻报道方面的政策。例如《中国大百科全书》新闻出版卷中写道:"新闻政策是政党和政府对新闻事业规定的活动准则。广义包括新闻事业管理的政策、新闻报道的政策、新闻队伍的建设方针。狭义主要指新闻报道的政策,有时又以宣传纪律的形式出现。"②

尽管学者对于新闻政策有不同的定义,但这些观点仍具有共性。而对于新闻政策调整的领域,多数学者认为应当包括新闻领域与社会各方面的关系、新闻媒体与社会经济的关系、新闻媒体与社会的关系等。总结这些学者的观点,我们对新闻政策这一概念做如下界定:新闻政策是国家和政党在新闻传媒领域为了引导公众观念或者行为而出台的,具有调控利益矛盾和公平分配资源功能的政策,具体体现为关于新闻报道内容、新闻传播方式、新闻媒体管理及其经营活动的一系列行为准则和规范。

由上述概念可知,新闻政策是一个集合体,综合了对新闻媒体和新闻传播队伍的管理、对新闻内容的规制以及对新闻经营活动的规范。因此,新闻政策同时包含政治策略、行政管理和经济手段等要素。第一,政治策略要素。政治策略要素体现了新闻媒体与政府的关系,在不同历史时期、不同社会现实情况下,新闻政策所反映的新闻媒介与政府的关系有巨大的差别。第二,行政管理要素。新闻政策实施中的行政管理要素是指运用行政手段,如行政命令、指示以及工作计划等方式促进政策的实施。在我国,中共中央宣传部负责宏观管控意识形态和新闻出版等领域,国家新闻出版署及广播电视总局作为职能部门对全国范围内的新闻出版行业和广电行业进行垂直领导,负责新闻政策在不同行政区划和不同行政层次的顺利实施。第三,经济手段要素。经济手段是新闻政策的重要补充,政府通过调整价格、利息、税收、资金、罚款等方式实现对媒体的

---

① 徐宝璜:《新闻学》,中国人民大学出版社1994年版,第57页。
② 中国大百科全书总编辑委员会《新闻出版》编辑委员会编:《中国大百科全书·新闻出版》,中国大百科全书出版社1990年版,第57页。

间接控制。例如,我国为党报的发展壮大提供了财税、发行等多方面优惠政策,通过经济手段增强主流媒体的内在动力。

(二) 新闻政策的性质

公共性 "公共政策是政党或政府依据特定时期的目标,在对社会公共利益进行选择、综合、分配和落实的过程中所制定的行为准则。"①公共政策要解决包括经济、政治、精神等利益在内的社会利益分配,虽然任何一项政策都无法实现社会利益的均衡分配,但公共政策必须保护多数人的利益,尤其是多数人的长远利益。无论执政者宣称什么样的治理信念,只有那些能够实现"最大多数人的最大幸福"的政策才是"善"的政策,只有那些切实对人民的需要做出积极回应的政策才能获得政策对象的由衷支持和拥护。在现代民主政治环境下,新闻政策应该是公共政策的一部分。新闻政策必然受到民主理念的指导。占社会多数的民众的利益能够通过大众传媒得到维护。我国的新闻政策不能从政治制度领域完全分离出来,新闻政策隶属于政治和意识形态,属于具有公共性的准公共领域。

开放性 西方政策学者普遍认为,政策主体是否具有明显的开放性特征是衡量政策民主属性的重要尺度。一项政策被宣称为公共政策,不仅表明政策目标是指向涉及整个社会或大多数人利益的公共问题的解决,更意味着权力结构外部大多数人的意愿左右着少数直接的政策制定者。例如,彼得·德利翁的"民主化"政策理论要求政策的制定者积极实践,把公民的个人观点融入政策形成过程,有意识地把正确的个人偏好转换成或集中到公共政策上。广义上讲,新闻政策的主体是指直接或间接参与新闻传播政策制定过程的个人、团体或组织。狭义的新闻政策主体指负责政策文本形成与执行政策合法化程序的组织机构。政策主体在新闻政策制定过程中能否代表公意,就程序标准认定而言,就是政策主体对社会共有的意志的普遍代表性程度。在新闻政策的制定和贯彻过程中,基本着眼点是代表最广大人民的根本利益,最大多数人的利益是最

---

① 陈庆云:《公共政策分析》,中国经济出版社1996年版,第9页。

紧要和具有决定性的因素。

动态性　公共政策是政策主体、政策对象和政策环境相互作用的产物。美国政策学者格斯顿明确主张："政策的制定是一个过程,此过程是对一个既定政策的探索、争论、发展、应用和评价,因而是动态的、持续的、经常受到再评估的运动。"①政策形成过程是一个动态的过程,从政策问题的确定开始,到第一轮的政策方案付诸实施并经受评估,再回到建立在原政策问题基础之上但有所变化的政策问题环节,循环往复。动态性在本质上是公共性符合逻辑的发展结果。新闻政策的动态性首先体现在理性确定哪些问题应作为政策问题进入新闻政策的议程。涉及社会公共利益,需要一个"公共选择"的过程,就一般的公共政策而言,由社会问题转化为政策问题需要经历公众议程、政府或政党议程两个阶段。

三、新闻政策的地位与功能

郎劲松认为,新闻政策是调整新闻领域与社会各方面关系的准则,其中主要包括新闻媒介与政党和政府的关系,新闻媒介与经济的关系,新闻媒介与社会生活的关系等,所以新闻政策在国家管理活动中占有重要的地位。②美国的新闻传播学者阿特休尔提出新闻传播本身就是权力的观点。正因为新闻政策深刻影响着一国的政治社会生活,因此,无论哪个国家都对新闻传播活动极为重视,将新闻政策视为国家政策、政党政策的重要组成部分。我国新闻政策体现了党和政府对新闻的策略和主张,是国家上层建筑的重要组成部分,是党和国家新闻意识的理性化、科学化与人民群众新闻意识的理性化、科学化的统一,集中体现了国家、执政党与人民意志的统一,体现出中国特色社会主义新闻政策的根本属性。

在我国,新闻政策对于新闻事业的发展起着决定性的作用。有学者曾对"影响中国传媒事业发展的六个因素"进行问卷调查,根据累计频率和频率众数

---

① 〔美〕拉雷·N.格斯顿:《公共政策的制定:程序和原理》,朱子文译,重庆出版社2001年版,第3页。
② 郎劲松:《中国新闻政策体系研究》,新华出版社2003年版,第19页。

的大小来看,"新闻体制和政策"因素超过"文化市场的成熟度"与"经济发展水平"这两个因素,成为影响中国新闻事业发展的最大因素。① 在西方国家,新闻政策也深刻影响着媒体的生存与发展,美国学者威廉·哈森提出:"所有的媒介体系都体现了它们所在国家的政治与经济体系的价值取向,尽管国家一体化已是大势所趋,但印刷及播出系统仍处在各国政府的控制与管理之下。"② 由此可见,新闻政策在各个国家都对本国的新闻事业的发展产生着深刻的影响。

新闻政策对新闻事业既有制约功能,也有指导功能。新闻政策的功能具体体现在以下四个方面:

一是引导新闻舆论。例如,我国在很多新闻政策中规定了重大突发事件信息统一发布制度,媒体不得擅自报道,规定包括疫情在内的重大突发事件应由新华社统一发稿,以避免多头发稿导致口径不统一和防止对同一事件的评价相矛盾的现象使后续工作变得被动。2008年5月12日汶川大地震发生后,主流媒体统一口径,及时发布权威、真实、详细的信息,既最大限度满足了公众的知情权,也避免了公众的恐慌情绪,还引导公众积极向灾区捐款捐物,是新闻引导舆论的典型事件。

二是体现政党和政府不同时期的政治政策。新闻媒体作为党和政府的喉舌,理所应当体现党和政府的相关政策。改革开放以后,新闻政策随着改革开放的深化而不断优化,政府信息公开提速。党的十六届六中全会首次提出"保障公民的知情权、参与权、表达权、监督权"。党的十七大报告明确指出:"健全民主制度,丰富民主形式,拓宽民主渠道,依法实行民主选举、民主决策、民主管理、民主监督,保障人民的知情权、参与权、表达权、监督权。"党的十八大报告进一步明确:"坚持用制度管权管事管人,保障人民知情权、参与权、表达权、监督权,是权力正确运行的重要保证。"这些都成为指导我国新闻传媒深化改革的重要政策依据。

三是调整新闻媒介与政党和政府之间的关系。如上文所述,新闻媒体作为

---

① 参见王醒、韩晓芳:《政策主导传播》,《山西大学学报(哲学社会科学版)》2006年第2期。
② 参见[美]威廉·哈森:《世界新闻多棱镜:变化中的国际传媒》第5版,张苏、苏丹译,新华出版社2000年版,第56页。

党和政府的喉舌,要积极宣传党和政府的政策。随着政治民主化的不断推进,新闻媒体也对民主政治的发展、政策的制定产生重要的推动作用。例如,我国的新闻政策规定,民众可以通过新闻媒介这一重要工具,对党和政府的工作进行公开监督,以督促政府信息公开化、政治民主化与开展廉政建设等。1950年4月19日,中共中央发出《关于在报纸刊物上展开批评和自我批评的决定》,规定"在一切公开的场合,在人民群众中,特别在报纸刊物上展开对于我们工作中一切错误和缺点的批评与自我批评"。1954年7月17日,中共中央政治局通过的《关于改进报纸工作的决议》再次强调:"报纸是党用来开展批评和自我批评的最尖锐的武器。"新闻舆论监督因其特有的公开传播形式与可能造成的舆论效果,具有很强的舆论震慑力,成为我国权力监督体系的重要一环。

四是为新闻从业者提供新闻选择的参照准则。新闻政策使得新闻从业者在具体从业过程中有了一个可参照的准则。中华人民共和国是工人阶级领导的、以工农联盟为基础的人民民主专政的社会主义国家,因此我国新闻政策是建立在群众路线和马克思主义理论基础之上的。这就要求媒体在依法享有新闻传播的权利时,还要在政策允许范围内从事新闻传播活动,避免新闻工作者在遇到某些新闻事件时无从下手、无所适从的现象,帮助新闻工作者在不同新闻价值之间做出正确的取舍,从而维护党和国家的利益、人民的权利以及社会的稳定和谐。

第三节　中国新闻制度的变迁与新闻改革

一、封建社会新闻制度的发展变迁

中国是世界上新闻业起步较早的国家之一。新闻职业作为一种专门对新闻信息进行采集、整理、加工和扩散的特殊职业,在唐朝就出现了"新闻""编辑"等名词,至于"杂报""报""状"等词语更是被频繁使用,并出现了传抄官方杂报的人。新闻史学专家丁淦林教授认为,"唐朝确有官方发布、抄录、传播新闻的做法","开元杂报"就是抄件。① 到宋朝时,报业已经相当发达,官方报纸称作"邸报",并出现了传抄官方报纸的民间小报。但是民间报纸在中国一直受到朝廷的禁止和打压。历代封建王朝都重视对民间思想的钳制,新闻信息的传播自然也在严格管制之列。古代中国的新闻传播以"言禁""书禁"以及"报禁"为基本特征。

"言禁"制度 我国历史上最早的"言禁"法令可能产生于公元前14世纪的盘庚迁殷时期。当时商朝贵族不满迁都,盘庚为禁绝关于迁都的非议发布了"言禁"法令。战国时期李悝负责制定的《法经》第一次将思想与言论入罪。秦始皇颁布的"偶语弃市"法令,即私下谈论"诗""书"的人会被在闹市执行死刑。汉代颁布"诽谤者族"法令,到汉武帝时期则将诽谤罪扩展到思想领域。隋唐以后的言论环境相对宽松,但在宋、元、明、清时期,"言禁"法令愈发严格。

"书禁"制度 古代的统治者为了巩固其政权,在文字方面的管控较之思想言论更加严格。② 中国历史上的第一道书禁法令就是秦始皇颁布的"焚书坑儒"令。汉承秦制,在书禁方面管控进一步加强。隋唐时期印刷术进一步发展,统治者在禁书效果不明显的情况下,转而利用印刷术为专制统治服务,通过严格限制民间出版活动以达到其目的。明清时期,中央集权达到顶峰,对文字的限禁也达到顶峰,两朝大兴"文字狱"就是血淋淋的见证。

"报禁"制度 我国古代报纸是官方信息的传播媒介,报纸产生于唐朝,但到宋代才流行起来,唐宋时期的报纸始称"进奏院报",后被统称为"邸报"。也有学者表示"进奏院报"与"邸报"是两个不同的概念。宋朝对报纸的管控比较全面,建立了统一的官方信息发布制度,同时成立"都进奏院"具体负责管理各个州的进奏院的业务活动。我国历史上最早的出版检查制度——"定本"制度,形成于宋代,该制度为以后历代所沿用。③ 历代统治者都采取严格的"报禁"制度,包括禁止一切民间的新闻信息传播活动。宋代为了严禁民间小报,采取了非常严酷的手段进行管控。"报禁"制度在明万历年间开始放开,清初出现民间

---

① 丁淦林主编:《中国新闻事业史》,高等教育出版社2002年版,第9页。
② 参见陈丽丹:《新闻传播法概论》,法律出版社2015年版,第49页。
③ 同上。

办报的现象,自此民间办报活动有了较大的发展。但是,民间报纸从来没有获得完全自由的新闻传播权利,官府对民间办报活动仍有诸多管制。

晚清时期的新闻制度 鸦片战争前后,西方的传教士和商人来到中国办报,客观上促进了中国近代报业的发展。在外来报业的刺激下,中国的民族报业兴起,西方的新闻自由等民主观念冲击着中国封建君主专制制度。在此背景下,要求建立近代新闻法制以保护新闻业发展的呼声逐渐高涨。19世纪90年代以后,我国的报业已经在全国形成规模,清政府难以使用专制手段强行遏制报业的发展,颁行统一的律令是大势所趋,这一点从1904年"苏报案"可以清楚地看出。1906年,清政府颁布的《大清印刷物专律》拉开了中国新闻传播领域实行法制的序幕[①],该法分为大纲、印刷人等、记载事件等、毁谤、教唆、时限共六章41款,是我国最早出台的关于新闻出版的专门法律。清王朝在内忧外患双重压力下决定顺应历史潮流,被迫着手进行近代新闻法制建设,有限度地开放"报禁""言禁",给民间创办报刊的自由权利,迈出了近代新闻法制建设的第一步。

二、民国时期新闻制度的历史发展

(一)民国的创建与自由新闻体制的确立

自19世纪中叶,中国的资产阶级改良主义者开始追求西方资产阶级思想家所推崇的言论出版自由,认为它是"一切自由中最重要的自由"。辛亥革命推翻了清王朝的专制统治,建立了资产阶级共和政体,革命党人在其控制地区,按照言论出版自由的理念,创建自由新闻体制。中华民国南京临时政府成立后,颁行《临时约法》,以宪法形式保障人民的言论出版自由权利,建立起与西方先进国家接轨的新闻自由体制,主要内容有:第一,将言论出版自由的原则载入国家的根本大法;第二,废止清朝限制言论出版自由的规定,颁布促进新闻事业发展的新闻令。

---

① 参见陈丽丹:《新闻传播法概论》,法律出版社2015年版,第50页。

（二）北洋军阀破坏新闻自由体制

袁世凯统治时期，政府为了管控舆论采取了多种手段。首先，颁布了《报纸条例》《出版法》和《新闻电报章程》等专门法律；其次，以总统、中央政府及其组成部门、各级地方政府的名义发布具有法律效力的命令、通告、训令；最后，在制定其他法律时加入管制新闻事业的规定。由此，逐步建立起一个为封建军阀专制统治服务的新闻体系。在袁世凯倒台后，北洋军阀掌权，北洋政府沿用袁世凯政府颁布的《出版法》，制定了比《大清报律》《报纸条例》更为严苛的《报纸法案》。总体上讲，这一时期我国新闻制度呈现出从开明到严苛的特点，民国初年的新闻法律制度在袁世凯及其继任者的统治下呈现出以下三个特点：一是形式上采取自由的新闻体制，理论依据仍然为"主权在民"，但袁世凯政府为巩固反动统治对其进行了扭曲；二是带有半殖民地半封建色彩；三是滥用军法，军阀意识至上。

（三）国民党"新闻统制"制度的形成与发展

首先，国民党在1928年提出"以党治报"方针，对国民党的新闻事业和非国民党的新闻事业统筹规划，统一管制。这一时期颁布的《出版法》《指导党报条例》《宣传品审查条例》《电信条例》等法律呈现出"党治高于法治"的特点。其次，实行"新闻统制"制度。"新闻统制"就是实行对新闻与舆论的控制，这种制度是为配合国民党专制而建立的新闻制度。实行"新闻统制"主要体现在以下三个方面：一是效法法西斯国家的新闻经验，宣扬"国家至上"的原则，企图推动"民族主义的新闻建设"，对国民党的宣传予以支持，并以危害"国家""民族"利益为借口，对反对国民党的宣传进行打击和取缔。二是制定和颁布非常法，如1931年1月31日颁布的《危害民国紧急治罪法》，对危害国民党政府统治的新闻活动进行严厉惩治。三是建立和完善各项新闻监管制度，设立新闻管理机构，严格控制新闻活动。在新闻检查制度方面，国民党建立了各种类型的新闻检查制度来监管新闻传播活动；在新闻出版的创办制度方面，将出版注册登记制变相改成审查批准制。

当然,对于南京国民政府统治时期的新闻制度的发展,我们要辩证地看待:一方面,这一时期我国的新闻事业在形式上得到了较大的发展,国民党统治时期的新闻政策、新闻法律在制定及实施过程中存在的问题反而为新闻事业的生存和发展提供了一定的机会。但另一方面,这一时期的新闻传播政策在实质上是缺乏进步性的,其颁布的目的并不是维护新闻自由体制,而是维护地主官僚买办资产阶级的统治利益,极大地扼杀了新闻事业合法的生存环境。南京国民政府时期的新闻法律带有资本主义的特点,同时也兼具封建主义和法西斯主义的特色。[①]

三、社会主义新闻制度的发展与完善

(一)革命战争时期新闻制度的发展

1922年中国共产党第二次全国代表大会宣言中提出的奋斗目标包括"工人和农民,无论男女,在各级议会、市议会有无限制的选举权,言论、出版、集会、结社、罢工绝对自由",这是中国共产党第一次明确提出要保护公民的言论和出版自由等与新闻自由有关的权利,这一目标的提出为我国新闻制度的发展奠定了良好的基础。从"八七会议"到1933年下半年,中国共产党领导的工农武装开辟出十多块红色革命根据地,建立了工农民主政权。1931年11月召开的中华苏维埃第一次全国代表大会通过了《中华苏维埃共和国宪法大纲》,其中的第十条规定了中华苏维埃政权的目的就是保证工农劳苦民众有言论、出版、集会、结社的自由。这一时期的新闻传播制度主要体现在宪法性文件和惩治反革命条例中,专门的新闻传播法并没有出现。抗日战争爆发后,各根据地依据《中国共产党抗日救国十大纲领》的"全国人民除汉奸外,皆有抗日救国的言论,出版,集会,结社,及武装抗敌之自由"规定和国民政府的有关法令,除在惩治汉奸条例中规定了新闻法制内容外,也在施政纲领或专门人权条例中规定了新闻自由的内容。解放战争时期,各解放区继续在宪法性文件中规定了新闻法制内容,例

---

① 陈丽丹:《新闻传播法概论》,法律出版社2015年版,第62页。

如1946年4月陕甘宁边区第三届参议会通过的《陕甘宁边区宪法原则》第二部分就专门规定了"人民权利"。这一时期解放区制定的施政纲领体现了对包括言论自由和出版自由在内的各种权利的保护。

（二）新中国成立到党的十八大的新闻制度的发展

新中国的新闻制度从新中国成立到党的十八大，大致经历了三个阶段。

1. 改革开放前

这一阶段强调新闻制度的政治职能。新中国新闻制度初始时期，即从1949年新中国成立到1978年改革开放之前的这一历史时期，政治路线为"以阶级斗争为纲"，经济政策为计划经济。在这种大环境下，报刊、电台、电视台等新闻媒体都是官方主办，由政府管理，新闻制度强调政治职能。毛泽东主席于1975年6月在《人民日报》发表了关于报纸的论述："在社会主义国家，报纸是社会主义经济即在公有制基础上的计划经济通过新闻手段的反映，和资本主义国家报纸是无政府状态的和集团竞争的经济通过新闻手段的反映不相同。"这是根据马克思主义关于经济基础与上层建筑关系的学说对新闻传播事业性质及功能的定位，强调新闻传播事业是一种上层建筑。

2. 改革开放初期

这一阶段新闻工作的重心出现转移。1978年12月召开的党的十一届三中全会决定停止使用"以阶级斗争为纲"的口号，作出了把工作重心转移到社会主义现代化建设上来的战略决策。1981年1月29日，中共中央发布了《关于当前报刊新闻广播宣传方针的决定》（以下简称《决定》），其中提出，"中央认为，对报刊、新闻、广播、电视的工作，应该加强集中统一的领导，使它们能够切实坚持党性原则，密切联系群众，发扬实事求是、旗帜鲜明、真实准确、生动活泼的优良作风，为进一步实现经济调整和政治安定做出更大的成绩"。《决定》强调：报刊、新闻、广播、电视，必须严格按照十一届三中全会以来党的路线、方针、政策进行宣传；一定要坚持为人民服务、为社会主义服务的方向，正确贯彻执行"双百"方针；要认真进行关于坚持四项基本原则的宣传；要大张旗鼓地宣传社会主义物质文明和精神文明建设；要正确处理表扬和批评的关系，要坚持以表扬为主的方针;报刊、新闻、广播、电视是党的舆论机关,要加强组织纪律性,必须无条件地同中央保持政治上的一致。可以说,上述对新闻制度的规定进一步明确了党对新闻工作的方针政策,为新闻工作指明了大方向,是在改革开放的新时期下,对之前新闻制度的补充和改进。这一阶段的新闻政策在新闻传播自发创新的推动下进行了连续的调整,完成了媒体的市场导入,强化了媒体的主体地位,并扩大了媒体的数量。这些变化在政策上主要表现为,在1983年逐步恢复了媒体广告业务,明确了广告业务归当时的工商行政管理部门管理,并设立专门的广告管理机构,之后逐步放开对媒体广告量及媒体广告所占比例的限制。1983年,广播电视部召开第十一次广播电视工作会议,确定了一系列关于发展广播电视事业的重大政策。其中最重要的是提出"以新闻改革为突破口,带动整个广播电视宣传事业发展的全面改革"的要求,在全国实行中央、省、有条件的地市和县"四级办广播、四级办电视、四级混合覆盖"的事业建设体制。在管理上明确提出各级广播电视机构具有新闻宣传机关和事业管理机关双重性质和职能,确定实行上级广播电视部门和同级党委与政府双重领导,以同级党委与政府领导为主的管理体制。同年10月26日,中央转发了广播电视部党组《关于广播电视工作的汇报提纲》,这个文件是新中国成立以来一次对广播电视工作较为全面、详细的指示。根据会议指示的方向,新闻制度进一步改革:一是增加了新闻节目次数,延长广播电视播出时间;二是进一步提高新闻时效,发挥新闻短、快、新的特点;三是扩充报道内容;四是丰富新闻节目的形式。

  1987年召开的党的十三大将新闻改革推进到一个新阶段,在《沿着有中国特色的社会主义道路前进》中强调要通过各种现代化的新闻和宣传工具,增加对党务政务活动的报道,重大情况让人民知道,重大问题经人民讨论。受这种精神鼓舞,中央电视台在10天会期中播出了大量有关十三大的消息,包括新闻、专题新闻,并对开幕式和闭幕式进行了现场直播。到1988年,报刊发行和定价放开,对报刊刊号的审批也放开了,这使全国的新闻媒体数量大幅度增长。1989年11月,江泽民和李瑞环两位领导人在新闻工作研讨班上分别作了《关于党的新闻工作的几个问题》和《坚持正面宣传为主的方针》的讲话,强调新闻改革要做好以下工作:一是要完善新闻单位内部的领导体制;二是要把新闻报道的立足点真正转移到面向群众上来;三是要改革新闻宣传内容;四是要改革新闻宣传的形式。同时,新闻工作要注意处理好社会效益和经济效益的关系,始终把社会效益放在首位。

3. 改革开放深化时期

新闻体制的改革深化,首先是市场机制的引入,具体表现为新闻单位引入激励和竞争机制,改革用人和分配制度。1993年,央视早间新闻杂志栏目《东方时空》诞生,率先在栏目运作上进行探索。该栏目实行经费承包制和制片人制,用栏目的广告收入办节目;面向社会招聘人才,实行第二用工制度。这一改革在电视系统以至整个新闻界引起了强烈的震动。其次是报道内容上更具开放性和多样性,具体表现为:一是争相创办名牌和精品节目,提高节目质量。以中央电视台为例,《经济信息联播》《东方时空》《焦点访谈》《实话实说》《新闻调查》《新闻30分》等新闻栏目在几年内相继问世。二是各类对象化、专业化栏目纷纷涌现,为频道专业化的推进奠定了节目基础。

2001年8月,中央宣传部、国家广电总局、新闻出版总署公布了《关于深化新闻出版广播影视业改革的若干意见》,在此基础上,国家广电总局先后发布了有关集团化、媒介融资、跨地区经营等方面的15个规制文件。这一阶段的新闻媒体主要以资本和业务改革为纽带,组建多媒体和跨地区经营的媒体集团,开始打破政府命令式的市场运作模式与行政区域化的发展格局,初步突破了资本运作壁垒。1996年2月,政府批准成立了第一家报业集团——广州日报报业集团;1999年6月,全国成立了第一家广播电视集团——无锡广播电视集团。后来若干媒体集团相继成立,这就加强了国内新闻主流媒体的地位,壮大了其经济实力,抵御了加入WTO后西方传媒集团的冲击。同时,这些改革也说明,政府开始关注媒体的结构调整与市场准入的变革,因此这一阶段中国媒体改革已上升到了政策与规制的层面,这是具有市场经济意义的变迁。

1995年1月,中共中央办公厅发布《关于进一步做好新闻舆论工作的若干意见》(以下简称《意见》),《意见》指出,新闻舆论工作的根本任务,是以正确的舆论引导人,为改革开放和社会主义现代化建设创造良好的舆论环境。新闻媒体要坚持以国家利益为重,自觉遵守宣传纪律。《意见》提出要坚持和完善新闻阅评制度、新闻调研制度、新闻通气会制度、形势报告会制度、新闻发布会制度以及谈话制度。1996年9月，江泽民在视察人民日报社时提出了舆论导向"祸福论"，"以正确的舆论引导人"成为新闻传播工作的头等大事。2002年1月，胡锦涛在全国宣传部长会议上的讲话强调，新闻媒体要坚持新闻工作的党性原则，坚持团结稳定鼓劲、正面宣传为主的方针，牢牢把握正确的舆论导向。党的十四大报告也明确提出要"重视传播媒介的舆论监督，逐步完善监督机制，使各级国家机关及其工作人员置于有效的监督之下"。

20世纪90年代中期以后，新闻媒体发挥的舆论监督作用越来越大。一是许多电台、电视台开设了专门节目，报纸开辟了专栏来进行舆论监督，如中央电视台的《焦点访谈》节目三分之一的内容是批评报道；二是对各种大案要案、贪污腐败事件、特大事故、灾情的报道更为迅速及时，例如成克杰案、胡长清案、厦门走私案等都在媒体上得到公开深入的报道，这不仅使公众享有更充分的知情权，也促进了党和政府的廉政建设。

这一时期，我国对新闻体制进行了整合改革。国家广播电影电视总局公布了《关于促进广播影视产业发展的意见》，新闻出版总署发布了《新闻出版体制改革试点工作实施方案》等文件，中国新闻制度变革步入了一个新的阶段。首先，将媒体按属性的不同分为公益性事业和经营性产业两类。党报、党刊、电视台、广播电台和人民出版社的主要任务是为党和国家的宣传、思想文化工作服务，而不是参与市场经营。其次，除党报、党刊、人民出版社以外的报社、期刊社、音像电子出版社、图书出版社均为经营性的新闻出版单位，并将除了新闻宣传以外的社会服务类、大众娱乐类节目和专业报刊出版等经营性资源从事业体制中分离出来，按现代产权和企业制度组建公司，进行领导机构、内部管理体制和运行机制的改造，实行所有权与经营权分离，放开对经营性资源的资本运作，允许各类所有制机构作为经营主体进入非新闻宣传类的项目运营，并推进经营性资源的区域整合和跨地区经营。这一时期改革的重点在于经营性资源，而经营性资源是指那些与新闻、宣传、政策性、理论性无关的非核心业务。这可以说是改革开放以来党和政府对新闻政策进行的最大调整，是现阶段新闻政策的基本方针。

我国新闻基本政策的变化也意味着政府职能的变化。对于承担党和国家喉舌功能的主流媒体，政府在明确其基本职责的基础上，减少了对具体宣传内容、宣传方式的干预；对于转化为经营性质的新闻媒体、文化企业，政府的主要职责是在保证其正确的舆论宣传导向的前提下，由市场决定其生存与发展方式。从整体上讲，随着社会主义市场经济的建立，这一时期政府实行的新闻政策的调整方向是在坚持社会主义方向、不违反国家新闻政策的前提下，逐渐放松对媒体经营和发展的直接管制，减少对媒介市场主体经营行为的行政性干预，积极发挥市场机制的调节作用，充分激发市场竞争活力，促进我国新闻传播事业的繁荣发展。

我国在加入 WTO 前后，为了兑现对 WTO 的开放承诺，对新闻传播行业的政策再次进行调整，充分借助外部力量，进一步完善新闻传播市场，深化媒体改革，促使中国媒体积极融入全球化的进程。新闻政策方面的调整主要体现在确立许可证制度，在书报刊发行、音像制品分销等方面制定相关的开放政策，推动境外媒体的对等落地，同时积极推进大文化体制改革，选择报刊市场的发行领域和电视媒体的广告领域为突破口，加快市场化发展步伐，调整媒体的格局，建立公平竞争的外部环境。在这些政策的主导下，新闻传播业整体上呈现出蓬勃发展的态势，对国民经济和社会生活的贡献与日俱增。

第四节　新时代中国特色社会主义的新闻政策

党的十八大以来，以习近平同志为核心的党中央高度重视党的新闻宣传工作，中国特色社会主义新闻事业取得了重大成就。习近平总书记关于新闻舆论的系列重要讲话和论述，为新时代中国特色社会主义新闻事业的发展提供了科学指南和行动纲领。

一、习近平总书记关于新闻舆论工作的重要论述

2013 年 8 月 19 日，习近平总书记在全国宣传思想工作会议上发表重要讲话，提出了一系列创新新闻舆论工作的新主张和新论断：一是强调意识形态工

作是党的一项极端重要的工作。二是要巩固马克思主义在意识形态领域的指导地位,巩固全党全国人民团结奋斗的共同思想基础。三是要深入开展中国特色社会主义宣传教育,把全国各族人民团结和凝聚在中国特色社会主义伟大旗帜之下。四是新闻的党性和人民性从来都是一致的、统一的。坚持党性,核心就是坚持正确政治方向,站稳政治立场;坚持人民性,就是要把实现好、维护好、发展好最广大人民根本利益作为出发点和落脚点,坚持以民为本、以人为本。五是坚持正面宣传为主是宣传思想工作必须遵循的重要方针,坚持巩固壮大主流思想舆论,弘扬主旋律,传播正能量,激发全社会团结奋进的强大力量。六是宣传工作要创新,重点要抓好理念创新、手段创新、基层工作创新,努力以思想认识新飞跃打开工作新局面,积极探索有利于破解工作难题的新举措新办法,把创新的重心放在基层一线。七是宣传工作的一项重要任务是引导人们更加全面客观地认识当代中国、看待外部世界。八是宣传部门承担着十分重要的职责,必须守土有责、守土负责、守土尽责。做好宣传思想工作必须全党动手。

  2016年2月19日,习近平总书记到人民日报社、新华社、中央电视台三家中央新闻单位实地调研,并在当日下午主持召开党的新闻舆论工作座谈会。在座谈会上,习近平总书记首次提出新时代党的新闻舆论工作的"职责使命论",即"高举旗帜、引领导向,围绕中心、服务大局,团结人民、鼓舞士气,成风化人、凝心聚力,澄清谬误、明辨是非,联接中外、沟通世界"。这"48字方针"为我国未来的新闻舆论工作指明了前进的方向,提供了根本遵循。同时,习近平总书记还强调新闻舆论工作是治国理政、定国安邦的大事,要从党的工作全局出发把握自身定位,在日常工作中要坚持党的领导、坚持正确的政治方向,同时也要坚持以人民为中心的工作导向,尊重新闻传播规律,创新方法手段,切实提高党的新闻舆论传播力、引导力和公信力。习近平总书记在这次讲话中又一次强调:党的新闻舆论工作坚持党性原则,最根本的是坚持党对新闻舆论工作的领导;党和政府主办的媒体是党和政府的宣传阵地,必须姓党;党的新闻舆论媒体的所有工作,都要体现党的意志、反映党的主张,维护党中央的权威,维护党的团结,做到爱党、护党、为党;都要增强看齐意识,在思想上政治上行动上同党中央保持高度一致;都要坚持党性和人民性相统一,把党的理论和路线方针政策变成人民群众的自觉行动,及时把人民群众创造的经验和面临的实际情况反映出来,丰富人民精神世界,增强人民精神力量。

除上述两次重要讲话外,习近平总书记还在与意识形态领域紧密相关的一些部门及重大场合、重要节点作过重要讲话和重要指示。这些讲话从党和国家事业发展全局的战略高度,科学地阐述了在新的历史条件下党的新闻舆论工作的重要性、职责使命、党性原则、正面宣传为主和舆论监督的辩证关系、新闻工作的舆论导向、传统媒体与新兴媒体融合发展、网络安全和信息化、新闻工作者专业素质、中国传媒国际话语权建设等诸多问题。习近平总书记阐发的这些重要思想,是对马克思主义新闻观的新贡献,是广大新闻舆论工作者的行动指南和根本遵循,对于加强和改进新闻舆论工作有着极其重要的意义。

二、新闻舆论工作的性质地位和基本原则

早在1989年11月,江泽民在全国新闻工作研讨班上的讲话中指出,我们国家的报纸、广播、电视等是党和政府和人民的喉舌。他还提出了新闻事业应当为社会主义服务、坚持为人民服务的方向,坚持党性原则,坚持"政治家办报",坚持团结稳定鼓劲、正面宣传为主等一系列观点。2008年6月胡锦涛在人民日报社考察工作时的讲话中指出:"新闻舆论处在意识形态领域的前沿,对社会精神生活和人们思想意识有着重大影响。当今社会,随着经济社会快速发展和科技不断进步,信息传递和获取越来越快捷,新闻舆论的作用越来越突出。做好新闻宣传工作,关系党和国家工作全局,关系改革和经济社会发展大局,关系国家长治久安。我们要充分认识新闻宣传工作的重大意义,更好地发挥新闻宣传工作在推动经济发展、引导人民思想、培育社会风尚、促进社会和谐等方面的重要作用。"

针对党的新闻舆论工作所面临的新形势和新任务,习近平总书记在2016年2月19日党的新闻舆论工作座谈会上的讲话中用"一项重要工作""一件大事"和"五个事关"重新定位了新闻工作的性质和地位。他指出:党的新闻舆论工作是党的一项重要工作,是治国理政、定国安邦的大事。做好党的新闻舆论工作,事关旗帜和道路,事关贯彻落实党的理论和路线方针政策,事关顺利推进

党和国家各项事业,事关全党全国各族人民凝聚力和向心力,事关党和国家前途命运。

关于新时代新闻舆论工作的原则,习近平总书记提出三项基本原则:一是坚持马克思主义新闻观。新闻观是新闻舆论工作的灵魂。马克思主义新闻观与西方资产阶级新闻观有着根本区别,是马克思主义的世界观、人生观、价值观和方法论在新闻传播领域的反映与体现,是马克思主义新闻思想与理论的高度概括,是世界无产阶级新闻事业经验与传统的科学总结。进入新时代,习近平总书记提出要"深入开展马克思主义新闻观教育"和"牢牢坚持马克思主义新闻观"的要求。二是新闻舆论工作要"坚持党的领导,坚持正确政治方向,坚持以人民为中心的工作导向"原则,坚持正确舆论导向。三是新闻舆论工作要坚持党性原则。强调"党和政府主办的媒体是党和政府的宣传阵地,必须姓党"。党媒如何做到"姓党"?习近平总书记提出了"三个都要",即"都要体现党的意志、反映党的主张,维护党中央权威、维护党的团结,做到爱党、护党、为党;都要增强看齐意识,在思想上政治上行动上同党中央保持高度一致;都要坚持党性和人民性相统一"。四是牢牢坚持正面宣传为主。"坚持团结稳定鼓劲、正面宣传为主"是党的新闻舆论工作必须遵循的基本方针。一方面,我国社会正面的事物是主流,消极负面的东西是支流。坚持正面宣传为主,才能正确把握主流和支流的关系,才能客观反映国家发展进步的面貌,反映社会健康向上的本质。另一方面,我们正在进行的伟大斗争,面临的挑战和困难前所未有,必须坚持正面宣传为主,激发全社会团结奋斗、攻坚克难的强大力量。

习近平总书记关于新闻舆论工作性质、地位、原则的论述,深刻地揭示了新时代新闻舆论工作的特征,为完善新时代社会主义新闻政策提供了科学指引,是新时代中国特色社会主义新闻舆论工作的出发点和落脚点,也是中国共产党全心全意为人民服务的宗旨在新闻舆论工作实践中的具体体现。

三、新闻舆论工作的创新发展与媒体融合

习近平总书记对新闻舆论工作的创新发展高度重视,强调"新闻宣传是否善于创新,是否能够做到常做常新,是其发展壮大、保持强大生命力的关键",并

在党的十九大报告中提出要"高度重视传播手段建设和创新,提高新闻舆论传播力、引导力、影响力、公信力"。坚持改革创新,把握好时间、速度和效果,是推动新闻舆论工作创新发展的核心要素。

新时代的新闻政策特别注重推动媒体融合。2014年8月18日,中央全面深化改革领导小组第四次会议审议并通过了《关于推动传统媒体和新兴媒体融合发展的指导意见》,媒体融合由此上升为国家战略。会议强调要具有互联网思维,要去除传统媒体以自我为中心的态度,改为以客户与用户为中心,不断提高新闻传播的服务意识。会议提出融合发展关键在于融为一体、合而为一,尽快从"相加"阶段迈向"相融"阶段,从"你是你,我是我"变成"你中有我,我中有你",进而变成"你就是我,我就是你",催化融合质变,放大一体效能。媒体融合的根本问题在于内容建设。习近平总书记在会上强调,网络空间天朗气清、生态良好,符合人民利益。做好网上新闻舆论工作,必须"坚持先进技术为支撑、内容建设为根本"。先进技术是新闻舆论重要的发展动力,可以帮助提高内容生产、制作手段以及精准推送的水平,但在积极运用先进技术的同时也不能忘记,再发达的技术也应当为内容服务,内容能够直接对人们的精神世界和心理世界产生影响,所以只有做好技术与内容两者的融合才能确保媒体融合在正确的道路上前进。

习近平总书记高度重视媒体融合过程中的阵地意识,他指出:"网民来自老百姓,老百姓上了网,民意也就上了网。群众在哪儿,我们的领导干部就要到哪儿去","宣传思想阵地,我们不去占领,人家就会去占领"。习近平总书记还明确指出,推动媒体融合向纵深发展,建设全媒体,促进主流媒体转型,要"着力打造一批新型主流媒体",要"大胆运用新技术、新机制、新模式,加快融合发展步伐,实现宣传效果的最大化和最优化",使主流媒体具有强大传播力、引导力、影响力、公信力,做大做强主流媒体,形成网上网下同心圆。习近平总书记的这些论述,成为新时代我国新闻传播的重要内容和政策指引。

四、加强国际传播能力建设,增强国际传播话语权

改革开放以来,我国国际影响力显著提升,国际上对中国产生了各种积极

评价,如"中国奇迹""中国伟业"等,但与此同时也遭遇各种别有用心的舆论污蔑,如"中国崩溃论""中国威胁论"等。面对当下的国际传播语境,扭转"有理说不出,说了传不开"的被动局面,让世界了解一个全面、客观、真实的中国,向世界展示新时代的中国形象就显得格外重要。

增强我国的国际话语权,媒体肩负着义不容辞的责任。为了这一目标的实现,历届党和国家领导人都高度重视加强国际传播能力建设,强调增强我国新闻媒体的国际传播话语权。党的十八大以来,我国的对外宣传工作取得了重要进展,对外传播实现了由被动向主动的转变。媒体要加强国际传播能力需要讲究方式方法,习近平总书记指出,讲故事是国际传播的最佳方式。讲什么故事?就是要讲好中国特色社会主义的故事,讲好中国梦的故事,讲好中国人的故事,讲好中华优秀文化的故事,讲好中国和平发展的故事。在2021年中共中央政治局第三十次集体学习时,习近平总书记再次强调,"讲好中国故事,传播好中国声音,展示真实、立体、全面的中国,是加强我国国际传播能力建设的重要任务。要深刻认识新形势下加强和改进国际传播工作的重要性和必要性,下大气力加强国际传播能力建设,形成同我国综合国力和国际地位相匹配的国际话语权,为我国改革发展稳定营造有利外部舆论环境,为推动构建人类命运共同体作出积极贡献"。在党的二十大报告中,习近平总书记再次强调要"加强国际传播能力建设,全面提升国际传播效能,形成同我国综合国力和国际地位相匹配的国际话语权"。

上述习近平总书记对加强和改进党的新闻舆论工作的论述,确立了坚持马克思主义在意识形态领域指导地位的根本制度,科学地回答了党的新闻舆论工作长远发展的一系列根本性、战略性、全局性重大问题,深刻地阐明了党的新闻舆论工作历史方位、职责使命、方针原则等重大课题,形成了体系完整、科学系统的新闻思想。习近平总书记的新闻思想是习近平新时代中国特色社会主义思想的重要组成部分,与我们党长期形成的新闻思想一脉相承又与时俱进,创造性地丰富和发展了马克思主义新闻理论,是做好新时代党的新闻舆论工作的科学指南和根本遵循。

第五节　新闻传播规范体系

体系是指在特定的范围内,一定事物按照一定秩序和内部联系组合而成的整体。新闻传播规范体系是由政策规范、法律规范、伦理规范、纪律规范等共同构成的新闻传播的行为规范体系。

一、政策规范

中外都有新闻传播政策,只不过表现形式和内容有所不同。新闻传播政策是一个国家的政党和政府掌控或管理新闻传播事业的重要手段和基本方法,也是新闻传播者在国家、政党和地方政府对新闻传播事业所规定的活动准则范围之内进行新闻选择的准则,是社会调控的重要组成部分。广义的新闻传播政策包括新闻事业管理的政策、新闻报道的政策、新闻队伍的建设方针等,狭义的新闻传播政策主要是指关于新闻报道的政策,往往以宣传或报道纪律的形式出现。不同的政党和政府的新闻传播政策各不相同,同一个政党或政府在不同时期的新闻传播政策也会有所不同。

我国的新闻事业是社会主义事业的组成部分,它的社会主义性质和党性原则具有不可撼动的地位。马克思主义作为中国共产党执政的指导思想和行动指南决定了我国的新闻工作者在日常工作中要以马克思主义新闻观为自己的思想基础,也决定了我国新闻政策的制定者同样需要依据马克思主义新闻观来制定相关政策。[①]

新中国成立后,党和国家领导人继承了马克思以及无产阶级革命成功经验所形成的工人阶级政党报刊理论体系,同时结合了近代中国资产阶级维新派及民主革命中关于报刊从事社会变革活动的观察与思考,逐步建立起新中国基本的新闻传播政策。到 20 世纪 80 年代初期,中共中央发出的《关于当前报刊新闻广播宣传方针的决定》集中体现了中国新闻传播政策的重要内容,包括:新闻

---

① 参见郎劲松:《中国新闻政策体系研究》,新华出版社 2003 年版,第 27 页。

机构必须严格按照十一届三中全会以来党的路线、方针、政策进行宣传;要坚定不移地贯彻"百花齐放、百家争鸣"的方针,又不能混同于资产阶级的自由化;认真进行关于坚持四项基本原则的宣传,大张旗鼓地宣传建设社会主义的高度精神文明;正确处理表扬和批评的关系,坚持以表扬为主的方针;文艺作品、文艺节目要坚持为人民服务、为社会主义服务的方向;新闻机关要加强组织纪律性。其中,关于社会主义新闻事业是"党和人民的喉舌"的角色和功能定位,一直是我党坚持的根本立场。

20世纪90年代以来,改革开放和新闻媒介产业化不断推进,但新闻政策对媒体的"喉舌定位"一丝一毫都未动摇。① 同时,中宣部、新闻出版署、广电总局、互联网信息办公室等新闻舆论管理部门也以"通知""决定""规定"等形式发布了为数不少的政策性文件,成为我国新闻舆论政策的重要组成部分。例如,中宣部《关于严格规范党报党刊发行工作严禁报刊违规发行的通知》,最高人民法院、最高人民检察院、公安部《关于依法开展打击淫秽色情网站专项行动有关工作的通知》,相关行政管理部门发布的《新闻记者证管理办法》《报刊刊载虚假失实报道处理办法》《报刊记者站管理办法》《报纸出版管理规定》《广播电视节目制作经营管理规定》《互联网新闻信息服务管理规定》等规范性文件。

进入新时代,习近平总书记就新闻宣传和网络舆论发表了系列重要讲话,这些讲话成为我国当前制定新闻政策规范的根本遵循。有学者将习近平总书记关于新闻宣传和网络舆论的系列论述称为"习近平新闻思想"②,认为这是对马克思主义新闻观的最新发展,有着新时代中国经济、政治、文化、社会全方位发展的广阔背景。"习近平新闻思想"坚持新闻的真实性与客观性,坚持鲜明的党性和政治性,同时与时俱进,系统阐述了新形势下新闻舆论工作规律,提出了一系列新主张、新要求、新判断,是推动中国当代新闻事业稳健长久发展的重要思想保障。

---

① 详见张德琴、杨世宏:《新闻报刊"喉舌论"研究》,《山东理工大学学报(社会科学版)》2018年第4期。
② 详见童兵:《把握习近平新闻思想精髓》,《解放日报》2018年7月17日,第10版。

二、法律规范

法律是新闻传播领域的重要行为规范,但并不是唯一的规范。对于任何一种社会行为,法律都不是唯一、万能的规范,新闻传播活动尤其如此。① 许多国家的新闻法多表现为众多涉及新闻传播活动的法律规范的综合,而非单一的法律文件,或者专门法。我国没有以"新闻法""新闻传播法"命名的专门性法律,但是我国新闻及大众传播活动是在社会主义法律体系下运行的,必然受到社会主义法律体系的保护和约束。② 我国法律体系以宪法为核心。宪法是国家根本法,具有最高法律地位和最高法律效力,因此宪法是我国新闻传播法律规范的法源,指导并制约着我国的新闻传播活动。

《宪法》的总纲部分对于国家制度、社会制度等的规定与要求,为新闻传播事业和新闻传播活动指明了方向,即为社会主义服务、为人民服务、为国家经济文化建设服务。《宪法》第二章规定了公民的基本权利与义务,第三十五条规定"中华人民共和国公民有言论、出版、集会、结社、游行、示威的自由",第四十条规定"中华人民共和国公民的通信自由和通信秘密受法律的保护。除因国家安全或者追查刑事犯罪的需要,由公安机关或者检察机关依照法律规定的程序对通信进行检查外,任何组织或者个人不得以任何理由侵犯公民的通信自由和通信秘密",第四十一条规定"中华人民共和国公民对于任何国家机关和国家工作人员,有提出批评和建议的权利"。这些条款赋予了我国公民广泛的权利,包括言论自由的表达权,知晓国家事务的知情权,参与社会事务的参与权,对于国家机关、国家公职人员提出批评建议的监督权等。《宪法》在规定了公民基本权利和自由的同时也规定了公民应该履行的基本义务,主要体现在《宪法》第五十一至五十四条之中,包括:"公民在行使自由和权利的时候,不得损害国家的、社会的、集体的利益和其他公民的合法的自由和权利";"公民有维护国家统一和全国各民族团结的义务";"公民必须遵守宪法和法律,保守国家秘密,爱护公共财产,遵守劳动纪律,遵守公共秩序,尊重社会公德";"公民有维护祖国的安全、荣

---

① 详见魏永征、周丽娜:《新闻传播法教程》第六版,中国人民大学出版社2019年版,第10页。
② 魏永征:《法律素养:记者的必修课》,复旦大学出版社2017年版,第203页。

誉和利益的义务,不得有危害祖国的安全、荣誉和利益的行为"。这些义务性的规定对于新闻传播活动具有明确的法律规范和指导意义。

《宪法》之外,其他相关的法律规定也是新闻传播活动的法律依据。例如,保障互联网设施和资源安全的《网络安全法》作为网络领域的基础性法律,将信息安全作为网络安全的重要内容而予以专门规制。① 这部法律倡导的网络空间主权原则、网络安全原则、共同治理原则以及信息化发展原则等明确了新闻传播在网络空间领域要遵循的原则。《网络安全法》第十九条规定"各级人民政府及其有关部门应当组织开展经常性的网络安全宣传教育,并指导、督促有关单位做好网络安全宣传教育工作。大众传播媒介应当有针对性地面向社会进行网络安全宣传教育",明确了新闻传播媒体的网络安全宣传教育和普及等义务;第四章"网络信息安全"首次建立了较为完备的个人信息保护机制,明确了相对应的监督管理机构,并对个人信息泄露或者非法使用等行为进行了清晰的界定。该法进一步明确了网络领域各主体的义务与责任,明确了政府与各部门的职责权限,完善了网络安全以及网络安全监管体制,这为新闻媒体在新技术与新平台环境下的运行提供了具体详细的行为准则。此外,在《民法典》《刑法》《国家安全法》《著作权法》《侵权责任法》《反恐怖主义法》《广告法》《未成年人保护法》《个人信息保护法》等法律和全国人大常委会的决定中也对新闻传播的相关内容进行了规范,这些立法中的相关内容也属于新闻传播领域的法律规范。

在新闻传播领域,行政法规对于新闻传播活动的规范作用较为突出,主要包括国务院和国家广播电视总局、国家互联网信息办公室、国家新闻出版署等相关行政管理部门根据《宪法》和有关法律制定公布的有关报刊出版、广播电视电影、互联网等领域的行政法规和规章,例如《出版管理条例》《印刷业管理条例》《音像制品管理条例》《广播电视管理条例》《电影管理条例》《无线电管理条例》《广播电视设施保护条例》《政府信息公开条例》等行政法规,对新闻传播的诸多环节和相关领域设置了较为细致和可操作的规范,为我国的新闻传播活动

---

① 魏永征、周丽娜:《新闻传播法教程》第六版,中国人民大学出版社2019年版,第8页。

提供了明确的法律指引和行为依据。

综上所述,我国新闻传播领域的法律规范十分丰富,除了大量由行政部门颁布的行政法规和地方法规外,还包括《宪法》《民法典》《刑法》等诸多法律和全国人大常委会的决定,以及中国共产党关于新闻宣传的党内法规,这些共同构成我国新闻传播领域的主要法律规范,构建起我国新闻传播的法律规范体系。

三、伦理规范

新闻伦理规范是新闻传媒行业、新闻媒体(报社、电台、电视台、网站等新闻组织)和新闻工作者(编辑、记者、播音、主持人等)在新闻传播活动中的价值取向、道德表现与日常行为规范的总和。新闻伦理规范包括两大部分:一部分是形而上的,即新闻伦理理论涉及的根本问题,是指围绕新闻事业的理想目标和社会任务建立的新闻伦理规范,包括新闻传播的价值、新闻媒体的社会功能、新闻服务对象、对谁负责等;另一部分是具体的新闻记者行为规范。职业记者在实践中会遇到各种情况和各样问题,研究者或组织不可能穷尽其解并告知记者什么情况下需要怎么做,但会归纳现象,总结出一些原则。[①] 综上可以看出,新闻伦理涵盖了新闻工作者在信息传播过程中的职业道德、行为规范准则等。

新闻伦理规范有别于新闻传播法,二者的诉诸对象有所不同。新闻伦理一般诉诸新闻工作者内在的价值取向和道德追求,是一种自发形成和新闻工作者自发遵守的行为准则,是一种内在的"自律"。新闻工作者在新闻工作中的价值取向、道德表现总是与其所在的新闻媒体的价值取向、道德功能与伦理规范联系在一起的,且在大多数情况下是一致的。新闻传播法则主要诉诸国家强制力,对于法律明文规定的规范必须服从,必须遵照执行,属于一种来自外在的"他律"。

关于新闻伦理规范,本书将在第十三章和第十四章详细阐述,此处不再赘述。

---

① 参见陈绚:《论如何建立中国新闻伦理规范体系》,《山西大学学报(哲学社会科学版)》2014年第6期。

四、纪律规范

纪律是为维护集体利益并保证工作顺利进行而要求成员必须遵守的规章，具有一定的强制力。新闻传播领域的纪律规范是指在新闻传播活动中要遵守的纪律，包括全国性的新闻宣传纪律和所在新闻单位内部的工作纪律。

1980年2月29日，党的十一届五中全会正式通过了《关于党内政治生活的若干准则》，其中规定"党的报刊必须无条件地宣传党的路线、方针、政策和政治观点"，同时要求"对于中央已经作出决定的这种有重大政治性的理论和政策问题，党员如有意见，可以经过一定的组织程序提出，但是绝对不允许在报刊、广播的公开宣传中发表同中央的决定相反的言论；也不得在群众中散布与党的路线、方针、政策和决议相反的意见"。1982年9月，党的十二大首次将党的宣传纪律写入党章，强调"党的各级组织的报刊和其他宣传工具，必须宣传党的路线、方针、政策和决议"。《中国共产党宣传工作条例》也规定：党的宣传工作必须服从党的领导，凡是涉及党的路线、方针、政策以及重大政治性事件需统一部署播发；不得擅自发表和宣传与党的决定相反的言论；不得违反政策规定出版黄色、淫秽有害的印刷品、录音录像制品；不得违反保密原则，泄露党和国家的政治、经济、科技等方面的机密等。在新的历史时期，党的宣传工作必须坚持为人民服务、为社会主义服务的方向，全面正确地宣传党的基本理论、基本路线和基本纲领，正确宣传党的各项方针、政策，在思想上政治上行动上同党中央保持一致。

党的十八大以来出台了一大批管党治党、全面从严治党的党内法规，《中国共产党宣传工作条例》《中国共产党纪律处分条例》《中国共产党组织工作条例》《中国共产党党员权利保障条例》《中国共产党党务公开条例（试行）》等法规的颁布施行，形成了体系完备的党内法规体系，这些党内纪律规范对于新闻单位是具有约束力的。

此外，各新闻单位和各类媒体内部也制定了为数众多的新闻传播纪律，兹不一一列举。

案例①

有报告指出,2018年,79%的中国移动互联网网民通过短视频获取新闻资讯,88%的中国互联网用户使用短视频进行社交,使用短视频正在成为越来越多中国网民的一种新的互联网生活方式。短视频的急速发展和巨大潜力,为主流媒体提升其影响力提供了新的"风口"。为此,各大主流媒体开始以入驻短视频平台或推出专门短视频移动产品的形式进行布局和实践。

从2012年开始,以《人民日报》为代表的主流媒体以开设"两微一端"、进驻短视频社交平台等方式增加网民关注度,增强舆论引导力。有研究通过发布指数、播放指数、关注及互动指数三个指标对媒体抖音号影响力进行评估,结果显示:《人民日报》曾以总分1271分位列媒体抖音号榜首,还有湖南卫视"快乐大本营"、CCTV"国家记忆"、人民网、新华社"现场云"等也位列前茅。此外,快手也成为短视频平台迅速崛起的新媒体,与抖音一道逐渐成为视觉内容生产与传播的主渠道。有学者认为,主流媒体通过范式修正和建立新的运作常规来回应新媒体的挑战和冲击,新的媒介生态和社会传播环境促使传统的主流媒体进行新闻生产和传播模式的融合与改变。

思考题

1. 自新中国成立以来,我国新闻媒体的经营管理方式经历了哪些变革?
2. 新媒体的发展对传统媒体的影响有哪些?
3. 我国的新闻媒体在新时代应当如何对国家形象进行更为有效的传播?

---

① 张志安、彭璐:《混合情感传播模式:主流媒体短视频内容生产研究——以人民日报抖音号为例》,《新闻与写作》2019年第7期。

第二章　新闻传播的权源与法律保障

第一节　新闻传播与言论自由

一、言论自由

（一）言论自由的内涵

言论自由作为法律赋予公民的一项基本权利，意味着公民有通过言论从事观点、思想、意愿、信息等内容的传播、接收、报道的权利，同时国家或网络运营商等权利客体有保障和促进上述权利实现的义务。言论自由不因国界、表达形式和载体而受到区别对待，但言论自由也不是毫无限制的。

人类对于言论自由的认知并非一蹴而就。有学者认为言论自由的发展得益于民主讨论制度，将言论自由的历史追溯到公元前5世纪雅典城邦的"公民大会"。在民主政体之下，雅典公民享有就政治问题自由发表言论的权利，他们自己也将此项权利视作民主制度优越性的一种体现。到了中世纪前后，印刷术的发明改变了知识被教会垄断的局面，教会和君主的权威愈发受到质疑。为避免新思想通过印刷品传播动摇教会和统治阶层的地位，征收印花税、颁发出版许可证等限制出版行为应运而生。[1]

---

[1] 王四新：《网络空间的表达自由》，社会科学文献出版社2007年版，第6—16页。

针对中世纪欧洲国家盛行的出版许可和事前审查制度，英国哲学家约翰·弥尔顿（John Milton）在其1664年出版的《论出版自由》一书中借助"观念市场理论"批判政府在出版物面世前对其内容进行全面审查的做法，抨击由政府委派的审查官决定一本书能否出版的行为。他提出，审查官在学识、认知方面并不长于普通人，很可能因其错误判断而阻碍好书的出版，扼杀真理，即便是错误的观点也应该被赋予出版的机会，因为真理一定能在与谬误的厮杀中胜出。

（二）法律文本中关于言论自由的规定

言论自由属于表达自由的范畴。随着资本主义制度在欧洲的确立，"表达自由成为资产阶级建设新闻传播法制的基本原则"①。1791年12月15日美国通过的《权利法案》在第一条中规定："国会不得制定关于下列事项的法律：确立国教或禁止信教自由，剥夺言论自由或出版自由，或剥夺人民和平集会和向政府请愿申冤的权利。"此规定也被称为美国宪法第一修正案，成为美国言论自由的宪法渊源。此后，言论自由的价值在全世界范围内得到越来越多国家的认可和重视。

联合国大会在1948年12月10日通过的《世界人权宣言》第十九条规定："人人有权享有主张和发表意见的自由；此项权利包括持有主张而不受干涉的自由；通过任何媒介或不论国界寻求、接受和传递消息与思想的自由。"1950年开放签署的《欧洲人权公约》第十条也有关于表达自由的规定："人人享有表达自由的权利。此项权利应当包括持有主张的自由，以及在不受公共机构干预和不分国界的情况下接受和传播信息与思想的自由。本条不得阻止各国对广播、电视、电影等企业规定许可证制度。"1998年10月我国签署加入的《公民权利和政治权利国际公约》第十九条第2款规定："人人有发表自由之权利；此种权利包括以语言、文字或出版物、艺术或自己选择之其他方式，不分国界，寻求、接受及传播各种消息及思想之自由。"第三款明确规定言论自由的行使附有特殊

---

① 陈丽丹：《新闻传播法概论》，法律出版社2015年版，第6页。

的义务和责任。

我国的"五四宪法""七五宪法"和"七八宪法"中均规定了公民享有言论自由。"五四宪法"第八十七条的表述为:"中华人民共和国公民有言论、出版、集会、结社、游行、示威的自由。国家供给必需的物质上的便利,以保证公民享受这些自由。"而"七五宪法"第二十八条表述为:"公民有言论、通信、出版、集会、结社、游行、示威、罢工的自由,有信仰宗教的自由和不信仰宗教、宣传无神论的自由。"2018年修订的《宪法》第三十五条规定:"中华人民共和国公民有言论、出版、集会、结社、游行、示威的自由。"《宪法》第四十条同时规定:"中华人民共和国公民的通信自由和通信秘密受法律的保护。除因国家安全或者追查刑事犯罪的需要,由公安机关或者检察机关依照法律规定的程序对通信进行检查外,任何组织或者个人不得以任何理由侵犯公民的通信自由和通信秘密。"此条规定进一步强调公民在私人通信领域不受非法干涉的权利。此外,《宪法》第四十一条赋予公民监督国家机关及其工作人员的权利:"中华人民共和国公民对于任何国家机关和国家工作人员,有提出批评和建议的权利;对于任何国家机关和国家工作人员的违法失职行为,有向有关国家机关提出申诉、控告或者检举的权利,但是不得捏造或者歪曲事实进行诬告陷害。对于公民的申诉、控告或者检举,有关国家机关必须查清事实,负责处理。任何人不得压制和打击报复。"

(三) 言论自由的价值

在法治社会中,言论自由有着独特的价值。

第一,不同观点的充分表达有利于真理的发现。任何个体的智慧都不会高于其所归属的群体的智慧。人们在探求真理的过程中听取多元意见,充分考虑多种可能性,不仅有利于各种理论及观念的争鸣,更有利于避免知识盲区导致的疏漏。同时,任何单一个体都无法避免错误的发生,允许各种观点的充分表达有利于发现和避免错误。

第二,言论自由有利于民主的实现。充分而全面的观点表达能有效制约政府滥用权力。没有任何监督、约束的公权力随时可能被少数掌权者滥用,从而给社会大众造成灾难。正如美国前总统杰斐逊的名言所指,无政府的报纸比无报纸的政府更具有价值。需要注意的是,虽然人人平等地享有监督和表达的权利,但在实践层面,囿于传媒资源、社会影响力的不均衡分配,在相当长一段时间里,对政府权力的制约依靠的是少数实力雄厚的媒体。① 近年来,随着网络的普及,网络问政在一定程度上改变了上述局面,越来越多的普通人有机会通过网络参与政府决策,并向决策者"问政"。

第三,言论自由有助于个体自我价值的实现。一个社会的言论自由程度往往与其包容程度成正比。在自由、宽容的社会环境里,个体不仅拥有更多的选择权,同时更有机会以自己喜欢的方式、节奏、态度去表达和生活,并且不被社会环境所排斥。例如,在言论自由的社会里,行为艺术者可以选择通过肢体动作、行为等非语言方式表达自己认为正确的观念和观点。虽然这种自由不一定意味着他人的认可和赞同,但这种表达的机会本身就是自我实现的方式之一。

第四,各种观点的充分表达有利于促进社会的和谐与稳定。爱默生认为,限制言论自由的做法必然导致民众与政府之间的沟通受阻,民怨得不到疏解,就会引发政府失信、社会矛盾加深等一系列问题,影响社会安定。而开放、自由的表达,一方面有助于加强政府和民众间的沟通,让政府更清楚民众的关切、需求和期待,另一方面表达本身也有助于社会对立情绪的疏解。②

(四) 言论自由的限制

世界上并不存在绝对的自由。当然,没有任何一个国际公约或者一个国家的法律赋予公民和新闻媒体绝对的言论自由。例如,《欧洲人权公约》第十条第2款规定:"行使上述各项自由(表达自由),因为负有义务和责任,必须接受法律所规定的和民主社会所必需的程序、条件、限制或者是惩罚的约束。这些约束是基于对国家安全、领土完整或者公共安全的利益,为了防止混乱或者犯罪,保护健康或者道德,为了保护他人的名誉或者权利,为了防止秘密收到的情报

---

① 如在著名的水门事件中,《华盛顿邮报》的报道曾将美国政府的政治丑闻公之于众。在我国,中央电视台的《焦点访谈》《新闻调查》等栏目以及《南方周末》《新京报》的部分报道都曾引发社会广泛关注甚至推进相关立法进程。
② Thomas I. Emerson, *The System of Freedom of Expression*, Random House Inc., 1970, p.7.

的泄漏,或者为了维护司法官员的权威与公正的因素的考虑。"《公民权利和政治权利国际公约》第十九条第 3 款将尊重他人权利和名誉,保障国家安全、公共秩序、公共卫生和道德作为言论自由权利行使的限制。

对于言论自由的限制并非没有法理依据。通过法律明确限制言论自由,首先是人的自然属性和社会属性对立统一的结果。个体在实现某种自由的同时,不能违背社会秩序,也不能侵犯他人权益。其次,言论自由并不是唯一的人权,对言论自由的限制是平衡各种人权的必要方式。最后,对言论自由的限制是保障国家、公共利益的必然选择。例如,对战时言论、危及国家安全的言论的限制,都是从国家、民族、公共利益角度出发,通过制约个体的言论自由保障上述利益的实现。

目前国际法及各国国内法对于言论自由的限制理由存在较多的共性。例如《公民权利和政治权利国际公约》第十九条第 3 款以及《欧洲人权公约》第十条第 2 款虽然对于言论自由的限制在表述上和限制类型上存在差异,但是通过对比就可以发现,国家安全、公共利益、他人权利、名誉等是比较常见的对言论自由进行限制的理由。

我国《宪法》对于言论自由也有限制性的规定,如禁止利用新闻报道对他人实施侮辱、诽谤、诬告,不能侵犯国家、社会、集体和他人合法权益,不能泄露国家秘密等。《宪法》第三十八条规定:"中华人民共和国公民的人格尊严不受侵犯。禁止用任何方法对公民进行侮辱、诽谤和诬告陷害。"第五十一条规定:"中华人民共和国公民在行使自由和权利的时候,不得损害国家的、社会的、集体的利益和其他公民的合法的自由和权利。"第五十三条规定:"中华人民共和国公民必须遵守宪法和法律,保守国家秘密,爱护公共财产,遵守劳动纪律,遵守公共秩序,尊重社会公德。"《民法典》人格权编也有相应的规定,例如第一千零三十二条第 1 款规定:"自然人享有隐私权。任何组织或者个人不得以刺探、侵扰、泄露、公开等方式侵害他人的隐私权。"

需要注意的是,对于危及国家安全、涉及公共利益、侵犯他人名誉的构成要件、判断标准,各国根据自身情况可能确定不同的标准。英美法系国家还通过一系列案例丰富和完善限制言论的具体情况和评判标准。例如,美国联邦最高法院奥利弗·温德尔·霍姆斯(Oliver Wendell Holmes, Jr.)大法官在1919年的申克诉美国一案中确立了"明显而即刻的危险"原则,即:美国宪法第一修正案不保护可能带来明显而即刻的危险的言论。霍姆斯法官以在剧院谎报火灾引发现场恐慌类比,指出在国家处于战争状态时公开反对征兵等反战言论可能会对战争构成障碍,此等言论在战争期间并不能受到容忍。又如,自2018年5月1日起施行的《英雄烈士保护法》第二十六条规定:"以侮辱、诽谤或者其他方式侵害英雄烈士的姓名、肖像、名誉、荣誉,损害社会公共利益的,依法承担民事责任;构成违反治安管理行为的,由公安机关依法给予治安管理处罚;构成犯罪的,依法追究刑事责任。"这些都是对于言论自由的限制性规定。

二、新闻传播自由

(一) 新闻传播自由的内涵

1991年联合国教科文组织大会通过《促进世界新闻自由的决议》,提出自由、多元化和独立的新闻是任何民主社会必不可少的组成部分。1993年联合国大会确定5月3日为"世界新闻自由日"。对于新闻传播自由,国际新闻学会认为其内涵主要包括四个方面,即采访自由、传播自由、出版自由和批评自由。[①]

采访自由 采访自由指媒体和记者等专职从业人员所享有的通过采访活动获取、挖掘信息的权利,与新闻内容相关或间接相关的各级政府及其部门、企业、个人等不得对合法的采访活动进行阻碍、干涉。除涉及军事、国家机密或者个人隐私等少数例外情况,目前各国普遍尊重新闻记者的采访权,这也是保障公民知情权的重要方式。

传播自由 传播自由是指通过媒介发表、传递、展示言论和作品的自由。随着互联网的普及,传播的媒介还包括即时通信工具、社交网络、新闻客户端、直播平台等。学界对于新闻传播自由的内涵并没有形成统一的观点。例如,有学者提出新闻传播自由还应当包含创办媒体的自由。对于这一问题,确有部分

[①] 详见甄树青:《论表达自由》,社会科学文献出版社2000年版,第48—58页。

国家已经通过立法明确了这项权利。例如,世界上最早的新闻立法是法国1881年公布的《新闻出版自由法》,该法规定,新闻出版无须经过事前审批,不需要交纳保证金,政府也不会对新闻创办者设置限制条件。当然也有国家通过许可、申请等制度对新闻媒体的创办进行管理。

出版自由 出版自由指新闻信息在出版前免予被审查的自由,有时也被延伸解释为从事著述、出版、印刷、发行等活动的自由。英国思想家约翰·弥尔顿在《论出版自由》一书中对国家制定出版管制法进行了有力的批判,提出并论证了出版自由的价值。在现代社会,出版自由已成为公民的一项基本权利,世界各国大都在自己的宪法和法律中对此有明文规定。

批评自由 批评自由指新闻记者所享有的对政府及政府官员进行批评、评议的权利,这被视为实现新闻传播自由的重要组成部分。在著名的纽约时报诉沙利文案中,法院最终认定:政府官员作为原告起诉媒体诽谤时,原告想要胜诉必须证明媒体报道具有不计后果的实际恶意,即媒体报道内容存在失实并且对该原告的名誉造成严重损害。也就是说,对于新闻报道中出现的微小瑕疵以及来自媒体的批评意见,政府及政府官员负有容忍的义务。这使得媒体无须担心受到起诉而在报道中小心翼翼、畏首畏尾。

此外,新闻记者的"拒证权"也受到越来越多国家的承认。"拒证权"是指除非经信息源同意,新闻记者有权拒绝披露信息源的真实身份信息或者信息取得渠道,即使在司法案件中收到传唤,新闻记者也有权拒绝出庭作证。"拒证权"表面上看是通过保护信息源身份来保证信息源的人身安全、免受不必要的威胁和迫害,实际上它保护的是媒体报道新闻的自由和大众获取新闻的自由。在一些涉及重磅信息的案件中,如果记者选择与政府或者司法部门合作而不保护信息源的身份,信息源可能会因潜在的危险或者其他不利的后果而选择沉默,进而大众也就失去了了解真相的机会。

(二) 新闻传播自由的限制

言论自由是公民表达思想、交流思想、传播信息的自由。言论自由理念体现在新闻传播领域,就是新闻媒体和新闻记者在不违反法律规定的前提下,可以自由、准确、客观地进行新闻报道,可以通过报刊、电台、电视台、互联网、新兴媒体等载体自由地传播经济、政治、文化、社会各个领域新近发生的事实与信息。

新闻媒体及记者在采访报道中经常涉及政府和政府工作人员以及他们的行为、决策。一方面,媒体和记者有通过新闻报道监督政府及政府工作人员的权利;另一方面,公众也有权利通过媒体报道了解相关信息。媒体和舆论的监督不仅有利于公民实现知情权和约束公权力,而且有利于服务型政府的建设,还有利于提高政府决策的科学性。

同时,媒体的新闻报道可以为公众参政议政提供议题。在近年来发生的一系列公共事件中,舆论问政、网络问政已成为公众监督政府的重要手段。自2009年新浪微博上线以来,各级政府将官方微博作为与公众互动的平台,政府通过网络回应问政的比例正逐步升高。但是,此时的政府在网络问政中还是处于被动回应的地位。公众在网络空间向政府反映的问题和表达的意见,一般事关他们的切身利益,反映他们的根本需求。政府应该想群众之所想、急群众之所急、解群众之所困,转变思路,不把问政当作责难和压力,而是把问政当作行政工作的指挥棒,主动从网络问政中寻找工作推进的着力点,把有限的行政资源投放到公众最需要的地方。新闻传播的自由并不是没有限度的,以新闻媒体报道司法活动为例:新闻媒体对案情的曝光、对当事人的采访、对案件争议的讨论有可能引发舆情,可能影响司法机关独立行使职权。伴随着网络的广泛应用,一篇报道引爆网络舆论的事例屡屡发生。审判独立的原则要求司法人员在案件审理过程中充分听取控辩双方意见,运用专业知识,独立做出公正裁决。从理论上讲,司法人员应该与社会环境保持一定的距离,以避免外界因素对审判的影响,但在网络时代要做到这一点已异常困难。相关案件一旦成为热点新闻,涉案所有人员都会曝光在舆论的聚光灯之下,想脱身"网"外几乎不可能,汹涌激愤的网络舆论往往给司法人员和司法机关造成巨大的舆论压力,有时或多或少会影响案件最终的判决结果。因此,新闻媒体在司法案件报道中的自由应当受到适当的限制。关于限制的内容和方式,学界和司法实务界尚无统一的标准。一般而言,受到认同的几种限制主要包括:一是"案件判决前,媒体不应做出定罪、定性的报道"①,即新闻报道不能超越司法程序做出定性报道。二是新闻媒体不能报道从非法渠道获得的案件信息,不能通过私下交易等方式从办案人员或者其他人员处不道德地获得不应公开的案件信息,如隐私信息或者不宜公开的案件细节等。三是应当限制媒体报道时间,以减弱报道对司法判决的影响。四是限制评论对象,即限制媒体在案件审理过程中评论办案人员,以减轻他们所面临的舆论压力。相比较而言,限制评论对象比在一定时间内限制媒体报道案件更具可行性。

新闻传播自由还可能与某些诉讼当事人应受保障的隐私权、版权以及国家安全或其他公共利益发生冲突,这些内容本书将用专门章节介绍,在此不再赘述。

第二节 新闻传播的特征与权利渊源

一、新闻传播的特征②

新闻传播活动包括采访、写(制)作、刊播等一系列行为。就采访的形式而言,新闻传播有面对面采访、电话采访、网络采访等;就信息内容类型而言,有文字、语音、图像等;就新闻传播的形态而言,有口头传播、纸质传播、电子传播、网络传播、智能传播等;就新闻传播的特性而言,它具有公开性、真实性、准确性、时效性等特征。

公开性 这是新闻在传播方式上显著的特性之一。新闻传播的公开性是指新闻传播公开面向全社会,为全社会公众提供信息服务,其接受者是社会上不特定的公众,不存在哪些对象可接受、哪些对象不可接受的问题。杨保军认为:"公开报道是公众知情权得以普遍实现的通道和基本保障;公开是新闻传播的力量源泉之一;公开是对新闻媒体进行有效监督的手段。公开性的实现,需

---

① 详见徐迅:《媒体报道案件的自律规则》,《新闻记者》2004年第1期。
② 本部分中真实性与准确性的写作参考刘斌:《法制新闻的采访与写作》,中国政法大学出版社2006年版,第146—152页。

要确立'社会公器'的新闻传媒理念;建立必要的保障制度;遵守新闻传播的基本原则。新闻传播的公开性,首先是指新闻传播的大众性和社会性。……新闻自由是公开原则的内核和根本精神。……新闻传播过程本身的公开,是新闻传播公开原则的实质性内容。……公开性原则要求新闻传播主体在非特殊情况下,应该向社会和受众公开新闻信息的来源。"①

真实性 这是新闻传播赖以存在的最基本条件,是新闻传播的生命,也是新闻传播必须遵循的铁定原则。它要求新闻媒体所报道的事实必须绝对真实,所反映的背景、环境、过程、细节、人物语言等必须真实可靠,所引用的各种资料和数据必须准确无误,同时还要求报道对所反映的事实在整体概括、评价、分析时必须符合客观实际。这里讲的是全部要素,而不是一个或一部分要素,也就是说,凡是新闻涉及的事实都必须是完全真实的,容不得一点虚假。真实有"现象真实"和"本质真实"之分,新闻传播应当透过现象反映本质。真实又有"主观真实"和"客观真实"之别。"主观真实"是指记录真实,要如实地、未加篡改地记录并传播所报道的事件、人物、现象及相关"信源"所说的话、所提供的信息;"客观真实"是指内容的真实,即记者的记录和"信源"本身所反映的情况也是客观、准确的。真实还有"局部真实"与"整体真实"的区别。某些新闻报道在个案上是真实的,或者说在细节上是真实的,但如果以偏概全,以细节代总体,那么可能在整体上就不真实了。因此,新闻传播中的现象真实、主观真实、局部真实未必是本质真实、客观真实和整体真实。

准确性 这是新闻传播的一条基本原则。美国著名报人约瑟夫·普利策曾说过:"一家报纸在其新闻、标题及社论页中最要注意的是准确、准确、再准确。"②准确性首先要求新闻报道的用词应当准确无误,不能使用辱骂性词语和丑化性语言,同时要慎用感情色彩强烈的贬义形容词。其次,准确性要求新闻报道在叙说事实时对于人物、时间、地点、数据要精确无误,对于所反映的事实经过、情节、因果关系要精确可靠,对于人物的思想、心理活动以及人物的语言要忠实于原貌,对于所引证的资料和语言要翔实有据,对于事件、人物的评价要

---

① 杨保军:《论新闻传播的公开原则》,《阴山学刊》2004年第4期。
② 转引自徐向明编:《中外新闻名家名言集》,南京大学出版社2003年版,第116页。

分寸适当、客观公正。最后,准确性要求新闻报道反映的事实要准确,不能像文学作品那样存在夸张和虚构的成分。张三不能报道成李四,昨天不能报道成今天,此地不能报道成彼处,一就是一,二就是二,切不可张冠李戴。

时效性 时效性涉及新闻事实发生同新闻发布的时间差,以及新闻在传播后与受众接触和产生社会效果之间的相关性。时效性是衡量新闻传播是否具有新闻价值的一个决定性标尺。尤其是在新闻传播进入智能时代的今天,新媒体高度发达,人们对新闻报道的时效性要求更高,已经不是在"争分",而是在"夺秒"。

此外,公正性、知识性、可读(视、听)性也是新闻传播的重要特性。

二、新闻传播的权利属性[①]

新闻传播从权利的角度而言,主要包括采访权和报道权两类。采访权是指记者在工作中享有的、在法律规定范围内不受限制地收集信息的权利。其含义是:在公开场合或特定场合,记者有自主采集信息、访问的权利,他人不得干预;对负有特定信息公开义务的主体,记者有向其索取信息的权利。而报道权则是指新闻媒体将新闻信息报道出来的权利。

有观点认为,新闻采访权本质上是一种社会权利。例如,有人认为新闻采访权既不是国家权力,也不是个体权利,更不是权力与权利二者兼备,它本质上是一种社会权利。有学者将社会权利简单描述为:公民权利+国家权力=社会权利。事实上,权利与权力不是属于同一范畴的价值属性,它们之间没有同一性;公民权利是国家权力存在的目的,国家权力来源于公民权利,从属于公民权利,是从公民权利派生出来的。这种提法忽视了权力之间、权利之间、权利与权力之间的价值冲突。社会权利的内涵是个体权利的集合体。简言之,社会权利即社会主体以其拥有的社会资源对社会的支配影响力。新闻采访权作为舆论表达的一种表现形式,主要通过对社会资源的整合来发挥相应功能,是公民行使知情权的权利集合体,也是一种社会权利。[②]

[①] 本部分写作参考刘斌:《权力还是权利:采访权初论》,《政法论坛》2005 年第 2 期。
[②] 戴丽:《新闻采访权性质刍议》,《新闻记者》2003 年第 11 期。

采访权和报道权在本质上是一种社会权利。首先,采访权不等同于知情权。知情权是言论自由等政治权利的逻辑演绎,采访是实现知情权的手段,采访权的行使是为了知情权的实现。公民个人要行使宪法赋予自己的各项政治权利就需要知情,要做到知情就需要有信息来源。公民获取信息的渠道虽然有多种,但通过媒体获悉是最常见、最方便、最主要的方式,而媒体获取信息要靠记者的采访。因此,如果我们承认社会权利是个体权利的集合体的话,那么采访权是一种社会权利就不难理解了。其次,采访权不是记者个人的民事权利或"私事"。它与普通民众的私权也不同。记者的采访不是只为某一个体,而是为了公众,是为了满足公众对于各类最新信息的知晓和认知需求,目的是使公众的知情权得以实现。记者的采访行为实质上是在代表公众行使一种职权,因而采访权同时具有公共权利的性质。换句话说,公民依法享有的言论出版自由权利需要借助大众传媒来实现:受众通过媒体了解国内外的重要新闻信息,实现了知情权;同时,受众通过媒体对新闻事实发表意见,实现了表达自由权。因此,新闻媒体的采访报道并不仅仅是其本身的权利,而是代表大众在社会上行使言论与出版自由的社会公共权利。正是在这个意义上,新闻媒体成为实现公民言论和出版自由权利的社会公器。

这里需要指出的是,虽然采访权与报道权是保障记者和媒体履行新闻职能的一项基本权利,但这种权利不是一种超越性的特权,它与国家司法机构或行政机构所行使的司法权或行政权不同,不表现为权利人可以向采访与传播对象发出指令,要求他们做什么或不做什么,记者和媒体不可以想怎么报道就怎么报道,且采访权与报道权不具有强制力;同时,采访权与报道权不是一般的私权利,不是个人的民事权利,而是一种社会公共权利,这一权利是受国家法律保护的,是以法律规定某些部门或机构来承担相应的义务的形式予以保障的。此外,按照现代法治观念,权利总是相对的、有条件的,我国《宪法》第五十一条规定:"中华人民共和国公民在行使自由和权利的时候,不得损害国家的、社会的、集体的利益和其他公民的合法的自由和权利。"因此,记者和媒体不得滥用采访权与报道权,一切行为都必须在法律许可的范围内。①

三、新闻传播的权利渊源②

知情权来自宪法,其基本含义是公民有权知道其应该知道的信息,国家应当保障公民在最大范围内享有获取各种信息的权利,特别是获取国家政务信息的权利。知情权是公民行使其他权利的基本前提,是民主的基础要素,是信息社会运行的基础,也是对权力实施监督的基本条件之一。在当今社会中,公民知情权的多少是衡量一个国家民主自由程度和信息化程度的重要标志,宪法赋予公民的诸多权利也多以知情为前提。如果不知情就批评或者提建议,很可能是胡乱批评或主观臆测;如果不知情就选举参政,同样会稀里糊涂或不知所措。但就公民个人而言,自己直接获取海量信息的能力极为有限,所以公民依法享有的知情权利就需要借助大众传媒来实现。换句话说,新闻媒体是公民实现知情权的主渠道。因此,媒体的采访报道就不仅仅体现了其自身的权利,而应当视为大众通过这个平台在行使言论出版自由和批评建议等权利。

从法源关系上讲,权力来源于权利。我国《宪法》第二条规定"中华人民共和国的一切权力属于人民",但是人民不可能人人都去党政机关亲自行使管理国家的权力,更不可能人人都去当总理、省长或市长,这就需要把权力授予少数人,由他们代表人民来行使权力。再如司法权力,也同样来源于人民的授权。一方面,人民授权少数人组成司法机关,代表人民行使审判、检察等权力;另一方面,人民还要实现对于审判、检察等司法活动的知情权利,要实现对司法机关和司法人员的批评和建议的权利。但是公民个人不可能都具备知悉司法活动的客观条件,也不可能人人都去司法机关了解情况。那么,如何才能保障公民实现这些权利呢?新闻媒体就在其中充当着主要的角色,它的作用就是帮助公

---

① 有观点认为,新闻采访权既是一种社会权利,也是一种政治权利。采访是记者工作最为重要的内容,采访就是记者的劳动,采访就是记者的劳动权,而劳动权从法律属性上讲,就像休息权、生活保障权、健康保护权、受教育权等权利一样都归属于社会权利。就新闻采访权来说,它除了是一种社会权利外,还是一种政治权利:它是言论自由权利的逻辑演绎,承担实现新闻媒体政治功能的作用,是国家和社会的政治需要。详见刘自贤:《新闻采访权的政治性质——对〈新闻采访权刍议〉的一点补充》,《新闻记者》2004 年第 5 期。

② 本部分写作参考刘斌:《权力还是权利:采访权初论》,《政法论坛》2005 年第 2 期。

民将这些权利规定变为现实。因此从法源和法理上讲,新闻媒体是法律授权获取信息、进行舆论监督的主体,这就是新闻媒体可以报道和监督司法活动与司法机关的法理依据。

由于权力来源于权利,而法治社会的价值取向又是尽可能地规范权力、保障权利,因此,权力的滥用决不能宽容,权力需要被关在法律制度的笼子里。媒体所实施和展现的行为主要在权利范畴,政府或司法机构所实施的行为主要在权力范畴,如果我们把媒体视为公民社会公共权利的代表,把政府或司法机关视为国家权力的代表的话,那么在一般情况下,当权利和权力发生冲突的时候,权力应当让步于权利。①

我国《宪法》第三十五条规定:"中华人民共和国公民有言论、出版、集会、结社、游行、示威的自由。"习惯上我们把这六项权利统称为表达权。国际上许多法律关于公民表达权的表述不仅关涉狭义的"表达",还包含了"寻求"(seek)、"接受"(receive)和"给予"(impart)的权利,当然也包含了知情的权利。保障表达自由必须同时保障表达者获取外界信息特别是国家和社会公共事务信息的权利;而表达必须以他人为接受对象,保障表达自由又必须保障他人接受表达内容的权利。这是因为"知情"是"表达"的前提,不"知情"就难以正确"表达"。基于这样的推论,知情权就被认为是从表达权中引申出来的一种"潜在"权利,或曰一项衍生权利。记者采访权和媒体报道权的权源即由表达权衍生出来的知情权。

知情权是公民以"知悉、获取信息"作为自己实体性的权利要求和利益目标,即公民作为权利人在法不禁止的范围内可以自主地知悉、获取信息;义务人依法主动或应权利人要求公布、告示、提供一定的信息。徐显明认为,知情权是现代民主制度及信息化社会的基础性权利;政治活动如果被认为是公共产品,那么对于该产品的生产进程及工艺与成分,获得产品的人就有权知悉。②

知情权是当今社会的一项基本人权,依法知悉和获取信息是一个自然人生活在社会上应当享有并且不容侵犯的一项基本权利与自由。在现代社会中离

---

① 参见刘斌:《让权力在阳光下运行——再论传媒与司法的关系》,《政法论坛》2008 年第 2 期。
② 徐显明:《应以宪法固定化的十种权利》,《理论与当代》2002 年第 5 期。

开了对信息的自由选择和获知,人就丧失了自身同社会联结的纽带,失去了自立于现代文明社会的起码资格。①知情权是公民实现民主权利的基础,也是保护公民合法权益不受侵犯的重要手段。知情权的范围非常广泛,但是政府决策行为的公开、公正,以及公务人员的行为品德是否廉洁,是知情权实现中最为重要的方面。

知情须借助信息的自由流动。当社会信息能够通过各种渠道自由流通和公开传播的时候,知情权才可能成为一种现实的、可以实现的东西。从知情权的内涵和本质上看,公民知情权的行使,首先需要政治信息和社会公共信息(包括政府决策、施政及各种工作情况的信息,立法和司法情况的信息,以及与公民利益相关的其他各种社会信息)的公开、透明。从这个意义上说,增强政府工作信息和社会公共信息的公开性,是维护公民知情权的基本条件,也是促进政府民主施政、维护社会进步发展的需要。

享有并行使知情权的基本形式之一,是公民在法不禁止的范围内以有偿或无偿的方式自由地选择、获知各种信息。这是实现知情权基本的、普遍的形式,属于自由权的实践范畴。就一般情况而言,当知情权以自由权的形式被公民合法享有和行使时,国家的有关部门以及其他义务人处于"被动"状态,公民既不能被强迫接触法律禁止其接触的信息,也不能被禁止知晓法律许可其知晓的信息,否则便构成了对知情自由的侵害。

享有并行使知情权的基本形式之二,是公民通过各种渠道享受国家机关和其他公共团体依法提供的信息服务。在这里,法律并未直接赋予公民要求国家的有关部门或有关社会组织提供信息服务的权利,但是具体规定了国家的有关部门和有关社会组织告示公众或向公众传达信息的职责与义务。公民获知信息的权益要求,通过国家的有关部门和其他社会组织尽职尽责地履行信息服务的义务得以满足。与这种权益现象相联系的法律关系所直接保护的,往往是公众的知情权利而非公民个人的知情权利。

享有与行使知情权的基本形式之三,是公民依法直接要求义务人为其获知

---

① 参见宋小卫:《略论我国公民的知情权》,《法律科学》1994 年第 5 期。

信息提供服务,或依法诉请行政、司法部门排除侵权损害,救济利益缺失,合理地仲裁、解决当事人之间的争端与纠纷。前者如公民依据《档案法》的规定到档案馆查阅档案,依据《消费者权益保护法》的规定要求经营者提供商品的价格、规格、主要成分、检验合格证明等有关信息;后者如股份有限公司未按照《股票发行与交易管理暂行条例》的规定履行有关文件和信息的公开、公布义务,给公民造成了经济损失,公民就可以依法请求侵权者承担民事赔偿责任。公民在提出上述权利主张时,只要有明确、具体的法律依据,具备主张权利的要件并遵循相应的法律程序,一般就能平等地行使权利。

知情权的实现虽然有多种途径,但对于大多数公民来说,新闻媒体是公民实现知情权的主渠道。因此,侵犯了记者的采访权和媒体的报道权,实质上就是侵犯了社会大众的知情权。总而言之,新闻传播权内含的采访权与报道权两项权利来源于公民的知情权,知情权来源于表达权,表达权是宪法赋予的权利。

此外,公民同媒体、记者的关系在性质上与公民同政府、公务人员的关系是不同的,前者是权利实现的问题,后者是权力行使的问题。在公民实现知情权的诸多方式中,新闻媒体充当着主要的角色,它们帮助公民将包括知情权在内的各种权利变为现实,这就是新闻记者和新闻媒体为什么能够行使采访权与报道权的缘由。

第三节 新闻传播活动的法律保障

关于新闻传播活动的概念,学术界尚无意见一致的界定。一般来说,由报纸、期刊、广播、电视、互联网等领域的专业新闻传播机构、新闻从业人员所从事的采访、撰写、录制、编辑、转载、播报、评论等活动都属于新闻传播活动。互联网、新媒体的出现改变和拓宽了原有的信息传播渠道,提高了信息传播的效率,使新闻传播行为的互动性大大增强,新媒体新闻传播主体日益多样化。为适应这一趋势,包括我国在内的许多国家相继出台或者修改、完善了相关的法律法规,本节将着重介绍我国不同效力层级的法律规范对于新闻传播活动的保障作用。

一、新闻传播活动的宪法保障

《宪法》作为我国的根本大法,明确规定我国保障公民的言论自由。《宪法》第三十五条规定:"中华人民共和国公民有言论、出版、集会、结社、游行、示威的自由。"这被认为是我国保障包括新闻传播自由在内的言论、出版自由的核心条款,也是我国新闻传播自由的宪法依据。这意味着我国一切有关新闻传播活动的法律、行政法规、部门规章、地方性法规、地方政府规章都不能与其相违背,亦不可逾越其规定。此外,《宪法》第二十二条还明确将新闻事业作为国家应当发展的文化事业之一。

在《宪法》的保障之下,我国的新闻事业取得了举世瞩目的成就。2014年12月29日,中华全国新闻工作者协会发布的《中国新闻事业发展报告》指出,中国新闻事业发展正呈现出公共管理体制逐渐完善,新闻媒体发展环境越来越开放,法律规范、行政管理、行业自律、社会监督相结合的媒体管理和服务体系逐步形成。目前,我国媒体产业综合实力增长迅速,特别是新兴媒体的传播力、公信力和影响力不断提升。2014年8月18日,中央全面深化改革领导小组第四次会议审议通过了《关于推动传统媒体和新兴媒体融合发展的指导意见》,为传统媒体和新兴媒体融合发展指明了方向,提供了强大动力,传统媒体和新兴媒体融合发展已经成为国家战略。

我国《宪法》还对包括新闻事业在内的文化事业管理进行了明确分工,由国务院行使领导和管理文化事业的职权。同时,地方各级人民代表大会在本行政区域内,审查和决定地方的文化建设的计划,县级以上地方各级人民政府依照法律规定的权限管理本行政区域内的文化事业,民族自治地方的自治机关自主地管理本地方的文化事业。

我国《宪法》对新闻传播活动的保障可以归纳为以下几点:第一,新闻传播权来源于公民的知情权,知情权来源于表达权,表达权由宪法予以保障。第二,国家管理新闻事业的权力属于人民,人民通过全国人民代表大会和地方各级人民代表大会行使权力,全国及地方各级人民代表大会可以通过和发布决议,审查和决定全国及各地方行政区域内的新闻事业建设计划。第三,国家有责任发展新闻广播电视事业、出版发行事业。"发展新闻广播电视事业是对新闻媒体法律主体地位的明确确认"①,即新闻媒体可以作为独立的法人享有权利、承担义务。第四,我国的新闻事业须接受国务院的领导和管理。县级以上地方各级人民政府依照法律规定的权限,管理本行政区域内的新闻事业。民族自治地方的自治机关自主地管理本地方新闻事业。第五,新闻媒体的报道须符合社会主义核心价值观。以人民利益为出发点,想人民所想、报人民所需,歌颂和赞扬好人好事,批判和揭露社会的丑恶现象,倡导爱祖国、爱人民、爱社会主义、爱真理的理念。

二、新闻传播活动的其他法律法规保障

除了《宪法》外,其他法律、行政法规、地方性法规、部门规章等也为新闻传播活动提供了法律制度保障。这些法律规章在《宪法》所明确的基本原则指引下,依据各自的职责、功能、行政区域等特点,对上位法作出细化规定。它们之间有的存在法律法规的上下位关系,有的存在分工协作的关系,共同构成了我国现有的新闻传播活动法律制度体系。

(一)《宪法》之外其他法律的保障

我国法律是由全国人民代表大会及其常务委员会制定的行为规范,其效力仅次于宪法。依据马克思主义理论,法律是反映由特定社会物质生活条件所决定的统治阶级意志,以确认、保护和发展对统治阶级有利的社会关系和社会秩序为目的,由国家制定或认可并以国家强制力确保其实施,以权利和义务为内容的行为规范体系。②

我国目前尚未制定专门的"新闻法",但无论是《刑法》《民法典》这样的实体法,还是《刑事诉讼法》《民事诉讼法》《行政诉讼法》等程序法,都有涉及新闻传播的规定。例如,《刑法》第二百四十六条规定:"以暴力或者其他方法公然侮辱他人或者捏造事实诽谤他人,情节严重的,处三年以下有期徒刑、拘役、管制

---

① 顾理平:《新闻传播法学》,江苏教育出版社2012年版,第84页。
② 参见张文显主编:《法理学》第四版,高等教育出版社2011年版,第47页。

或者剥夺政治权利。前款罪,告诉的才处理,但是严重危害社会秩序和国家利益的除外。"第二百五十条对出版歧视、侮辱少数民族作品罪作出如下规定:"在出版物中刊载歧视、侮辱少数民族的内容,情节恶劣,造成严重后果的,对直接责任人员,处三年以下有期徒刑、拘役或者管制。"有学者统计,我国《刑法》中有超过 30 个罪名与新闻传播活动相关。[①] 又如,《民法典》第一千零一十九条规定:"任何组织或者个人不得以丑化、污损,或者利用信息技术手段伪造等方式侵害他人的肖像权。未经肖像权人同意,不得制作、使用、公开肖像权人的肖像,但是法律另有规定的除外。未经肖像权人同意,肖像作品权利人不得以发表、复制、发行、出租、展览等方式使用或者公开肖像权人的肖像。"这些都是新闻传播行为中的常见诉由。

依据我国相关法律规定,全国人民代表大会常务委员会授权最高人民法院和最高人民检察院在审判工作和检察工作中对于法律应用问题作出解释,具有法律效力。以名誉权为例,1986 年颁布的《民法通则》第一百条规定:"公民享有肖像权,未经本人同意,不得以营利为目的使用公民的肖像。"第一百零一条规定:"公民、法人享有名誉权,公民的人格尊严受法律保护,禁止用侮辱、诽谤等方式损害公民、法人的名誉。"在司法实践中,如果仅依据上述法条,无法解答诸如名誉权侵权行为的认定标准,以及消费者对商品评论等行为是否涉及侵犯相关企业名誉权等问题。对此,1993 年的《最高人民法院关于审理名誉权案件若干问题的解答》中指出,"文章反映的问题基本真实,没有侮辱他人人格的内容的,不应认定为侵害他人名誉权。文章反映的问题虽基本属实,但有侮辱他人人格的内容,使他人名誉受到侵害的,应认定为侵害他人名誉权。文章的基本内容失实,使他人名誉受到损害的,应认定为侵害他人名誉权"。1998 年的《最高人民法院关于审理名誉权案件若干问题的解释》规定:"消费者对生产者、经营者、销售者的产品质量或者服务质量进行批评、评论,不应当认定为侵害他人名誉权。但借机诽谤、诋毁,损害其名誉的,应当认定为侵害名誉权。"这些对于名誉权问题的理解和阐释不仅是对《民法通则》第一百零一条的补充和完善,

---

[①] 魏永征:《新闻传播法教程》第 5 版,中国人民大学出版社 2016 年版,第 7 页。

而且对于名誉权案件的审理有着重要的指导作用。

此外,《广告法》《著作权法》《网络安全法》《电影产业促进法》《保守国家秘密法》《证券法》《个人信息保护法》等四十余部专门法律中都有涉及新闻传播活动的行为规范。例如,《网络安全法》第十二条对于网络空间的信息传播内容作出了详细规定:"任何个人和组织使用网络应当遵守宪法法律,遵守公共秩序,尊重社会公德,不得危害网络安全,不得利用网络从事危害国家安全、荣誉和利益,煽动颠覆国家政权、推翻社会主义制度,煽动分裂国家、破坏国家统一,宣扬恐怖主义、极端主义,宣扬民族仇恨、民族歧视,传播暴力、淫秽色情信息,编造、传播虚假信息扰乱经济秩序和社会秩序,以及侵害他人名誉、隐私、知识产权和其他合法权益等活动。"又如,《个人信息保护法》第二条规定:"自然人的个人信息受法律保护,任何组织、个人不得侵害自然人的个人信息权益。"第十条规定:"任何组织、个人不得非法收集、使用、加工、传输他人个人信息,不得非法买卖、提供或者公开他人个人信息。"这些法律虽然为调整其他方面的社会关系而专门制定,但其中关于新闻传播行为的规定同样是从事新闻传播活动的自然人、法人的行为指引。

(二) 行政法规与地方性法规的保障

行政法规是指"国务院领导和管理国家各项行政工作,根据宪法和法律,并且按照行政法规规定的程序制定的政治、经济、教育、科技、文化、外事等各类法规的总称"[①]。目前我国涉及新闻传播领域的专项行政法规主要有《广播电视管理条例》《有线电视管理暂行办法》《电信条例》《电影管理条例》《广播电视设施保护条例》《互联网信息服务管理办法》《印刷业管理条例》《出版管理条例》《著作权法实施条例》《信息网络传播权保护条例》《外国常驻新闻机构和外国记者采访条例》等。还有一些行政法规虽然不是专门针对新闻传播相关活动,但其中部分内容涉及特定领域或者形式的新闻传播活动,例如《证券、期货投资咨询管理暂行办法》第二十三条对证券、期货投资咨询活动与媒体的合作行为

---

① 马怀德主编:《行政法与行政诉讼法》,中国法制出版社2015年版,第2页。

作出规定:"证券、期货投资咨询机构与报刊、电台、电视台合办或者协办证券、期货投资咨询版面、节目或者与电信服务部门进行业务合作时,应当向地方证管办(证监会)备案,备案材料包括:合作内容、起止时间、版面安排或者节目时间段、项目负责人等,并加盖双方单位的印鉴。"

行政法规不得与宪法和法律相抵触。行政法规在不与上位法规定冲突或者在上位法规定范围内作出细化、补充规定的情况下才有效。例如,《电影管理条例》第五条规定:"国家对电影摄制、进口、出口、发行、放映和电影片公映实行许可制度。未经许可,任何单位和个人不得从事电影片的摄制、进口、发行、放映活动,不得进口、出口、发行、放映未取得许可证的电影片。"而《电影产业促进法》第十三条规定:"拟摄制电影的法人、其他组织应当将电影剧本梗概向国务院电影主管部门或者省、自治区、直辖市人民政府电影主管部门备案。"《电影管理条例》作为行政法规,不得与上位法《电影产业促进法》相冲突,后者这一规定相当于取消了电影摄制许可证,《电影管理条例》相关内容失效。

地方性法规指"省、自治区、直辖市,以及设区的市的地方人民代表大会及常委会根据本地实际情况需要,在不与宪法、法律、行政法规相抵触的前提下制定颁布的规范性文件"[①]。许多地方人大出台的地方性法规都涉及新闻传播管理问题,如《河北省新闻工作管理条例》等。

(三) 行政规章的保障

行政规章分为部门规章和地方规章。前者指"国务院各部委根据法律和国务院的行政法规、决定、命令,在部门权限内,按照规定程序制定的规定、办法、实施细则、规则等规范性文件的总称";后者指"省、自治区、直辖市以及省、自治区的人民政府所在的市、设区的市、自治州的人民政府根据法律和行政法规、地方性法规所制定的普遍适用于本地区行政管理工作的规定、办法、实施细则、规则等规范性文件的总称"[②]。

[①] 马怀德主编:《行政法与行政诉讼法》,中国法制出版社2015年版,第2页。
[②] 同上。

"我国的新闻传播法的建设是从部门规章开始的。"①在近30年的时间里，国家广电总局、中共中央网络安全和信息化委员会办公室（国家互联网信息办公室）、工业和信息化部、国务院新闻办公室等部门出台了一系列涉及广播、电视、报刊、出版、互联网的行政规章，如《广播电视节目制作经营管理规定》《期刊出版管理规定》《互联网视听节目服务管理规定》《互联网新闻信息服务管理规定》以及《网络音视频信息服务管理规定》等。

近年来，随着传播技术的革新和传播样态的更迭，部门规章因其相对灵活性成为国家对新闻传播业新技术、新问题加以监管的重要依据。以自媒体管理为例，目前中央网信办出台的涉及自媒体管理的部门规章有《互联网新闻信息服务管理规定》《互联网新闻信息服务单位约谈工作规定》《微博客信息服务管理规定》《互联网跟帖评论服务管理规定》《电信和互联网用户个人信息保护规定》《互联网论坛社区服务管理规定》《互联网直播服务管理规定》《移动互联网应用程序信息服务管理规定》等。这些规章制度基本涵盖了现在自媒体行业的方方面面，是对我国互联网管理的重要补充。

与部门规章并行，我国许多省、市都在上位法的基础上制定了涉及新闻传播、互联网、出版印刷等领域的地方性法规。例如在《广播电视管理条例》基础上，江苏、吉林、四川、湖南等省颁布了各自的广播电视管理条例，宁波、徐州等市颁布了市一级的广播电视管理条例。

（四）国际公约的保障

我国缔结或参加的国际条约中涉及保障新闻传播活动的内容，也属于我国新闻传播法律保障体系的组成部分。例如，我国于1992年加入的《世界版权公约》《伯尔尼保护文学和艺术作品公约》，1997年我国签署的《经济、社会及文化权利国际公约》，1998年签署的《公民权利和政治权利国际公约》，都包含涉及新闻传播保障的内容。

综上所述，虽然我国尚未制定统一的"新闻传播法"，但经过数十年的法治

---

① 魏永征：《新闻传播法教程》第5版，中国人民大学出版社2016年版，第7页。

建设,涉及报刊、广播、电视、出版、互联网产业的立法取得了很大的成绩,特别是近年来针对社交媒体、即时通信软件、直播、短视频平台等新兴传播样态的制度建设,我国更是走在世界前列,制定了一些探索性、前沿性的传播行为规则。这些法律规范不仅是我国法治建设的重要组成部分,更是我国新闻传播活动的行为依据,保障并推动着新闻传播事业的发展。同时我们也必须承认,目前我国的传媒法治建设仍不完善,仍然存在许多尚未解决的新老问题。"有法可依,尚不完备,基本可以概括我国新闻传播法制的现状。"①

有观点认为,我国已形成了以《宪法》为核心,以《刑法》《民法典》《广告法》《电影产业促进法》等法律,以及《广播电视管理条例》《政府信息公开条例》《出版管理条例》等行政法规为主干,辅之以一系列地方性法规、地方部门规章的新闻传播活动法律保障体系。但是,我国目前的新闻传播活动还没有完全达到理想的"有法可依"程度,仍然有许多长期存在或者新出现的法律空白。与其他领域一样,法律保障体系建设没有所谓"圆满完工"的一天。针对我国新闻传播行业的建设发展过程中暴露的立法需求、制度漏洞,以及伴随着社交网络、网络直播、短视频等新兴信息传播方式,我国的新闻传播法治建设必须不断探索前行,为整个行业的发展保驾护航。

 案例

药 家 鑫 案②

西安市人民检察院指控:"2010 年 10 月 20 日 23 时许,被告人药家鑫驾驶陕 A419NO 红色雪佛兰小轿车从西安外国语学院长安校区返回西安市区,当行驶至西北大学长安校区西围墙外时,撞上前方同方向骑电动车的张妙,药家鑫下车查看,发现张妙倒地呻吟,因怕张妙看到其车牌号,以后找麻烦,便产生杀人灭口恶念,遂从随身背包中取出一把尖刀,上前对倒地的张妙连捅数刀,致张

---

① 魏永征:《新闻传播法教程》第 5 版,中国人民大学出版社 2016 年版,第 10 页。
② 参考陕西省西安市中级人民法院(2011)西刑一初字第 68 号判决书;《药家鑫终审维持死刑 法律专家称判决公正》,http://news.cntv.cn/china/20110520/108321.shtml,访问日期:2023 年 5 月 12 日。

妙当场死亡。"其后,被告人药家鑫驾车逃离现场,当车行至翰林路郭南村口时再次将两行人撞伤,后交警大队郭杜中队长将肇事车辆暂扣待处理。同月23日,药家鑫在其父母陪同下到公安机关投案。经法医鉴定:"死者张妙系胸部锐器刺创致主动脉、上腔静脉破裂大出血而死亡。"同月25日,经长安检察机关批准,药家鑫因涉嫌故意杀人罪被依法逮捕;四天后,西安市公安局新闻发言人、新闻中心主任郑朝刚就此案向媒体通报了相关案情。

此案是法治新闻报道的典型案例,多个重要节点几乎都与媒体报道和网络舆情相关。其间,药家鑫家试图用钱换取轻判、知名学者言论疑似试图为药家鑫洗脱罪名等有关此案的种种讨论的非理性倾向愈发明显。

4月22日,西安市中级人民法院一审宣判药家鑫犯故意杀人罪,被判处死刑,剥夺政治权利终身,并处赔偿被害人家属经济损失45 498.5元。

之后,控辩双方在网络空间展开"舆论战"。三天后,原告民事诉讼代理人发表《对药家鑫案判决的立场和意见》的博文,表示放弃向药家鑫追要民事赔偿并对民事部分不合理地方放弃上诉。博文最后一句是:"我们农村人并不难缠!你们应该低下你们高昂的头!"

5月20日,陕西省高级人民法院对药家鑫案二审维持一审死刑判决。2011年6月7日上午,药家鑫被执行死刑。

思考题

1. 媒体在进行案件报道时,一般应遵守哪些基本规则?
2. 我国签署或加入的《世界版权公约》《伯尔尼保护文学和艺术作品公约》《经济、社会及文化权利国际公约》《公民权利和政治权利国际公约》等国际公约的相关规定能否直接用于我国的司法实践?为什么?

第三章　新闻传播行业的资质

在现代汉语中,资质泛指从事某种工作或活动所具备的条件、资格、能力等,而行业资质则是指从事特定行业所应具备的条件或资格。对于新闻传播行业来讲,行业资质制度主要包括新闻传播机构创办设立的条件(如资金、人员、技术等),以及申请从事新闻传播活动所应获得的资格、许可、审批等内容。新闻传播行业资质制度也可以理解为新闻传播行业的准入制度,包括设立主体、设立的条件、设立的程序以及设立后能够从事新闻传播活动的类型等方面的详细规定。具体到行政监管层面,则是指国家机关根据自然人、法人或者其他组织的申请,经依法审查,确认其是否具备新闻传播资质、是否准许其从事新闻传播活动的政府行为。在当前我国新闻传播事业发展的大环境下,对新闻传播行业设立一定的资质要求有其合理性。其一,新闻传播行业资质制度是国家规制传媒业的重要措施之一,是区别其他国家传媒管理体制的重要特征。其二,新闻传播行业资质制度体现了中国特色社会主义新闻宣传和舆论工作的基本政策。对于新闻传播机构和从业人员提出一定的政治素养和执业资质要求,有利于确保新闻传播事业始终坚持正确的政治方向。其三,必要的资质要求是确保行业健康发展的基础性条件。

长期以来,我们把新闻事业的属性仅仅定位为一种上层建筑,专事宣传,不搞经营,这是我国新闻事业半个多世纪的基本运作模式。一直到党的十四大召开,我国才确认新闻事业也具有一种强大的经济力量,它不但能促进社会主义市场经济发展,而且其本身就是社会主义市场经济不可或缺的有机组成部分,因而新闻媒体具有形而上的上层建筑和形而下的信息产业双重属性。党的十四大之后,我国的媒体先是实行"事业单位企业化管理"运营模式,之后逐步推进媒体市场化改革,最终形成文化事业和文化产业二元体制。

在进一步深化改革的大环境下,新闻传播机构不仅要承担舆论导向和社会服务功能,也要承担文化产业和市场经营功能,这意味着新闻媒体的独特性质决定了它不能像一般企业那样可以自由出入市场和完全自主生产经营,而是必须服从党和政府的领导,必须承担高度的社会责任,必须发挥正面效应的传播功能。但现阶段新闻媒体的产业属性强,市场依赖度高,完全可以在经济上按社会主义市场经济的规则运行,在经营管理上采取企业运营的办法,作为独立法人自主经营、自负盈亏、依法纳税,但是在政治上必须恪守党性原则和政治方向,始终坚持为人民服务和为社会主义服务。

目前,我国对新闻传播行业已经制定了较为充分的、公开的、透明的资质要求,主要包括对主体资格的限定和在程序上建立审批制。经过几十年的探索和完善,这些要求能够较为全面适应传统新闻传播行业的发展需求。但随着近年来互联网和新媒体技术的发展,新闻传播行业资质制度也面临着诸多冲击和挑战,守正创新,顺应网络传播时代的发展趋势,成为今后媒体改革的重要内容。本章将主要从传统新闻机构的资质、新闻从业者的资质、互联网新闻行业资质、总编辑负责制四个方面对新闻传播行业的资质进行阐释。

这里需要注意的是,根据党的十九届三中全会审议通过的《中共中央关于深化党和国家机构改革的决定》《深化党和国家机构改革方案》和第十三届全国人民代表大会第一次会议批准的《国务院机构改革方案》,不再保留"国家新闻出版广电总局",其中的"新闻出版"划归中共中央宣传部,对外称"国家新闻出版署";新组建"国家广播电视总局",为国务院直属机构;原"国家新闻出版广电总局"的相关职能也随之转移到改革后的机构。

第一节　传统新闻机构的资质

一、不同类型传统新闻机构的资质

（一）报纸、期刊

报纸是指有固定名称、刊期、开版,以新闻与时事评论为主要内容,每周至少出版一期的散页连续出版物。期刊又称杂志,是指有固定名称,以卷、期或者年、季、月顺序编号,按照一定周期出版的成册连续出版物。在我国,报纸和期刊都可以刊登新闻作品,其中报纸是更为常见的一种新闻作品载体,而期刊中通常只在专门的新闻类期刊和少数非新闻类期刊上发布新闻作品,与其对应的传统新闻机构为报社和期刊社。由于二者都属于出版物的范畴,在制作、发行等方面也较为相似,因此政府部门通常将报纸、期刊放在一起进行管理,业界常将其合并称为报刊。

1. 报刊的创办

由于世界各国历史、文化、国情和社会制度不同,所以在报刊创办方面的制度也有所不同。目前世界上主要有以下几种创办制度:一是保证金制,即由报刊社向政府缴纳一定数额的保证金,若日后出现违法违规情况,将予以扣罚。二是注册登记制,即报刊社直接向相关政府部门申请注册登记即可创办,无须进行其他审批。三是审查批准制,即由报刊社向政府提出特定申请,经过政府的批准登记、许可证发放、审批或备案等程序后方可创办,也称许可证制;未取得相关许可,不得擅自设立报刊。

目前,我国报刊创办采取的是审查批准制。申请创办报刊社应具备一定的条件,主要包括物质保障、组织机构、人员管理等方面的限制,目的是确保新闻报刊媒体真正实现为人民服务和为社会主义服务。2018年的国家机构改革将原国家新闻出版管理的职责划入中共中央宣传部,加挂国家新闻出版署牌子,负责报刊创办的审批工作。

2. 我国报刊创办的条件

从我国关于报刊创办的主要制度这一角度进行归纳，目前我国关于报刊创办的条件有三方面：

一是物质保障方面。报刊是一种文化产品，由传媒集团发行；从制作到售卖，其整个生产流通过程也要受市场影响，参与市场竞争。因此，设立报刊出版单位应当具有充足资金、固定办公场所、印刷手段等物质保障，以便能够提供稳定、高质量的产品。目前，我国对于报刊设立的物质保障条件要求主要是有30万元以上的注册资本，有与主办单位在同一行政区域的固定工作场所。

二是组织机构方面。我国的报刊制度始终受到政治制度和政治路线的引领和指导，报刊创办工作必须接受党的领导，坚持为人民服务、为社会主义服务，因此在组织机构方面，我国对于报刊的创立也提出了较高的要求，明确规定要有符合国务院出版行政主管部门认定的主办单位及主管机关。也就是说，在我国创办报刊需要有明确的主办单位，并且要得到新闻出版行政部门的资格认定；报纸和新闻类期刊必须有确定的上级主办主管部门和相应的党组织作为主管单位进行领导和管理，统一纳入国家党政管理范围。因此，报刊社都是国有单位，直接或者间接地隶属于不同级别的党政机关，每一级别的报纸和新闻类期刊都要有确定的上级领导和相应的党组织进行领导，以保证"党管媒体"的顺利实施。

三是专业人员方面。创办报刊要有一批合格的、高素质的新闻采编人员及管理人才；有符合规定的法定代表人或者主要负责人，该法定代表人或者主要负责人必须是在境内长久居住的中国公民；有适应业务范围需要的组织机构和符合国家规定资格条件的新闻采编专业人员；报刊的主要负责人应当熟悉新闻出版的工作方针政策，熟悉报刊编辑出版及经营管理的业务，对报刊内容质量具有强烈的责任心，还要具有国家规定的新闻出版专业技术资格。目前我国已经出台多个文件对报刊人员管理方面进行规定，例如《关于规范报纸期刊主要负责人任职资格的通知》《关于报刊社社长总编辑（主编）任职条件的暂行规定》等。

(二) 广播电台、电视台

1. 广播电台、电视台的设立

广播电台、电视台是指采编、制作并通过有线、无线、卫星或其他方式向社会公众播放广播电视节目的广播电视播出机构。目前我国规范广播电视活动最高位阶的法律文件为《广播电视管理条例》，其中对广播电台、电视台的设立进行了严格的规定。

首先，广播电台、电视台的设立主体较为特殊。我国广播电台、电视台由县、不设区的市以上人民政府广播电视行政部门设立，其中教育电视台可以由设区的市、自治州以上人民政府教育行政部门设立，其他任何单位和个人不得设立广播电台、电视台。同时，国家禁止设立外资经营、中外合资经营和中外合作经营的广播电台、电视台。根据上述要求，我国关于广播电台、电视台的设立主体的规定有两层内涵：一是低于上述层级的广播电视和教育行政部门不得设台，二是上述部门之外的其他任何单位和个人不得设台。广播电台、电视台等广播电视播出机构承担着重要的政治宣传职能，是目前覆盖率较高、公众较为熟悉的节目来源，国家对于广播电台、电视台的管理始终持最严格的态度，严格限制广播电视播出机构的设立主体。

其次，广播电台、电视台设立条件较为复杂。根据《广播电视管理条例》的规定，设立广播电台、电视台不仅要有必要的场所、基本建设资金和稳定的资金保障，也要具备符合国家规定的专业人员和技术设备，并且所有的广播电台、电视台都要符合国家的广播电视建设规划和技术发展规划。

最后，设立广播电台、电视台应当先经过审批，后进行筹建。国务院广播电视行政部门对于设立广播电台、电视台拥有统一审批权。2018年的国家机构调整后，中央一级设中央广播电视总台，由中宣部领导。地方设台，由达到设台主体层级的政府广播电视行政部门提出申请，经本级政府审查同意，逐级上报后经国务院广播电视行政部门批准后方可筹建。广播电台、电视台筹建完毕后，还要经过国务院广播电视行政部门的工程验收，合格后准予发放许可证，方可投入使用。

除此之外,我国还有一类比较特殊的电视台,即教育电视台。这是党和国家重要的宣传思想文化阵地,是实施科教兴国战略和人才强国战略宣传的公益性教育电视平台,也是国家教育信息的交流平台,肩负着宣传党和国家的教育方针、提高国民的文化素质、促进广大青少年健康成长的使命。目前,教育电视台的设立权限在教育行政部门手中,中央级别的由国务院教育行政部门设立,报国家广播电视行政部门审查批准;地方设台需要先经国务院教育行政部门审查同意,审查批准后方可筹建。

2. 广播电视站的设立

广播电视站是较之广播电台、电视台更低一级的广播电视播出机构,其设立也需要达到人员、场所、资金、设备等必备条件。与广播电台、电视台不同的是,其在设立和审批主体方面较为特殊。《广播电视管理条例》规定了乡、镇以及机关、部队、团体、企事业等单位可以设立广播电视站,由省级广播电视行政部门负责审批,每个申请单位只能设立一个广播电视站,只能在管理部门核定的区域范围内播出广播电视节目,并不得自称电台、电视台。

(三) 广播电视节目的制作经营机构

广播电视节目的制作经营机构主要从事专题、专栏、综艺、动画片、广播剧、电视剧等节目的制作和节目版权的交易、代理交易等活动,根据《广播电视管理条例》和《广播电视节目制作经营管理规定》的规定,设立广播电视节目的制作经营机构实行许可制。

1. 设立条件

根据《广播电视管理条例》的规定,广播电视节目由广播电台、电视台和省级以上人民政府广播电视行政部门批准设立的广播电视节目的制作经营单位制作。该规定有两方面内涵:一是只要经过批准设立的广播电台、电视台,因其批准设立规格较高、把关较严,同时拥有高质量的专业人员队伍和技术、设备作为保障,所以具有制作广播电视节目的资格;二是考虑到除了广播电台、电视台外,社会上也有一些制作能力优良的其他制作经营单位,它们也可以提供符合标准的节目内容,所以经省级以上广播电视行政部门批准设立后,它们也有资格制作广播电视节目。

《广播电视节目制作经营管理规定》第四条规定:"国家对设立广播电视节目制作经营机构或从事广播电视节目制作经营活动实行许可制度。设立广播电视节目制作经营机构或从事广播电视节目制作经营活动应当取得《广播电视节目制作经营许可证》。"第五条规定:"国家鼓励境内社会组织、企事业机构(不含在境内设立的外商独资企业或中外合资、合作企业)设立广播电视节目制作经营机构或从事广播电视节目制作经营活动。"具体而言,设立广播电视节目制作经营机构需要满足多项要求。首先,进行广播电视节目经营制作必须符合国家有关广播电视节目制作产业发展规划、布局和结构,服务于广播电视事业大局。其次,应当具有与业务范围相适应的广播电视及相关专业人员、资金和工作场所。目前我国对于资金的规定为不少于 300 万元人民币。最后,我国对于制作单位在信用方面也有较高标准,要求在申请之日前三年,其法定代表人无违法违规记录或机构无被吊销过《广播电视节目制作经营许可证》的记录。

2. 不同类型节目的制作资格

对于新闻类节目,《广播电视节目制作经营管理规定》作出了单独规定:广播电视时政新闻及同类专题、专栏等节目只能由广播电视播出机构制作,其他已取得《广播电视节目制作经营许可证》的机构不得制作时政新闻及同类专题、专栏等广播电视节目。由此可以看出,对于新闻类节目国家限定了制作主体,即只能由广播电视播出机构制作,这实质上等于将新闻类节目的制作权限划归政府。新闻是广播电视媒体的核心业务,是把握正确舆论导向的关键节点,也是满足广大人民群众对公共信息的知情权的主要渠道,因而需要确保真实、公正,不能掺杂任何私人利益,制作也比其他节目要求更高,标准更为严格。

依据《广播电视管理条例》和《广播电视节目制作经营管理规定》的规定,从事其他专题、专栏、综艺、动画片、广播剧、电视剧等广播电视节目的制作须先按要求取得《广播电视节目制作经营许可证》,并按照许可证核准的制作经营范围开展业务活动。制作重大革命和历史题材电视剧、理论文献电视专题片等广播电视节目,须按照广电总局的有关规定提前获得立项审批。发行、播放电视剧、动画片等广播电视节目,还应取得相应的发行许可。

(四)新闻单位驻地方机构

1. 设立主体

新闻单位驻地方机构是新闻单位为了满足新闻报道业务需要,在本部所在地之外的地方设立的从事新闻采编活动的派出机构,不具有法人资格,并且其业务范围仅限于与派出单位相一致的采访、组稿、通联等新闻活动,记者站就是一种最为常见的驻地方机构。目前,我国现行有效的新闻单位驻地方机构管理办法是2016年12月30日国家新闻出版广电总局发布的《新闻单位驻地方机构管理办法(试行)》。根据这个管理办法,我国对于设立新闻单位驻地方机构实行许可制度,未经批准不得设立,任何单位和人员不得以驻地方机构名义从事新闻采编活动。

新闻单位设立驻地方机构,经其主管单位审核同意后,向驻地方机构所在地省、自治区、直辖市新闻出版广电主管部门提出申请。其中,中央主要新闻单位设立驻地方机构,须先经国务院新闻出版广电主管部门审核同意。新闻单位在同一城市只能设立一个驻地方机构。报业集团、期刊集团或者有多家子报子刊的新闻单位应当以集团或者新闻单位名义设立驻地方机构,其下属新闻单位不得再单独设立驻地方机构。

2. 设立条件与业务资质

新闻单位设立驻地方机构并非任意性的,应当满足一定条件,主要包括以下几个方面:第一,应当符合国务院新闻出版行政部门对驻地方机构总量、布局、结构的规划,并且确有前往派驻地采编新闻的需要。新闻单位设立驻地方机构,应当先向新闻出版行政部门提交申请书等有关材料,材料应反映负责人、采编人员、编制和劳动合同证明、工作场所、经费来源、主办单位同意证明、报纸期刊资质等内容,新闻出版部门批准后向其发放新闻单位驻地方机构许可证。第二,必须要具备相应的场所、资金和制度保障。新闻单位驻地方机构必须拥有固定的工作场所,新闻单位应当向驻地方机构定期划拨办公经费,同时还要建立驻地方机构的工作章程和人员管理制度,通过以上措施使新闻单位驻地方机构能够进行独立、正常的新闻采编管理工作。第三,在人员要求上,新闻单位驻地方机构对于新闻采编人员的要求更高,其负责人至少要有五年新闻采编、管理工作经历或具有新闻、出版、播音主持等专业的中级以上职称,以保证驻地方机构的新闻采编和制作质量。

新闻单位驻地方机构在经过审批后,其经营活动和业务范围也要受到严格的限定。第一,新闻单位应当在取得新闻单位驻地方机构许可证后30日内派遣新闻采编人员等到驻地方机构开展工作。新闻单位驻地方机构及其人员不得以承包、出租、出借、合作等任何形式非法转让驻地方机构的名称、证照、新闻业务等。驻地方机构只能在批准范围内从事与新闻单位业务范围相一致的新闻采编活动。第二,驻地方机构及其人员不得从事广告、出版物发行、开办经营实体等与新闻采编业务无关的活动,不得以新闻报道或其他名义谋取不正当利益,不得利用职务影响和职务便利要求采访、报道对象及相关单位和人员做广告、订报刊、提供赞助等,更不得有新闻敲诈、有偿新闻等行为。第三,驻地方机构不得以任何名义设立分支机构、聘用人员,也不得与党政机关混合设立,党政机关工作人员不得在驻地方机构兼职。驻地方机构负责人原则上不得同时在两个以上驻地方机构任职。对于擅自设立驻地方机构或者采取假冒、盗用等方式以驻地方机构或者驻地记者名义开展活动的,坚决予以取缔。

(五) 港澳台新闻机构和记者的准入

1. 港、澳特区新闻记者的采访准入

目前内地对于港、澳特区新闻记者的采访准入主要依据2009年2月国务院港澳事务办公室公布的《香港澳门记者在内地采访办法》进行管理。香港和澳门记者必须是香港或者澳门居民,并且是在香港或者澳门依法注册、港澳特区政府核准出版、发行、经营的时事类报纸、刊物以及电台、电视台、通讯社等新闻机构从事新闻报道工作的职业记者。

《香港澳门记者在内地采访办法》第三条规定:"香港和澳门记者应当遵守国家法律、法规和规章,遵守新闻职业道德,客观、公正地进行采访报道,不得进行与其机构性质或者记者身份不符的活动。"第五条规定:"香港和澳门记者来内地采访,需向中央人民政府驻香港特别行政区联络办公室或中央人民政府驻澳门特别行政区联络办公室领取由中华全国新闻工作者协会制发的港澳记者采访证。"

香港和澳门记者在内地采访时,需征得被采访单位和个人的同意,采访时应当携带并出示港澳新闻机构常驻内地记者证或港澳记者采访证,并可以通过有关部门指定的服务单位聘用内地居民从事辅助工作。《香港澳门记者在内地采访办法》第八条还规定:"香港和澳门记者因采访报道需要,在依法履行报批手续后,可以临时进口、设置和使用无线电通信设备。"

2. 台湾地区新闻记者和新闻机构的采访准入

对于台湾地区新闻记者到大陆采访的准入管理依据主要是2008年11月国务院台湾事务办公室公布的《台湾记者在祖国大陆采访办法》。来大陆采访的台湾记者必须是在正常出版和发布新闻的台湾新闻机构内从事新闻采访报道业务的职业记者。在其来大陆采访之前,应当向主管部门授权的相关机构申请办理台湾居民来往大陆通行证签注手续。

《台湾记者在祖国大陆采访办法》第五条规定:"台湾新闻机构申请在大陆驻点采访,由国务院台办审批。台湾记者来北京驻点采访,向国务院台办申请;来大陆其他地区驻点采访,向相关省、自治区、直辖市台办及深圳市、新疆生产建设兵团台办申请。获准在大陆驻点采访的台湾记者,可申请三个月以内的采访期限;如有需要,经批准可延长一次,期限不得超过三个月,驻点期间可多次往返。"第十条规定:"台湾记者应当遵守国家法律、法规和规章,遵守新闻职业道德,客观、公正地进行采访报道,不得进行与其机构性质或者记者身份不符的活动。"

台湾地区记者在大陆采访,需征得被采访单位和个人的同意。采访时应当随身携带并出示主管部门委托签注机构、中华全国新闻工作者协会和相关省、自治区、直辖市台办及深圳市、新疆生产建设兵团台办代发的台湾记者采访证。此外,台湾记者可以通过有关部门指定的服务单位聘用大陆居民从事辅助工作。因采访报道需要,在依法履行报批手续后,可以临时进口、设置和使用无线电通信设备。

二、外国常驻新闻机构和记者的准入

全球化和信息传播技术革命使人类的交往活动空前活跃,人类进入"地球村时代",世界各国纷纷建立跨国媒体交流与合作机制。中国需要全面了解世界,也要让世界更好地了解中国。要讲好中国故事,向世界展现真实、立体、全面的中国,新闻传播行业的国际交流合作必不可少。对于新闻行业来讲,几乎所有国际性通讯社在我国都设有驻华记者站。由于长久以来文化认同的缺失和地缘政治冲突等方面的影响,国际上对我国各方面的新闻报道仍不乏负面信息和大量偏见。在此背景下,对于外国媒体的管理就显得尤为重要,其对于改善我国国际舆论环境,提升我国国际传播力和国际地位来说具有基础性的作用。因此,我国对外国新闻机构和记者准入有着严格的制度规定。

对外国常驻新闻机构和记者的准入管理主要依据的文件是 2008 年 10 月国务院颁布的《外国常驻新闻机构和外国记者采访条例》。外国常驻新闻机构是指外国新闻机构在中国境内设立、从事新闻采访报道业务的分支机构。外国记者包括外国常驻记者和外国短期采访记者。外国常驻记者是指由外国新闻机构派遣,在中国境内常驻 6 个月以上、从事新闻采访报道业务的职业记者;外国短期采访记者是指在中国境内停留期不超过 6 个月、从事新闻采访报道业务的职业记者。

按照《外国常驻新闻机构和外国记者采访条例》有关条款的规定,外国新闻机构在中国境内设立常驻新闻机构、向中国派遣常驻记者,实行审查批准制,其设立或派驻应当先经外交部批准,批准后自抵达中国之日起 7 个工作日内到外交部办理外国常驻新闻机构证或外国常驻记者证;到北京以外地区的,到外交部委托的地方人民政府外事部门办理上述手续。

该条例还规定:"外国记者随国家元首、政府首脑、议长、王室成员或者高级政府官员来中国访问,应当由该国外交部或者相关部门向中国驻外使领馆或者外交部授权的签证机构统一申请办理记者签证。"外国记者在中国境内采访,需征得被采访单位和个人的同意,并且在其外出采访时应当携带并出示外国常驻记者证或者短期采访记者签证。该条例第十八条规定:"外国常驻新闻机构和外国记者可以通过外事服务单位聘用中国公民从事辅助工作。外事服务单位由外交部或者外交部委托的地方人民政府外事部门指定。"

该条例第四条规定:"外国常驻新闻机构和外国记者应当遵守中国法律、法规和规章,遵守新闻职业道德,客观、公正地进行采访报道,不得进行与其机构性质或者记者身份不符的活动。"第二十一条规定:"外国常驻新闻机构和外国记者违反本条例规定的,由外交部予以警告,责令暂停或者终止其业务活动;情节严重的,吊销其外国常驻新闻机构证、外国常驻记者证或者记者签证。"第二十二条规定:"外国常驻新闻机构和外国记者违反中国其他法律、法规和规章规定的,依法处理;情节严重的,由外交部吊销其外国常驻新闻机构证、外国常驻记者证或者记者签证。"

第二节 新闻从业者的资质

一、新闻记者

(一) 新闻记者与新闻记者证

新闻记者是指新闻机构编制内或经正式聘用、专职从事新闻采编岗位工作并持有新闻记者证的采编人员。目前我国新闻记者主要有两种用工方式:一种是纳入新闻机构人事编制而不签订劳动合同的人员,另一种是签订劳动合同却不纳入新闻机构人事编制的人员。

新闻采编活动是新闻记者专有的职务行为,新闻记者执业的必要条件是持有新闻记者证。在中华人民共和国境内从事新闻采编活动,须持有国家新闻出版行政部门核发的新闻记者证,这是我国新闻机构的采编人员从事新闻采访活动使用的唯一有效的工作身份证件。尚未领取新闻记者证的采编人员,必须在有新闻记者证的记者带领下开展采访工作,不得单独从事新闻采访活动,并且新闻记者证只限本人使用,不得转借或者涂改,不得用于非职务活动。

新闻记者证制度提高了从事新闻采编活动的门槛,即具有专业新闻采写编辑水平的人员持有新闻记者证才有资格进行采访，其他非新闻机构的组织、人员不得擅自从事新闻采访，这一举措也有效保障了新闻的专业性和真实性。

（二）新闻记者证的发放

我国目前关于新闻记者证的现行有效的法律文件是2009年8月新闻出版总署公布的《新闻记者证管理办法》。该办法对新闻记者的认可、发证等内容作了详细的规定。新闻记者证由新闻机构向新闻出版行政部门申请领取。申领新闻记者证须由新闻机构如实填写并提交《领取新闻记者证登记表》《领取新闻记者证人员情况表》以及每个申领人的身份证、毕业证、从业资格证（培训合格证）、劳动合同复印件等申报材料。

新闻机构工作人员要申领新闻记者证，首先在学历上有所要求。目前，我国获得新闻记者证的最低要求为大学专科学历。其次，从职业能力角度看，申领人须为在新闻机构编制内从事新闻采编工作的人员，或者经新闻机构正式聘用从事新闻采编岗位工作且具有一年以上新闻采编工作经历的人员，并且要获得国务院有关部门认定的新闻采编从业资格。最后，申领人必须遵守国家法律、法规和新闻工作者职业道德，若有违法犯罪记录，则不予通过。

目前，为了进一步规范新闻记者证的管理，防止新闻记者证的滥用，打击借助新闻记者身份从事新闻诈骗、敲诈等违法行为，我国对于一些特殊人员明确提出不发放新闻记者证，主要包括：新闻机构中党务、行政、后勤、经营、广告、工程技术等非采编岗位的工作人员；新闻机构以外的工作人员，包括为新闻单位提供稿件或者节目的通讯员、特约撰稿人，专职或兼职为新闻机构提供新闻信息的其他人员；教学辅导类报纸、高等学校校报工作人员以及没有新闻采访业务的期刊编辑人员；有不良从业记录的人员、被新闻出版行政部门吊销新闻记者证并在处罚期限内的人员或者受过刑事处罚的人员。

根据《新闻记者证管理办法》，记者站的新闻采编人员资格条件经设立该记者站的新闻机构审核，主管部门同意后，向记者站登记地省、自治区、直辖市新闻出版行政部门申领新闻记者证，由省、自治区、直辖市新闻出版行政部门审核并报国家新闻出版主管部门批准后，发放新闻记者证。在地、市、州、盟设立的记者站,申领新闻记者证应报当地新闻出版行政部门逐级审核后,报省、自治区、直辖市新闻出版行政部门。新闻机构记者站的新闻记者证应注明新闻机构及记者站名称。

2019年12月起,我国开始进行新版新闻记者证换发工作,2020年3月31日后全面启用新版新闻记者证,旧版新闻记者证全部作废。非新闻采编岗位、兼职新闻采编、党政机关工作人员及具有不良从业行为记录等不符合持证条件的人员不得换发新闻记者证;长期不能正常出版、停刊、休刊的报刊出版单位,不予换发新闻记者证;对存在转让出版权、超越办刊宗旨、新闻敲诈和假新闻、违规申领新闻记者证等严重违法违规问题的新闻单位,将视情况核减、取消其新闻记者证的申领资格。

二、播音员主持人

播音员主持人是指从事电台、电视台新闻报道、评论、天气预报等电子媒体节目的播音工作人员,目前我国认定播音员主持人资质的主要依据是2004年6月国家广播电影电视总局公布的《广播电视编辑记者、播音员主持人资格管理暂行规定》。

(一)《广播电视播音员主持人资格考试合格证》的核发

播音员主持人的资格考试(以下简称资格考试)每年上半年举行一次,实行全国统一大纲、统一命题、统一组织、统一标准的制度。具备以下条件方可报名参加资格考试:遵守宪法、法律、广播电视相关法规、规章;坚持四项基本原则,拥护中国共产党的基本理论、基本路线和方针政策;具有完全民事行为能力;具有大学专科及以上学历(含应届毕业生)。因故意犯罪受过刑事处罚的和受过党纪政纪开除处分的人员不得参加考试。考试合格的,由省级广播电视行政部门核发《广播电视播音员主持人资格考试合格证》。

(二)播音员主持人执业资格注册

在我国从事播音主持工作,应当取得相关执业资格;未取得相关执业资格的人员,应当在持有相关执业证书的人员指导下从事实习等辅助性工作。在获得《广播电视播音员主持人资格考试合格证》后,播音员主持人并不能直接持证上岗,还需要在制作、播出机构相应岗位实习满一年且身体健康、能适应岗位要求,并且无因故意犯罪受过刑事处罚和受过党纪政纪开除处分的情形。以普通话为基本用语的播音员主持人,还必须取得与岗位要求一致的普通话水平测试等级证书方可进行执业资格注册。

在进行执业资格申请时,申请人应当向省级广播电视行政部门提交注册申请表、相关资格考试合格证和学历证书复印件以及申请人所在的制作、播出机构同意聘用申请人从事广播电视编辑记者或播音主持工作的书面意见,经省级广播电视行政部门审查批准后,发放《中华人民共和国播音员主持人证》。已进行播音员主持人执业资格注册的人员,可以以所在的制作、播出机构的名义从事播音主持工作,制作、播出机构应当提供完成工作所必需的物质条件;人身安全、人格尊严依法不受侵犯;指导实习人员从事播音主持工作。

播音员主持人在执业活动中应当遵守法律、法规、规章;尊重公民、法人和其他组织的合法权益;坚持正确的舆论导向;恪守职业道德,坚持客观、真实、公正的原则;严守工作纪律,服从所在机构的管理,认真履行岗位职责;努力钻研业务,更新知识,不断提高政策理论水平和专业素养;树立良好的公众形象和健康向上的精神风貌。

第三节 互联网新闻行业的资质

1994年4月我国正式接入国际互联网,向社会开放互联网业务之后,商业网站大量涌现,并把刊载新闻作为自己的重要服务内容。经过近三十年的发展,传统媒体与新兴网络媒体不断融合,媒体融合创新正在向纵深推进。在移动互联网和人工智能、物联网、大数据迅猛发展的今天,网络传播、信息技术和新媒体平台已经深入各行各业,因此,互联网新闻传播领域的准入和资质,也成为网络新闻传播管理的重要抓手。

一、互联网新闻信息服务的资质审核

2000年9月国务院发布的《互联网信息服务管理办法》把互联网信息服务分为经营性和非经营性两类，国家对经营性互联网信息服务实行许可制度，对非经营性互联网信息服务实行备案制度。该办法同时规定：从事新闻、出版等互联网信息服务，在申请经营许可或者履行备案手续前，应当依法经有关主管部门审核同意。2000年11月，国务院新闻办公室、信息产业部联合发布的《互联网站从事登载新闻业务管理暂行规定》则进一步明确：在我国互联网站从事登载新闻业务实行许可（审批）制度。该规定把我国的互联网站分为新闻网站和综合性非新闻单位网站，不管是新闻网站还是综合性非新闻单位网站，从事登载新闻业务均需报请国务院新闻办公室批准。

2005年9月，国务院新闻办公室、信息产业部联合发布的《互联网新闻信息服务管理规定》，把互联网新闻信息服务单位分为三类：一是新闻单位设立的登载超出本单位已刊登播发的新闻信息、提供时政类电子公告服务、向公众发送时政类通讯信息的互联网新闻信息服务单位；二是非新闻单位设立的转载新闻信息、提供时政类电子公告服务、向公众发送时政类通讯信息的互联网新闻信息服务单位；三是新闻单位设立的登载本单位已刊登播发的新闻信息的互联网新闻信息服务单位。设立第一类、第二类互联网新闻信息服务单位，必须经国务院新闻办公室审批；设立第三类互联网新闻信息服务单位向省级以上政府新闻办公室备案即可。

经过十多年的快速发展，网络新闻已经成为公众获取信息的重要来源，极大地丰富了人民群众的生活。进入21世纪，随着网络新技术新应用的不断涌现，尤其是移动互联网的出现，微博、微信、客户端等迅速普及，彻底改变了"门户时代"的传播格局和舆论生态，互联网的作用和影响力不断放大，但与此同时也出现了非法网络公关、虚假新闻、网络舆论导向严重偏差现象，严重侵害了用户合法权益，网络上"负面思维""反智倾向""审丑情趣""拜金主义"等现象较为突出。网络负面信息直接影响公众对事件的判断，影响年轻读者的价值取向，甚至危害到国家的网络主权和安全。为了进一步加强网络空间法治建设，

促进互联网新闻信息服务健康有序发展,依法管网、依法治网,促进形成积极健康、向上向善的网络文化,2011年1月国务院对《互联网信息服务管理办法》进行修订,2017年5月国家互联网信息办公室发布了《互联网新闻信息服务管理规定》,该规定分为总则、许可、运行、监督检查、法律责任和附则六章,共计二十九条,将原来并行的许可制与备案制调整为统一的许可制。其主要内容包括:

一是主管部门及职责发生变化,明确国家互联网信息办公室和地方互联网信息办公室是互联网新闻信息服务的主管部门,并赋予其监督管理执法权力。

二是建立行政许可制度。通过互联网站、应用程序、论坛、博客、微博客、公众账号、即时通信工具、网络直播等形式向社会公众提供互联网新闻信息服务,应当取得互联网新闻信息服务许可,禁止未经许可或超越许可范围开展互联网新闻信息服务活动。

三是重新对互联网新闻信息服务进行分类,明确互联网新闻信息服务主要包括采编发布服务、转载服务、传播平台服务三类。第一类是互联网新闻信息采编发布服务,其申请主体限定为新闻单位(含其控股的单位)或新闻宣传部门主管的单位,取得该类许可同时可以提供互联网新闻信息转载服务。第二类是互联网新闻信息转载服务,取得该类许可只能提供转载服务,不能提供新闻信息采编发布服务。第三类是互联网新闻信息传播平台服务,主要是指微博客、即时通信工具等平台。如果传播平台同时提供采编发布、转载服务的,应当按照要求申请互联网新闻信息采编发布、转载服务许可。

四是提高申请互联网新闻信息服务许可的门槛,应当具备的条件包括:申请主体应是在中华人民共和国境内依法设立的法人;主要负责人、总编辑是中国公民;有与服务相适应的专职新闻编辑人员、内容审核人员和技术保障人员;有健全的互联网新闻信息服务管理制度;有健全的信息安全管理制度和安全可控的技术保障措施;有与服务相适应的场所、设施和资金。此外,该规定还要求申请互联网新闻信息采编发布服务许可的应当是新闻单位(含其控股的单位)或新闻宣传部门主管的单位。符合条件的互联网新闻信息服务提供者实行特殊管理制度,具体实施办法由国家互联网信息办公室另行制定。提供互联网新闻信息服务,还应当依法向电信主管部门办理互联网信息服务许可或备案手续。任何组织不得设立中外合资经营、中外合作经营和外资经营的互联网新闻信息服务单位。互联网新闻信息服务单位与境内外中外合资经营、中外合作经营和外资经营的企业进行涉及互联网新闻信息服务业务的合作,应当报经国家互联网信息办公室进行安全评估。

五是加大对人员的管理与约束。相关从业人员应当依法取得相应资质,接受专业培训、考核;从事新闻采编活动的人员应当具备新闻采编人员职业资格,并持有新闻记者证;为用户提供互联网新闻信息传播平台服务,要求用户提供真实身份信息;变更重大事项应当向原许可机关办理变更手续;应当在明显位置明示互联网新闻信息服务许可证编号。互联网新闻信息服务提供者及其从业人员不得通过采编、发布、转载、删除新闻信息,干预新闻信息呈现或搜索结果等手段谋取不正当利益。采编业务和经营业务应当分开,非公有资本不得介入互联网新闻信息采编业务,确保网络媒体的客观性、独立性和公正性。

六是强化了互联网新闻信息服务提供者的主体责任,明确了总编辑内容负责制及从业人员管理、信息安全管理、平台用户管理等要求,健全信息发布审核、公共信息巡查、应急处置等信息安全管理制度,规范服务活动,维护用户合法权益,促进服务水平和效益迈上新台阶。

七是确立平台与账号服务新规范。规定提供互联网新闻信息传播平台服务,应当与在其平台上注册的用户签订协议,明确双方权利义务。对用户开设公众账号的,互联网新闻信息服务提供者应当审核其账号信息、服务资质、服务范围等信息,并向所在地省、自治区、直辖市互联网信息办公室分类备案。实行平台服务用户协议制度和用户开设公众账号的备案制度。

八是进一步规范新闻转载行为。应当转载国家规定范围的单位发布的新闻信息,注明新闻信息来源、原作者、原标题、编辑真实姓名等,不得歪曲、篡改标题原意和新闻信息内容,并保证新闻信息来源可追溯。

九是建立信用档案和黑名单制度,加强多部门的合作与信息共享。该规定同时增加了用户权益保护的内容,规定了个人信息保护、禁止互联网新闻信息服务提供者及其从业人员非法牟利、著作权保护等相关内容。

《互联网新闻信息服务管理规定》的实施将有效加强国家对新闻事件发布

流程的监管,以及应对突发事件的能力,并逐渐营造积极健康、向上向善的网络文化,形成良好的网络信息传播秩序。

二、互联网其他信息服务的资质审核

(一)增值电信业务经营许可证

互联网离不开电信。电信业务包含基础电信业务和增值电信业务。基础电信业务是指提供公共网络基础设施、公共数据传送和基本语音通信服务的业务。增值电信业务是指利用公共网络基础设施提供的电信与信息服务的业务。国家对电信业务经营实行许可制度。经营电信业务,必须依照规定取得国务院信息产业主管部门或者省、自治区、直辖市电信管理机构颁发的电信业务经营许可证。未取得电信业务经营许可证,任何组织或者个人不得从事电信业务经营活动。

根据《电信条例》第十条的规定,经营基础电信业务,应当具备下列条件:"(一)经营者为依法设立的专门从事基础电信业务的公司,且公司中国有股权或者股份不少于51%;(二)有可行性研究报告和组网技术方案;(三)有与从事经营活动相适应的资金和专业人员;(四)有从事经营活动的场地及相应的资源;(五)有为用户提供长期服务的信誉或者能力;(六)国家规定的其他条件。"经营增值电信业务,应当具备下列条件:"(一)经营者为依法设立的公司;(二)有与开展经营活动相适应的资金和专业人员;(三)有为用户提供长期服务的信誉或者能力;(四)国家规定的其他条件。"经营者须向国务院信息产业主管部门或者省、自治区、直辖市电信管理机构提出申请,并提交上述相关文件;申请经营的增值电信业务,按照国家有关规定须经有关主管部门审批的,还应当提交有关主管部门审核同意的文件。国务院信息产业主管部门或者省、自治区、直辖市电信管理机构应当自收到申请之日起60日内审查完毕,作出批准或者不予批准的决定。予以批准的,颁发《跨地区增值电信业务经营许可证》或者《增值电信业务经营许可证》;不予批准的,应当书面通知申请人并说明理由。

根据《电信条例》以及工业和信息化部发布的《电信业务分类目录(2015年

版)》,经营电信业务均需资质。众多的互联网企业均属于增值电信业务经营者,因此增值电信业务经营许可证对其不可或缺。

当然,并不是所有网站都需要经营许可证。根据国务院公布的《互联网信息服务管理办法》,互联网信息服务分为经营性和非经营性两类。经营性互联网信息服务是指通过互联网向上网用户有偿提供信息或者网页制作等服务活动。非经营性互联网信息服务是指通过互联网向上网用户无偿提供具有公开性、共享性信息的服务活动。国家对经营性互联网信息服务实行许可制度,对非经营性互联网信息服务实行备案制度,非经营性的网站备案即可。

申请网站增值电信业务经营(ICP)许可证还应当有业务发展计划及相关技术方案;健全的网络与信息安全保障措施,包括网站安全保障措施、信息安全保密管理制度、用户信息安全管理制度;等等。由于增值电信业务经营许可证按所申请的业务类别颁发,且其业务分类纷繁复杂,因此常常被称呼为诸如 ICP、SP、EDI 或网络托管、呼叫中心等许可证,然而这些细分名目均属于增值电信业务的范畴,故经营性互联网信息服务提供者实际上只要取得增值电信业务经营许可证即可。

(二) 互联网文化经营许可证

互联网文化活动是指提供互联网文化产品及其服务的活动,主要包括:互联网文化产品的制作、复制、进口、发行、播放等活动;将文化产品登载在互联网上,或者通过互联网、移动通信网等信息网络发送到计算机、固定电话机、移动电话机、电视机、游戏机等用户端以及网吧等互联网上网服务营业场所,供用户浏览、欣赏、使用或者下载的在线传播行为;互联网文化产品的展览、比赛等活动。办理《网络文化经营许可证》(有效期为 3 年)的法规依据为 2017 年修订公布的《互联网文化管理暂行规定》。根据该规定,互联网文化产品是指通过互联网生产、传播和流通的文化产品,主要包括:专门为互联网而生产的网络音乐娱乐、网络游戏、网络演出剧(节)目、网络表演、网络艺术品、网络动漫等互联网文化产品;将音乐娱乐、游戏、演出剧(节)目、表演、艺术品、动漫等文化产品以一定的技术手段制作、复制到互联网上传播的互联网文化产品。

互联网文化活动也被分为经营性和非经营性两类。经营性互联网文化活动指以营利为目的,通过向上网用户收费或者电子商务、广告、赞助等方式获取利益,提供互联网文化产品及其服务的活动。非经营性互联网文化活动指不以营利为目的向上网用户提供互联网文化产品及其服务的活动。《互联网文化管理暂行规定》还明确了为大家所熟知的进口文化产品审查制度,其中第十五条规定:"进口互联网文化产品应当报文化部进行内容审查。经批准的进口互联网文化产品应当在其显著位置标明文化部的批准文号,不得擅自变更产品名称或者增删产品内容。经营性互联网文化单位经营的国产互联网文化产品也应当自正式经营起30日内报省级以上文化行政部门备案,并在其显著位置标明文化部备案编号。"这里需要注意的是,2018年的机构改革后文化部并入新组建的文化和旅游部,其职能也相应地由文化和旅游部行使。

可以看出,音乐、娱乐、游戏、演出剧(节)目、表演、艺术品、动漫等的线上制作、购销、服务或发布等经营活动(包括线上线下)均需要办理许可证。不过这并不针对作为内容和服务提供者的自媒体,而仅针对自媒体所在的网站本身。申请《网络文化经营许可证》应提交以下材料:申请表;营业执照和章程;法定代表人或者主要负责人的身份证明文件;业务范围说明;专业人员、工作场所以及相应经营管理技术措施的说明材料;域名登记证明;依法需要提交的其他文件。从事新闻、出版、教育、医疗保健、药品和医疗器械等互联网信息服务的,应提交有关主管部门前置审批的审核同意文件,从事经营 ICP 业务的可行性报告和技术方案,为用户提供长期服务的能力及保障措施,包括后续资金保障、技术力量保障、商业经营保障,内置管理模式,信息安全保护措施,包括网站安全保障措施,信息安全保密管理制度,用户信息安全管理制度,证明公司信誉的有关材料,公司对依法经营电信业务的承诺以及依法需要提交的其他文件。

(三) 信息网络传播视听节目许可证

互联网视听节目服务,是指制作、编辑、集成并通过互联网向公众提供视音频节目,以及为他人提供上载传播视听节目服务的活动。办理《信息网络传播视听节目许可证》(有效期为3年)的法规依据为《互联网视听节目服务管理规定》(2015年修订)。在中华人民共和国境内向公众提供互联网(含移动互联网,以下简称互联网)视听节目服务活动的,应当依照《互联网视听节目服务管理规定》取得广播电视主管部门颁发的《信息网络传播视听节目许可证》;若为地(市)级以上广播电台、电视台或中央新闻单位从事互联网视听节目转播类服务的,则需到相应广播电视主管部门履行备案手续,主管部门应将备案情况向社会公告。

此外,从事广播电台、电视台形态服务和时政类视听新闻服务的,还应当持有《广播电视播出机构许可证》或《互联网新闻信息服务许可证》。从事主持、访谈、报道类视听服务的,还应当持有《广播电视节目制作经营许可证》和《互联网新闻信息服务许可证》;从事自办网络剧(片)类服务的,还应当持有《广播电视节目制作经营许可证》;未经批准,任何组织和个人不得在互联网上使用广播电视专有名称开展业务。

《互联网视听节目服务管理规定》还规定互联网视听节目服务单位不得允许个人上载时政类视听新闻节目,在提供播客、视频分享等上载传播视听节目服务时,应当提示上载者不得上载违反《互联网视听节目服务管理规定》的视听节目。

(四) 互联网出版许可证

办理《网络出版服务许可证》(有效期为5年)的法规依据为2016年2月公布的《网络出版服务管理规定》。根据该规定,在中华人民共和国境内通过信息网络向公众提供的具有编辑、制作、加工等出版特征的数字化作品,主要包括:文学、艺术、科学等领域内具有知识性、思想性的文字、图片、地图、游戏、动漫、音视频读物等原创数字化作品;与已出版的图书、报纸、期刊、音像制品、电子出版物等内容相一致的数字化作品;将上述作品通过选择、编排、汇集等方式形成的网络文献数据库等数字化作品;国家新闻出版广电总局(现为中宣部)认定的其他类型的数字化作品。从事网络出版服务,必须依法经过出版行政主管部门批准,取得网络出版服务许可证。

按照现行标准,开设微博、微信公众号等"自媒体"的个人或者机构属于信息内容的创作者或生产者,而纳入许可管理的主要是微博、微信等网络平台服务单位,即上述信息内容的提供者。

《网络出版服务管理规定》十分重视网络出版的质量,规定非出版单位从事网络出版的,除法定代表人和主要负责人外,应有适应网络出版服务范围需要的 8 名以上具有出版及相关专业技术职业资格的专职编辑出版人员,其中具有中级以上职业资格的人员不得少于 3 名;此外,还要求网络出版服务单位实行出版物内容审核责任制度、责任编辑制度、责任校对制度等管理制度,保障网络出版物内容合法及网络出版物出版质量。

《网络出版服务管理规定》还十分关注出版安全。比如,其规定中外合资经营、中外合作经营和外资经营的单位不得从事网络出版服务。网络出版服务单位与境内中外合资经营、中外合作经营、外资经营企业或境外组织及个人进行网络出版服务业务的项目合作,应当事前报相关的管理部门审批。并规定网络出版服务单位出版涉及国家安全、社会安定等方面重大选题的内容,应当按照有关重大选题备案管理的规定办理备案手续。未经备案的重大选题内容,不得出版。

三、加强互联网新闻管理的意义与路径

(一) 加强互联网新闻管理的意义

目前,互联网已成为公众获取信息的重要渠道和途径,新闻媒体尤其是社交新闻媒体,已成为人们认知世界、获悉万事万物的窗口。互联网新闻已成为网民高频使用的基础类工具,对人们的思维方式和价值理念产生了重要的影响。同时,网络信息的多元丰富也给网络新闻传播带来了诸多问题和弊端。如何加强互联网新闻管理,这是当前摆在新闻管理者面前的一道难题。在互联网时代,新媒体迅猛发展,传统媒体受到较大冲击,互联网成为新闻传播的重要渠道。与报纸、广播、电视三大传统媒体相比,新媒体更为开放,在管理上充满不确定性。

当社会上发生重大突发事件时,新闻传播在维护社会稳定方面起着至关重

要的作用。在传统媒体时期,新闻传播的源头和途径是可控的,当社会上发生负面舆情时有关部门能够有效进行引导。但是在互联网时期,新媒体的开放性让网络新闻的传播难以直接管理,许多热点舆情是通过互联网引起的,或在互联网上传播,引起较大的社会反响。这一点如果被一些别有用心的人加以利用,后果不堪设想。因此,加强互联网新闻管理的意义就在于,较好激活网络媒介舆论引导功能,促进互联网新闻信息服务健康有序发展。

(二) 互联网新闻管理中存在的问题

当前的互联网新闻管理中存在着诸多问题,主要表现在如下几个方面:

一是有的网络媒体在未核实新闻事件真伪的情况下就发布转载信息,一味追求时效性,发布转载信息随意性强,存在审核把关不严的现象;有的网络媒体未取得互联网新闻信息服务资质,但会定期推送、发布新闻信息,出现大范围转载的情况。转发信息近乎零成本,且普通人缺乏甄别真伪的手段和方法,这在一定程度上助推了虚假新闻的进一步传播。

二是网络新闻质量参差不齐。网络新闻的采、编、发过程包括信息收集、整理、编辑、加工、发布、传播等诸多环节,而一些网络媒体从业人员未经过采编方面的系统训练;有的人每天要负责处理很多版面稿件,短时间内无法对每条新闻都做到认真审核把关;有的只能按时间先后顺序简单罗列信息。这些都影响了受众的阅读体验和传播效果。网络上也存在玩噱头、大搞"标题党"的信息,这些信息刺激了网民情绪,混淆民众视听。

三是网络新闻信息重复率高。"两微一端"传播矩阵成为各家新闻网站和媒体的标配,往往同一条信息会被重复大量转发;有些新闻网站风格样式及报道内容大体相似,造成重复冗杂、网络资源浪费。

四是网络新闻媒体真假难辨。有的网站假冒境内正规新闻网站,未办理备案手续,服务器设在境外,大量刊载境内社会新闻,集纳负面信息,规避国内监管部门的监理;有的境内不具备新闻资质的网站违法从事新闻采编活动,冲击国家新闻监管体系;少数新闻网站为吸引眼球编写、炮制虚假新闻,出现法律、法规明令禁止的内容,扰乱社会秩序。

五是欺诈侵权问题严重。有的新闻网站成为犯罪分子实施犯罪活动的温床;有的网站开设后,为吸引公众、赚取点击量,甚至从事新闻敲诈、有偿删帖等违法活动。

存在上述问题的主要原因有四:一是作为传播主体的网络新闻信息服务提供者没有切实把好新闻质量关,特别是一些社会商业媒体,为实现利益最大化,博取点击率及排名榜位次,忽视社会责任,不顾真伪、不加辨别和筛选就直接发布或转载新闻信息,蓄意制造"标题党",降低了新闻的水准和内容质量。二是作为传播客体的一些网民,法律意识淡薄,文化品位和思想文化素质参差不齐,极易被虚假低俗的内容吸引。三是政府管理层面的理念和管理方式有待改进。作为网络新闻传播监管方的各级互联网管理部门,对于隐秘性强、传播速度快、覆盖面广的网络信息,缺乏有效的监控手段,处罚措施和责任追究制度没有落到实处。加强互联网新闻管理,相关行政部门需要担负很大的责任,但是开展网络生态、网络内容以及网络秩序的维护和治理工作,绝不是仅依靠政府的管理就可以做到的。必须构建政府、企业、行业、用户、生产者等多元主体协同共治模式,才有可能共同维护健康清朗的网络空间。四是市场层面互联网平台和从业人员责任心不强。与传统媒体的国家机构属性不同,新媒体的产业属性更强一些,受到国家直接监管的力度则相对弱一些。在增强新媒体发展灵活性的同时,平台和从业人员责任心不强的问题也容易出现,主要表现在两个方面:一是新媒体的新闻从业人员来源较为复杂,在专业性上较传统媒体有差距,对新闻传播事业的社会意义认识不深,容易出现责任心不强的问题。二是网络新闻的采编流程不够规范。传统媒体有一套完整的新闻采编流程,采编人员对于这一流程的执行力也较强。但是新媒体由于采编流程和传统媒体有所不同,在采编流程的规范上和执行力上有所欠缺,最常见的问题就是为了盈利和提升曝光度等编发未经核实的新闻或传播虚假新闻。

(三) 加强互联网新闻管理的措施与路径

解决上述问题需要监管部门、互联网服务提供者、网络用户等多方发力,多措并举。具体来说需要做到以下四个强化:

第一,强化网络新闻的规范管理。近些年来,《网络安全法》已经正式实施,国家互联网信息办公室在规范网络内容管理方面新修订了《互联网新闻信息服务管理规定》,同时牵头制定出台了多项法规,这都有利于加强新闻信息采编发布流程管理、细化平台管理和落实处罚责任,使互联网新闻信息发布更加规范化。因此,需要认真落实现有的法律法规,同时要制定互联网新闻信息服务许可、运行、监督检查等方面的实施细则,以便于操作和管理。要会同广播电视、电信、新闻出版、公安、市场管理等部门建立信息共享机制,发挥各部门的执法合力,各司其职,各负其责,共同促进互联网新闻信息管理取得更好的成效。

第二,强化网络媒体违法违规日常监管和集中整治手段。互联网监管部门要统筹协调各相关部门开展互联网新闻信息服务专项行动,集中对作为互联网新闻信息服务主体的互联网站、应用程序、论坛、博客、微博客、公众账号、即时通信工具、网络直播等媒体的采编发布服务、转载服务、传播平台服务等进行全方位审查,对未依法取得互联网新闻信息服务资质或超越许可范围开展互联网新闻信息服务活动的媒体予以严厉查处。同时,对于服务器在境外,冒作国内新闻媒体刊载新闻信息的网站依法予以取缔。集中整治后,各级互联网信息管理部门要进一步加强常态化管控,定期通报。

第三,强化互联网新闻信息服务提供者的主体责任。互联网新闻信息服务提供者应主要从三个方面切实履行主体责任:一是建立总编辑及核心内容管理人员的管理制度,总编辑对所有发布的信息内容负总责。二是健全内容管理审核制度。要确保所发布信息事实明确、导向正确、来源规范、合法合规,严格落实"三级审核""先审后发"等要求,制定新闻来源白、黑名单机制,严格按照国家网信办的互联网新闻信息稿源单位名单开展工作。三是转载应注明新闻信息来源,同时要加强页面生态管控,不得登载危害国家安全和社会稳定的谣言及低俗负面的违规信息。

第四,制定信息安全管理、实名登记、平台用户管理等日常运营制度,加强图片及音视频的审核管理。

具体到政府管理层面,有关部门要进一步完善网络立法,提升管理水平。一是政府要加强对互联网新闻的管理。国家互联网信息办公室 2017 年 10 月

30 日公布了《互联网新闻信息服务新技术新应用安全评估管理规定》,其中要求互联网新闻信息服务提供者调整增设新技术新应用,应当建立健全信息安全管理制度和安全可控的技术保障措施,不得发布、传播法律法规禁止的信息内容。这是国家关于互联网新闻管理的最新规定,而未来还需要更多、更加细化的相关法律政策。二是政府管理人员要提升对互联网的认识。新媒体逐渐成为未来媒体的典型形态,互联网新闻传播正在被大多数人接受和使用。这就需要政府有关部门的管理人员清醒地认识到互联网新闻管理的重要性,下大力气治理互联网新闻乱象。

在网络媒体采集、编辑、发布层面,要增强责任,守住源头,把控渠道。具体来说:一是互联网新闻机构要通过培训等多种方式,增强新闻从业人员的责任心。要使新闻从业人员深切地明白"真实性是新闻的生命"这一原则,传播具有真实性、权威性和有价值的新闻;要让他们对自己传播的新闻负责,出现相关舆情时要及时处理,不能放任自流。二是互联网新闻机构要守住新闻发布的源头。互联网新闻机构无论是编发新闻,还是转载新闻,一定要注意新闻的真实性;转载时要注意新闻的版权,不能随意转载,不能胡编乱造。三是互联网新闻机构要把控新闻传播的渠道。尤其在出现重大新闻事件舆情之时,互联网新闻机构不能跟风,要紧跟权威媒体和权威机构的步伐,积极传播事实真相。同时还要及时澄清其他渠道出现的谣言等,积极做好舆情引导。

在新媒体使用率越来越高的今天,通过互联网发布、传播和接收新闻已成为新闻传播的常态。无论是政府管理还是市场管理都不能掉以轻心,要通过多重手段来加强互联网新闻管理,营造良好的互联网新闻环境。

2016 年 8 月 17 日,国家互联网信息办公室在京召开专题座谈会,就网站履行网上信息管理主体责任提出了八项要求:明确从事互联网新闻信息服务的网站要建立总编辑负责制,总编辑要对新闻信息内容的导向和创作生产传播活动负总责,完善总编辑及核心内容管理人员任职、管理、考核与退出机制;发布信息应当导向正确、事实准确、来源规范、合法合规;提升信息内容安全技术保障能力,建设新闻发稿审核系统,加强对网络直播、弹幕等新产品、新应用、新功能上线的安全评估。此外,网站还应严格落实 7×24 小时值班制度,建立健全跟帖评论管理制度,完善用户注册管理制度,强化内容管理队伍建设,做好举报受理工作等。

2023年1月4日至5日,全国网信办主任会议在京召开。会议强调,必须坚持以习近平新时代中国特色社会主义思想特别是习近平总书记关于网络强国的重要思想为指导,以全面学习、全面把握、全面落实党的二十大精神为统领,深刻领悟"两个确立"的决定性意义,牢记"国之大者",增强"四个意识"、坚定"四个自信"、做到"两个维护",政治站位要更高、思想领悟要更深、服务大局要更实、工作成效更大、作风保证要更强、纪律约束要更严,更好统筹发展和安全,以建设全媒体传播体系、塑造主流舆论新格局加强网络内容建设管理,以完善网络综合治理体系营造清朗网络空间,以筑牢网络安全屏障维护国家安全,以信息化数字化驱动中国式现代化,以构建网络空间命运共同体推动构建人类命运共同体,全面推动网信事业高质量发展,以网络强国、数字中国建设新成效为全面建设社会主义现代化国家、全面推进中华民族伟大复兴提供有力服务、支撑和保障。

 案例

《中国文化报》北京记者站违法案①

2013年12月30日,中国文化报社北京记者站站长王金龙,以其亲属公司北京寻梦盛典文化传播有限公司的名义承办中国文化传媒网北京频道,并向该网运营公司支付17万元。2013年12月19日和2014年1月26日,北京寻梦公司分别与通州区和房山区有关部门达成协议,共建中国文化传媒网通州频道、房山频道,并收取费用28万元。另查实,2013年12月,中国文化报社北京记者站未经报社批准,擅自聘用韩某某从事新闻采访等活动。2015年2月,国家新闻出版广电总局给予中国文化报社警告、罚款3万元、撤销北京记者站的行政处罚,同时吊销王金龙新闻记者证并列入不良从业行为记录,五年内禁止从事新闻采编工作。

---

① 王歧丰:《中国文化报北京记者站被撤 报社被罚款3万元》,《北京晨报》2015年2月6日。

思考题

1. 新闻传播行业资质是什么？其合理性在何处？
2. 报刊创办制度有哪几种？我国是哪一种？
3. 广播电台、电视台的设立条件是什么？
4. 播音员主持人如何取得职业资格？

第四章 传统新闻行业的管理

第一节 出版行业管理规定

一、我国出版行业法治建设的发展历程

改革开放40多年来,我国出版行业法治建设随着出版业的改革与发展不断完善,目前已经形成具有中国特色的出版法律制度体系,为出版行业坚持依法管理、加强社会监管、推动改革发展以及有效维护国家意识形态安全提供了良好的法律制度基础。

改革开放之初,百废待兴,《宪法》以及《刑法》《刑事诉讼法》《民事诉讼法》《民法通则》《行政诉讼法》等一批基本法律经修订陆续出台,为出版行业的法治建设奠定了基础。我国《宪法》第二十二条规定:"国家发展为人民服务、为社会主义服务的文学艺术事业、新闻广播电视事业、出版发行事业、图书馆博物馆文化馆和其他文化事业,开展群众性的文化活动。"这为新时期的新闻出版法治建设提供了基本准则与依据。1990年6月15日至18日,新中国成立以来第一次全国新闻出版法制工作会议在北京召开。会议进一步明确了加强新闻出版法制建设的指导思想,即在党的基本路线的指引下,以马列主义、毛泽东思想为指导,以宪法和法律为依据,科学地总结中华人民共和国成立以来出版事业行政管理的经验教训,积极慎重地立法,严肃认真地执法,充分发挥出版法制工作的作用,为繁荣社会主义出版事业服务。之后,国务院、新闻出版总署陆续出台了一系列法规和规章,出版工作纳入依法治理的轨道。

为了加强对出版活动的管理,发展和繁荣中国特色社会主义出版产业和出版事业,保障公民依法行使出版自由的权利,促进社会主义精神文明和物质文明建设,国务院于 1997 年 1 月 2 日颁布了《出版管理条例》。该条例是我国出版领域的最为基本的法律规范,在规范出版单位依法经营和出版行政部门依法监管、打击非法出版活动等方面发挥了重要作用。该条例实施期间,我国的出版行业发生了重大变化:出版体制改革取得重大进展,机制发生显著变化,许多出版社由事业单位改制为企业;出版产业实现跨越式发展,以网络出版为代表的新媒体、新业态发展迅猛;行政管理体制改革不断深入,出版行政部门的职能得到根本转变。为了适应时代的要求、发展的要求和管理的要求,国务院先后多次对《出版管理条例》进行修订。

二、我国出版行业法治建设的特点

第一,以宪法为指导,初步形成中国特色的出版法治体系。改革开放 40 多年来,我国出版领域已经初步建成以《宪法》为指导,以《出版管理条例》《音像制品管理条例》《印刷业管理条例》3 部行政法规为核心,以《图书出版管理规定》《报纸出版管理规定》《期刊出版管理规定》《音像制品出版管理规定》《电子出版物出版管理规定》《复制管理办法》《出版物市场管理规定》等 25 部行政规章为配套,以 300 多件规范性文件为补充,内容涵盖出版、新闻报刊、印刷复制、市场监管和行政执法等众多领域的具有中国特色的社会主义出版法律制度体系。

第二,以完善法规规章为基础,促进政府职能转变。党的十八届三中全会通过《中共中央关于全面深化改革若干重大问题的决定》,要求"进一步简政放权,深化行政审批制度改革,最大限度减少中央政府对微观事务的管理,市场机制能有效调节的经济活动,一律取消审批,对保留的行政审批事项要规范管理、提高效率;直接面向基层、量大面广、由地方管理更方便有效的经济社会事项,一律下放地方和基层管理"。此后国务院分几批调整取消了行政审批事项,集中修订相关的法规,新闻出版领域先后取消了出版物全国连锁经营企业、出版物总发行单位审批。为做好取消、下放审批权限后的有关法规衔接工作,国务院修订了《出版管理条例》《音像制品管理条例》《印刷业管理条例》的有关条款,解决了行政审批项目调整后的法规依据问题。这些法规有效地促进了政府职能的转变,使出版行政部门依法行政的水平不断提高。

第三,以建设服务政府为目标,加强公共服务立法。党的十八届三中全会、四中全会均提出要制定"公共文化服务保障法"。2014年4月,有关部门启动该法的起草工作。2016年12月25日,《公共文化服务保障法》正式颁布,这是我国宣传文化领域第一部保障性法律,对社会主义文化事业的发展具有里程碑的重要意义,是完备我国法律规范体系的重要步骤,对于文化领域的其他立法工作产生了积极的示范作用,是弘扬社会主义核心价值观、满足人民群众精神文化需求、提升我国文化软实力的客观要求,对传承中华优秀传统文化、提高社会文明程度、推动社会进步具有重要作用。为了促进全民阅读,推动学习型社会建设,国家新闻出版广电总局从2013年开始组织研究起草"全民阅读促进条例"。2017年5月,国务院法制办办务会议审议并原则通过了《全民阅读促进条例(草案)》。这一草案强调了在全民阅读促进工作中要发挥政府主导作用、鼓励社会参与、明确保障措施、关注未成年人等重点群体阅读等原则。

第四,以适应新业态发展为宗旨,完善网络出版管理。近年来,互联网产业飞速发展,网络出版是出版管理必须面对的热点与难点问题。2002年,新闻出版总署和信息产业部颁布了《互联网出版管理暂行规定》,填补了当时网络出版管理工作缺乏法律依据的空白,为行政管理部门在依法履行网络出版监管职责、促进产业发展方面发挥了重要作用。经过十多年的发展,无论是网络出版业还是中央对于网络管理的要求都有了很多新变化。2016年2月4日,国家新闻出版广电总局与工业和信息化部联合公布了《网络出版服务管理规定》,替代了《互联网出版管理暂行规定》。《网络出版服务管理规定》较之《互联网出版管理暂行规定》主要有以下变化:一是将"网络出版物"界定为"通过信息网络向公众提供的,具有编辑、制作、加工等出版特征的数字化作品",并从四个角度对网络出版物进行了列举式描述,将原创出版、集成出版、已出版作品等不同形式都纳入其中,厘清了网络出版服务等概念表述,并明确了管理职责。二是为体现国家鼓励传统出版单位加快与新媒体融合发展的政策,规定其从事网络出版业务仅需较宽松的条件;其他单位进入网络出版服务领域则需更为严格的资质条件,例如应具有 8 名以上编辑出版等相关专业技术人员。明确中外合资经营、中外合作经营和外资经营的单位不得从事网络出版服务。同时,明确网络出版服务单位与外资企业或境外组织及个人进行网络出版服务业务的项目合作,应当在事前报有关部门审批。三是细化了网络出版服务的管理要求,增强可操作性。四是强化了事中与事后监管要求,加大了违法行为处罚力度。

第二节　报纸、期刊管理规定

目前以报纸、期刊等出版物为规范对象的行政管理规章制度主要包括行政法规和部门规章两类。国务院公布或经国务院批准公布的有关新闻出版管理的行政法规主要包括《出版管理条例》《关于严禁淫秽物品的规定》《外国常驻新闻机构和外国记者采访条例》等;由新闻出版主管部门发布的部门规章主要有《关于出版单位的主办单位和主管单位职责的暂行规定》《报纸出版管理规定》《期刊出版管理规定》等。

一、报纸、期刊的创办与审批

(一) 报纸、期刊的创办

《出版管理条例》规定,报纸、期刊、图书、音像制品和电子出版物等应当由出版单位出版。出版单位包括报社、期刊社、图书出版社、音像出版社和电子出版物出版社等。因此,创办报纸、期刊的主体应当是上述出版单位。

依据《出版管理条例》的规定,设立出版单位,应当具备下列条件:一是有出版单位的名称、章程;二是有符合国务院出版行政主管部门认定的主办单位及其主管机关;三是有确定的业务范围;四是有 30 万元以上的注册资本和固定的工作场所;五是有适应业务范围需要的组织机构和符合国家规定的资格条件的编辑出版专业人员;六是法律、行政法规规定的其他条件。审批设立出版单位,除依照上面所列条件外,还应当符合国家关于出版单位总量、结构、布局的规划。此外,《出版管理条例》还规定了出版单位的民事主体性质,即报社、期刊社、图书出版社、音像出版社和电子出版物出版社等应当具备法人条件,经核准登记后,取得法人资格,以其全部法人财产独立承担民事责任。

国家对于出版单位所制定的限制性条件又被称为"法人准入"条件。目前我国出版业进入规制的基本内容包括:一是出版社的设立实行审批制。设立出版社由其主办单位向所在地的省、自治区、直辖市人民政府出版行政部门提出申请,省、自治区、直辖市人民政府出版行政部门审核同意后,报国务院出版行政部门审批。二是原则上禁止设立非国有出版社或者国有出版社的非国有化改制。三是出版社的合并及其他资产重组行为要经过审批。四是原则上禁止设立中外合资或外资出版社,禁止创办中外合资的报纸、期刊和出版社等机构。

由于我国对出版社数量和结构实行总体控制,所以主管部门在实行进入许可制度时一般遵循两个原则:一是独占许可,即在中央和各个地区(省级行政区划)一个出版领域只批准一家出版社;二是严格限制的少数进入许可,即在各个地区只允许少数几家出版社存在。这两个原则可以追溯到新中国成立初期,除在"大跃进"期间被突破外,一直被严格遵守。① 这样的"法人准入"是保障"党管媒体"体制的独特设计,但也对出版业市场结构产生了重大影响,尤其在当下社会主义市场经济体制下面临着调整的可能。

(二) 报纸、期刊的审批

《出版管理条例》规定,设立出版单位,由其主办单位向所在地省、自治区、直辖市人民政府出版行政主管部门提出申请;省、自治区、直辖市人民政府出版行政主管部门审核同意后,报国务院出版行政主管部门审批。设立的出版单位为事业单位的,还应当办理机构编制审批手续。

出版单位领取出版许可证后,属于事业单位法人的,持出版许可证向事业单位登记管理机关登记,依法领取事业单位法人证书;属于企业法人的,持出版许可证向工商行政管理部门登记,依法领取营业执照。出版单位不得向任何单位或者个人出售或者以其他形式转让本单位的名称、书号、刊号或者版号、版

---

① 参见张新华:《转型期中国出版业政府规制分析》,《北京印刷学院学报》2010年第1期。

面,并不得出租本单位的名称、刊号。在审批和刊号制度中,体现出报刊布局的属地和分级(中央和地方),因为各类文件和统计资料一向把报纸划分为中央、省、地市等级别。①

二、报纸、期刊的监管制度

报纸、期刊出版活动的监督管理实行属地原则。依据《出版管理条例》总则部分规定,国务院出版行政主管部门负责全国的出版活动的监督管理工作,国务院其他有关部门按照国务院规定的职责分工,负责有关的出版活动的监督管理工作。县级以上地方各级人民政府负责出版管理的部门负责本行政区域内出版活动的监督管理工作。县级以上地方各级人民政府其他有关部门在各自的职责范围内,负责有关的出版活动的监督管理工作。根据《报纸出版管理规定》与《期刊出版管理规定》的规定,报刊出版管理实施报刊出版事后审读制度、报刊出版质量评估制度、报刊出版年度核验制度和报刊出版从业人员资格管理制度。

(一)报纸、期刊出版的监管

依法出版制度 报刊属于连续出版物,在履行法定登记注册手续取得合法出版权利之后,报刊社在出版过程中要自始至终遵守所有登记事项,不得任意变更。以报纸为例,根据《报纸出版管理规定》的要求,报纸出版须与《报纸出版许可证》的登记项目相符,变更登记项目须办理审批或者备案手续。报纸出版时须在每期固定位置标示以下版本记录信息:报纸名称;报纸出版单位、主办单位、主管单位名称;国内统一连续出版物号;总编辑(社长)姓名;出版日期、总期号、版数、版序;报纸出版单位地址、电话、邮政编码、报纸定价(号外须注明"免费赠阅"字样);印刷单位名称、地址;广告经营许可证号;国家规定的涉及公共利益或者行业标准的其他标识。报纸出版单位不得出卖、出租、转让本单位名称及所出版报纸的刊号、名称、版面,不得转借、转让、出租和出卖《报纸出版许

---

① 参见魏永征:《新闻传播法教程》第 5 版,中国人民大学出版社 2016 年版,第 223 页。

可证》。《期刊出版管理规定》与《报纸出版管理规定》在出版制度方面的规定基本一致,均是主要根据国务院《出版管理条例》制定其特别规定。

报刊审读制度 报刊审读是新闻出版行政部门和报刊主管单位在报刊出版后,组织有关人员依法对报刊出版质量进行的审阅和评定,是报刊出版事后管理的重要制度。为了加强对报刊的舆情监测和分析,使报刊审读工作逐步规范化和制度化,新闻出版总署于2009年2月9日公布了《报纸期刊审读暂行办法》,规定新闻出版总署负责全国报刊审读工作,地方各级新闻出版行政部门负责本行政区域内的报刊审读工作。报刊出版单位在实施三审制度的同时,建立并实行报刊阅评制度,定期写出阅评报告,指导本单位出版工作,供新闻出版行政部门根据管理工作需要调阅和检查。报刊审读内容包括十项,例如,刊载涉及重大革命和重大历史题材的内容,是否按规定履行重大选题备案程序,办理有关审批手续;报道涉及灾情疫情、交通事故、安全生产、刑事案件、社会稳定等重大、敏感和突发事件,是否符合有关规定;是否含有色情淫秽、凶杀暴力、迷信愚昧等有害内容,是否有悖于社会主义道德风尚等。报刊审读制度既涉及当下新闻传播领域频发的问题,又符合我国新闻传播监管体制的一贯政策。

报刊年检制度 年度核验简称年检,是新闻出版行政部门负责对本行政区域的报纸、期刊实施年度核验。年度核验内容包括报纸、期刊出版单位及其所出版报纸、期刊登记项目、出版质量、遵纪守法情况、新闻记者证和记者站管理等。依据《报纸出版管理规定》《期刊出版管理规定》及《报纸期刊年度核验办法》的规定,报纸、期刊有下列情形之一的,不予通过年度核验:一是报纸、期刊超过规定期限不能出版或不能正常出版的;二是违法行为被查处后拒不改正或者没有明显整改效果的;三是报纸、期刊出版质量长期达不到规定标准的;四是经营恶化已经资不抵债的;五是已经不具备创办报纸、设立报纸出版单位应当具备的条件。凡是不予通过年度核验的,撤销《报纸出版许可证》《期刊出版许可证》,所在地省、自治区、直辖市新闻出版行政部门注销其登记。未通过年度核验的,报纸、期刊出版单位自第二年起停止出版该报纸、期刊。

质量评估制度 《出版管理条例》明确规定必须保证出版物的质量。质量是出版物的生命线,报刊质量包括政治质量、信息质量、文化质量和编校印装质量等。① 为更好地执行《出版管理条例》所规定的出版物质量标准,具体落实质量监督要求,1995 年新闻出版署制定了《报纸质量管理标准(试行)》及其细则和《社会科学期刊质量管理标准(试行)》及其评估办法。报纸刊物的质量依据这些法规和办法进行评估。

(二) 报纸、期刊内容的监管

内容监管即内容审查,是各国政府对出版物普遍实行的一种监管制度。基于不同审查方式,我国对报刊内容的审查大致分为政治审查、宗教审查、道德审查和法律审查;根据审查环节分为事前审查和事后审查。报刊内容监管的基本原则包括:一是报刊出版实行编辑责任制度,保障报刊内容符合国家法律法规的规定;二是报刊不得刊载《出版管理条例》和其他有关法律法规以及国家规定的禁止内容;三是报刊的新闻报道必须坚持真实、全面、客观、公正的原则,不得刊载虚假、失实报道。② 具体来讲有以下几个方面:

首先,禁载内容。《出版管理条例》第二十五条规定,任何出版物不得含有下列内容:反对宪法确定的基本原则的;危害国家统一、主权和领土完整的;泄露国家秘密、危害国家安全或者损害国家荣誉和利益的;煽动民族仇恨、民族歧视,破坏民族团结,或者侵害民族风俗、习惯的;宣扬邪教、迷信的;扰乱社会秩序,破坏社会稳定的;宣扬淫秽、赌博、暴力或者教唆犯罪的;侮辱或者诽谤他人,侵害他人合法权益的;危害社会公德或者民族优秀文化传统的;有法律、行政法规和国家规定禁止的其他内容的。第二十六条规定,以未成年人为对象的出版物不得含有诱发未成年人模仿违反社会公德的行为和违法犯罪的行为的内容,不得含有恐怖、残酷等妨害未成年人身心健康的内容。

其次,坚持真实性原则,不得刊载虚假、失实报道。新闻报道必须坚持真实公正,报道失实要及时更正。《出版管理条例》第二十七条第 2 款规定,报纸、期刊发表的作品内容不真实或者不公正,致使公民、法人或者其他组织的合法权益受到侵害的,当事人有权要求有关出版单位更正或者答辩,有关出版单位应

---

① 参见黄瑚主编:《新闻传播法规与职业道德教程》,复旦大学出版社 2010 年版,第 27 页。
② 参见赵阳、杨妍编著:《传媒政策与法规》,中山大学出版社 2010 年版,第 160—161 页。

当在其出版的报纸、期刊上予以发表;拒绝发表的,当事人可以向人民法院提起诉讼。1999年新闻出版署制定的《报刊刊载虚假、失实报道处理办法》,进一步明确了刊载虚假、失实报道的更正方式、版位、时效。除行政法规所规定的法律后果外,刑法、民法等其他法律也对虚假、失实新闻报道规定了相应的刑事和民事责任。

再次,关于使用信息的规定。第一,不要公开引用内部信息和涉密信息的规定。《关于不得在出版物上公开引用发表新华社内参涉密信息的通知》《新闻出版保密规定》及《关于防止在出版物中泄漏国家秘密的通知》等都对内部信息和涉密信息的使用进行了明确规定。第二,使用互联网上的信息也有相应的规定。《关于对出版物使用互联网信息加强管理的通知》第三条规定,报纸、期刊使用互联网信息,必须有明显的下载标识,并注明下载文件网址、下载日期等。《期刊出版管理规定》第二十八条第2款规定,期刊转载、摘编互联网上的内容,必须按照有关规定对其内容进行核实,并在刊发的明显位置标明下载文件网址、下载日期等。

最后,禁止非法出版。非法出版物是指违反出版物禁载事项规定的出版物。未经批准的出版物和出版活动都是非法的,包括一切从程序到内容违反法律的出版活动及其出版物。非法出版物的认定和处理,是打击非法出版活动的重要环节,是政策性很强的工作。《关于整顿、清理书报刊和音像市场 严厉打击犯罪活动的通知》以及《关于认定、查禁非法出版物的若干问题的通知》等法规文件,对非法出版物的认定与取缔作出了明确规定。非法出版物包括以下九种表现形式:一是伪称根本不存在的出版单位印制的出版物;二是盗用国家批准的出版单位的名义印制的出版物;三是盗印、盗制合法出版物并在社会上公开发行销售的出版物;四是在社会上公开发行的、不署名出版单位或署名非出版单位的出版物;五是承印者以牟取非法利润为目的擅自加印、加制的出版物;六是被明令解散的出版单位的成员擅自重印或以原编辑部名义出版的出版物;七是其他非出版单位印制和公开发行的出版物;八是以买卖书号、刊号印制发行的出版物;九是违反协作出版、代印代发规定从事出版投机活动而印制、销售的出版物。

在报刊出版中,主要非法出版活动有:一是未经批准擅自出版报刊。《出版管理条例》第六十一条规定,未经批准,擅自设立出版物的出版、印刷或者复制、进口单位,或者擅自从事出版物的出版、印刷或者复制、进口、发行业务,假冒出版单位名称或者伪造、假冒报纸、期刊名称出版出版物的,由出版行政主管部门、工商行政管理部门依照法定职权予以取缔;依照刑法关于非法经营罪的规定,依法追究刑事责任;尚不够刑事处罚的,没收出版物、违法所得和从事违法活动的专用工具、设备;侵犯他人合法权益的,依法承担民事责任。二是假冒报刊名称出版。《出版管理条例》第二十九条规定,任何单位和个人不得伪造、假冒出版单位名称或者报纸、期刊名称出版出版物。第六十一条规定了对这种行为的处罚。三是转让刊号和出版权。《出版管理条例》第二十一条规定,出版单位不得向任何单位或者个人出售或者以其他形式转让本单位的名称、书号、刊号或者版号、版面,并不得出租本单位的名称、刊号。第六十六条还规定了主管部门视违法行为情节轻重所给予的行政处罚措施,包括责令停止违法行为,给予警告,没收违法经营的出版物、违法所得,罚款,责令限期停业整顿或者由原发证机关吊销许可证。

无论是非法出版物,还是非法出版活动,如果违法行为情节严重,触及刑法,则构成犯罪。根据 1998 年最高人民法院《关于审理非法出版物刑事案件具体应用法律若干问题的解释》,非法出版可能涉及的罪名包括煽动分裂国家罪,煽动颠覆国家政权罪,侮辱罪,诽谤罪,制作、复制、出版、贩卖、传播淫秽物品牟利罪,传播淫秽物品罪,侵犯著作权罪,销售侵权复制品罪等。从违法出版活动的实践来看,既有非法出版内容上存在严重问题的出版物的行为,也有非法出版内容上不存在严重问题,但没有合法出版手续的出版物的行为。前者属于内容上违法的非法出版物,依据该解释前十条和刑法定罪量刑;后者属于程序上违法的非法出版物。程序上违法的非法出版物对现行出版管理体制造成了严重的冲击,导致出版物市场秩序混乱,也是一种可能引发严重后果的非法经营行为,有必要通过刑罚手段进行治理。对此,《关于审理非法出版物刑事案件具体应用法律若干问题的解释》第十五条规定,非法从事出版物的出版、印刷、复制、发行业务,严重扰乱市场秩序,情节特别严重,构成犯罪的,可以依照刑法的规定以非法经营罪定罪处罚。①

第三节　广播电视管理规定

一、广播电视主管机关

广播电视是通过无线电波或者导线传播声音或者图像的现代化的大众传播手段。广播电视主管机关是负责本国或本地区广播电视管理工作的部门,统筹协调广播电视的发展。各国由于经济、文化以及广播电视发展模式的差异,广播电视的主管部门的职责也有所不同。

英国的广播发展依赖复杂的法律规范,英国通信委员会是最主要的主管部门;欧盟的媒体监管随着欧盟成员国和司法管辖区的增加而不断发展,欧盟委员会是主要的主管部门;美国联邦通信委员会对广播电视实施管制。其他国家也都设有广播电视的主管部门,但各国主管部门的职责和管理模式不尽相同,兹不一一介绍。我们国家的广播电视的主管部门是国家广播电视总局。

中华人民共和国成立初期,广播电台是政府的一个部门,实行"局台合一"体制。依据1955年国务院《关于地方人民广播电台管理办法的规定》,中央广播事业局是国家的广播管理机构,中央人民广播电台是它的一个组成部门。20世纪60年代以后,我国的广播电台发展成为中央人民广播电台、国际广播电台、中央电视台三个部门。各省市的广播电台是当地政府的直属机构,受当地政府和中央广播事业局的双重领导。20世纪80年代确立了"条块结合、以块为主"的分级行政管理模式后,各级广播电台、电视台成为隶属于同级政府广电部门的事业单位。1983年全国广播电视工作会议确定了"四级办广播、四级办电视、四级混合覆盖"的方针。世纪之交,广电总局进行广播电影电视集团化试行工作,至2004年底不再成立新的集团,经过多种方式探索,地方广播电视体制改革实行合并,成立广播电视台或称"总台",制播分离,下设节目制作、广告等

---

① 参见刘科、贺献理:《非法出版期刊构成非法经营罪定罪量刑情节的适用》,《科技与出版》2011年第12期。

组成的传媒企业集团。2018年整合中央电视台、中央人民广播电台、中国国际广播电台,组建中央广播电视总台,作为国务院直属事业单位,归中共中央宣传部领导。①

国家广播电视总局是国务院的直属机构,主管中华人民共和国广播电视业务。国家广播电视总局1997年为广播电影电视部,1998年改组为国家广播电影电视总局,2013年与新闻出版总署整合为国家新闻出版广电总局,2018年调整为国家广播电视总局。② 国家广播电视总局"三定方案"③确定了国家广播电视总局的主要职责,具体包括以下几个方面:一是贯彻党的宣传方针政策,拟订广播电视、网络视听节目服务管理的政策措施,加强广播电视阵地管理,把握正确的舆论导向和创作导向。二是负责起草广播电视、网络视听节目服务管理的法律法规草案,制定部门规章、行业标准并组织实施和监督检查,指导、推进广播电视领域的体制机制改革。三是负责制定广播电视领域事业发展政策和规划,组织实施公共服务重大公益工程和公益活动,指导、监督广播电视重点基础设施建设,扶助老少边贫地区广播电视建设和发展。四是指导、协调、推动广播电视领域产业发展,制定发展规划、产业政策并组织实施。五是负责对各类广播电视机构进行业务指导和行业监管,会同有关部门对网络视听节目服务机构进行管理。实施依法设定的行政许可,组织查处重大违法违规行为。六是指导电视剧行业发展和电视剧创作生产。监督管理、审查广播电视节目、网络视听节目的内容和质量。指导、监管广播电视广告播放。七是指导、协调广播电视全国性重大宣传活动,指导实施广播电视节目评价工作。八是负责推进广播电视与新媒体新技术新业态融合发展,推进广电网与电信网、互联网三网融合。九是组织制定广播电视科技发展规划、政策和行业技术标准并组织实施和监督检查。负责对广播电视节目传输覆盖、监测和安全播出进行监管,指导、推进国家应急广播体系建设。指导、协调广播电视系统安全和保卫工作。十是开展广播电视国际交流与合作,协调推动广播电视领域走出去工作,负责广播电视节

---

① 魏永征、周丽娜:《新闻传播法教程》第六版,中国人民大学出版社2019年版,第244页。
② 同上书,第243页。
③ "三定方案"是指2018年7月30日国务院公布的《国家广播电视总局职能配置、内设机构和人员编制规定》。

目的进口、收录和管理。十一是指导广播电视、网络视听行业人才队伍建设。十二是完成党中央、国务院交办的其他任务。①

由上可见,当前国家广播电视总局的主要职能是对广播电视从主体到内容再到基础设施等的全面管理以及对网络视听的内容和质量进行管理。但是新的网络视听形式不断涌现,在网络视听领域如何协调国家广播电视总局与其他职能部门的职权范围,目前还是一个需要进一步明确的问题。

二、广播电视主体制度

欧盟的视听媒体主体制度主要体现在2007年生效的欧盟《视听媒体服务指令》,2009年融入欧洲各国的国内法。英国的广播电视主体制度主要是通过许可证的颁发来确立主体的合法经营地位,英国通信委员会负责颁发许可证。我国广播影视行业主体可以按照管理的方式不同分为传统的广播电台、电视台,以及新兴的广播电视形态,比如手机电视和互联网电视及网络视频经营主体。

(一) 广播电台、电视台

广播电视的主体制度可以从主体、主体应当具备的条件以及主体的设立权限三个层面来理解。《广播电视管理条例》第八条确定了广播电视行业的主体即广播电台和电视台,并对广播电台、电视台进行了明确的界定:"广播电台、电视台是指采编、制作并通过有线或者无线的方式播放广播电视节目的机构。"同时规定了设立广播电台、电视台应当具备的条件,包括有符合国家规定的广播电视专业人员,有符合国家规定的广播电视技术设备,有必要的基本建设资金和稳定的资金保障,有必要的场所。审批设立广播电台、电视台,除依照前款所列条件外,还应当符合国家的广播电视建设规划和技术发展规划等。此外,该条例对广播电视主体的设立单位进行了规定,国务院广播电视行政部门对设立广播电台、电视台具有统一的审批权。广播电台、电视台由县、不设区的市以上人

---

① 参见《国家广播电视总局"三定方案"公布》,https://www.sohu.com/a/253441103_152615,访问日期:2022年3月9日。

民政府广播电视行政部门设立,其中教育电视台可以由设区的市、自治州以上人民政府教育行政部门设立。其他任何单位和个人不得设立广播电台、电视台。该条例的其他条款还规定,中央的广播电台、电视台由国务院广播电视行政部门设立。地方设立广播电台、电视台的,由县、不设区的市以上地方人民政府广播电视行政部门提出申请,本级人民政府审查同意后,逐级上报,经国务院广播电视行政部门审查批准后,方可筹建。乡、镇设立广播电视站的,由所在地县级以上人民政府广播电视行政部门负责审核,并按照国务院广播电视行政部门的有关规定审批。

(二) 新兴广播电视主体

随着通信技术的发展,新的广播电视形态不断涌现,有线电视网、互联网和电信网络的融合趋势促进了手机电视、互联网电视等新的广播电视形态的发展。为了应对新的广播电视形态,我国出台了《互联网视听节目服务管理规定》和《专网及定向传播视听节目服务管理规定》,对从事相关视听节目服务主体的条件进行了规定。《互联网视听节目服务管理规定》对申请从事互联网视听节目服务的主体的条件规定如下:一是具备法人资格,为国有独资或国有控股单位,且在申请之日前三年内无违法违规记录。二是有健全的节目安全播出管理制度和安全保护技术措施。三是有与其业务相适应并符合国家规定的视听节目资源。四是有与其业务相适应的技术能力、网络资源。五是有与其业务相适应的专业人员,且主要出资者和经营者在申请之日前三年内无违法违规记录。六是技术方案符合国家标准、行业标准和技术规范。七是符合国务院广播电影电视主管部门确定的互联网视听节目服务总体规划、布局和业务指导目录。八是符合法律、行政法规和国家有关规定的条件。《专网及定向传播视听节目服务管理规定》要求申请从事专网及定向传播视听节目服务的单位必须具备以下条件:一是具备法人资格,为国有独资或者国有控股单位。二是有健全的节目内容编审、安全传播管理制度和安全保护措施。三是有与其业务相适应的技术能力、经营场所和相关资源。四是有与其业务相适应的专业人员。五是技术方案符合国家有关标准和技术规范。六是符合国务院广播电影电视主管部门确定的专网及定向传播视听节目服务总体规划、布局和业务指导目录。七是符合法律、行政法规和国家规定的其他条件。同时,《互联网视听节目服务管理规定》和《专网及定向传播视听节目服务管理规定》也对审批程序、变更程序以及申请程序等作出了相应的规定。

三、广播电视内容监管制度

对于广播电视内容的监管,各国都有相应的规制,比如 2003 年英国的通信法建立起三个层面的内容规制框架:一是电视和无线电广播的节目内容标准。这一标准与欧盟委员会的电视指令一致。二是某些特殊规定,比如节目的配额、政党政治广播、青少年节目。三是广播电视的公共服务内容要求。如欧盟的《视听媒体服务指令》从多个方面建立起适用于各种视听媒体服务内容的基本规则。我国对广播电视的内容监管相关规定主要体现在《广播电视管理条例》,具体规范包括:

一是关于节目设置范围。广播电台、电视台应当按照国务院广播电视行政部门批准的节目设置范围开办节目。二是关于节目制作。广播电视节目由广播电台、电视台和省级以上人民政府广播电视行政部门批准设立的广播电视节目制作经营单位制作。三是关于节目播放。广播电台、电视台不得播放未取得广播电视节目制作经营许可的单位制作的广播电视节目。四是关于禁止播放的内容。广播电台、电视台应当提高广播电视节目质量,增加国产优秀节目数量,禁止制作、播放载有下列内容的节目:(1)危害国家的统一、主权和领土完整的;(2)危害国家的安全、荣誉和利益的;(3)煽动民族分裂,破坏民族团结的;(4)泄露国家秘密的;(5)诽谤、侮辱他人的;(6)宣扬淫秽、迷信或者渲染暴力的;(7)法律、行政法规规定禁止的其他内容。五是播前和重播审查。广播电台、电视台对其播放的广播电视节目内容,应当依照《广播电视管理条例》的规定进行播前审查,重播重审。六是广播电视新闻应当真实、公正。七是关于电视剧的制作许可。设立电视剧制作单位,应当经国务院广播电视行政部门批准,取得电视剧制作许可证后,方可制作电视剧。八是关于节目出境备案。凡向境外提供的广播电视节目,应当按照国家有关规定向省级以上人民政府广播电视行政部门备案。九是广告节目。广播电台、电视台应当播放公益性广告。十是关于著作权保护。对享有著作权的广播电视节目的播放和使用要依照《著作权法》的规定办理。

第四节 电影及电视剧管理制度

电影产业与广播电视两者在监管主体和监管方式上存在着较大的差异。目前,电影产业主要由隶属于中共中央宣传部的国家电影局监管。1949 年新中国成立初期,中共中央宣传部设中央电影事业管理局,管理全国的电影行业。同年电影行业管理职责划归中央人民政府文化部,设中央人民政府文化部电影局。1954 年,中央人民政府文化部改组为中华人民共和国文化部,设文化部电影事业管理局。1986 年,文化部的电影行业管理职责分出,与广播电视部整合组建中华人民共和国广播电影电视部。改革后,广播电影电视部的电影事业管理局作为广电部内设机构。1998 年,根据国务院机构改革方案,广播电影电视部由国务院组成部门改为国务院直属机构,改组为国家广播电影电视总局,行政级别仍为正部级。国家广播电影电视总局电影管理局为广电总局内设机构。2013 年,国家广播电影电视总局与新闻出版总署整合组建中华人民共和国国家新闻出版广电总局,内设国家新闻出版广电总局电影局,作为国务院电影行业管理机构。2018 年 3 月,《深化党和国家机构改革方案》明确:"中央宣传部统一管理电影工作。为更好发挥电影在宣传思想和文化娱乐方面的特殊重要作用,发展和繁荣电影事业,将国家新闻出版广电总局的电影管理职责划入中央宣传部。中央宣传部对外加挂国家电影局牌子。2018 年 4 月 16 日,国家电影局正式挂牌,其主要职责是:管理电影行政事务,指导监管电影制片、发行、放映工作,组织对电影内容进行审查,指导协调全国性重大电影活动,承担对外合作制片、输入输出影片的国际合作交流等。

2016 年 11 月,《电影产业促进法》公布。这部法律全文共 6 章 60 条,是目前电影行业的基本法律规范,从制作与摄制、发行与放映、产业支持和保障、法律责任等方面对我国电影业发展进行规范。按该法规定,行政审批程序得到简化,电影制片单位和电影拍摄许可证审批取消,影片审查等多项行政审批项目下放,但影片公开放映仍须取得公映许可证;境外机构与个人独立参与影片摄制被禁止,境外企业参与国内电影拍摄必须以合拍方式进行;重罚票房偷漏瞒报现象;"德艺双馨"作为从业者要求写入法律。这项法律尽管没有明确提出电影分级制度,但第二十条提到"摄制电影的法人、其他组织应当将取得的电影公映许可证标识置于电影的片头处;电影放映可能引起未成年人等观众身体或者心理不适的,应当予以提示"。受此影响,于2017年3月3日公映的《金刚狼3:殊死一战》成了新法实施后首部必须有明确发行公示的影片,各大线上线下售票窗口均明确标示"小学生及学龄前儿童应在家长陪同下观看"的提示。《电影产业促进法》将长期以来中国电影产业改革发展的成熟经验上升为法律,为电影产业的持续健康发展提供了有力的法律保障,对电影产业的长远发展具有里程碑意义。同时,作为文化产业领域的一部重要法律,该法对文化产业领域立法产生了积极的示范作用。

近些年来,我国的电影电视剧发展迅速,精品力作不断涌现,对国家的政治、经济和文化产生了重大的影响。网络剧、微电影等网络视听节目丰富多彩,数量稳步增长,同时精品节目也逐渐增加,质量不断提高,市场化程度不断深化。《广播电视管理条例》是目前我国管理广播电视活动的基本依据,对我国广播电视行业的健康发展起到了重要作用。随着我国广播电视的不断发展,特别是近年来广播电视数字化的发展和视听新媒体的蓬勃发展,给广电行业治理带来新的挑战。当前的广电管理制度已不能完全适应信息化、移动化、数字化以及媒体融合时代对广播电视管理的要求,广电行业管理者必须寻找新的管理依据、内容和手段,增加广播电视管理新职能,创新广电管理机制,以满足新形势下管理广播电视和新媒体的特殊要求。

电影电视剧规制具有多个层面的目标。从政治角度而言,电影电视剧被认为对政治稳定有重要的作用;从经济角度而言,电影电视剧产业中蕴涵着巨大的生产力;从社会角度而言,多样化的电影电视剧服务使公民获得更多公共服务。尽管媒体规制有着多个目标,但这些目标不是独立的,而是相互联系的,因此就存在究竟哪个优先的问题,简单地说就是电影电视剧规制应当是政治导向还是经济导向优先。电影电视剧事业应当坚持为人民服务、为社会主义服务的方向,坚持正确的舆论导向。电影电视剧行业发展经济利益应当立足于人民群众的日益增长的精神文化需求,首先应当考虑政治导向的问题,要通过立法引导和支撑电影电视剧行业始终坚持正确的政治方向、价值取向、舆论导向,牢记文化事业的责任担当,在践行责任使命中守正创新。

 案例

安徽电视台、叶集公安分局侵权案①

2005 年 3 月 20 日,安徽省霍邱县叶集镇发生一起强奸(未遂)案,被告叶集公安分局立案后,于同年 4 月 13 日下午将犯罪嫌疑人朱某某抓获。当晚,叶集公安局欲安排被害人对犯罪嫌疑人进行混合指认,要求被告叶集实验学校予以协助,提出需要数名与犯罪嫌疑人朱某某年龄相仿的初中男生配合指认。当晚 9 点下自习时,叶集实验学校教导主任对该校初二(8)班班主任张爱国说明了此事,张爱国即带领原告李某某、高某、刘某、陈某某、张某某和孙某某前往叶集公安分局。该局民警向张爱国及六原告说明了混合指认的相关内容,张爱国在谈话笔录上签字后,六原告按民警要求手举号牌与犯罪嫌疑人朱某某一起列队接受指认,这一过程被民警摄像和拍照。次日,被告安徽电视台记者前往叶集公安分局采集新闻,叶集公安分局遂将本案指认过程的相关摄像资料等交给安徽电视台记者,未做任何交代。2005 年 4 月 16 日,安徽电视台"第一时间"栏目播报的新闻中出现李某某等六原告手持号牌参与辨认的图像,面部无任何技术遮盖,也未做特别说明,头像显示时间约 2 秒。安徽电视台播报此新闻前未通知叶集公安分局和叶集实验学校。李某某等六原告先后看到该条新闻,随后即向学校及叶集公安分局提出异议,未果。后被同学和其他人以"嫌疑犯"和"几号强奸犯"等字眼称呼。事后,叶集公安分局于 2005 年 7 月 2 日向叶集实验学校发出建议函,建议学校对六原告予以表扬,但未得到校方回应。李某某等六

---

① 参见《李海峰等诉叶集公安分局、安徽电视台等侵犯名誉权、肖像权纠纷案》,《中华人民共和国最高人民法院公报》2007 年第 2 期。

原告因与三被告未能就赔偿事宜达成一致意见，遂诉至法院。

一审法院判决被告安徽电视台和被告叶集公安分局向六原告公开赔礼道歉，以消除影响、恢复名誉，并共同向原告各支付精神抚慰金人民币6000元。叶集公安分局不服一审判决，向安徽省合肥市中级人民法院提起上诉，上诉法院认为一审认定事实清楚，判决正确，判决驳回上诉，维持原判。

思考题

1. 简述我国目前在网络出版领域的立法成果及主要制度。
2. 简述报刊内容监管的基本原则。
3. 我国各类广播电视主体准入需要具备何种条件？

第五章　网络传播的主体责任与行为规范

第一节　网络传播主体责任的类型①

进入网络时代,传统侵权法意义上的侵权类型大都在网络环境中以不同方式表现出来;同时,网络的虚拟性、工具性和全民性等特点使得一些网络侵权类型较之传统侵权类型有着新的特性,其中某些特性具有网络专属特点,这也是侵权法司法实践中亟待解决的重大问题。

一、网络侵权主体双重化

网络侵权较之传统侵权的最大特点就是主体的双重化,网站在一定条件下可能承担替代责任。网站在民事活动中本身就具有双重身份,一是作为传统媒体发布者的身份,二是作为网络服务提供者的身份。当网站作为传统媒体发布者从事民事活动时,因其资讯发布是主观主动之行为,所以在侵权责任承担上与传统媒体没有本质区别,按照侵权责任一般构成要件承担自己责任。当网站作为网络服务提供者之时,因其仅为网民提供上传空间及相关技术工具与手段,对可能发生的利用网络服务的侵权行为无法事先预测或者控制,所以法律在一般情况下否认网络服务提供者的责任。这种责任的否认在侵权法上是基于对网站过错的考察而定,在更高层次的法律上,则是基于对言论自由和信息快速传播的因素考量而定。但是,一旦网络服务提供者滥用这种责任的否定,

---

① 本部分写作参照并援引了朱巍:《网络侵权类型化研究》,《新闻法治传播》2012年第3辑。

在明知侵权行为发生或者在有证据提示之后仍然放任侵权发生和扩大的话,那么,基于网站本身的故意或者过失以及对民事个体合法权益的保护,网站就要承担相应的民事责任。一般认为,此时网站所要承担的责任是相对于自己责任的替代责任,是一种中间责任,网站在承担侵权责任后,有权向最终责任主体追偿。从更高层次的立法目的考量,让网站承担中间责任也是对公民言论自由的一种尊重,因为过于苛刻的网站责任可能会有压抑网民自由之嫌。

对网络侵权双重身份的更深层次探讨,集中在同一侵权案件中是否存在网站同时承担自己责任和替代责任的情形。按照传统侵权法理论,在自己责任与替代责任之间大多是非此即彼的关系,这种混合责任构成在大多数情况下都不会出现。但是在网络侵权实践中,这种情况极为常见:一方面,网站作为发布者主动发布信息侵害他人合法权益;另一方面,网站作为传播者违反"提示规则",恶意放任有害信息的传播。这时网站应为自己行为负责,承担自己责任,也应为他人侵权行为负责,承担替代责任。在网络共同侵权中,这种混合责任形态可以分为两个部分:网站作为发布者时承担自己责任,与其他共同侵权人承担连带责任;网站作为传播者时承担替代责任,与其他共同侵权人承担不真正连带责任。网站的双重身份属性决定了其承担责任的特殊性,这也是区分责任形态的关键所在。

二、网络间接侵权行为

网络间接侵权的研究起源于对网络版权的保护,这与网络以及相关服务和产品快速普及有关。网络服务及产品的发展速度让法律难以适应。其出现和普及可能带来的后果,我们往往无法做到准确预测。一些新服务和产品在出现之时本来具有善良之目的,只是在后期被滥用导致侵权行为的发生(如 P2P 技术);还有一些服务和产品在出现之时本身就不具有善良之目的,它的出现将可能导致新的侵权行为的发生(如外挂技术)。如果说对于前者,我们需要加以引导的话,对于后者则应尽快消除。侵权法应为那些因为新服务或者新技术而被侵权的人寻求更完善的救济办法。尤其是在网络环境下,直接侵权人在地理上分散或者缺乏经济赔偿能力,使得被侵权人获得侵权损害赔偿越来越难,所以寻求保护被侵权人权益的新途径就显得尤为重要。只有让那些提供非法服务、引诱或教唆他人实施侵权行为，或者出于过错为直接侵权人提供服务或工具、设施，以及扩大直接侵权损害后果的人承担间接侵权责任，才能使权利人获得充分的救济。但是，如果对于网络服务提供者和新型产品或服务提供者承担间接侵权责任规定得过于苛刻，也有可能导致信息产业受到不良影响，所以新时期网络侵权法就需要在这复杂的利益关系中寻求平衡。本书将网络间接侵权主体定位于网络服务与技术的提供者和管理者，其侵权行为主要有以下几种类型：

（一）引诱、教唆或帮助侵权行为

此种类型的间接侵权行为主体多为网络技术提供者，表现形式多为故意或由于过失向非法网络用户提供技术支持，直接侵权人利用这些非法的技术和服务实施侵权行为。最为典型的有两种：其一是"非法盗链"服务的提供。某些非法网站在正常的浏览器无法浏览，或者某些侵权网络页面已被依法断开，但是某些网络服务和技术提供者为不法用户提供相关"链接服务"，导致侵权结果的发生或扩大。其二是"外挂服务"的提供。众所周知，网络"外挂"是网络信息产业发展中的毒瘤，一个网络游戏或者论坛一旦被"外挂"腐蚀，那么对于这个网络产品而言将是毁灭性打击，因为这将导致网民无法按照原有程序设计公平游戏，也将使服务商无法获得预计的收益。而这些"外挂"多以"网络小助手""游戏大管家"等名字堂而皇之地出现，因此在追究"外挂"提供者责任之时就产生了问题：提供者是否应该承担责任？承担什么样的责任？本书认为，虽然"外挂"服务提供者没有直接参与具体侵权行为，但其产品或服务已经为侵权行为提供了实质性的条件，"外挂"服务与直接侵权行为同样具有可责性，因此服务提供者应该承担间接侵权责任。"非法盗链"服务提供者和"外挂服务"服务提供者对侵权结果的发生具有明显过错，这种帮助性间接侵权行为与直接侵权行为结合，导致侵权结果的发生，属于典型的共同侵权，应与直接侵权人承担连带责任。

(二) 网络产品的间接侵权

虽然美国环球电影制片公司和迪斯尼制片公司诉索尼公司案所确立的产品"非实质性侵权用途"作为新产品抗辩间接侵权的原则已被世界所接受,但是后续发生在美国的米高梅等公司诉 GS 公司案表明,即使新产品以"非实质性侵权用途"抗辩间接侵权构成,但如果提供者明知存在侵权行为,并有能力阻止之时,却没有尽到合理阻止义务,那么也应该承担相应的侵权责任。这种理论应用于网络产品服务,主要针对的是特定服务的提供者,比如猫扑网的"人肉搜索"栏目管理者。论坛上的"人肉搜索"栏目本身虽然是"非实质性侵权用途",利用"人肉搜索"寻找被拐卖儿童的事例也说明了这一点,但是不可否认,在"人肉搜索"这个敏感的栏目里面有相当部分信息严重侵害了很多人的诸如隐私权、肖像权等人格权。开办此栏目的网络服务管理者理应认识到该栏目的"双面性",对相关帖子需要加大审核力度,如果没有尽到合理阻止侵权行为发生的义务,那么就应该承担间接侵权责任。

这种网络间接侵权的构成特点有三个:其一是网络服务提供者开设了具有"非实质性侵权用途"的服务或栏目;其二是在这个特殊服务或栏目中有侵权行为的发生;其三是服务提供者有能力阻止这种侵权行为的发生,或者已经明知侵权行为的发生,但却没有尽到合理的注意义务或阻止义务而导致侵权行为发生或扩大。从这三个构成特点看,如果网络服务提供者开设了本身目的就是单纯侵权用途的服务或栏目,比如网络赌博服务,那么因其本身行为的非法性,其承担的是直接侵权责任,是自己责任。如果在开设的"非实质性侵权用途"的服务中没有侵权行为的发生,或者在接到被侵权人提示通知后采取了必要措施,那么就可以认为其尽到了谨慎义务。但若在侵权发生或侵权结果扩大时,网络服务提供者没有尽到合理的注意义务和采取必要措施阻止损害结果的扩散,那么就应该认定其承担间接侵权责任。

(三) 间接侵害未成年人的权益

未成年人因其心智与身体处于特殊成长时期而需要特殊的保护,这已经成为共识,体现在互联网产业上,网络服务提供者至少需要承担以下几种合理保护之义务:其一,建立网络游戏防沉迷系统;其二,公众门户网站不得刊载不利于未成年人身心健康的信息;其三,特殊功能的网站需要设立严格的实名制以限制未成年人进入;其四,涉及未成年人信息的需要较为严格的审核。违反以上几种义务的网络服务提供者需要承担相应的间接侵权责任:首先,网络游戏防沉迷系统是世界各国为保护未成年人防止其沉迷网游的基本措施,游戏运营商和网络服务提供者如果没有建立这个系统,导致未成年人沉迷游戏有损身心健康的,实际上是间接侵害了其监护人正常的监护权。其次,我国网站并未实行分级制度,大多数网站的浏览并不需要严格的实名注册制度。因此,作为发布者的网站若事先预测浏览人群中可能存在未成年人,其中网络资讯如果存在明显会危害未成年人权益的内容,或者存在可能引诱教唆未成年人犯罪的内容,那么就可以推定网站没有尽到合理的注意义务,因而要承担相应的侵权责任。最后,具有特殊功能的网站(如有可能涉及色情、血腥暴力等不宜未成年人浏览的网站)必须实行严格的实名制。如果网站怠于实名制审核,那么就可以推定其违反了应尽义务,应该承担相应责任。

此外,对于涉及未成年人的相关信息,如果有必要上传的,应事前征得其监护人同意,并应进行缜密的技术处理。如果没有尽到相关义务,那么网站也应该承担侵权责任。

三、网站注意义务标准的特殊性

网站的注意义务到底应如何划分,是否具有相应的层次,对待不同网络用户是否要适用不同的注意标准,这些问题成为实践中亟待解决的重要问题。

网站的注意义务与不动产管领人注意义务较为相似,美国法律也曾有将入侵网站比照入侵不动产进行处理的判例,因此,我们参照不动产管领人对不动产的注意义务之理论来创建网站注意义务标准。具体原因为:首先,二者都对进入自己管领范围之人负有一定的保护和注意义务。如同不动产管领人对进入自己领地的人承担风险警告、异常提示和危险排除的义务一样,网站对进入自己页面的网民同样负有相应的责任,如密码保存提示、外部链接提示和非法页面提示等。其次,二者都根据进入自己管领范围之人划分注意义务等级。不动产管领人的注意义务要区分等级,对进入管领范围之人的安全的注意等级由高到低依次排序。网站对进入者同样有这种等级划分,对与网站有合约的用户、合法进入者和非法进入者的注意义务等级也是由高至低排序。最后,二者的注意义务都属于侵权法上附随义务的一种,是一种法定义务,不需要与当事人事先用合同约定。

四、网站对未成年人的特殊注意义务

根据不动产充满诱惑力的滋扰理论,一个在自己不动产之上维持危险环境的不动产权人应当对未成年人受到的伤害承担侵权损害赔偿责任,因为未成年人欠缺足够的知识来保护自己。《美国侵权法重述(第二次)》第三百三十九条对充满诱惑力的滋扰理论做出了明确规定:"不动产权人应当对侵入其不动产之内或之上的未成年人遭受的有形损害承担侵权损害赔偿责任,如果该种有形损害是由于不动产之内或之上存在的人为环境引起的,并且符合下列条件:A. 人为环境所在的位置是不动产权人知道或有理由知道未成年人可能会侵入的地方;B. 此种环境是不动产权人知道、有理由知道并且意识到或有理由意识到会引起未成年人死亡或严重身体伤害的环境;C. 未成年人因为年轻不能发现此种环境或意识到此种环境涉及的风险;D. 不动产权人维持此种环境是方便的,消除危险的成本同未成年人面临的风险相比极小;E. 不动产权人没有尽到合理注意义务来消除危险或采取其他措施保护未成年人的安全。"

根据上述理论,网站对未成年人的特殊注意义务体现在:(1) 门户网站或无需实名注册之网站有理由知晓未成年人的来访,因此必须对那些不宜于未成年人成长的内容采取必要措施。(2) 当网站作为发布者的时候,应事先考虑对未成年人的保护;当网站作为传播者的时候,对涉及未成年人的资讯应有最为严格的审核制度。(3) 如果网站意识到某些内容可能会对未成年人产生不良后果,而且消除这种后果的成本与未成年人面临的风险相比极小的话,比如引入实名制系统、对论坛帖子定期审核等,那么对于没有尽到这些合理注意义务的网站,就可以推定其"明知"侵权行为的发生而未采取行动,应该承担相应的责任。

第二节 网络直播与网络论坛的行为规范

一、网络直播的行为规范①

2016年11月4日,国家网信办正式发布了《互联网直播服务管理规定》,这部旨在保护公民、法人和其他组织合法权益,强调青少年身心健康,保障社会知情权,维护国家安全和公共利益的法律文件,起到了遏制违法违规网络直播乱象,促进网络直播行业健康有序发展,形成向上向善和风清气正的网络生态,建立有法可依的网络直播法治环境的作用。党的二十大报告再次强调"健全网络综合治理体系,推动形成良好网络生态",因此,规范网络直播的行为就显得尤为必要了。

(一)强化网络直播新闻信息服务管理制度

按照我国《互联网新闻信息服务管理规定》,新闻信息是指"有关政治、经济、军事、外交等社会公共事务的报道、评论,以及有关社会突发事件的报道、评论"。新闻单位和非新闻单位利用互联网发布和转载新闻信息,必须依法经国务院有关部门审批,取得相关资质后方可进行新闻活动。然而,目前我国从事网络直播的平台多达数百家,其中绝大部分的直播平台不仅业务主播没有新闻资质,甚至连平台本身也不具备新闻资质。这些不具备法律资质的网络直播活动,一方面严重违反了法律对新闻信息的规定,造成了互联网新闻采编和发布活动的混乱;另一方面,大量片面追求点击量和商业效果,忽略新闻事实的"标题党"和"谣言党"充斥网络直播市场,严重侵害了公众知情权,危害了社会稳定和经济秩序。

因此,《互联网直播服务管理规定》强调了网络直播服务提供者和直播发布者须具备互联网新闻信息服务的"双资质"制度,即直播平台和直播发布者都必

---

① 本部分写作参照朱巍:《开启风清气正的网络直播时代》,http://www.xinhuanet.com/zgjx/2016-11/06/c_135808950.htm,访问日期:2023年5月12日。

须依法取得互联网新闻信息服务资质。同时,该规定针对新闻信息服务直播的传播速度和影响程度等特点,明确了新闻信息直播及其互动内容的"先审后发"制度,这就在新闻生产端口上保证了新闻的真实性和公众的知情权,同时最大限度地扼制了新闻侵权和虚假新闻的不良影响。为保证互联网新闻信息服务的专业性和真实性,该规定明确了提供互联网新闻信息服务直播平台的"总编辑负责制"。在互联网新闻信息服务"双资质"的基础上,《互联网新闻信息服务管理规定》要求提供互联网新闻信息服务的平台必须设立总编辑,总编辑对本平台发布的新闻信息内容负总责。

提供互联网新闻信息服务的直播平台在总编辑负责制基础上,应保证新闻信息的"真实准确、客观公正",这不仅适用于"双资质"新闻直播平台的采编和发布新闻的过程,而且包括转载新闻信息。转载新闻信息应在"显著位置标明来源",保证新闻信息来源可追溯。这就有效杜绝了"标题党""片面党""歪曲党"等严重损害新闻信息真实客观性的行为,有效避免了侵害公众知情权的直播行为。

(二) 明确直播平台主体责任

我国网络直播实践中广泛存在为追求商业利益而忽视法律和道德底线,以"性暗示""爆粗口""博出位""靠炒作""猎奇"为代表的低俗化和无底线趋势,网络直播已经出现蜕变成违法违规表演的显著倾向。一些所谓的"网红"仗着网民关注度,无视法律法规,大量发布虚假广告,甚至以"做电商""搞公益""组建社团""交友"为幌子,从事传销、网络诈骗、卖淫嫖娼、网络赌博和其他侵害网民合法权益的违法活动。同时,现阶段网络平台的商业模式完全建立在"网红经济"基础上,个别直播平台忽视法律和道德责任,放任甚至鼓励网络主播的违法行为,已经对产业、社会和网民合法权益造成了严重侵害。针对网络直播中出现的这些问题,结合网络直播的即时性、广泛度和控制力等特点,《互联网直播服务管理规定》进一步明确了网络直播平台应该承担"主体责任"。网络直播平台不单纯是网络服务提供者,更应对利用其平台服务而产生的内容履行勤勉监管者和技术控制者的责任。从这个角度讲,网络直播平台的主体责任包括以下几个方面：

监管责任　在网络直播实践中存在的低俗甚至非法直播说明，缺乏可管、可控和能管、能控的监管制度，就无法让网络直播产业"回归"健康有序的发展轨道上来。《互联网直播服务管理规定》明确平台应"配备与服务规模相适应的专业人员"，建立健全信息审核和信息安全制度，完善"值班巡查""应急处置"等管理措施。监管制度的完善可以最大限度肃清利用网络直播实施的违法行为，维护网民特别是青少年网民的合法权益。

技术责任　互联网技术本身就是把双刃剑。对于网络直播来说，技术的使用就是把网络直播区分为"阿里巴巴的宝库"和"潘多拉的魔盒"的分水岭。网络技术发展得越快，就越需要防控技术跟上脚步。总体上讲，直播平台在技术上的主体责任分为五个层面。一是平台必须具备"即时阻断网络直播"的能力——既包括直播中的阻断，也应包括传播中的阻断。若平台缺乏"即时"阻断的技术，也就无法确保网络直播违法行为"可防可控"，社会对网络直播的监督和投诉也就变成了"泡影"。因此，网络直播平台能否建立以巡查制度、投诉渠道和技术监控为基础的即时阻断制度，就成为平台能否承担技术主体责任的重要衡量指标。二是平台必须建立直播内容审核平台，根据"内容类别"和"用户规模"进行"分级分类"管理。越多的用户，也就意味着越大的管理责任，必须具备更强的技术防控能力；越热的视频和越火的直播，也就越应该审慎地监管，这也符合权利义务对等原则的要求。三是平台应对直播的内容加注或播报"标示信息"，以达到可溯源的效果。溯源机制的建立不仅是传播法上追责的要求，而且也是民事侵权中追责的要求。缺乏溯源机制的话，被侵权人也就无法找到适格被告，也就增加了维权成本。四是平台应对直播内容和发布日志保存不少于60日，建立技术上的全面存储功能，并在有关部门监督检查时依法提供相关资料。若平台无法依法提供相关资料，除了行政责任外，在民事侵权领域也将承担举证不能的所有法律后果。五是平台应在制度上和技术上建立"投诉举报入口"，方便全社会对直播内容进行投诉和举报。从实践来看，很多平台设立的举报途径非常有限，举报类型过于狭窄，个别直播平台没有对涉及淫秽、色情、低俗、暴力等的直播信息设置举报渠道；有些平台即便有举报渠道，受理时间也很长,等到开始处理时,违法直播早已结束,无法达到有效监督的目的。

实名认证责任 网络的虚拟性不代表网络就是法外之地,每个人都应该承担自己在虚拟世界言行的后果。实践表明,网络实名制是净化网络环境、遏制电信诈骗、倡导网络诚信、减少网络侵权、促进网络经济、保护未成年人身心健康的良药。《互联网直播服务管理规定》将网络直播的实名制分为两个层面:普通网络直播用户需要按照"后台实名、前台自愿"的原则,以自己的移动电话号码等真实身份信息进行认证;网络主播则应基于身份证件、营业执照和组织机构代码证等进行认证。网络直播平台实名制的主体责任是对网络主播的身份进行审核,在省级网信办备案,并在执法部门依法查询时提供相关资料。

信息安全责任 直播平台的信息安全主体责任主要分为两部分:一是内容安全。平台应建立审查机制,不得发布涉及危害国家安全、破坏社会稳定、扰乱社会秩序、侵害他人合法权益、传播淫秽色情等的信息。二是数据安全。按照全国人大常委会《关于加强网络信息保护的决定》的相关规定,直播平台应该保护用户的身份信息和相关隐私,不得泄露、篡改、毁损、出售或向他人违法提供相关数据信息。

(三) 创建网络直播信用治理模式

《互联网直播服务管理规定》首次将互联网信用纳入网络直播治理模式,这是该规定的一大亮点,对其他互联网领域法治建设具有很强的借鉴意义。

首先,该规定开创性地将网络主播的信用等级与平台为其提供的管理和服务直接挂钩。拥有越高信用等级的网络主播,就有可能获得越高的直播权限和收益;反之,喜欢"打擦边球""耍小聪明",甚至靠"炒作"或违法违规直播获取关注的主播,信用等级就会降低,而信用等级越低,直播权限和收益也就越低。所以,信用变成了主播们竞争的砝码。让信用与商业利益挂钩,那么诚实信用将重新回归网络直播市场。

其次,该规定明文要求建立失信主播的"黑名单"制度。黑名单制度在网络直播行业中的意义与其他行业不一样。很多网络平台为了商业利益,不惜违背法律底线去留住能够"获利"的网络主播;即便明知某些主播是"问题主播",平台也不敢轻易"得罪"他们,因为担心主播会跳槽去别的平台。黑名单将向省级和国家互联网信息办公室报告,纳入黑名单的主播将被"禁止重新注册账号"。这样一来,进入黑名单的主播将不能肆意"用脚投票"来要挟平台,法治与诚信也就重新回归直播市场。

此外,《互联网直播服务管理规定》鼓励建立网络直播全行业信用评价体系和服务标准。只有全行业适用同样的标准,才能避免"劣币驱逐良币"的现象,才不会让合法经营者和诚信经营者"吃亏"。这也是提高网络直播行业门槛,保护"好人经济"的重要举措。

二、网络论坛的行为规范[①]

2017年8月25日,国家网信办公布了《互联网论坛社区服务管理规定》。这部旨在推动互联网论坛社区法治化进程、保护网民合法权益和维护网络安全的新规,既是《网络安全法》在互联网论坛社区领域的具体适用,也是互联网论坛社区服务提供者依法办网的指引。该规定是我国互联网论坛社区发展和管理实践多年的经验总结,回应了新时代对互联网论坛社区服务的法治化要求,有利于保障公众知情权和公共利益。

(一) 适用范围和监管主体

《互联网论坛社区服务管理规定》所称互联网论坛社区服务,是指在互联网上以论坛、贴吧、社区等形式,为用户提供互动式信息发布社区平台的服务。该规定坚持了属地管理的基本原则,地方网信办负责属地内的监督管理执法工作,国家网信办负责全国范围内的监督管理执法工作。法律是最低等级的道德。该规定特别强调了"鼓励"建立行业自律制度和行业准则,促进平台通过制定更高标准的自律公约来落实法律责任、社会责任和道德责任。

---

① 本部分写作参照朱巍:《〈互联网论坛社区管理规定〉有利于公众知情权和公共利益》,http://www.caheb.gov.cn/system/2017/08/28/011657253.com,访问日期:2023年6月12日。

(二) 服务平台的主体责任

针对互动式信息发布的特点,《互联网论坛社区服务管理规定》将服务平台主体责任分为两大块:一是明确平台自身的法律责任,二是明确平台对用户交互信息的管理义务。

我国《网络安全法》明确了网络运营者维护网络信息安全的法定义务,《互联网论坛社区服务管理规定》将其具体化为互联网论坛社区服务提供者的主体责任。近年来,部分互联网论坛社区平台传播淫秽色情、血腥暴力、诈骗等违法信息的情况时有发生,社会公共利益和用户权益受到侵害,但有时互联网论坛社区服务提供者却以自己并非违法信息发布者进行抗辩。这于情于法都说不通,技术中立规则不能成为个别服务提供者推卸责任、置身事外的挡箭牌。其实,服务提供者的信息管理责任并非社会责任和道德层面的要求,而是源自法律规定。《网络安全法》第 47 条明确了网络运营者对用户发布的信息的管理义务,该法不仅明确了平台对用户发布违法违规信息具有停止传输、消除和防止扩散的义务,而且还规定了保存相关记录和向有关主管部门报告的法律责任。不过,这些强制性法律规定在落实的时候并不理想,需要相关部门加大执法监督力度。

(三) 实名认证制度的完善

我国网络实名认证制度早在 2012 年全国人大常委会通过的《关于加强网络信息保护的决定》中就已经明确,在《网络安全法》中再次得到重申。目前,我国实名认证制度是电信实名制与网络实名制的结合,一般用户根据手机号码的实名制就可以完成认证;但电商、主播、未成年人等特殊群体则需要基于身份证等相关信息进行认证。《互联网论坛社区服务管理规定》将互联网论坛社区平台的真实身份认证分为三大部分:第一,实名制的基本原则是"后台实名、前台自愿"。普通用户可以用真实身份信息进行实名认证,但版主、管理者还需要进行真实身份信息的备案、定期核验等。按照《网络安全法》《互联网论坛社区服务管理规定》等法律法规的相关要求,平台不能向未提供真实身份信息的用户提供信息发布服务。第二,实践中存在个别违法者滥用"前台自愿"的管理原则,违反《互联网用户账号名称管理规定》,在虚拟昵称注册和自建版块介绍中夹杂大量荒诞、色情、诈骗、虚假宣传等有害信息。针对互联网论坛社区的特点,《互联网论坛社区服务管理规定》要求平台对用户虚拟身份信息和网络版块名称简介等进行审核,以减少电信诈骗和侵害未成年人权益等违法现象的出现。第三,该规定重申了《网络安全法》关于个人信息安全的相关规定,强调了平台保护个人信息的法律责任。

(四) 社会责任与商业道德

习近平总书记在网络安全和信息化工作座谈会上指出,网络空间是亿万民众共同的精神家园。互联网企业生存在社会之中,不能只讲经济责任、法律责任,还要讲社会责任、道德责任。据此,互联网责任体系可分为法律责任、社会责任和道德责任:法律责任是红线和底线,社会责任是发展,道德责任则是内核。《互联网论坛社区服务管理规定》针对"非法网络公关"等乱象,依据我国《刑法》《民法典》及相关司法解释等法律法规,有针对性地提出了打击"非法网络公关"的具体规定。这不仅强化了互联网论坛社区服务提供者的法定责任,而且最大限度地保护了社会公众知情权和公民表达权,也直接遏制了利用网络散布损害他人商誉的"公关黑稿"等不正当竞争行为,对维护市场正当竞争秩序也有极为重要的意义。该规定还特别强调了"社会公德、商业道德、诚实信用":只顾商业价值而忽视社会道德的企业很难走得远;违反诚实信用和商业道德的"短视行为"不仅会让公共利益受到伤害,扰乱市场秩序,而且会让企业丧失用户基础。平台越大,就应该承担越大的社会责任。互联网论坛社区平台具有一定的公共利益属性,不能以牺牲社会责任为代价换取商业利益。

第三节　微博社区与微信平台的行为规范

一、微博社区的行为规范①

为配合《网络安全法》的实施,更好地保护广大网民合法权益,净化网络空间,构建依法办网、依法上网和依法管网的法治体系,国家互联网信息办公室依法于2018年出台了《微博客信息服务管理规定》。这部旨在促进微博社区等的信息服务健康有序发展,保护公民、法人和其他组织合法权益,维护国家安全和公共利益的管理规定,从平台资质、主体责任、实名认证、分级分类管理、保证信息安全、健全辟谣机制、加强行业自律和建立信用体系等方面作出了全面具体的规定,成为新时代微博客安全有序发展的重要指引。

(一) 打击网络谣言,保障网民知情权

在微博社区违法违规信息中,网民最反感的当属网络谣言。新闻信息类谣言、侵害他人合法权益的信息和误导公众危害公共利益的谣言,近年在微博社区中层出不穷。有个别自媒体滥用微博客、微信朋友圈,为博取关注获取商业利益,在没有新闻信息服务资质的情况下发布未经核实的时政类新闻信息,甚至以捏造、杜撰等方式违法发布所谓的"独家新闻",严重侵害了社会公众知情权和危害社会稳定。因此,《微博客信息服务管理规定》重申了新闻信息服务许可制度,不仅针对网络服务提供者,而且针对使用者。该规定在治理虚假信息方面,强调微博社区平台必须建立健全辟谣机制。对谣言和不实信息要主动采取辟谣措施,从根源上保证信息真实性。同时,该规定将举报的权利赋予全体网民,要求微博社区平台接受社会监督,设立便捷举报入口,并及时处理公众投诉和举报。

微博社区平台对使用者发布的违法信息除了要做到及时采取必要措施以

---

① 本部分写作参照朱巍:《〈规定〉:微博客法治进程的重要指引》,《网络传播》2018年第2期。

外,还应保存记录并向主管部门报告。可见,《微博客信息服务管理规定》中对打击网络谣言和保护用户知情权的规定是互相关联的,只有监管部门、平台、用户和全体网民共同合作,良性互动,才能建立信息真实的网络清朗空间。

(二) 承担主体责任

习近平总书记曾明确指出:一个企业既有经济责任、法律责任,也有社会责任、道德责任。企业做得越大,社会责任、道德责任就越大,公众对企业这方面的要求也就越高。微博社区平台作为数亿网民每天活动的共同家园,在获取商业利益的同时,必须承担起法律责任、社会责任和道德责任。结合互联网发展实践,《微博客信息服务管理规定》对于平台应承担的主体责任,作出了明确具体的规定。

保障信息内容安全责任 尽管微博社区平台并非网络内容提供者,但在使用者发布和传播信息活动中具有技术管理的先天优势,是互联网法治化的关键抓手。《微博客信息服务管理规定》从用户注册、发布审核、评论跟帖、应急处理、从业人员教育培训和总编辑制度方面,把平台的主体责任上升到具体可操作的法律层面。在技术方面,平台需要建立安全可控的技术保障和防范措施;在制度上,要配备与服务规模相适应的管理人员;需要落实总编辑负总责制度,将信息内容安全落实到位。

完善分级分类管理机制 按照网络传播规律,微博社区平台对信息发布和传播的管理类别和等级也是不同的;拥有越多关注度的平台,其表达所负的法律责任和社会责任也就越大。同理,经过微博社区平台认证的机构或个人,相比普通用户而言,公众对其信任度更高,应承担更多的注意义务。平台要针对不同的用户、不同的主体和不同的内容,采取相适应的管理机制。在分级分类管理中,平台需要结合使用者的信用等级综合管理,越高的信用等级应拥有越高的权限,当然也要适配更高的标准。

落实实名制 网络实名制是网络法治的基础,也是互联网信用体系建立的基础,更是打击电信诈骗、保护网民权益的基础。《微博客信息服务管理规定》对于实名制的规定可以分为两部分:一是重申了"后台实名、前台自愿"的传统网络实名制原则;二是首次明确了前台实名认证账号的法定程序。实践中,前台实名存在很多问题,个别违法者"冒名顶替"他人,甚至假冒公众人物或政府机构,造成很大社会混乱。该规定明确了前台登记相关程序,增加了向网信管理部门分类备案的做法,进一步强化了信息主体责任。

明确信息内容的服务管理原则 针对个别人滥用"热搜"传播散布低俗、违法信息,持续炒作,误导公众和损害公共利益的情况,《微博客信息服务管理规定》将"促进经济发展、服务社会大众、弘扬社会主义核心价值观、传播先进文化和坚持正确舆论导向"作为倡导"依法上网、文明上网和安全上网"的基本服务管理原则。

热搜词的商业化运作是市场行为,但不能以损害社会公共利益和公众知情权、侵害未成年人合法权益、散布低俗内容和混淆视听为代价。网络空间是亿万网民的共同家园,稍有不慎,就会变成藏污纳垢的垃圾场,若只顾眼前短期利益,届时损害的不单是社会利益,到头来网络平台的商业利益也会受到影响。其实,互联网经济不仅是市场经济,更是法治经济,将网络内容安全与文化安全写进法治原则,这对平台长远利益、社会公共利益和网民合法权益来说,都是一件好事。

(三) 微博服务管理具体化

近些年是我国互联网立法的高峰期,诸如《网络安全法》《互联网新闻信息服务管理规定》等法律法规先后出台。《微博客信息服务管理规定》将我国网络法治实践中的这些重要成果以条文的方式具体化到微博管理之中。

按照《互联网跟帖评论服务管理规定》要求,《微博客信息服务管理规定》还明确了微博客平台和使用者对跟帖评论管理的法律责任,特别将各级党政机关、企事业单位、人民团体和新闻媒体等开设的前台实名认证账号发布的信息及其跟帖评论的管理责任赋予这些组织机构,以跟帖评论管理为基础,构建出网络法治环境"齐抓共管"的新局面。

按照《互联网新闻信息服务新技术新应用安全评估管理规定》要求,微博社区平台在应用新技术、调整增设具有新闻舆论属性或社会动员能力的功能时,需要在自行组织并完成安全评估后,依法报请相关网信管理部门进行安全评估。相关具体自评估、第三方评估等程序,平台需要结合这两个规定依法履行。

《微博客信息服务管理规定》对于保护用户个人信息安全作出了具体规定,平台不但需要履行安全保护责任,而且也不能为了商业利益非法向其他合作方提供用户个人信息。这并非否认"互联网+"背景下开放平台的商业化运作,而是在强调用户拥有对自身信息的自我决定权。只有在平台明示充分告知并征求用户同意的基础上,才能依法就用户个人信息进行商业合作。

二、微信平台的行为规范[①]

腾讯于 2011 年 1 月 21 日推出的微信是一个为智能终端提供即时通信服务的应用程序,目前已经覆盖中国 95% 以上的智能手机,成为信息传播的重要社交渠道和最为活跃的网络社区。

(一)微信平台的乱象及其形成原因

微信作为一种应用广泛的自媒体,在传播信息、促进人际交流等方面所起的作用越来越大。但同时,在微信的使用过程中也出现了一些乱象,概括而言,主要有如下几类:一是信口开河、散布谣言;二是实施欺诈、兜售商品;三是制造噱头、夺人眼目;四是抄袭剽窃、标题党作祟;五是网络暴力、肆意侵权;六是低俗下流、淫秽不堪;七是宣扬迷信、聚众赌博;八是诱导点击、强制链接;九是上纲上线、动辄屏蔽。微信传播中的上述乱象是社会乱象与意识形态混乱在自媒体上的真实反映,是一些人失去或者不顾及底线的表现。这些乱象究其根本,有的是为了博取他人关注,有的是想达到某种政治目的,有的是要推销产品,也有的是纯粹"弄着玩儿"。究其生成原因,大致可以归纳为以下几类原因:

隐形传播 微信注册用户在使用微信时并非完全实名,有的用真名,有的用化名,随意性大且易变化,所以在微信平台经常出现使用隐形的身份传播各类图文。有人将这种现象称为"网络蒙面行为"。由于"蒙面",所以不担心暴

---

① 本部分写作参照刘斌:《微信平台的乱象及其规制》,《传媒法与法治新闻研究》2016 年卷,中国政法大学出版社 2017 年版,第 89—97 页。

露真容,不忌讳真假雅俗,不顾忌责任担当,传播的内容良莠不齐。加之微信公众平台的传播方式是采用粉丝订阅的模式,有异于博客、微博等自媒体,发现问题的难度较大,取证举证较为困难,通过司法途径又耗精力又费钱财,这些在一定程度上助推了微信乱象。

轻信传播 微信更多地应用于通讯录好友和QQ好友之间的交流,它的功能设计鼓励实名交友,带有典型的准实名制特征。这种基于线下关联信任的传播信任度使得微信传播比微博更具有深度和可信度。在微信朋友圈,面对熟人发来的信息一般人是不存戒心的,看到"为了你的家人""为了你身边的人""请帮忙传递爱心"等字眼,热心肠的微友便随手发给好友或发布到朋友圈。朋友圈是一个相对私密的空间,信息传播的范围也仅限于好友之间或者已在QQ、手机通讯录上取得一定信任的"陌生人",但大多数朋友圈是可以相互串联的。传播学上有句话叫作"世上两个人之间最多就隔着'六个人'",也就是说,微信朋友圈的传播虽然范围有限,但同样具有多米诺骨牌的传播效应。

异域传播 现代科技的飞速发展,使得网络世界真正成为一个地球村。就传播的及时性而言,身在异国他乡与处于同一城市几乎没有区别,但有差别的是传播者的心理。比如传播者若在国内,对于有些内容的传播可能有所顾忌,担心由此引来道德或法律上的责难,但如果传播者是在国外或已经成为异域公民,那么对于有些内容的传播就可能无所顾忌了。现实中微信平台出现的一些关于邪教的言论、不同政见的言论、抹黑诋毁国家的言论或淫秽图文,绝大多数源自异国他乡,而境外的一些机构或敌对势力也唯恐中国和谐稳定,经常借助微信平台散布和传播一些攻击或抹黑中国的言论。所以,异域传播是微信乱象的原因之一。

好奇传播 好奇是人们在日常阅读或观看过程中产生的一种较为普遍的心理,大凡新鲜的事物、奇异的现象、刺激的图文、闻所未闻的东西往往容易夺取人们的眼球、引起人们的关注。就微信朋友圈所传播的内容而言,绝大多数并非原创,有些人之所以转发某些内容,许多情况下是出于好奇,或认为新奇,或感到有趣,或觉得怪异,因而不加鉴别,顺手点击就转发到朋友圈了。

幽灵账号 微信公众账号大致分为服务号、订阅号和企业号三种,网上曾经有数百商家在"提供微信公众平台的认证、加 V、刷粉"服务,致使微信公众账号的申请、注册、认证一度非常混乱,既无统一的标准,也无严格的程序。在网络上实际存在一条隐蔽的灰色利益链,加上微信公众号可以随意命名,一些带有政府色彩和官方色彩的用户名不受限制,甚至可以堂而皇之地通过微信公众号申请和认证,于是"幽灵账号"频繁出现,"李鬼"现象普遍存在,而由此产生的不实微信内容就更多了。

监管不力、手段落后 对于微信乱象的规制,有些平台虽然设有投诉举报渠道,但对违规内容既缺乏积极主动的查处作为,同时对于用户举报存在不作为、难作为、消极作为或者作为不过来等现象,微信用户提交的大量举报信息官方不予受理,无形中助长了微信乱象的滋生蔓延。此外,监管微信乱象与监管市场伪假冒商品不同,电子取证与从商品货架上取证也不同,尤其是微信经营者所在地、交易平台所在地、商品发货地、消费者收货地不一致时,如何认定责任主体、监管主体以及如何跨地域协作都有较大的难度。监管的成本高、效能低、到位难,同时有关部门的监管仍然依靠人工为主的传统方式,手段落后,以"劳动密集型"手段来监管"技术密集型"信息、以"传统市场监管"的方式来实施"网络监管"的现象普遍存在。

丢失底线 微信之所以会产生乱象,虽然与上述种种情况有关,但最为根本的原因在于那些制造和传播乱象的微信用户失去了自媒体的底线。做任何事情都要有一个底线,一旦底线失守,必然乱象丛生。微信公众平台无论是为了博取他人关注,还是为了推销产品,或是出于其他目的,都应存有底线。微信公众平台的底线最主要有三条:一是真实底线,即所发布的内容必须真实可靠;二是道德底线,即不能违背起码的公序良俗;三是法律底线,即不能触碰法律法规所画下的红线。如果既不顾及信息是否真实,也不讲究公序良俗,甚至违犯法律法规,没有底线意识,那么微信公众平台滋生种种乱象就成为必然了。

(二) 规制微信乱象的途径

第一,治乱要先立规矩。欲治微信乱象,需要先立规矩。但问题在于,我们现在关于自媒体的法律法规很不完善,有一些条款虽然规定得较为具体,但属于软性约定,并非国家法律层面的规定。例如腾讯《微信公众帐号服务协议》和《微信公众帐号服务协议折叠平台使用规则》。2014年8月7日国家网信办正式公布了《即时通信工具公众信息服务发展管理暂行规定》,即"微信十条",其核心内容首先是对微信等即时通信工具服务提供商进行规范,要求其取得相关资质,落实安全管理责任,健全各项制度,配备相应人员,保护用户隐私,接受社会监督,及时处理举报信息。其次是开设公众账号必须经过即时通信工具服务提供商审核,同时由提供商向互联网信息内容主管部门分类备案。该规定对时政类文章的发布采取了更加严格的限制措施,要求公众号管理者必须具备相关资质。此外,我国还有一些关于网络的碎片化立法规范,如《关于办理利用信息网络实施诽谤等刑事案件适用法律若干问题的解释》等。就总体而言,我国现有的法律法规不能适应新媒体的飞速发展,因而对于有些微信乱象的监管有时处于无法可依的境况,所以需要在立法层面尽快健全和完善。

第二,治乱的重心在于规范微信公众账号与服务商。治乱要从源头上把关,首先要把好入口关,强化源头治理。微信用户注册账号应当按照"后台实名、前台自愿"的原则,必须提供真实姓名,上传身份证明,实行"实名制",同时以签订协议的方式保证遵守法律法规,一旦出现微信乱象,能够马上找得到"人"。其次要规范微信公众账号的名称,清理那些打着权威、公益机构名号的"幽灵账号",避免一些"李鬼"作祟,净化微信生态环境。再次要规范微信服务商,服务商从事公众信息服务活动,必须取得法律法规规定的相关资质。然次要增强微信服务商的责任意识。服务商应当遵守社会公德和法律法规,严格依法行事,保护用户信息及公民个人隐私,做到守土有责、守土负责、守土尽责。最后要对涉嫌制造微信乱象的账号进行分级管理,分别采取删帖、警示、限制发布、屏蔽链接、冻结账号、注销账号、移交司法机关处理等不同等级措施。

第三,治乱要技术先行。新媒体能够飞速发展在很大程度上有赖于科学技术的发展,而新媒体的一些乱象也是随着利用新技术而产生的。因此,治理微信乱象需要技术先行,需要尽快建立起一套微信乱象的甄别、防范、处置体系。在技术层面可以三项措施并举:一是强化通过关键词检索、图片识别等技术确立甄别微信乱象的手段,删除诱导转发、强制转发的话语,及时删除淫秽暴力图文影像。二是畅通举报渠道。对于证据确凿的微信乱象,微信平台要及时做好对传播者的账号处理工作。三是建立阶梯式处罚机制。对于首次出现违规内容的账号,删除违规内容;对于多次出现违规内容的账号,在一定期限内做出封号处理;对于传播微信乱象情节特别严重的违规账号,予以注销;对于情节恶劣、触犯刑法的账号移交司法部门处理。

第四,治乱要实施有效的监管。防范微信乱象需要建立多重监管体制:如果乱象是发生在微信群内,群主应当及时采取措施;如果乱象是发生在微信朋友圈,圈内的好友有义务劝阻或举报,以期尽早删除违规内容;如果乱象是由微信公众账号产生,微信平台或服务商有责任及时采取措施。同时,要加大对微信公众号的线下监管力度,若发现微信乱象,立即通知微信公众号的申请人采取相应的措施。此外,网络监管部门要守土尽责,及时介入,建筑起防范微信乱象的最后一道防线。要坚决实行责任追究制度,例如对于服务商的不作为、乱作为或消极作为要视不同情况追究不同的责任,并且公示处置结果。这样才能使监管落到实处,让监管行之有效,营造出风清气正的网络传播环境。

第五,治乱要注重系统性和协同性。微信究其属性而言属于自媒体,而自媒体又属于网络新媒体。微信平台所传播的内容,多是从其他地方转发而来,所以要治理微信乱象就不能就微信谈微信,不能头痛医头、脚痛医脚,必须注重它的系统性和协同性。所谓系统性是指要将治理微信乱象纳入互联网治理的整体框架之内,注重系统治理;所谓协同性是指微信服务商与有关监管部门要在各司其职、各尽其能的基础上相互协调、相互配合、齐抓共管。注重系统性和协同性还要创新网络社会治理结构与治理方式,加速推进党委领导、政府负责、网络组织协同、网民参与、法治保障的网络社会治理体系建设,充分发挥传统主流媒体、网络新媒体、自媒体、网络运营商以及监管部门在微信乱象治理过程中的系统协同和整合作用。①

第六,治乱要强化舆情危机意识和应急处置能力。微信乱象的滋生与蔓延不利于国家安全、社会稳定和公众利益,所以应当从国家层面大力推进微信乱

---

① 参见顾金喜、黄楚新:《微信谣言的传播危害及其治理措施》,《前线》2015 年第 6 期。

象的预警预防体系建设。以微信谣言和危机报道为例:微信平台上的一些政治谣言如不及时澄清,就可能在短时间内迅速影响社会稳定和民心向背;一些突发事件的不实传播若不及时澄清,就可能在短时间内演变为重大公共危机事件。因此,从维护社会稳定的角度出发,需要制订舆情危机的应急预案,推进微信乱象的预警预防体系建设,强化对微信乱象的监测和预警,及时采取措施将舆情危机消除在萌芽状态。同时,要通过对微信乱象的监测预警来提升预防能力,提升舆情危机的应急处置能力,使新媒体、自媒体发展趋利避害,促进社会和谐发展。①

第七,治乱的根本在于提升微信主体的素质。微信乱象主要是由某些微信制作与传播主体造成,乱象的产生离不开微信主体。有些微信乱象是微信主体故意所为,有些是微信主体随意所为,有些则是微信主体无意所为,所以,治理微信乱象的根本在于提升微信主体的素质。无论是微信的制作者还是传播者,都要不断强化自身的道德意识、法律意识和传媒伦理意识,遵从社会公德,遵守法律法规,遵循媒介伦理,保证自己不制作和传播有违社会公序良俗、法律法规及传媒伦理的微信。同时,服务商和有关监管部门还要注重培养熟悉微信操作、通晓电子商务的技术人才,注重培养懂得营销监管业务、熟悉相关法律法规的管理人才。

第八,治乱不能成为控制言论自由的借口。我国宪法规定每个人都有表达自由权。言论应当自由,言论也必须自由,不能随意上纲上线、乱扣帽子和过度管控。但是,言论自由的前提是用真实的身份,对自己传播的内容负责。换句话说,必须把想说什么就说什么这一言论自由权利还给每一位公民,但表达者不能用匿名等形式隐身,而是要承担由此可能引发的道德责任与法律责任,不能只要表达自由而不要承担责任。如果限制表达自由,那就等于变相剥夺了公民的宪法权利;如果不承担责任,那就可能会危及其他公民的权益和社会秩序,甚至危害国家安全。每一个微信制作主体都有表达和传播的自由,但触犯了道德底线与法律底线,就要承担相应的责任。

---

① 参见顾金喜、黄楚新:《微信谣言的传播危害及其治理措施》,《前线》2015 年第 6 期。

(三) 使用微信的底线与意识

在国家互联网信息办公室举办的"网络名人社会责任论坛"上,大家一致认为,网络名人应承担更多的社会责任,进而达成共识,提出网民应遵守的七条原则,又称七条底线。这七条底线大致可以分为四类:一是政治类底线,包括社会主义制度底线和国家利益底线,强调互联网虽然没有国界,但网民有国籍,国家的利益高于一切;社会主义制度是我国的根本制度,不可触碰。二是法律类底线,包括法律法规底线和公民合法权益底线。网民在网络平台表达意志应当知法懂法、守护法律,以事实为依据,以法律为准绳,网络为公民打造了一个崭新的平台,同时每一个网民都有责任维护本人及其他人的合法权益。三是社会秩序与风尚类底线,包括社会公共秩序底线和道德风尚底线。网络空间并不是没有任何约束的公共场所,不能借口网络世界的虚拟性、匿名性、相对性而漠视或否定网络道德。四是信息真实性底线。在微信的制作和传播过程中要共同抵制虚假有害信息,不造谣、不传谣,营造风清气正网络空间秩序。

此外,微信的制作与传播还必须强化以下几个方面:

首先,真实是微信制作与传播的基础和红线。真实是新闻的生命,真实是微信内容制作赖以存在的最基本条件,也是微信传播必须遵循的铁定原则。它要求微信制作与传播所涉及的时间、地点、人物、事件、原因、结果以及所反映的背景、环境、过程、细节、人物语言等必须真实可靠,所引用的各种资料和数据必须准确无误,既不能演绎编造,也不要一味猎奇、盲目炒作。[①] 微信公众平台和朋友圈所发布的内容绝对不能超越这条红线。守住真实这条最为基本的红线,实际上也意味着维护微信平台的公信力。

其次,善意应当成为微信制作与传播的出发点。我国在建设过程中确实存在不少问题,社会中也确实存在一些不公平、不合理的现象,揭露或批评这些问题或现象是媒体的职责。但是,是善意地、建设性地去揭露或批评,还是恶意地、诋毁性地揭露或批评,出发点不同,传播效果也大相径庭。微信作为一种应

[①] 参见刘斌:《法制新闻采访与写作》,中国政法大学出版社 2006 年版,第 146—147 页。

用广泛的新媒体,对于这些问题或现象的揭露或批评应当是善意的、建设性的。失去善意的媒体是不负责任的媒体,是不敢或不愿担当的媒体,最终会失去受众。在微信平台,有些微信内容缺乏善意,有些微信内容不怀好意,有些微信内容明显怀有敌意,刻意挑拨是非、制造社会矛盾。虽然不负责任地制造"热点"远比理性的报道更吸引眼球,但是宣泄不满、诋毁谩骂不能解决社会问题,光指责而不提建设性意见也无益于弥合社会的裂痕。

再次,微信制作与传播应当讲究品格和节操。减少微信乱象和提升微信公信力的一条重要途径是增强节操意识。微信的制作者要讲究格调,微信的传播者要讲究品位。高品位的微信内容是一顿精神美餐,格调高的微信公众平台会吸引更多的有识之士。讲究品格既是微信自身的生存与发展之道,也是微信承担社会责任的具体体现。格调低下的内容最终会遭到唾弃,不讲品位的传播迟早会使人厌倦。所以,在微信平台强调节操意识实际上是在强调制作者与传播者要充分考虑传播的社会后果,担当起社会责任;在微信平台倡导讲究品位与格调的目的是净化生态,营造风清气正的舆论环境。

最后,微信转载或分享时应当注意保护版权和核实内容。在微信公众平台,抄袭剽窃现象时有发生,版权问题是绕不开的一道坎。修订后的《著作权法》对转载进行了更多限制,以保护原创作品。微信公众平台转发他人的作品应当经过著作权人许可,不能对原作品的内容进行实质性修改,不应当添加或者修改原标题,致使文不对题、误导公众等。如果转发的是其他媒体已经刊载的作品,还应当标明出处。对于时政类新闻,按照目前的相关规定,自媒体是不能随意转载或转发的,更不得更改标题转载转发。就微信平台的现状而言,微信朋友圈的内容绝大多数是转发或分享的,所以应当特别注意版权保护及信息的真实性和可靠性,不能让微信朋友圈成为谣言的传声筒和虚假信息的传播者。这里之所以强调转发或分享微信应当注意版权保护和核实,是因为微信具有及时传播的特征,转发或分享的速度非常快,极容易引发侵权纠纷。同时,一些谣言或不良信息也很容易在短时间内被放大,很可能引发负面舆情或者引发影响社会稳定的群体性事件。

第四节　APP 信息与网络搜索的行为规范

一、APP 信息的行为规范[①]

2022年6月14日,国家网信办发布了新修订的《移动互联网应用程序信息服务管理规定》。这部旨在加强对 APP 信息服务规范,促进行业健康有序发展和保护个体合法权益的规定,对网络传播法治化产生了重大影响。该规定遏制了我国 APP 市场的"乱世"局面,打击了随意传播暴力、色情淫秽、谣言等违法行为以及赌博、招嫖、诈骗、盗取隐私的违法 APP,使家长更放心孩子上网,让公众更放心下载应用,让恶意扣费和私走流量成为历史。

《移动互联网应用程序信息服务管理规定》明确 APP 提供互联网新闻信息服务的,应当取得互联网新闻信息服务许可,禁止未经许可或超越许可范围开展互联网新闻信息服务活动;提供其他互联网信息服务,依法须经有关主管部门审核同意或者取得相关许可的,经有关主管部门审核同意或者取得相关许可后方可提供服务。这集中反映出"互联网+"背景下,我国产业市场重构的需求。没有法律规制必然导致无序。纯粹追求利益的商业行为会忽视社会公共利益,伤害用户的合法权益。实践中,大量违法 APP 滥竽充数,用户下载容易卸载难,已经关停的 APP 在背后偷偷跑流量,一个简单的 APP 可能成为用户手中的"窃贼"——窃取用户信息,动辄发送商业性广告,更有甚者将这些信息转卖出去。

近些年来,我国有数百万 APP 产生,给监管带来诸多困难,同时相关资质审核部门繁杂,仅依靠某一部门进行管理,对于治理 APP 乱象存在较大的困难。《移动互联网应用程序信息服务管理规定》明确将各级网信部门作为执法和监督的主体,由网信部门协调各个部门,统筹规划,终结了"九龙治水"的局面,最大限度地减少了经营者的管理成本,有利于 APP 市场的健康发展。

我国政务公开程度发展得很快,"三微一端"普及量在世界位列前茅。但

[①] 本部分写作参照朱巍:《APP 新政将给我们带来什么改变》,https:news.cnr.cn/native/gd/20160629/t20160629_52252873.shtml,访问日期:2023年5月12日。

是,这些政务 APP 之中存在大量"僵尸号",还有很多影响力不够。同时,"互联网+政务"要求的不仅仅是"公开",更是要求政府的行政事项通过 APP"链接"起来,实现"便民化""电子化"和"高效化"。之前我们在 APP 领域所取得的成就仅代表在工业革命 3.0 时代的成绩,信息公开和单向发布不能代表未来发展方向。工业 4.0 时代的政务公开至少包括三方面的内容:一是传统的政务公开。这部分大都属于"单向"公开的内容,是政府信息公开的重要方面。二是公共服务。这是政务 APP 便民化和办公化的体现,政务服务大厅人满为患的场景将成为历史。三是双向渠道。政务 APP 不仅承担信息公开的职能,而且承担着舆情反映、反馈,接受投诉、举报、建议和意见,评价,投票等方面的职能。

(一) 用户信息权的保护

我国民事法律规定了隐私权,个人的信息权、数据权、安宁权等相关权利目前都还在隐私权范围之内。2021 年 11 月之前,关于个人信息安全的最直接规定就是《关于加强网络信息保护的决定》,该决定确立了搜集和使用用户信息的三个基本原则,即合法、正当和必要。合法原则强调既要遵循法律法规等强行法规定,又应遵守"网民协议"等契约规定。一些门户网站利用"格式条款"和"霸王条款",以"约定"的形式侵害他人隐私的情况,不应属于"合法"范畴。按照《民法典》的规定,与法律法规相抵触的"约定"为无效条款。正当原则是针对信息使用目的而言的,体现在以下几方面:一是维护网民的正当利益。现代网络技术发展趋势是个性化服务,对网民个人信息的搜集和利用是实现个性化服务的前提条件,因此"依意愿"当然是正当原则最主要的表现之一。二是维护公共利益。这里讲的公共利益不是"商业利益",而是基于社会公众长远的、整体的利益。三是司法机关依照法定程序,对于涉案确有必要搜集的信息,相关信息持有人有义务进行协助工作。四是为了学术研究。学术研究的信息搜集必须事先告知被搜集者,而且其信息不得随意曝光。必要原则一般也可以理解为限制原则,包含限制收集和限制使用两方面的内容。限制收集是指个人信息的收集应该有法律上的依据或者获得当事人的同意,对信息控制者的收集方式要加以限制。对信息控制者收集方式的限制主要是指收集个人信息时必须告知收集该个人信息的性质、用途和收集者身份等事项,禁止用不合法、不公正的手段收集。OECD 的限制收集原则中就指出个人数据的收集应该采用合法和公正的方法,适当的情况下应当得到数据主体的明确同意或默许。欧盟 1995 年指令的第 6 条、第 7 条也做了类似规定。限制使用是指个人信息在使用时,也应该严格限定在收集目的范围之内。限制使用在 OECD 指导纲领中是一项独立的保护原则。

此外,依据必要原则,除了在收集和使用阶段,信息控制者需要遵循一定的限制之外,在达到收集信息所确定的目的后,信息控制者也应当及时删除相关信息。在网络环境下,个人信息存储在信息控制者的数据库中,时间越长,其泄露、损毁的危险就越大。对于保存超过目的所需时间的,且被用于历史、统计或科研的个人信息,应该提供适当的保障。个人信息的保存时限也是个人信息保护法面临的新问题。法国在《互联网个人信息保护指南》中建议个人信息保存的期限应根据其用途确定。与网站访问相关的网站访问者数据,包括日期、时间、互联网地址、协议、所访问网页等最终可以检测网络攻击或确定网站访问量的数据,其保存期限应当与数据处理目的相协调。2008 年 4 月,欧洲 27 国一致通过决议:建议搜索引擎保存用户信息期限最长不超过 6 个月。我国 2013 年 2 月 1 日起实施的《信息安全技术 公共及商用服务信息系统个人信息保护指南》中也明确提出了最少够用原则:要求只处理与处理目的有关的最少信息;达到处理目的后,在最短时间内删除个人信息。

2021 年 8 月 20 日第十三届全国人民代表大会常务委员会第三十次会议表决通过《个人信息保护法》,自 2021 年 11 月 1 日起施行。这部法律分为总则、个人信息处理规则、个人信息跨境提供的规则、个人在个人信息处理活动中的权利、个人信息处理者的义务、履行个人信息保护职责的部门、法律责任和附则八章,共七十四条,其中第二章"个人信息处理规则"又分一般规定、敏感个人信息的处理规则、国家机关处理个人信息的特别规定三节,对个人信息处理作出较为细致的规定。这部法律是我国目前关于个人信息保护的权威依据。

(二) 真实信息认证制度

网络实名制是网络经济和法治发展的基础。没有实名制去破解虚拟性,就达不到网络治理的效果。我国对网络实名制的规定也是一个发展的过程。从回帖实名制到电信实名制,从全国人大常委会《关于加强网络信息保护的决定》到中央网信办"账号十条",实名制一路走来发展至今,取得了很大成效,极大遏制了网络诈骗、黄赌毒泛滥和网络侵权情况的出现。

《移动互联网应用程序信息服务管理规定》将网络实名制分成两大层次:一是注册用户的实名制;二是 APP 商店中上架产品提供者信息的实名制。在注册 APP 时,用户既可以通过移动电话号码,也可以通过身份证等其他信息进行实名认证。APP 经营者也可以通过与其他平台合作的方式达到实名制效果,例如,通过合作平台账号登录某 APP,而该平台已经依据"账号十条"等法律法规完成了实名制。但是如果合作平台的相关实名信息是虚假的,那么 APP 经营者和合作平台都需要承担民事法律和行政法律的处罚。

APP 商店对 APP 提供者真实信息的审核也至关重要,这是双向实名制的重要构成部分。实名制并非目的,而是实现网络法治化、减少网络侵权、维护网络诚信的基础,也是构建网络诚信制度的基础。如果 APP 经营者或平台没有履行实名制程序,除了按照《移动互联网应用程序信息服务管理规定》等法律法规承担行政责任外,还要依据《民法典》《消费者权益保护法》以及《个人信息保护法》等相关法律为他人的侵权行为承担连带责任。

(三) APP 进入诚信与契约时代

契约在罗马法时代就被称为"法锁",这是确立合同双方权利义务关系的准则,而契约神圣一直是诚信社会的基石。《移动互联网应用程序信息服务管理规定》将 APP 经营者与平台之间的服务协议明确化,将"遵守宪法、法律和行政法规,弘扬社会主义核心价值观,坚持正确政治方向、舆论导向和价值取向,遵循公序良俗,履行社会责任,维护清朗网络空间"作为契约的主要构成部分,这是遏制以内部协议推卸责任的主要手段。这些契约不仅是明确双方权利义务的根本,也是法治的宣言,是一种体现民事契约精神的诚信宣言。结合之前北京市网信办出台的 APP 公众服务自律公约精神来看,未来 APP 发展规制仍主要需要自律,而契约与平台公约是自律的基础,也是诚信的基石。

《移动互联网应用程序信息服务管理规定》关于 APP 平台责任的规定中，将督促提供者处理个人信息应当遵守合法、正当、必要和诚信原则，具有明确、合理的目的并公开处理规则，作为平台责任的重中之重。这也是将平台定性为 APP 市场自律的中枢对待。平台和 APP 提供者之间的关系，不仅是商业合作关系，而且通过承担社会责任等方式，也是一种互相监督和互相促进的关系。完整的 APP 自律市场应该是包括平台、APP 提供者、用户、政府等主体在内的相互依存互相促进的体系，而契约与公约就成为诚信的基础。特别是在征信制度建立的今天，运营者的作为都是自我诚信的体现，而"互联网+"的商业竞争，不仅需要技术和创新，而且还需要用户和诚信的加持。

二、网络搜索行为的规范①

2016 年 6 月 25 日国家网信办对外正式发布了《互联网信息搜索服务管理规定》。该规定共 13 条，分别从立法理由和依据、管理对象和性质、监管主体、法定义务、打击非法网络公关、付费搜索规范、用户权益保护等方面作出了科学和全面的规定。这部旨在促进网络搜索服务法治化的法律文件，在广义上属于中国传播法律体系，是《广告法》《消费者权益保护法》等民事法律以及《全国人民代表大会常务委员会关于加强网络信息保护的决定》《国务院关于授权国家互联网信息办公室负责互联网信息内容管理工作的通知》等行政法律之间的纽带。

（一）搜索服务的性质

《互联网信息搜索服务管理规定》第二条明确了搜索服务的性质为"检索服务"，类似于搜索引擎服务（Search Engine Services，SES）。检索服务在法律上的定性为网络服务提供者（Internet Service Provider，ISP），这区别于 ICP 网络服务

---

① 本部分写作参照朱巍:《新时代网络搜索服务法治化的里程碑——〈互联网信息搜索服务管理规定〉解读特约》，http://www.news.cnr.cn/native/gd/20160625/t20160625_522494756.shtml，访问日期：2023 年 5 月 12 日。

提供者,前者适用的是"避风港规则"和"红旗规则",后者则适用传播法中的一般规则。虽然搜索服务属于技术中立保护范畴,但在实践中却存在一些网络搜索服务提供者滥用技术中立性规避责任的情况,例如,放任"谣言、淫秽、色情、暴力、凶杀、恐怖"等违法信息的泛滥;有些搜索结果,特别是付费搜索中确实存在个别有失公正客观和违反道德的情况。对待这类情形,现有的红旗规则很难涵盖,所以《互联网信息搜索服务管理规定》对网络搜索服务作出了额外法定义务要求,扩展了搜索服务适用红旗规则的范畴。该规定第七条明确搜索服务提供者"不得以链接、摘要、快照、联想词、相关搜索、相关推荐等形式提供含有法律法规禁止的信息内容"。从红旗规则适用角度分析,该条内容与2014年最高人民法院出台实施的网络侵害人身权益司法解释第九条规定是一致的,是对司法解释第九条第1、2、5、7款适用的具体化。这样的规定对保护网民知情权、保护未成年人合法权益,以及维护互联网法治环境和健康秩序都大有裨益。

《互联网信息搜索服务管理规定》之所以没有采用"搜索引擎"这个名称,主要原因在于其适用对象是所有互联网服务提供者,并非仅针对以搜索引擎为主营业务的互联网企业。目前,搜索服务市场已经扩展到门户网站、视频网站、信息聚合网站、网络购物平台、网络直播平台、电子文库、自媒体平台等多个领域,搜索服务早已不是单纯几个搜索引擎公司的专利产品。现实中大量存在非传统搜索引擎平台提供的站内或专业搜索,它们的性质与搜索引擎无异,也要受该规定的约束。

值得注意的是,《互联网信息搜索服务管理规定》采取的是属地管辖原则,即在我国境内所有从事互联网信息搜索服务者都需要遵守,不管是内资还是外资,也不管服务器设在哪里。

(二) 搜索服务的监管与自律

《互联网信息搜索服务管理规定》明确了互联网信息搜索服务的执法和监管主体是国家网信办和地方网信办。明确监管主体和执法主体,最大程度地避免了"九龙治水"的制度困境,客观上也减少了网络服务提供者的制度成本,有利于产业的健康有序发展。

该规定第四条首次将"建立健全行业自律制度和行业准则"写进了搜索服务法律文件之中。这标志着我国互联网治理思路的转变,即由他律为主,逐渐转变为以行业自律为主。自律并非与法治相违背。"法律是最低等级的道德",自律更多是从道德层面和社会责任层面来讲的,行业自律是比法律底线更高的标准。这不仅是网络管理者对我国互联网法治的期待,而且是对搜索信息服务者更好接受社会监督以及提高从业人员职业素养的要求。

该规定第五条明确了互联网搜索服务提供者应取得相关资质。目前,个别内容聚合平台、视频平台和自媒体聚合平台大量采用非法搜索服务,所提供的搜索结果普遍存在违背"九不准"规定的内容,非法搜索已经成为非法内容扩散传播的集合地。而该条规定对资质的要求能在一定程度上清理那些非法提供搜索服务的网站,维护互联网健康绿色环境,更好地保护未成年人合法权益和网民根本利益。

该规定第十二条将建立健全"公众投诉、举报和用户权益保护制度"作为网络信息搜索服务提供者的主要责任。一方面,这有利于扩大监督主体。公众监督与企业自律相结合,举报与执法相结合,用户权益保护与社会责任相结合的做法,能促进我国互联网信息搜索服务产业更加健康地发展,也有望将搜索服务打造成为"我为人人,人人为我"的法治模板。这些投诉与举报的核心在于"用户权益保护"。规定强调了网络信息搜索服务提供者应"依法"承担对用户权益造成损害的赔偿责任。这集中体现出《互联网信息搜索服务管理规定》以人为本、以保护用户权益为本的立法原则。

(三) 搜索服务的法定责任

《互联网信息搜索服务管理规定》第六、七、八、十条从不同方面分别阐述了网络信息搜索服务提供者的法定责任,这是我国首次将搜索服务提供行为法定义务类型化,具有重要的实践意义。

平台的公共信息服务性质　搜索平台的整体责任体系以落实主体责任为核心,以信息审核、公共信息巡查、应急处置和个人信息保护的安全管理制度为基础,以建立安全可控的防范措施和为有关部门依法履行职责提供必要的技术支持为要求。从《互联网信息搜索服务管理规定》第六条来看,网络搜索平台性质更接近于公共信息服务性质,搜索产品类似于公共信息产品。结合近年来欧美各国对搜索服务的相关立法和判例思路来看,本条规定具有前瞻性,符合世界"互联网+"发展趋势。

平台的审查与报告义务 规定的第八条明确,网络信息搜索服务提供者"发现"搜索结果"明显"含有违法信息时,应该采取三步措施:停止提供相关搜索结果;保存有关记录;及时报告。这里讲的"发现"既可以是平台技术、人工、大数据等自我监控发现的,也可以通过公众监督和举报以及有关权利人通知等方式发现。平台采取措施的前提是发现相关结果"明显"含有违法信息,这里的"明显"违法较难解释。按照传播法一般理论,该判断应由一个拥有与其业务影响大小相适应的,具有相当职业素养的编辑所做出。当然,这里的违法信息既包括搜索页面、网站、应用,也包括快照、缩略图、视频、音频和图片。

搜索结果的展现 规定第十条明确了搜索服务结果的展现责任,包括基本原则和底线两方面内容。搜索结果展现的原则是客观、公正和权威。尽管现有法律并不排斥搜索服务的部分商业性,但搜索服务的公共信息服务性质还是非常明显的,搜索结果的客观与公正与否,直接关系到网民的知情权,也关系到其他被抓取者的表达权与传播权利,因此,公正和客观就应成为搜索的基本原则。"权威"作为原则之一,更多应用于一些特殊领域,如疾病、健康、食品药品、国家政策法规、司法判决、社会重大事件。在传播法中,在这类事关重大的搜索中应突出"权威消息源"的作用,要符合相关法律规定。

底线性规定在于搜索结果不得损害国家利益、公共利益以及公民、法人和其他组织的合法权益。底线性规定要与《互联网信息搜索服务管理规定》第八条相关规定相互结合,既要明确搜索服务提供者的 ISP 性质,也要突出法定义务和社会责任。

打击非法网络公关 《互联网信息搜索服务管理规定》第九条再次强调了对非法网络公关的打击态度,网络信息搜索服务提供者及其从业人员不得"通过断开相关链接或者提供含有虚假信息的搜索结果等手段,牟取不正当利益"。

非法网络公关一直是影响我国互联网信息传播法治化发展的毒瘤,是新闻敲诈和侵害公众知情权的罪魁祸首之一。我国 2013 年出台的司法解释已经将非法网络公关入刑,2014 年的司法解释也明确了有偿删帖合同属于无效合同。该规定的规制对象主要是网络服务提供者和从业人员,该规定进一步补充了责任承担的主体,明确了依法采取的通知删除、断开链接、举报、取证、固定证据等行为属于合法行为。同时,该规定也强调了搜索平台应畅通投诉渠道。

商业搜索的规定 《互联网信息搜索服务管理规定》第十一条将付费搜索正式入法,这在世界传播法中尚属首次,这既是落实习近平总书记 2016 年 4 月 19 日在网络安全和信息化工作座谈会上重要讲话的体现,也是在充分总结国内外相关判例和比较法研究基础上,结合我国发展实践和未来互联网搜索服务趋势作出的科学规定。《互联网信息搜索服务管理规定》将商业搜索服务分为付费搜索和商业广告信息服务两大部分。商业搜索服务并未被直接定性为广告,从搜索实践看,搜索平台确实不能被传统广告法中广告主、广告商和广告发布者等主体涵盖。因此,在《广告法》作出修改之前,商业搜索服务的行为规范需要以"信息服务"来规制。尽管该规定并未排斥商业搜索服务,但对付费搜索中平台应尽的责任作出了明确规定,例如依法查验客户有关资质、明确付费搜索信息页面比例上限、以醒目的方式区分自然搜索结果与付费搜索信息、对付费搜索信息逐条加注显著标识等。《互联网信息搜索服务管理规定》将商业广告信息服务放到了第十一条的第 2 款,商业广告信息服务属于非付费搜索的网络广告范畴。以谷歌为例,AD words 和 AD sense 对应的就是付费搜索与商业广告信息服务。除了付费搜索难以适用现行广告法主体规定外,其他的商业性广告则完全可以由广告法及其相关法律法规加以约束。商业广告信息服务主体责任既可能包括广告商责任,也可能包括广告发布者责任。必须强调的是,这条规定并非仅针对搜索引擎企业,也包括所有涉及搜索的网络信息服务提供者的商业广告信息行为。

第五节　网络群组行为与网络账号的行为规范

一、网络群组行为的规范①

2017年9月7日，国家互联网信息办公室印发了《互联网群组信息服务管理规定》，这部旨在维护国家安全和公民、法人以及其他组织合法权益，促进互联网法治传播的新规于2017年10月8日起正式实施。

（一）更好地保护网民合法权益

《互联网群组信息服务管理规定》出台后，社会上曾有些错误的观点认为，新规可能导致网民交流信息中的隐私泄露，这是对该法规的误读。《网络安全法》是该法规立法的法律基础之一，而保护网民数据权、隐私权等合法权益是该法规的立法初衷。

首先，侵害公民个人信息犯罪案件的实践中，经常出现大量通过互联网群组等方式寻找买/卖家、交易、交流的情况，甚至出现过个人信息在群里公开售卖的情况，此类案件都曾经以微信群、QQ群等方式进行犯罪预备、犯罪联络或销赃。从司法实践看，很多情况下这些案件中的群主建群的目的就在于组织犯罪，也存在群主明知某成员利用群工具犯罪仍放任不管的情形，这就造成了信息犯罪的二次传播。所以，《互联网群组信息服务管理规定》旨在打击这类犯罪群体，清除其赖以生存的土壤，保护公民与法人的信息安全。

其次，《互联网群组信息服务管理规定》并没有要求网站对群聊的内容进行监控或跟踪。从实践中看，群组聊天的记录都保存在使用者自己的终端硬盘中，包括网络服务提供者在内的第三方是无法触碰到这些记录的。该法规"保存记录"的要求主要分为三种情况：一是网站对违法违规的群组采取必要措施时，二是网站对违法违规群组的建立者、管理者等使用者采取必要措施时，三是

---

① 本部分写作参照朱巍：《维护合法权益促进法治传播——〈互联网群组信息服务管理规定〉解读》，《网络传播》2017年第11期。

网站对列入黑名单者取消用户使用资格时。这三种情况的"保存记录"主要是根据举报内容的保存,或经过举报后进行监测记录的保存,或是对违法违规者信息的保存,并不存在涉及其他人聊天信息的常态化保存。

最后,《互联网群组信息服务管理规定》要求网站应该保存"网络日志"至少六个月的时间,这是符合我国《网络安全法》和国外立法趋势的。"网络日志"是访问量和 IP 的记录,这与用户具体聊天记录不是一回事。

(二) 网络实名制不只是让用户都把昵称改为真名

网络实名制又称真实身份认证制度,系 2012 年 12 月 28 日全国人大常委会通过的《关于加强网络信息保护的决定》中首次提出,2017 年 6 月 1 日实施的《网络安全法》进一步明确。这里需要强调的是,网络实名制是打击电信诈骗等网络犯罪的重要手段,没有网络实名制,就意味着无法建立溯源机制,就会纵容网络犯罪的发生。同时,网络实名制也是未成年人网络权益保护,是防沉迷系统等机制的前提条件,更是新型电子商务发展和信用社会的重中之重。没有网络实名制,C2C 的网络交易可信度以及网络信用制度建立就成为空中楼阁。

我国网络实名制的基本原则是"后台实名、前台自愿",也就是说,并非让用户把自己的微信名、QQ 名都改成自己的真名。用户在前台显示的昵称,只要符合国家网信办公布实施的《互联网用户账号名称管理规定》,叫什么名字都是用户自愿。用户在后台需要履行实名认证制度,目前的认证主要是通过移动手机号码进行的"间接认证"。因为我国手机号码已经基本完成了实名认证,通过号码的认证也可以达到真实认证的效果,这就相对简化了程序,节约了成本。不过,很多用户的 QQ 号和微信号等账号注册,都是在手机实名制完成之前,所以,该法规再次强调了实名认证的统一性,要求网站不能为没有经过实名认证的用户提供服务。

(三) 群主要为成员承担责任系错误解读

群主与管理者的责任按照"谁建群谁负责"和"谁管理谁负责"的原则划

分。这里说的"负责"指的是法定义务,并非法律责任,只有违反了法定义务,才有可能产生法律责任。群主组建的群,就如同现实生活中举办公众聚会和活动一样,涉及几百人的活动安全和秩序等问题,聚会和活动主办者和管理者都要承担相应的责任。管理者承担的责任并非无过错责任,而是过错责任。活动管理者只有在没有履行安全保障义务并有过错的情况下才承担责任。

那么,群主如何才算是有过错呢?第一,群主组建的群主要目的就是从事犯罪活动的,例如传播淫秽物品、传销群、买卖个人信息群。第二,在群成员发布违法违规信息后,有证据证明群主知情,或经人举报后,群主或管理拒绝采取必要措施的。第三,群主明知群文件中存在违法违规内容,却拒不采取必要措施等情形。当然,群主要采取的必要措施有哪些,还要看网站赋予群主和管理哪些权限,《互联网群组信息服务管理规定》明确了网站要赋予群主和管理相关管理权限。实践中至少要包括以下几种:一是删除违法违规信息的权限,二是踢除违法违规者的权限,三是删除违法违规群文件的权限,四是受理举报和接受公众监督的渠道。如果群主错误删除相关信息或者侵害到成员表达权,依据2014年最高人民法院就网络侵害人身权益的司法解释,对错误"通知"导致信息删除的法律救济包括网站恢复的义务以及错误通知人要承担的侵权责任等方面。

此外,很多对此法规的错误解读认为该规定会让群组人数受到限制,实际上此法规并没有对群组上限进行限定,只是规定网站"应当根据自身服务规模和管理能力,合理设定群组成员人数和个人建立群数、参加群数上限"。即服务规模和管理能力应该相适应,越大的用户数量就意味着越高的管理能力,反过来越高的管理能力可以承担起越大的用户规模。作为群组服务提供者的网站,《互联网群组信息服务管理规定》对其管理能力和法律义务也作出了明确规定,既包括履行用户信息安全保护责任和制定管理制度,也包括建立信用制度、完善建群和入群审核验证制度、设置群组唯一识别编码等技术措施。

二、网络账号的行为规范①

2015年2月4日,国家互联网信息办公室正式公布了《互联网用户账号名称管理规定》,这是我国首部专门规范网络账号的法规,在网络法治建设和诚信建设进程中起到重要的作用。

(一) 网络账号的乱象

网络账号就是用户在网络上的身份代号,在网络空间中,账号行为代表本人行为,账号身份也就是用户的身份。但是由于网络具有虚拟性,用户注册的账号可能与现实身份不相符合,实践中存在大量网络冒名注册和虚假注册的情况,利用虚拟账号身份冒充国家机关、企事业单位、社会组织和社会名人进行诈骗、造谣传谣、虚假宣传、误导公众的情况屡见不鲜,甚至还有很多人利用账号特殊称谓进行卖淫、贩毒、销售违禁品等活动,以及非法传播分裂国家、煽动民族矛盾、宣扬邪教等涉嫌严重刑事犯罪的信息。

近年来网上发生的新闻敲诈、寻衅滋事、诽谤侵权、造谣传谣、网络传销、网络诈骗、网络传播暴恐信息、宣扬邪教封建迷信等事件,大都与假冒或虚假注册账号称谓有关。犯罪分子就是利用被假冒者身份的社会公信力作案,公众也出于对被假冒者的信任轻信上当。可见,假冒和虚假注册者不仅直接侵害了被害人的合法权益,而且也侵害了被假冒者的社会公信力和社会公共利益。同时,网络公关与网络水军在假冒行为中又充当着推波助澜的角色,以混乱网络秩序和舆论环境达到"浑水摸鱼"的目的,以牺牲公共利益和侵害他人合法权益为手段获取不法利益。因此,网络账号的乱象不仅是网络侵权和网络犯罪的帮凶,而且还是滋生网络公关和网络水军的"温床"。如果这种乱象得不到及时治理,建设网络清朗空间和发展网络经济就成为一句空话。

---

① 本部分写作参照朱巍:《网络账号立法是治理网络乱象的必经之路》,http://www.politics.people.com.cn/n/2015/0206/c70731_26522863.html,访问日期:2023年5月12日。

(二) 治理网络账号的法律依据

网络账号引发乱象的直接原因在于账号管理不规范,个别网络服务提供者忽视社会责任,怠于履行审核用户注册信息的义务,甚至还存在片面追求点击量而变相鼓励非法账号注册等情况。账号乱象不仅侵害用户权益和公共利益,而且对网络服务提供者自身也损害极大。一旦用户因假冒账号受到损害,提供服务的网络平台也就失去了公信力,失去人气的网站也很难产生经济效益。所以,网络服务提供者切不可急功近利去片面追求点击量,也不应为减少成本去"省略"本该履行的审核义务。只有依靠诚信和法治,网络服务提供者才能获得用户的信任与尊重,才有可能在竞争激烈的互联网产业中走得更远。

根据《互联网用户账号名称管理规定》"后台实名、前台自愿"的基本原则,用户可以自由选择前台账号形式。但是,选择网络账号的自由并不意味着可以违反《宪法》和相关法律规定,既不能冒用、盗用和虚假注册不属于自己的账号,也不可以利用账号去侵害他人合法权益,更不得利用账号宣传非法信息。用户应该珍惜自己的网络账号选择权,账号就是虚拟世界中的本人,只有尊重法律和尊重他人,才能得到社会的尊重和别人的信任。特别是在网络征信机制正在建立的今天,网络账号的诚信行为将直接影响到现实生活中本人的信用记录。

《互联网用户账号名称管理规定》是治理网络账号乱象的直接法律依据,使网络账号乱象的治理有法可依。在具体落实之时,既需要相关部门的执法必严和违法必究,也需要网络服务提供者的全力配合,更需要全体网民用户的鼎力支持。网民是网络社会的组成者和网络技术的最终受益人,更是自己权益和社会公共利益的维护者。在依法治理网络账号乱象的过程中,网民也需要为保护自己的权益而斗争,在受到网络虚假账号侵害时,应及时向网络服务提供者和举报中心举报,使网络空间真正清朗起来。

 案例

浙江云和微信群传播淫秽视频案①

2015年11月,浙江云和县法院判决了一起利用微信群传播淫秽视频的案件。群主因没有阻止群成员的违法传播行为,被认定为刑事共犯,构成传播淫秽物品罪的共同犯罪。浙江的这起判例将群主作为共犯的主要依据是2010年"两高"出台的《关于办理利用互联网、移动通讯终端、声讯台制作、复制、出版、贩卖、传播淫秽电子信息刑事案件具体应用法律若干问题的解释(二)》第3条的规定,即对利用互联网组建的群,主要用于传播淫秽电子信息的,对建立者、管理者和传播者适用传播淫秽物品罪。

微博群、QQ群、微信群等即时通信工具已经成为自媒体时代的社交"圈子",用户可以将不同群作为不同圈子的平台,发表、接受、传播和评论各类信息。同时,此类群又具有云储存、信息漫游和截图等功能,以微信群为代表的"圈子"逐渐成为网络传播的主流渠道之一。近年来,利用微信群等圈子进行的网络犯罪并不少见,包括网络诈骗、传销、暴恐、传授犯罪方法、传播谣言以及传播淫秽物品等犯罪类型。

有人认为,群主是群的创建者,也是群的日常管理者。微信群主的管理权限主要包括:邀请好友加入、删除群友、更改群名称、设置管理员等。从技术角度讲,微信群主对群友发布的信息,只能选择在自己的屏幕上删除,群主删除信息的行为,不会影响到其他群友的屏幕显示。可见,微信群这样的"圈子",群主对其他群友表达和传播的控制力是极其微弱的,既不能删除其他人发送的信息,也不能屏蔽他人屏幕上已经收到的信息。这种设计的目的在于维护其他群友的表达自由权利,在于创建开放自由的讨论空间。因此,从群主对群员表达的技术控制力来说,群主是不宜作为犯罪共犯处理的。

还有人认为,群主还可以通过"踢人"的手段,将违法者赶出自己的群,没有采取措施的群主,就应当为群组成员的违法行为依法承担责任。

---

① 参见浙江省云和县人民法院(2015)丽云刑初字第189号刑事判决书。

思考题

1. 依照《互联网群组信息服务管理规定》的相关规定,群主在什么情况下应承担何种责任?
2. 你认为强化群主责任对网络传播有什么样的意义?
3. 你认为朋友圈好友与网络群组的责任差别在什么地方?

第六章　新闻传播内容的法律底线

我国法律对于新闻传播内容的底线标准往往是通过反向的"禁载条款"来确定的，这几乎是每一部涉及新闻传播内容的专门性法律文件必备的条文。所谓"禁载条款"或曰"禁载制度"，就是以法律规范形式限制刊载、传播内容，达到风险防控的强制性目的，相关规定主要以对"禁止"性内容的描述为主[①]，旨在明晰法律底线，明确告知哪些内容是不能说的，因为一旦传播开来，就会给国家、社会和个人利益造成威胁和损害。

禁载条款不止出现在我国的法律法规中，也是世界各国大众传播立法的通例。联合国《公民权利和政治权利国际公约》第十九条第3款规定了自由表达意见的限制条件，目的是尊重他人的权利或名誉，以及保障国家安全或公共秩序、公共卫生和道德，这也可以视为禁载条款。从规制的具体内容来看，禁载条款大致可以分为三类：一是危害国家主权、泄露国家秘密、破坏民族团结等对国家安全、荣誉和利益造成损害的内容；二是宣扬或渲染淫秽、赌博、吸毒、暴力、恐怖、迷信、邪教以及教唆犯罪或者传授犯罪方法等对社会公共秩序和利益造成损害的内容；三是对尊严、隐私等个人合法权益尤其是人格权益造成损害的内容。当然，针对特殊对象或者事项的传播内容，比如针对未成年人传播的信息，法律往往也有一些特殊规定或者设置兜底性条款。关于侵害个人权益的问题，本书将在其他章节专门阐述，本章主要讨论新闻传播危害国家安全和危害社会秩序的法律底线问题。

---

① 参见童兵、陈绚主编：《新闻传播学大辞典》，中国大百科全书出版社2016年版，第239页。

第一节　维护国家安全、荣誉与利益

我国《宪法》第五十一条规定：中华人民共和国公民在行使自由和权利的时候，不得损害国家的、社会的、集体的利益和其他公民的合法的自由和权利。第五十四条规定：中华人民共和国公民有维护祖国的安全、荣誉和利益的义务，不得有危害祖国的安全、荣誉和利益的行为。这当然也包括新闻传播领域，任何大众传播组织及其从业者的新闻传播行为（包括传播的内容）都不得危害国家的安全、荣誉和利益。这就意味着，维护国家安全、荣誉与利益是新闻传播必须遵守的法律底线。

一、国家安全、网络安全与数据安全

（一）国家安全

国家安全是一国生存和发展的基本前提，也是国家的核心利益。根据我国《国家安全法》第二条的规定，国家安全是指国家政权、主权、统一和领土完整、人民福祉、经济社会可持续发展和国家其他重大利益相对处于没有危险和不受内外威胁的状态，以及保障持续安全状态的能力。从这一定义来看，国家安全既包括我们一般理解的国家统一、主权独立和领土完整，也包括经济社会可持续发展等非传统安全因素；既指国家没有外部的威胁和侵害，也指国家内部没有混乱和隐患；既指国内外不存在现实威胁或者混乱的客观状态，也指国家保障持续安全状态的能力。

当前国际政治、经济形势已经进入了深刻调整的新时期，对于包括我国在内的任何一个国家来说，安全是相对的，不安全才是绝对的。面对新技术条件下日益复杂和严峻的安全形势，2013年11月，党的十八届三中全会决定设立国家安全委员会，以完善国家安全体制和国家安全战略，确保国家安全。新设立的中央国家安全委员会作为中共中央关于国家安全工作的决策和议事协调机构，向中央政治局、中央政治局常务委员会负责，统筹协调涉及国家安全的重大

事项和重要工作。

2014年4月15日,习近平总书记在主持召开中央国家安全委员会第一次会议时指出:"当前我国国家安全内涵和外延比历史上任何时候都要丰富,时空领域比历史上任何时候都要宽广,内外因素比历史上任何时候都要复杂,必须坚持总体国家安全观,以人民安全为宗旨,以政治安全为根本,以经济安全为基础,以军事、文化、社会安全为保障,以促进国际安全为依托,走出一条中国特色国家安全道路。"在这一新国家安全观指导下,国家安全概念的内涵和外延也在不断丰富和拓展:新的概念综合了各种传统和非传统国家安全因素,在整体安全观念中增添了更多人文关怀因素,并从国际利益高度将国家安全划分为国民安全、领土安全、主权安全、政治安全、军事安全、经济安全、文化安全、科技安全、生态安全、信息安全和核安全共十一个方面的基本内容。

2015年7月1日,第十二届全国人民代表大会常务委员会第十五次会议通过《国家安全法》并开始实施。该法是对总体国家安全观这一中国特色安全理念的具体落实,强调我国国家安全工作要坚持中国共产党对国家安全工作的领导,建立集中统一、高效权威的国家安全领导体制,并依次从政治、人民、领土主权、军事、经济、金融、资源能源、粮食、文化、科技、网络、民族、宗教、反恐、社会、生态环境、核、国际空间、海外利益等方面阐述了维护国家安全的任务目标和具体制度。其中与新闻传播联系最为密切的,就是网络安全。

(二) 网络安全

网络与国家安全具有天然的联系。美国之所以发明互联网,其最初目的就是加强国防建设,维护国家安全。伴随着互联网等基础设施和科技创新应用的不断发展①,网络已经深入国家、社会和个人的生产、生活中,网络安全的重要性不断提升。《国家安全法》第二十五条明确规定:"国家建设网络与信息安全保障体系,提升网络与信息安全保护能力,加强网络和信息技术的创新研究和开

---

① 根据《网络安全法》的规定,网络被定义为"由计算机或者其他信息终端及相关设备组成的按照一定的规则和程序对信息进行收集、存储、传输、交换、处理的系统"。由此可知,网络安全语境下的"网络"范畴已经超出了传统理解的计算机系统组成的网络,也不仅仅等同于我们一般理解的互联网。

发应用,实现网络和信息核心技术、关键基础设施和重要领域信息系统及数据的安全可控;加强网络管理,防范、制止和依法惩治网络攻击、网络入侵、网络窃密、散布违法有害信息等网络违法犯罪行为,维护国家网络空间主权、安全和发展利益。"

目前网络安全的重要性已经提升到了国家主权的层次。主权国家的发展进程表明,伴随人类活动范围的不断拓展,国家主权的内涵正从领土等有形边界拓展到网络等虚拟世界。或者说,网络空间主权已经构成了国家主权的重要内容。任何对于国家行使网络空间主权行为的干预和破坏,都应当视为对该国的主权侵犯和安全威胁。《国家安全法》第二十五条实际上也是从立法层面对网络安全和网络空间主权进行了认定,以确保国家行使网络主权和维护网络安全。

在"国家主权至上"整体价值观指导的体系下,网络运行与治理自然应当服从国家整体安全目标,在具体规则上就体现为对维护网络秩序的强调。2000年12月28日通过的《全国人民代表大会常务委员会关于维护互联网安全的决定》就将保障互联网运行安全与维护国家安全和社会公共利益,保护个人、法人和其他组织的合法权益联系在一起。2017年6月1日,《网络安全法》正式施行。该法实际上是对《国家安全法》涉及"网络安全"部分的进一步丰富和完善,旨在"保障网络安全,维护网络空间主权和国家安全、社会公共利益,保护公民、法人和其他组织的合法权益,促进经济社会信息化健康发展"。

从网络安全概念的外延来看,《网络安全法》将网络安全划分为网络运行安全和网络信息安全两大部分,其中与新闻传播联系最为密切的是网络信息安全。2012年12月28日通过的《全国人民代表大会常务委员会关于加强网络信息保护的决定》就明确规定保护能够识别公民个人身份和涉及公民个人隐私的电子信息,网络服务提供者收集、使用公民个人电子信息应当遵循合法、正当、必要的原则,以确保信息安全。《网络安全法》又在此基础上进一步丰富了相关安全制度和举措。在此之后,2017年12月29日,全国信息安全标准化技术委员会组织制定了《信息安全技术 个人信息安全规范》,该规范被称为我国史上最严格的个人信息安全标准。尽管其只是一部标准,并不具有强制性,但仍然有很高的启示价值和很大借鉴意义。

网络信息安全进一步又可细分为网络内容安全及承载内容的网络数据安全两部分。其中,内容安全接近我们一般理解的狭义的信息安全,即网络上传播的信息符合法律规定,不得威胁和侵害国家、社会和他人的利益。这里的法律规定,有些就是我们所强调的"禁载条款"。事实上,《网络安全法》也有"禁载条款",该法第十二条规定:任何个人和组织使用网络应当遵守宪法法律,遵守公共秩序,尊重社会公德,不得危害网络安全,不得利用网络从事危害国家安全、荣誉和利益,煽动颠覆国家政权、推翻社会主义制度,煽动分裂国家、破坏国家统一,宣扬恐怖主义、极端主义,宣扬民族仇恨、民族歧视,传播暴力、淫秽色情信息,编造、传播虚假信息扰乱经济秩序和社会秩序,以及侵害他人名誉、隐私、知识产权和其他合法权益等活动。内容安全整体来说属于《国家安全法》中"文化安全"的范畴,要做到文化安全,就应当坚持社会主义先进文化前进方向,继承和弘扬中华优秀传统文化,培育和践行社会主义核心价值观,防范和抵制不良文化的影响。此外,《网络安全法》还设立了"未成年人专条",从保护未成年人身心健康角度对网络内容传播行为进行规制。

(三) 数据安全

根据《网络安全法》,网络数据是指"通过网络收集、存储、传输、处理和产生的各种电子数据"。伴随大数据、云计算等技术的发展,网络数据的重要性日益凸显,各国对网络主权的争夺也逐渐延伸到数据领域。全球范围内数据产业竞争日趋激烈,但相对平等而统一的跨国数据流动规则却还没有形成,美国等网络强国正在利用自己的技术垄断地位谋求"数据霸权"。尤其是在"棱镜门"事件后,如何通过国内立法对本国空间主权范围内的网络及其所承载的数据资源进行有效管理和控制,已经成为摆在各国面前急需讨论的重要议题。

基于数据安全的重要性,网络主权领域又衍生出"数据主权"概念。"由于'大数据时代'的到来,国家独享'绝对主权'的时代已经终结,既有的信息主权无法适应国家管控海量数据传送和集聚的状况,数据主权应运而生。"① 所谓"数据主权",简而言之就是国家对数据的主权之体现。在这一语境下,数据就像森林、矿产等自然资源一样,由国家在其主权管辖范围内管理、控制、开发和保护,是"国家主权在网络空间的核心表现"②。但是数据又明显区别于以物理形态存在的自然资源:一方面,其为各种网络用户生成,理论上无穷无尽,且更能体现当下公众需求与社会运行特征,对于国家行政管理和社会治理具有重要战略意义;另一方面,基于网络空间产生的数据能够摆脱空间与时间的限制而自由流动和永久存储。尽管数据主体和数据控制者所处法域及相关法律边界是清晰的,但是用户生成的数据边界在哪里,目前世界并没有形成统一认识,这就导致无形的数据洪流正对传统国家主权的有形边界形成巨大冲击。

在我国,伴随互联网基础设施、技术以及相关信息产业的发展,网络安全形势愈发严峻和复杂,随着互联网而出现的非传统安全因素也在增加,数据泄露导致的电信诈骗、人肉搜索、网络攻击等情况屡见不鲜,窃取、利用网络数据实施违法甚至犯罪行为的情况时有发生,不仅影响到社会正常秩序与个人安定生活,对于国家安全和公共社会秩序也产生了严重威胁。

正是基于这一背景,无论是2015年的《国家安全法》还是2017年的《网络安全法》,都强调要实现网络数据的安全可控,任何个人和组织都不得从事窃取网络数据等危害网络安全的活动,并规定了一系列保障数据安全尤其是个人数据安全的措施。网络安全概念本身就包括保障网络数据的完整性、保密性、可用性,其整体制度设计的重点在于保障网络信息传播秩序的稳定③,体现了总体国家安全观以人民安全为宗旨的思路。

二、煽动性言论与危害国家安全

《国家安全法》第十五条第2款规定:"国家防范、制止和依法惩治任何叛

---

① 孙南翔、张晓君:《论数据主权——基于虚拟空间博弈与合作的考察》,《太平洋学报》2015年第2期。
② 参见肖冬梅、文禹衡:《在全球数据洪流中捍卫国家数据主权安全》,《红旗文稿》2017年第9期。
③ 周冲:《个人信息保护:中国与欧盟删除权异同论》,《新闻记者》2017年第8期。

国、分裂国家、煽动叛乱、颠覆或者煽动颠覆人民民主专政政权的行为;防范、制止和依法惩治窃取、泄露国家秘密等危害国家安全的行为;防范、制止和依法惩治境外势力的渗透、破坏、颠覆、分裂活动。"该条款中有两个关键词:一是煽动,二是泄露。这实际上指出了新闻传播中两种危害国家安全的行为:一是煽动性言论的传播,二是国家秘密的泄露。

(一) 煽动性言论的概念与特点

煽动,就是通过劝说、宣扬、鼓动、挑唆、蛊惑等方式,促使他人去从事不应当去做乃至违法犯罪的事。在信息传播过程中,煽动性言论可通过口述、文字、图片、音视频等各种媒介形式传播开来。尤其是在即时、快速且去中心化的新媒体环境下,煽动性言论一经发布便会裂变式传播,而发布和传播者又隐藏于虚拟空间之外,再加上有些网络服务提供者还未形成成熟的把关人机制,导致网络逐渐成为产生煽动性言论的"温床"。

总体来说,危害国家安全的煽动性言论具有五个特点:一是传播方式的非理性。传播者往往通过浮夸式言论和情绪化表达,达到吸引受众注意力进而蛊惑人心的目的。二是传播路径的公开性。煽动性言论的受众一般是社会公众,而这些言论旨在蛊惑人心,这就导致其传播路径必然要公开化,主要是通过各种大众传播媒介进行传播。这一特点也使得它区别于一般刑事犯罪中的教唆犯行为。[①] 三是传播内容的虚假性。煽动性言论在内容上"有虚张声势,夸大其词,攻其一点,不及其余,或造谣诽谤的倾向"[②]。四是传播目的的负面性。发表煽动性言论绝不仅仅是为了传播,而是希望通过宣扬、鼓动、挑唆式言论的传播,进一步刺激他人的非理性、反常性、负面性的行为。五是传播结果的危害性。煽动性言论传播目的的负面性势必导致传播结果的危害性。受到鼓动、蛊惑的公众往往会参与实施一些激烈的破坏性行为,乃至危害国家安全。

---

① 其他危害国家安全罪的教唆犯只是对特定对象进行教唆,一般不是公开的。
② 童兵、陈绚主编:《新闻传播学大辞典》,中国大百科全书出版社 2016 年版,第 239 页。

（二）限制煽动性言论的法律规定

正是由于煽动性言论会给国家安全造成严重威胁与危害，古今中外莫不强调通过法律对煽动性言论进行限制。在我国，早在汉朝时期的《礼记·王制》中就有记载：行伪而坚，言伪而辩，学非而博，顺非而泽，以疑众，杀。即，凡是言行虚伪，煽动群众且危害社会的，一律处以极刑。① 之后，《唐律疏议》和《宋刑统》均规定对"造妖书及妖言者"及"传用以惑众者"处以绞刑。到了清朝末年，1908年3月颁布的《大清报律》则规定报纸不得揭载：诋毁宫廷之语；淆乱政体之语；扰害公安之语；败坏风俗之语。其中的"淆乱政体之语"，在当时可以视为一种煽动性言论。如有违反，该发行人、编辑人处二十日以上六月以下之监禁，或二十元以上二百元以下之罚金。

新中国成立后，《宪法》明确保障言论自由，对于界定和限制煽动性言论都有严格的法律规定。由于危害国家安全的煽动性言论往往涉及法律底线问题，这种限制多集中体现在《刑法》对煽动性言论的归罪上。《刑法》分则部分第一章就是"危害国家安全罪"，其中涉及煽动性言论的罪名主要有煽动分裂国家罪与煽动颠覆国家政权罪。此外，宣扬恐怖主义、极端主义、煽动实施恐怖活动罪，煽动民族仇恨、民族歧视罪，煽动暴力抗拒法律实施罪，煽动军人逃离部队罪等，虽未列入"危害国家安全罪"一章，但它们都属于性质极其恶劣、社会危害性极大的犯罪，且侵犯的客体与国家主权的完整和政权的稳定等国家安全利益密切相关，故在此一并介绍。

煽动分裂国家罪 《刑法》第一百零三条第2款规定：煽动分裂国家、破坏国家统一的，处五年以下有期徒刑、拘役、管制或者剥夺政治权利；首要分子或者罪行重大的，处五年以上有期徒刑。该罪的主体为一般主体，侵犯的客体是国家的统一；主观方面是故意，而且是直接故意，即犯罪人有分裂国家、破坏国家统一的动机和目的，客观方面则体现为通过发表、传播鼓动性、挑动性言论，促使他人从事分裂国家、破坏国家统一的活动。从事分裂活动的并非犯罪人本

---

① 张晋藩主编：《中国法制史》，群众出版社1994年版，第52页。

人,这是本罪区别于分裂国家罪的最主要体现。分裂活动一般分为两种:一是通过挑拨民族关系、破坏民族团结达到分裂国家的目的;二是通过谋求地方割据、抗拒中央领导达到分裂国家的目的。该罪属于行为犯,即只要实施了煽动分裂国家、破坏国家统一的行为,不论受众是否相信煽动性言论、是否实施了具体的分裂国家行为或者造成了危害后果,都应构成犯罪既遂。如果与境外机构、组织、个人相勾结,还应当从重处罚。

煽动颠覆国家政权罪 《刑法》第一百零五条第2款规定:以造谣、诽谤或者其他方式煽动颠覆国家政权、推翻社会主义制度的,处五年以下有期徒刑、拘役、管制或者剥夺政治权利;首要分子或者罪行重大的,处五年以上有期徒刑。本罪与煽动分裂国家罪类似,犯罪主体为一般主体,主观方面也是直接故意,即有试图通过煽动性言论鼓动他人实施颠覆国家政权行为的主观恶意。如果仅仅因为个人境遇不顺而受到误导,或者出于善意对国家体制机制提出批评建议,则不构成本罪。煽动颠覆国家政权罪侵犯的客体是人民民主专政的政权和社会主义制度,在客观方面表现为通过造谣、诽谤或者其他方式煽动颠覆国家政权、推翻社会主义制度的行为。本罪也属行为犯,即只要行为人客观上实施了以造谣、诽谤或者其他方式煽动颠覆国家政权、推翻社会主义制度的行为,无论是否有人相信该煽动性言论或者产生何种结果,都构成了犯罪既遂。同样,如果与境外机构、组织、个人相勾结,还应当从重处罚。

此外,根据1998年《最高人民法院关于审理非法出版物刑事案件具体应用法律若干问题的解释》第一条的规定,明知出版物中载有煽动分裂国家、破坏国家统一或者煽动颠覆国家政权、推翻社会主义制度的内容,而予以出版、印刷、复制、发行、传播的,则依照刑法相关规定以煽动分裂国家罪或者煽动颠覆国家政权罪定罪处罚。该司法解释进一步明确了在出版活动中可能构成上述两罪的主体,不仅包括直接发表煽动性言论的人,还包括出版发行者、印刷复制者、销售者以及其他传播者。在主观层面,相关主体即使并无危害国家安全之目的,但出于盈利等目的明知载有煽动分裂国家、破坏国家统一或者煽动颠覆国家政权、推翻社会主义制度的内容而放任其出版的,同样构成本罪。

宣扬恐怖主义、极端主义、煽动实施恐怖活动罪 根据《刑法》第一百二十条之三的规定,以制作、散发宣扬恐怖主义、极端主义的图书、音频视频资料或者其他物品,或者通过讲授、发布信息等方式宣扬恐怖主义、极端主义的,或者煽动实施恐怖活动的,处五年以下有期徒刑、拘役、管制或者剥夺政治权利,并处罚金;情节严重的,处五年以上有期徒刑,并处罚金或者没收财产。这是2015年通过的《刑法修正案(九)》新增加的罪名,被纳入《刑法》"危害公共安全罪"一章,但是实施相关行为往往带有一定的政治、军事目的,且会造成社会恐慌,破坏社会稳定,危害人民群众的人身、财产利益,严重威胁到国家安全。本罪的主体是一般主体,主观方面只能是故意,在客观方面的表现包括通过图书、音频视频资料等出版物宣扬恐怖主义、极端主义以进行煽动的行为,以及通过讲授、发布信息等公开的方式宣扬恐怖主义、极端主义或者煽动实施恐怖活动的行为。这里的恐怖活动,根据《反恐怖主义法》第三条的规定,是指带有恐怖主义性质的行为,包括:(1)组织、策划、准备实施、实施造成或者意图造成人员伤亡、重大财产损失、公共设施损坏、社会秩序混乱等严重社会危害的活动的;(2)宣扬恐怖主义,煽动实施恐怖活动,或者非法持有宣扬恐怖主义的物品,强制他人在公共场所穿戴宣扬恐怖主义的服饰、标志的;(3)组织、领导、参加恐怖活动组织的;(4)为恐怖活动组织、恐怖活动人员、实施恐怖活动或者恐怖活动培训提供信息、资金、物资、劳务、技术、场所等支持、协助、便利的;(5)其他恐怖活动。在本罪中,一些宣扬、散布、传播恐怖主义、极端主义,煽动实施恐怖活动行为本身并非最终目的,在实施过程中还存在煽动分裂国家的行为,构成了其他犯罪,形成了犯罪竞合。

煽动民族仇恨、民族歧视罪 《刑法》第二百四十九条规定:煽动民族仇恨、民族歧视,情节严重的,处三年以下有期徒刑、拘役、管制或者剥夺政治权利;情节特别严重的,处三年以上十年以下有期徒刑。本罪的主体是一般主体,主观方面为故意,侵犯的客体是民族团结与民族平等,在客观方面表现为违反党和国家的民族政策,煽动民族仇恨和民族歧视,且情节严重的行为。我国有五十六个民族,《宪法》第四条明确规定:中华人民共和国各民族一律平等。国家保障各少数民族的合法的权利和利益,维护和发展各民族的平等团结互助和谐关系。禁止对任何民族的歧视和压迫,禁止破坏民族团结和制造民族分裂的行为。故一旦煽动起民族仇恨和民族歧视,势必违反《宪法》规定,破坏国家统一和社会秩序的稳定,严重危害国家安全。至于如何判断情节是否严重,这一般与煽动性言论的动机、内容和后果相关。

煽动暴力抗拒法律实施罪 煽动暴力抗拒法律实施罪,是指故意煽惑、挑动群众暴力抗拒国家法律、行政法规实施的行为。根据我国《刑法》第二百七十八条的规定,犯本罪的,处三年以下有期徒刑、拘役、管制或者剥夺政治权利;造成严重后果的,处三年以上七年以下有期徒刑。本罪的主体是一般主体,主观方面为故意,即明知应当遵循相关法律,出于利益、泄愤或者其他原因仍然煽动他人暴力抗拒法律的实施。如果仅是对法律有所误解,而发牢骚或者抱怨,则不构成本罪。本罪侵犯的客体是国家的法律权威和法制秩序,在客观方面表现为通过煽动性言论鼓动、蛊惑群众暴力抗拒法律实施的行为。这里有几个关键词:一是群众,即煽动的对象只能是群众,一般至少三人。二是暴力,即采取武力或者其他强制性手段,如果只是煽动群众采取静坐等非暴力方式抗拒法律实施的,不构成本罪。三是法律,既包括狭义上由全国人民代表大会及其常务委员会制定的法律,也包括行政法规;既包括现行的法律、行政法规,也包括已经颁布但尚未施行的法律、行政法规。本罪是行为犯,即只要客观上实施了煽动群众暴力抗拒法律实施的行为,不论群众是否相信煽动性言论、是否实施了暴力抗拒法律实施的行为或者造成了何种后果,都构成犯罪既遂。

煽动军人逃离部队罪 《刑法》第三百七十三条规定:煽动军人逃离部队或者明知是逃离部队的军人而雇用,情节严重的,处三年以下有期徒刑、拘役或者管制。该条款规定了煽动军人逃离部队罪和雇用逃离部队军人罪两个罪名。其中煽动军人逃离部队罪的主体为一般主体,主观方面为故意,即明知军人逃离部队是违法违纪的行为,仍然煽动其逃离,侵犯的客体是国家军队的管理秩序和国防利益。本罪在客观方面表现为煽动军人逃离部队,情节严重的行为。这里的军人,应是现役军人,且必须构成情节严重,如果只是实施了煽动军人逃离部队的行为,但情节并不严重,比如因为家庭经济困难劝说家人离开部队回家帮忙,就不构成本罪。

综合来看,上述六项煽动性罪名的犯罪主体均为一般主体,即达到法定刑事责任年龄、具有刑事责任能力的自然人。主观方面均要求故意,过失不构成相关煽动性犯罪。在客观方面,其中部分煽动性行为"都各有一个关联的实行行为(或结果)与煽动行为相结合,构成某种煽动型犯罪"。与此同时,"这些关联的实行行为中的某些行为在刑法分则中又独立成罪"①。比如煽动分裂国家罪与分裂国家罪,煽动军人逃离部队罪与逃离部队罪等。

但无论如何,相关煽动性行为大都需要借助图书、报纸、广播电视、互联网等大众传播媒介方式。有鉴于此,我国涉及新闻传播内容的许多法律、行政法规,针对危害国家安全的煽动性言论也都进行了限制规定,具体如表 6-1 所示:

表 6-1 新闻传播涉及煽动性罪名的法律法规

法律规范	具体条款
《出版管理条例》	第二十五条:任何出版物不得含有下列内容:(一)反对宪法确定的基本原则的;(二)危害国家统一、主权和领土完整的;(三)泄露国家秘密、危害国家安全或者损害国家荣誉和利益的;(四)煽动民族仇恨、民族歧视,破坏民族团结,或者侵害民族风俗、习惯的;(五)宣扬邪教、迷信的……
《音像制品管理条例》	第三条:音像制品禁止载有下列内容:(一)反对宪法确定的基本原则的;(二)危害国家统一、主权和领土完整的;(三)泄露国家秘密、危害国家安全或者损害国家荣誉和利益的;(四)煽动民族仇恨、民族歧视,破坏民族团结,或者侵害民族风俗、习惯的;(五)宣扬邪教、迷信的……
《广播电视管理条例》	第三十二条:禁止制作、播放载有下列内容的节目:(一)危害国家的统一、主权和领土完整的;(二)危害国家的安全、荣誉和利益的;(三)煽动民族分裂,破坏民族团结的;(四)泄露国家秘密的;……(六)宣扬淫秽、迷信或者渲染暴力的……
《电影管理条例》	第二十五条:电影片禁止载有下列内容:(一)反对宪法确定的基本原则的;(二)危害国家统一、主权和领土完整的;(三)泄露国家秘密、危害国家安全或者损害国家荣誉和利益的;(四)煽动民族仇恨、民族歧视,破坏民族团结,或者侵害民族风俗、习惯的;(五)宣扬邪教、迷信的……
《电信条例》	第五十六条:任何组织或者个人不得利用电信网络制作、复制、发布、传播含有下列内容的信息:(一)反对宪法所确定的基本原则的;(二)危害国家安全,泄露国家秘密,颠覆国家政权,破坏国家统一的;(三)损害国家荣誉和利益的;(四)煽动民族仇恨、民族歧视,破坏民族团结的;(五)破坏国家宗教政策,宣扬邪教和封建迷信的……

---

① 魏东、郭理蓉:《关于煽动型犯罪的几个问题》,《云南大学学报(法学版)》1999 年第 1 期。

(续表)

法律规范	具体条款
《互联网信息服务管理办法》	第十五条:互联网信息服务提供者不得制作、复制、发布、传播含有下列内容的信息:(一)反对宪法所确定的基本原则的;(二)危害国家安全,泄露国家秘密,颠覆国家政权,破坏国家统一的;(三)损害国家荣誉和利益的;(四)煽动民族仇恨、民族歧视,破坏民族团结的;(五)破坏国家宗教政策,宣扬邪教和封建迷信的……
《电影产业促进法》	第十六条:电影不得含有下列内容:(一)违反宪法确定的基本原则,煽动抗拒或者破坏宪法、法律、行政法规实施;(二)危害国家统一、主权和领土完整,泄露国家秘密,危害国家安全,损害国家尊严、荣誉和利益,宣扬恐怖主义、极端主义;(三)诋毁民族优秀文化传统,煽动民族仇恨、民族歧视,侵害民族风俗习惯,歪曲民族历史或者民族历史人物,伤害民族感情,破坏民族团结……
《网络安全法》	第十二条:任何个人和组织使用网络应当遵守宪法法律,遵守公共秩序,尊重社会公德,不得危害网络安全,不得利用网络从事危害国家安全、荣誉和利益,煽动颠覆国家政权、推翻社会主义制度,煽动分裂国家、破坏国家统一,宣扬恐怖主义、极端主义,宣扬民族仇恨、民族歧视,传播暴力、淫秽色情信息,编造、传播虚假信息扰乱经济秩序和社会秩序,以及侵害他人名誉、隐私、知识产权和其他合法权益等活动。

三、泄露国家秘密与危害国家安全

除煽动性言论外,在新闻传播活动中,另一种危害国家安全的行为就是泄露国家秘密。

(一) 国家秘密的内涵

国家秘密是研究泄露国家秘密行为的核心概念,也是办理泄露国家秘密案件的关键。根据《保守国家秘密法》的规定,国家秘密是指"关系国家安全和利益,依照法定程序确定,在一定时间内只限一定范围的人员知悉的事项"。主要包含以下三项要件:

一是关系国家安全和利益。这是国家秘密的本质特征,也是其区别于商业秘密、个人秘密等其他秘密事项的基本属性。正是国家秘密背后所蕴藏的国家安全和利益,才会导致其一旦被泄露,就会严重威胁和危害到国家在政治、经济、国防、外交等领域的安全和利益。在我国,国家秘密的密级分为绝密、机密、秘密三级,划分标准就是国家秘密泄露后损害国家安全和利益的程度。绝密级国家秘密是最重要的国家秘密,泄露会使国家安全和利益遭受特别严重的损害;机密级国家秘密是重要的国家秘密,泄露会使国家安全和利益遭受严重的损害;秘密级国家秘密是一般的国家秘密,泄露会使国家安全和利益遭受损害。《保守国家秘密法》第九条将七类泄露后可能损害国家安全和利益的秘密事项列为国家秘密,包括:(一)国家事务重大决策中的秘密事项;(二)国防建设和武装力量活动中的秘密事项;(三)外交和外事活动中的秘密事项以及对外承担保密义务的秘密事项;(四)国民经济和社会发展中的秘密事项;(五)科学技术中的秘密事项;(六)维护国家安全活动和追查刑事犯罪中的秘密事项;(七)经国家保密行政管理部门确定的其他秘密事项。此外,政党的秘密事项中符合前述规定的,也属于国家秘密。

二是依照法定程序确定。国家秘密及其密级的确定("定密")须符合法定程序,这是依法治国原则在保守国家秘密领域的必然要求。换言之,未履行法定程序,任何事项不得被确定为国家秘密。根据《保守国家秘密法》第十一条的规定,国家秘密及其密级的具体范围,由国家保密行政管理部门分别会同外交、公安、国家安全和其他中央有关机关规定。军事方面的国家秘密及其密级的具体范围,由中央军事委员会规定。国家秘密及其密级的具体范围的规定,应当在有关范围内公布,并根据情况变化及时调整。由泄露国家秘密导致司法诉讼的,针对是否属于国家秘密及相应的密级进行鉴定,依据相关司法解释是由国家保密工作部门或者省、自治区、直辖市保密工作部门负责鉴定。除定密本身须依法定程序进行外,定密责任人的职责、定密权限及其授权范围也须遵守相关法律规定。在我国,机关、单位负责人及其指定的人员为定密责任人,具体职责包括:审核密级、保密期限和知悉范围;对尚在保密期限内的国家秘密进行审核,作出是否变更或者解除的决定;对是否属于国家秘密和属于何种密级不明确的事项先行拟定密级,并按照规定的程序报保密行政管理部门确定。至于定密权限,除公安、国家安全机关按规定的权限确定密级外,中央国家机关、省级机关及其授权的机关、单位可以确定绝密级、机密级和秘密级国家秘密;设区的市、自治州一级的机关及其授权的机关、单位可以确定机密级和秘密级国家秘密。

三是在一定时空范围内进行保密。即在一定的时间期限和空间范围内确保对国家秘密的有效控制,以防止其泄露出去。它包含两方面因素:一是一定的时限。国家秘密是一个历史性概念,一般具有保密期限。根据法律规定,国家秘密产生之时就应当确定保密期限。保密事项范围没有规定具体保密期限的,可以根据工作需要,在《保守国家秘密法》规定的保密期限内确定;不能确定保密期限的,应当确定解密条件。二是一定的人员。和保密期限一样,国家秘密产生之时也应当确定知悉范围,并根据工作需要限定在最小范围。国家秘密的知悉范围能够限定到具体人员的,限定到具体人员;不能限定到具体人员的,限定到机关、单位,由机关、单位限定到具体人员。

(二) 我国关于保守国家秘密的法律规定

国家秘密与国家安全和利益密切相关。我国非常重视保密工作,通过加强立法防止泄露国家秘密,同时我国的每一位公民也要承担保守国家秘密的法律义务。

根据我国《宪法》第五十三条的规定,中华人民共和国公民必须遵守宪法和法律,保守国家秘密。而在《宪法》之下,除《保守国家秘密法》及《保守国家秘密法实施条例》之外,《反间谍法》《国家安全法》《网络安全法》《军事设施保护法》等涉及国家安全的法律中也多有涉及保守国家秘密的规定。比如,《国家安全法》规定公民和组织应当履行维护国家安全的义务就包括"保守所知悉的国家秘密"。而在刑法层面,涉及泄露国家秘密的犯罪可分为三类,分别是故意或过失泄露国家秘密罪,为境外窃取、刺探、收买、非法提供国家秘密罪,以及非法获取国家秘密罪和非法持有国家绝密、机密文件、资料、物品罪。

泄露国家秘密罪 具体包括故意泄露国家秘密罪和过失泄露国家秘密罪两个罪名。《刑法》第三百九十八条规定:国家机关工作人员违反保守国家秘密法的规定,故意或者过失泄露国家秘密,情节严重的,处三年以下有期徒刑或者拘役;情节特别严重的,处三年以上七年以下有期徒刑。非国家机关工作人员犯前款罪的,依照前款的规定酌情处罚。两项罪名均属于渎职犯罪,犯罪主体一般为特殊主体,即国家机关工作人员,因为其更容易接触和知悉国家秘密,比如最高人民检察院2011年通报的孙振、伍超明泄露涉密经济数据案中,非国家机关工作人员也可以触犯本罪,只是性质上不再属于渎职罪。两项罪名侵犯的客体均是国家保密制度,在主观方面分别表现为故意和过失,在客观方面分别表现为有泄露国家秘密且情节严重的行为。这里的泄露应当作"广义"上的理解,既包括使国家秘密被不应知悉者知悉,也包括使国家秘密超出了限定的接触范围,而不能证明未被不应知悉者知悉;既可以是口头上的泄露,也可以是通过各种传播媒介泄露。特别地,互联网具有门槛低、时效快、传播广等特点,国家秘密一经网络泄露出去,往往造成极为严重的后果。2001年最高人民法院《关于审理为境外窃取、刺探、收买、非法提供国家秘密、情报案件具体应用法律若干问题的解释》规定:将国家秘密通过互联网予以发布,情节严重的,应当依照故意或过失泄露国家秘密罪定罪处罚。至于情节严重,2006年最高人民检察院《关于渎职侵权犯罪案件立案标准的规定》针对故意或过失泄露国家秘密罪,分别规定了较为详细的立案标准。

为境外窃取、刺探、收买、非法提供国家秘密、情报罪　《刑法》第一百一十一条规定:为境外的机构、组织、人员窃取、刺探、收买、非法提供国家秘密或者情报的,处五年以上十年以下有期徒刑;情节特别严重的,处十年以上有期徒刑或者无期徒刑;情节较轻的,处五年以下有期徒刑、拘役、管制或者剥夺政治权利。本罪是典型的危害国家安全犯罪,犯罪主体是一般主体,因为理论上包括国家机关工作人员在内的中国公民都可以实施窃取、刺探、收买、非法提供国家秘密或者情报的行为。本罪主观方面为故意,客观方面表现为为境外的机构、组织、人员窃取、刺探、收买、非法提供国家秘密或者情报的行为,情节是否严重并不影响本罪的定性,但会影响量刑。

非法获取国家秘密罪和非法持有国家绝密、机密文件、资料、物品罪　《刑法》第二百八十二条规定:以窃取、刺探、收买方法,非法获取国家秘密的,处三年以下有期徒刑、拘役、管制或者剥夺政治权利;情节严重的,处三年以上七年以下有期徒刑。非法持有属于国家绝密、机密的文件、资料或者其他物品,拒不说明来源与用途的,处三年以下有期徒刑、拘役或者管制。两项罪名的主体均为一般主体,但区别于为境外窃取、刺探、收买、非法提供国家秘密、情报罪,其犯罪主体也可以包括外国人和无国籍人。非法获取国家秘密罪中的国家秘密包括绝密、机密、秘密三类,但是非法持有国家绝密、机密文件、资料、物品罪中所涉及的国家秘密只包括绝密和机密,不包括秘密。从客观表现来看,两项罪名均以行为人非法获取或非法持有国家秘密或承载国家秘密的文件、资料、物品为关键,并不以其所获取或持有的国家秘密是否已经泄露作为是否构成犯罪的必要条件。

(三) 新闻媒体与保守国家秘密

新闻媒体以报道新闻、传播信息为主要功能。一方面,新闻机构及其从业人员有更多机会接触到国家秘密,也更容易出现泄露国家秘密的情况;另一方面,国家秘密一经新闻媒体传播出去,容易快速而广泛公开,严重威胁到国家安全和利益。因此,我国非常重视新闻媒体及其从业人员的保密要求和保密责任。

1988年的《保守国家秘密法》第二十条就规定,报刊、书籍、地图、图文资料、声像制品的出版和发行以及广播节目、电视节目、电影的制作和播放,应当遵守有关保密规定,不得泄露国家秘密。1992年,国家保密局、中央对外宣传小组、新闻出版署、广播电影电视部联合印发了《新闻出版保密规定》,要求新闻出版单位和提供信息的单位建立健全自审与送审相结合的新闻出版保密审查制度,这实际上也是一种内容审查制度。

2010年,《保守国家秘密法》进行修订,其中一项重要调整就是在原有新闻媒体保密制度的基础上,增加了关于互联网等信息服务商的保密义务的规定。新法第二十七条明确规定:报刊、图书、音像制品、电子出版物的编辑、出版、印制、发行,广播节目、电视节目、电影的制作和播放,互联网、移动通信网等公共信息网络及其他传媒的信息编辑、发布,应当遵守有关保密规定。第二十八条规定:互联网及其他公共信息网络运营商、服务商应当配合公安机关、国家安全机关、检察机关对泄密案件进行调查;发现利用互联网及其他公共信息网络发布的信息涉及泄露国家秘密的,应当立即停止传输,保存有关记录,向公安机关、国家安全机关或者保密行政管理部门报告;应当根据公安机关、国家安全机关或者保密行政管理部门的要求,删除涉及泄露国家秘密的信息。

2014年,国家新闻出版广电总局出台了《新闻从业人员职务行为信息管理办法》,要求新闻单位应健全保密制度,对新闻从业人员在职务行为中接触的国家秘密信息,应明确知悉范围和保密期限,健全国家秘密载体的收发、传递、使用、复制、保存和销毁制度,禁止非法复制、记录、存储国家秘密,禁止在任何媒体以任何形式传递国家秘密,禁止在私人交往和通信中涉及国家秘密。新闻从业人员上岗应当经过保密教育培训,并签订保密承诺书。此外,该办法还特别强调保密协议的签订,新闻从业人员在签订劳动合同、离岗离职或者记者证年检时都必须签订或者提交相关保密协议。

第二节 维护社会秩序与公序良俗

新闻传播与社会发展息息相关,并拥有稳定社会的功能。新闻传播的内容要充分考虑到对社会的影响,尤其是淫秽、色情、暴力、恐怖等信息的传播往往因社会秩序和公序良俗等而需要受到较大限制,这实际上是新闻传播所承载的表达自由价值让位于社会秩序等公共利益。

一、对淫秽、色情内容的严控

在全球范围内,一直都未形成关于淫秽和色情的统一标准。[①] 一般认为,"淫秽"主要由两方面组成:一是对人性欲的无端挑起、刺激,二是对社会正常性道德观念和人们对性的正常羞耻心的损害。纵观世界各国,绝大多数政府不会对淫秽行为公开主张或放任不管,只是管的宽严程度不尽相同。而"色情"概念的出现比淫秽更早,其相对于"淫秽"对性欲的刺激和对羞耻心的损害程度较轻,有时候会成为构成淫秽的基本元素。

---

① 王四新:《网络空间的表达自由》,社会科学文献出版社2007年版,第224页。

(一) 国外关于淫秽、色情的认定

长期以来,对淫秽、色情内容的限制一直是各国立法的重点,但也是政府管控的难点,这主要是因为淫秽、色情概念本身的内涵和外延就难以界定,导致相应的法律适用缺乏科学、准确的依据。

最早开始在司法上尝试作出标准认定的是英国。在 1868 年的雷吉纳诉希克林案中①,法官在判决中将判断"淫秽"的标准界定为"被指控的淫秽事项是否会腐蚀或侵害那些思想上可能接受这些影响并且可以看到这类出版物的那些人",并形成了"希克林标准"(Hicklin Rule)。它包括三项基本原则:一是阅读该出版物是否会产生不良思想,而不是一定实施了某种社会行为;二是出版物是否会危害最容易受影响的人,如未成年人、有不良倾向的成年人和所有下层人民;三是对是否淫秽的判断应根据出版物的部分内容而不是整体来判断。

尽管希克林标准还存在很多待完善之处,但其很快就被引入美国。在美国相当长一段时间的相关司法实践中,淫秽性言论往往被认为属于低价值的言论,因而被排除在宪法第一修正案保护范围之外。当然,这种直接但又略显粗暴的司法适用标准也遭到了很多异议,直到 1957 年的罗思诉合众国案②,美国法院第一次尝试就淫秽概念进行界定,形成了认定淫秽作品的新标准——"罗思标准",即判断一部作品是否淫秽,应根据当时社会标准,从其整体的主导性主题来看,看它是否能够引起普通人的淫欲。罗思标准相对于希克林标准来说有了很大变化:一是判断对象已从"部分"转为作品"整体";二是作品的受众已从"最容易受影响的人"转为"普通人";三是强调要根据当时社会标准来考虑。

---

① 本案被告希克林因散布含有性描述内容的反天主教书籍而被法院认定为违反了英国议会于 1857 年制定的《淫秽物品法》。

② 纽约书商罗思在他创办的杂志上最早连载《尤利西斯》,并通过邮寄方式出售色情通知、广告以及《欢场女子回忆录》《查泰莱夫人的情人》《爱经》等书籍,并因此坐牢。出狱后他并未收手,为此反复出入监狱,他辩称自己出版的大多数作品都有文学价值,并最终诉至美国联邦最高法院。联邦最高法院最终仍以多数票支持了对罗思的判决,但之后布伦南大法官在该案基础上提出了认定淫秽的新标准。

在 1973 年的米勒诉加利福尼亚州案①，美国法院又提出了著名的"米勒标准"，主要包括三项原则："(1) 整体上说，一般人采用现代共同体的标准是否发现作品引起人们好色的兴趣；(2) 作品是否以明显冒犯的方式描绘或者描述了法律明确界定的性行为；(3) 整体上说，作品是否缺乏严肃的文学、艺术、政治或科学价值。"②"米勒标准"在美国司法实践中得到较广泛的运用，并为许多国家所借鉴。在 1987 年的波普诉伊利诺伊州案③中，美国法院又对米勒原则的第三项原则进行了强调，"正如一件作品所代表的思想不需要得到多数赞同才应该受到保护一样，一件作品的价值也不会因为它在不同社区中所获得的认可程度的不同而不受宪法第一修正案的保护。恰当的问询不是某一既定社区的普通成员是否会在所谓的淫秽材料中发现严肃的文学、艺术、政治或科学价值，而是一个理性的人如果从整体上考虑这些材料的话，是否能在其中找到这些价值"④。

(二) 我国关于淫秽、色情的认定

我国深受儒家传统思想的影响，对于新闻传播中的涉"性"内容管控较严，相关法律规范对于淫秽、色情作出了明确认定。早在 1985 年，国务院《关于严禁淫秽物品的规定》就将查禁淫秽物品的范围界定为"具体描写性行为或露骨宣扬色情淫秽形象"的各种音像、文娱、出版物品，但同时又规定"夹杂淫秽内容的有艺术价值的文艺作品，表现人体美的美术作品，有关人体的生理、医学知识

---

① 米勒是美国西海岸经营色情出版物邮购业务的最大经营者之一。1976 年起，米勒开始发起大规模的邮寄广告活动，以促销贴有成人读物标签的带有插图的图书。一家餐馆的老板向警察报案，遂导致米勒被逮捕。加利福尼亚州初审法院经审理认为，按照加利福尼亚州《刑法》第 311 条第 2(a) 款的规定，米勒故意发行淫秽材料的行为已构成轻罪。后加利福尼亚州上诉法院维持了该有罪判决。美国最高法院以 5∶4 判决，淫秽材料不享有宪法第一修正案的保护，并修改了罗思诉合众国案中确立的淫秽物品认定标准。具体参见 Miller v. California, 413 U. S. 15(1973)。
② 参见〔美〕谢丽·L. 伯尔:《娱乐法》，李清伟等译，上海财经大学出版社 2018 年版，第 97 页。
③ 1983 年 7 月 1 日，在伊利诺伊州的罗克福德市，几位警探从一家成人书店购买了某些杂志，因为出售了这些杂志，波普等人随后被分别指控犯有"淫秽罪"，波普等人主张伊利诺伊州的法律违反了美国宪法第一修正案和第十四修正案。法院在判决中认为，在相关案件的审理过程中，对淫秽作品价值的判断并没有提出要参考社区标准来决定。具体参见 Pope v. Illinois, 481 U. S. 497(1987)。
④ 参见〔美〕约翰·D. 泽莱兹尼:《传播法判例：自由、限制与现代媒介》，王秀丽译，北京大学出版社 2007 年版，第 240 页。

和其他自然科学作品,不属于淫秽物品的范围,不在查禁之列"。这也是我国行政法规对淫秽概念的首次界定,之后公安部、最高人民法院等机构在发布具体实施该规定的通知时,也沿用了这一定义。

1988年12月,原新闻出版署公布了《关于认定淫秽及色情出版物的暂行规定》。其中第二条将"淫秽出版物"界定为在整体上宣扬淫秽行为,挑动人们的性欲,足以导致普通人腐化堕落,而又没有艺术价值或者科学价值,且具有下列内容的出版物,包括:(一)淫亵性地具体描写性行为、性交及其心理感受;(二)公然宣扬色情淫荡形象;(三)淫亵性地描述或者传授性技巧;(四)具体描写乱伦、强奸或者其他性犯罪的手段、过程或者细节,足以诱发犯罪的;(五)具体描写少年儿童的性行为;(六)淫亵性地具体描写同性恋的性行为或者其他性变态行为,或者具体描写与性变态有关的暴力、虐待、侮辱行为;(七)其他令普通人不能容忍的对性行为的淫亵性描写。第三条将"色情出版物"界定为在整体上不是淫秽的,但其中一部分有上面列举的相关内容,对普通人特别是未成年人的身心健康有毒害,而缺乏艺术价值或者科学价值的出版物。当然,与国务院《关于严禁淫秽物品的规定》一样,该暂行规定同样将夹杂淫秽、色情内容而具有艺术价值的文艺作品,表现人体美的美术作品,有关人体的解剖生理知识、生育知识、疾病防治和其他有关性知识、性道德、性社会学等自然科学和社会科学作品,排除出了淫秽出版物或色情出版物的范围。

到了1989年11月,新闻出版署又公布了《关于部分应取缔出版物认定标准的暂行规定》,将"夹杂淫秽色情内容、低级庸俗、有害于青少年身心健康的出版物",界定为具有相关内容,低级庸俗,妨害社会公德,缺乏艺术价值或者科学价值,公开展示或阅读会对普通人特别是青少年身心健康产生危害,甚至诱发青少年犯罪的出版物。这里的"相关内容"包括:描写性行为、性心理,着力表现生殖器官,会使青少年产生不健康意识的;宣传性开放、性自由观念的;具体描写腐化堕落行为,足以导致青少年仿效的;具体描写诱奸、通奸、淫乱、卖淫的细节的;具体描写与性行为有关的疾病,如梅毒、淋病、艾滋病等,令普通人厌恶的;其他刊载有猥亵情节,令普通人厌恶或难以容忍的。

1997年修订的《刑法》第三百六十七条规定:本法所称淫秽物品,是指具体描绘性行为或者露骨宣扬色情的诲淫性的书刊、影片、录像带、录音带、图片及其他淫秽物品。有关人体生理、医学知识的科学著作不是淫秽物品。包含有色情内容的有艺术价值的文学、艺术作品不视为淫秽物品。这也是目前我国关于淫秽物品概念最权威的界定。从上述条款来看,以上物品尽管均不纳入"淫秽物品"的范畴,但是《刑法》对待人体生理、医学知识的科学著作与包含有色情内容的有艺术价值的文学、艺术作品的态度是不同的:前者不是淫秽物品,后者仅强调不视为淫秽物品,但其受到的法律规制仍然要严于前者。

2004年9月,最高人民法院和最高人民检察院出台了《关于办理利用互联网、移动通讯终端、声讯台制作、复制、出版、贩卖、传播淫秽电子信息刑事案件具体应用法律若干问题的解释(一)》,其中第九条针对《刑法》第三百六十七条中的"其他淫秽物品"进行了解释,包括具体描绘性行为或者露骨宣扬色情的诲淫性的视频文件、音频文件、电子刊物、图片、文章、短信息等互联网、移动通讯终端电子信息和声讯台语音信息。此外,有关人体生理、医学知识的电子信息和声讯台语音信息不是淫秽物品。包含色情内容的有艺术价值的电子文学、艺术作品不视为淫秽物品。这实际上是与作为上位法的《刑法》保持一致。

从以上法律规定来看,我国对于淫秽、色情内容的界定标准与美国的米勒标准有许多相似之处,包括:强调从普通人角度审视是否会引起人的性欲;是否存在对性行为的露骨描绘;是否有艺术、科学价值;是否存在淫亵性(或冒犯性)描写、描绘性行为的情况等。我国对于淫秽、色情内容的界定标准呈现出以下两个特点:

一是强调对涉及淫秽、色情及其他涉性描写内容的严控。我国相关立法虽然对淫秽和色情内容进行了区分,但是由于二者在挑动人们性欲、导致人们腐化堕落的表现上只有"量"(整体和部分)的差异,而没有质的区别,因此一般情况下对二者都要进行严格管控。其实不光是淫秽、色情出版物,即使是包含色情内容的有艺术价值的文学、艺术作品,或者那些夹杂淫秽色情、低级庸俗、有害于青少年身心健康内容的出版物,根据法律规定也要受到不同程序的限制。

二是强调了淫秽内容"诲淫性"特征。1990年《最高人民法院、最高人民检察院关于办理淫秽物品刑事案件具体应用法律的规定》第九条首次提到了"诲淫性"这一概念。从字面上理解,"诲"是"引导","淫"是"淫荡","诲淫"就是

"诱导人们去进行非道德和非法的性活动"①，这实际上概括了"淫秽"内容的本质。

（三）对传播淫秽、色情内容行为的惩处

有规制就要有处罚。我国法律对于违法生产、传播淫秽色情内容均苛以严格的法律责任，主要包括刑事处罚和行政处罚。刑事处罚主要针对的是淫秽物品，而行政处罚针对的既有淫秽，也有色情。刑事处罚的主要依据是刑法。我国《刑法》分则第六章第九节规定了"制作、贩卖、传播淫秽物品罪"，其中与新闻传播关系密切的主要有以下三个罪名：

一是制作、复制、出版、贩卖、传播淫秽物品牟利罪。《刑法》第三百六十三条第1款规定："以牟利为目的，制作、复制、出版、贩卖、传播淫秽物品的，处三年以下有期徒刑、拘役或者管制，并处罚金；情节严重的，处三年以上十年以下有期徒刑，并处罚金；情节特别严重的，处十年以上有期徒刑或者无期徒刑，并处罚金或者没收财产。"本罪的主体是一般主体，同时也包括单位，主观方面是故意，且基于牟利目的，即犯罪人明知属于淫秽物品，基于牟利目的仍然实施制作、复制、出版、贩卖、传播淫秽物品的行为。本罪侵犯的客体是社会秩序和公序良俗，客观上表现为以牟利为目的，制作、复制、出版、贩卖或传播淫秽物品的行为，只要实施上述行为之一即构成本罪，同时实施多个行为的，也只构成一罪，比如谭兴祚等传播淫秽物品牟利案。

二是为他人提供书号出版淫秽书刊罪。《刑法》第三百六十三条第2款规定："为他人提供书号，出版淫秽书刊的，处三年以下有期徒刑、拘役或者管制，并处或者单处罚金；明知他人用于出版淫秽书刊而提供书号的，依照前款的规定处罚。"我国对于书号有着严格的管理制度，本罪主要针对一些出版单位出于牟利目的而对书号管理失当，随意转让或者出卖书号，导致淫秽书刊出版、发行的现象。本罪主体为一般主体，单位也可构成此罪，侵犯的客体是国家的书号管理制度及其背后的社会秩序与公序良俗。本罪在主观方面表现为过失，即犯

---

① 参见魏永征、周丽娜：《新闻传播法教程》第六版，中国人民大学出版社2019年版，第66页。

罪人不知其为他人提供的书号是用于出版淫秽书刊,否则构成的可能就是出版淫秽物品牟利罪。在客观方面,本罪表现为向他人提供书号出版淫秽书刊的行为。值得注意的是,出版的对象仅指淫秽书刊,而不是所有淫秽物品。

三是传播淫秽物品罪。《刑法》第三百六十四条第1款规定:"传播淫秽的书刊、影片、音像、图片或者其他淫秽物品,情节严重的,处二年以下有期徒刑、拘役或者管制。"本罪的主体是一般主体,同时也包括单位,侵犯的客体是国家对淫秽物品的管理秩序及其背后的社会秩序和公序良俗。本罪在主观方面表现为故意,即犯罪人明知是淫秽物品却仍然要传播,但是区别于传播淫秽物品牟利罪,本罪并不要求基于牟利目的,比如某些人出于炫耀等原因在网络上分享淫秽视频。在客观方面,本罪表现为传播淫秽的书刊、影片、音像、图片或者其他淫秽物品的行为,且需要情节严重。这也是本罪区别于传播淫秽物品牟利罪的要素之一,后者情节严重仅是法定的量刑加重情节。

从文字到图片再到广播电视中的音视频,人类历史上每一次传播技术革命都会让淫秽色情内容的创作和传播花样翻新。进入21世纪以后,伴随计算机终端的普及和互联网的快速发展,人们在线上接触淫秽、色情内容更为迅捷和便利,同时也带来了很多社会问题。"从我国接入互联网的那一刻起,对网络的监管就已经开始启动,尤其是对网络淫秽色情。"[1]2000年12月28日通过的《全国人民代表大会常务委员会关于维护互联网安全的决定》明确规定:在互联网上建立淫秽网站、网页,提供淫秽站点链接服务,或者传播淫秽书刊、影片、音像、图片,如果构成犯罪的,应当依照刑法有关规定追究刑事责任。

2004年最高人民法院、最高人民检察院《关于办理利用互联网、移动通讯终端、声讯台制作、复制、出版、贩卖、传播淫秽电子信息刑事案件具体应用法律若干问题的解释(一)》,对利用互联网、移动通信终端制作、复制、出版、贩卖、传播淫秽电子信息、通过声讯台传播淫秽语音信息等犯罪活动进行了详细规定。从该司法解释的内容来看,我国对于网络淫秽电子信息活动所涉犯罪并没有创设新的罪名,而是根据是否以牟利为目的,分以制作、复制、出版、贩卖、传播淫秽

---

[1] 参见周茂雄、范亲敏:《走出困境:网络淫秽色情之规制》,《重庆邮电大学学报(社会科学版)》2017年第5期。

物品牟利罪和传播淫秽物品罪定罪处罚。传播淫秽物品罪的定罪标准较之于制作、复制、出版、贩卖、传播淫秽物品牟利罪要高，比如，前者要求传播音视频、电子刊物、图片、文章、短信息淫秽文件的数量往往是后者的两倍以上，才构成犯罪。

2010年最高人民法院、最高人民检察院《关于办理利用互联网、移动通讯终端、声讯台制作、复制、出版、贩卖、传播淫秽电子信息刑事案件具体应用法律若干问题的解释（二）》又针对利用互联网、移动通信终端制作、复制、出版、贩卖、传播内容含有不满十四周岁未成年人的淫秽电子信息等犯罪活动进行了详细规定。相对于之前2004年的司法解释，新的司法解释更加突出了保护未成年人的原则。为打击一些网络平台、电信运营商、广告主、第三方支付平台等在淫秽电子信息刑事案件中的"帮凶"行为①，该司法解释第八条列举了应当认定行为人"明知"的几种情形，包括：（1）行政主管机关书面告知后仍然实施上述行为的；（2）接到举报后不履行法定管理职责的；（3）为淫秽网站提供互联网接入、服务器托管、网络存储空间、通讯传输通道、代收费、费用结算等服务，收取服务费明显高于市场价格的；（4）向淫秽网站投放广告，广告点击率明显异常的；（5）其他能够认定行为人明知的情形。

除《刑法》及相关司法解释外，我国涉及新闻传播的各项专门立法中也都有关于禁止传播淫秽、色情内容的规定，同时在罚则部分设立了惩处措施。其中禁止传播的对象，有的强调是"淫秽"，有的则既有"淫秽"，也包括"色情"；同时，禁止的方式也略有不同。具体情况详见表6-2：

表6-2 专门立法中涉及宣扬淫秽的禁止性规定

法律规范名称	生效时间	禁载方式	禁载对象
《音像制品管理条例》	1994年	不得载有	宣扬淫秽……
《电影管理条例》	1996年	禁止载有	宣扬淫秽……

---

① 参见邵国松：《网络传播法导论》，中国人民大学出版社2017年版，第83页。

(续表)

法律规范名称	生效时间	禁载方式	禁载对象
《广播电视管理条例》	1997 年	禁止制作、播放	宣扬淫秽……
《出版管理条例》	1997 年	不得含有	宣扬淫秽……
《互联网信息服务管理办法》	2000 年	不得制作、复制、发布、传播	散布淫秽、色情……
《电影产业促进法》	2017 年	不得含有	宣扬淫秽……
《网络安全法》	2017 年	不得利用网络传播	淫秽、色情信息……

二、对暴力内容的限制

(一) 暴力概念及其影响

所谓"暴力",简单地说,就是指"强制的力量;武力"①。比如常见的网络暴力、家庭暴力等概念。有学者将暴力的特征归结为以下几点:一是从行为的性质看,暴力是一种侵害行为;二是从形式上看,暴力采用的打击或强制是急速而猛烈的;三是从时间上看,暴力是一种突然实施的行为;四是从后果上看,暴力往往是凶狠、残酷的,极有可能造成严重的伤害后果;五是从主观方面看,行为人急于通过暴力达到某种目的,或取得某种利益,或满足某种欲望。②

暴力是新闻传播内容中比较常见的一种类型,有时也被称为"媒体暴力"。③ 一些传播者为了吸引受众,增加刺激感,喜欢从美学角度来描写人性的暴力面和暴力行为,乃至形成了"暴力美学"等概念,其中有些甚至体现出渲染暴力、美化暴力的倾向。④ 大量的暴力内容不可避免会对受众产生误导,诱使人们滋生暴力思想和暴力倾向,导致人们将虚拟世界中的"暴力"幻想诉诸现实生活中,甚至衍生犯罪行为。

尤其是未成年人,更易受到暴力内容的影响和困扰。在美国,国会的调查

---

① 参见中国社会科学院语言研究所词典编辑室编:《现代汉语词典》第 7 版,商务印书馆 2016 年版,第 51 页。
② 参见陈绚:《大众传播法规案例教程》,中国人民大学出版社 2009 年版,第 138 页。
③ 参见展江、彭桂兵:《媒体道德与伦理·案例教学》,中国传媒大学出版社 2014 年版,第 300 页。
④ 参见萧燕雄主编:《传播法》,华中科技大学出版社 2015 年版,第 151 页。

表明,年幼时受到暴力电视节目影响的儿童比那些没有受到此类影响的儿童,更有可能认为暴力举动是可接受的行为,从而模仿此类行为。①我国就曾发生过多起类似案件,比如在"喜羊羊暴力行为一案"②中,就有儿童模仿动画片中的"烤羊"情节,致他人烧伤,给自己、他人乃至社会都造成了严重伤害。

有鉴于此,很多国家都致力于通过立法对新闻传播活动中的"暴力"内容进行控制,尽可能减少或者淡化暴力影像给社会受众尤其是未成年人所带来的不良影响。在美国,相关组织对电影采用了分级制,分级的标准之一就是电影所含暴力内容的程度。如果含有激烈的暴力镜头,则17岁以下青少年必须有家长或监护人陪同才能观看;如果含有大量的暴力镜头,则禁止17岁以下的观众观看。

(二) 我国法律对传播暴力内容的限制

我国对于暴力内容进行限制的法律规定并不是特别多,这与理论上将暴力区分为"正义"和"非正义"有关,易导致人们在内容制作和传播上产生误解,以为禁止渲染的主要是"非正义暴力",而"正义暴力"则可以大事歌颂和表现。③同时,对于何为暴力或者宣扬暴力也没有特别明确的界定。

1989年新闻出版署颁布了《关于部分应取缔出版物认定标准的暂行规定》,其中规定宣扬"凶杀暴力"的出版物,是指以有害方式描述凶杀等犯罪活动或暴力行为,足以诱发犯罪,破坏社会治安的出版物。其中包括:一是描写罪犯形象,足以引起青少年对罪犯同情或赞赏的;二是描述罪犯践踏法律的行为,唆使人们蔑视法律尊严的;三是描述犯罪方法或细节,会诱发或鼓动人们模仿犯罪行为的;四是描述离奇荒诞、有悖人性的残酷行为或暴力行为,令普通人感到恐怖、会对青少年造成心理伤害的。五是正面肯定抢劫、偷窃、诈骗等具有犯罪性质的行为的。

从上述规定来看,我国立法并非禁止一切含有暴力(包括凶杀)的内容,只

---

① 参见中国广播电视年鉴编辑部编:《世界各地广播电视反低俗化法规资料选编》,中国传媒大学出版社2008年版,第5页。
② 参见《"喜羊羊暴力"案:原告举证灰太狼被煮过839次》,《大都市》2013年12月20日,第6版。
③ 参见魏永征、周丽娜:《新闻传播法教程》第六版,中国人民大学出版社2019年版,第86页。

是对宣扬或者正面肯定暴力行为或犯罪行为的内容进行限制,并尽可能降低由于对暴力凶杀、犯罪行为的描述甚至肯定而诱发或者鼓动人们尤其是青少年模仿暴力行为的可能性。与此同时,该暂行规定将"凶杀"与"暴力"放到一起,并多次提到"犯罪",实际上从字面意思理解,"凶杀"或者"犯罪"可以看作暴力的一种,或者说对"凶杀"或者"犯罪"的描述和展现往往成为产生暴力思想或效果的重要因素。比如,2004年国家广播电影电视总局颁布《关于加强涉案剧审查和播出管理的通知》,出于保护未成年人的考虑,要求将涉案题材的警匪剧的负面作用减少到最低限度,进一步规范对这类题材电视剧的审查和播出工作。

更多限制暴力内容的规定则显见于涉新闻传播各项专门立法的禁载条款,包括法律和行政法规,比如《出版管理条例》《广播电视管理条例》《网络安全法》等。此外,在一些涉未成年人特别保护的立法中,比如《未成年人保护法》《预防未成年人犯罪法》等,也都有限制暴力内容传播的规定。具体情况见表6-3:

表6-3 专门立法中涉及宣扬暴力的禁止性规定

法律法规名称	生效时间	禁载方式	禁载对象
《音像制品管理条例》	1994年	不得载有	宣扬……暴力或者教唆犯罪的
《电影管理条例》	1996年	禁止载有	宣扬……暴力或者教唆犯罪的
《广播电视管理条例》	1997年	禁止制作、播放	渲染暴力的
《出版管理条例》	1997年	不得含有	宣扬……暴力或者教唆犯罪的
《互联网信息服务管理办法》	2000年	不得制作、复制、发布、传播	散布……暴力、凶杀、恐怖或者教唆犯罪的
《未成年人保护法》	1991年	禁止向未成年人出售、出租或者以其他方式传播	暴力、凶杀……
《预防未成年人犯罪法》	1999年	不得向未成年人出售、出租	含有诱发未成年人违法犯罪以及渲染暴力……
		不得有	渲染暴力……

（续表）

法律法规名称	生效时间	禁载方式	禁载对象
《电影产业促进法》	2017年	不得含有	渲染暴力……
《网络安全法》	2017年	不得利用网络	传播暴力……

三、禁止宣扬邪教

邪教是指"冒用气功、宗教等名义危害秩序、侵犯人身权利的非法组织"①。邪教活动往往打着宗教的幌子,但其宗旨、结构和社会价值又都显著区别于合法的宗教,不属于宗教信仰自由的范畴。邪教问题是全球范围内普遍存在的社会问题,宣扬邪教内容的传播不仅涉及对社会秩序的破坏,而且严重时也会危害国家安全。我国《国家安全法》第二十七条第2款就明确规定:国家依法取缔邪教组织,防范、制止和依法惩治邪教违法犯罪活动。

我国一贯坚持严厉打击邪教组织及其违法犯罪活动。《刑法》第三百条专门设立了组织、利用会道门、邪教组织、利用迷信破坏法律实施罪,该条规定组织、利用会道门、邪教组织或者利用迷信破坏国家法律、行政法规实施的,处三年以上七年以下有期徒刑,并处罚金;情节特别严重的,处七年以上有期徒刑或者无期徒刑,并处罚金或者没收财产;情节较轻的,处三年以下有期徒刑、拘役、管制或者剥夺政治权利,并处或者单处罚金。

1999年10月,《最高人民法院、最高人民检察院关于办理组织和利用邪教组织犯罪案件具体应用法律若干问题的解释》针对《刑法》中的"邪教组织"进行了规定,是指"冒用宗教、气功或者其他名义建立,神化首要分子,利用制造、散布迷信邪说等手段蛊惑、蒙骗他人,发展、控制成员,危害社会的非法组织"。根据该解释的规定,组织和利用邪教组织,并且出版、印刷、复制、发行宣扬邪教内容出版物,以及印制邪教组织标识的,应当按照组织、利用会道门、邪教组织、利用迷信破坏法律实施罪定罪处罚。如果出版、印刷、复制、发行宣扬邪教内容

---

① 中国社会科学院语言研究所词典编辑室编:《现代汉语词典》第7版,商务印书馆2016年版,第1449页。

出版物以及印制邪教组织标识,数量或者数额巨大的,则属于"情节特别严重"的行为。

2001年6月公布的《最高人民法院、最高人民检察院关于办理组织和利用邪教组织犯罪案件具体应用法律若干问题的解释(二)》,针对制作、传播邪教宣传品,宣扬邪教、破坏法律、行政法规实施的犯罪行为进行了详细规定,并明确这类行为以组织、利用邪教组织破坏法律实施罪定罪处罚。具体情形包括:一是制作、传播邪教传单、图片、标语、报纸300份以上,书刊100册以上,光盘100张以上,录音、录像带100盒以上的;二是制作、传播宣扬邪教的 DVD、VCD、CD母盘的;三是利用互联网制作、传播邪教组织信息的;四是在公共场所悬挂横幅、条幅,或者以书写、喷涂标语等方式宣扬邪教,造成严重社会影响的;五是因制作、传播邪教宣传品受过刑事处罚或者行政处罚又制作、传播的;六是其他制作、传播邪教宣传品,情节严重的。

2017年2月,《最高人民法院、最高人民检察院关于办理组织、利用邪教组织破坏法律实施等刑事案件适用法律若干问题的解释》正式施行,之前的两项司法解释也同时废止。根据最新的司法解释,"邪教组织"的定义稍有调整,是指"冒用宗教、气功或者以其他名义建立,神化、鼓吹首要分子,利用制造、散布迷信邪说等手段蛊惑、蒙骗他人,发展、控制成员,危害社会的非法组织"。

与此同时,在之前两项司法解释的基础上,该司法解释对于组织、利用邪教组织破坏法律实施犯罪行为的情形进行了补充和完善,尤其是增加了许多利用互联网等大众传播媒介实施犯罪的行为,包括:一是使用"伪基站""黑广播"等无线电台(站)或者无线电频率宣扬邪教的。二是以货币为载体宣扬邪教,数量在五百张(枚)以上的。三是制作、传播邪教宣传品,达到下列数量标准之一的:(1)传单、喷图、图片、标语、报纸一千份(张)以上的;(2)书籍、刊物二百五十册以上的;(3)录音带、录像带等音像制品二百五十盒(张)以上的;(4)标识、标志物二百五十件以上的;(5)光盘、U盘、储存卡、移动硬盘等移动存储介质一百个以上的;(6)横幅、条幅五十条(个)以上的。四是利用通讯信息网络宣扬邪教,具有下列情形之一的:(1)制作、传播宣扬邪教的电子图片、文章二百张(篇)以上,电子书籍、刊物、音视频五十册(个)以上,或者电子文档五百万字符以上、电子音视频二百五十分钟以上的;(2) 编发信息、拨打电话一千条(次)以上的;(3) 利用在线人数累计达到一千以上的聊天室,或者利用群组成员、关注人员等账号数累计一千以上的通讯群组、微信、微博等社交网络宣扬邪教的;(4) 邪教信息实际被点击、浏览数达到五千次以上的。

除《刑法》及相关司法解释外,我国《治安管理处罚法》第二十七条也规定,针对组织、教唆、胁迫、诱骗、煽动他人从事邪教、会道门活动或者利用邪教、会道门、迷信活动,扰乱社会秩序、损害他人身体健康的违法行为,处 10 日以上 15 日以下拘留,可以并处 1000 元以下罚款;情节较轻的,处 5 日以上 10 日以下拘留,可以并处 500 元以下罚款。

四、对传播其他有害内容行为的规范

除了淫秽、色情、暴力外,基于维护社会秩序和公序良俗等理由需要管控的新闻传播内容还有很多,比如宣扬或者渲染恐怖、迷信等。

(一) 恐怖

恐怖内容就是使人感知到威胁而产生恐惧的内容,它往往与暴力、凶杀、灵异等因素有关。尤其是对于未成年人而言,恐怖内容可能会给其身心健康造成损害,比如 LG 恐怖广告案[①]。我国一些涉及新闻传播的立法的禁载条款里就含有限制恐怖内容的规定,比如《电影产业促进法》《互联网信息服务管理办法》等。

2007 年,国家新闻出版总署就下发了《关于清查〈死亡笔记〉等恐怖类出版物的通知》,集中清理了以《死亡笔记》为重点的一批"恐怖"类出版物。2008 年 2 月,国家新闻出版总署又发布了《关于查处"恐怖灵异类"音像制品的通知》,其中规定:所谓"恐怖灵异类"音像制品,是指以冤魂厉鬼、异性怪魔等异类非人为形象塑造,以奇异的超验幻想、离奇的梦魇谵妄为虚构手段,以恐怖骇人、惊悚阴森、离奇悬疑的超现实情节为故事题材,以追求惊惧恐怖的感官刺激效果

---

① 参见 http://www.lawyer8621.com/ShowArticle.shtml? ID=20081141601793409.htm,访问日期:2019 年 10 月 31 日。

为目的的音像制品。

(二) 迷信

"迷信"或者"封建迷信",是指"相信神灵鬼怪等超自然东西存在"或者"盲目地信仰崇拜"①。我国《出版管理条例》《广播电视管理条例》《电影产业促进法》等相关法律规范都规定不得刊播宣扬迷信的内容。国家立法禁止通过新闻传播宣扬封建迷信,"是在人的现代化方面能有所作为的一个重要因素"②。

对传播宣扬迷信内容的管控要注意与正当的宗教信仰相区分。1989 年,新闻出版署《关于部分应取缔出版物认定标准的暂行规定》就明确规定,"宣扬封建迷信"的出版物,是指除符合国家规定出版的宗教出版物外,其他违反科学、违反理性,宣扬愚昧迷信的出版物。主要包括:以看相、算命、看风水、占卜为主要内容的出版物;宣扬求神问卜、驱鬼治病、算命相面以及其他传播迷信谣言、荒诞信息,足以蛊惑人心、扰乱公共秩序的出版物。

此外,《出版管理条例》《音像制品管理条例》等法规的禁载条款中也有禁止传播宣扬迷信内容的规定。伴随互联网的发展,网络占卜算命等网络迷信也开始兴起,这对于未成年人的危害更大。为此,《互联网新闻信息服务管理规定》《互联网信息服务管理办法》《电信条例》中都有针对迷信内容的禁载规定。

(三) 其他违反社会公德的内容

新闻传播内容中的低俗之风一直是久治不愈的大问题。③ 社会生活中,最为常见的一些低俗信息事实上可能并不能达到构成淫秽、暴力的标准,这种"擦边球"的传播行为也是最难根治的顽疾。2002 年 2 月 1 日实施的《出版管理条例》里增加了一项新的禁载条款,即不得传播"危害社会公德或者民族优秀文化传统"的内容,这可以视为一种兜底性条款,可以就许多在大众媒介中传播的低

---

① 中国社会科学院语言研究所词典编辑室编:《现代汉语词典》第 7 版,商务印书馆 2016 年版,第 897 页。
② 参见孙旭培:《新闻传播法学》,复旦大学出版社 2008 年版,第 158 页。
③ 参见徐迅:《探索第三种规范:对媒体法与伦理结合模式的研究》,世界图书出版广东有限公司 2015 年版,第 86 页。

俗性、歧视性但法律并没有明确列举的内容进行规制。比如在重庆《旅游新报》被行政处罚案①中，原重庆市新闻出版局的处罚依据就是这一条。

 案例

快播公司传播淫秽物品牟利案②

快播公司利用流媒体播放技术，通过免费提供资源服务器程序和软件的方式，为网络用户提供网络视频服务。任何人(被快播公司称为"站长")均可通过上述程序和软件发布自己所拥有的视频资源，快播公司的中心调度服务器在站长与用户、用户与用户之间搭建了一个视频文件传输的平台。为提高热点视频下载速度，快播公司搭建了以缓存调度服务器为核心的平台，通过自有或与运营商合作的方式，在全国各地不同运营商处设置大量缓存服务器，这些缓存服务器方便和加速了淫秽视频的下载、传播。由于快播实际上承担了色情网站和网民之间的媒介角色，所以它很快成为色情视频的集散地，被网民誉为"看片神器"。

北京市海淀区人民法院经审理认为，快播公司负有网络视频信息服务提供者应当承担的网络安全管理义务；快播公司及各被告人均明知快播网络系统内大量存在淫秽视频并介入了淫秽视频传播活动；快播公司及各被告人放任其网络服务系统大量传播淫秽视频属于间接故意；快播公司具备承担网络安全管理义务的现实可能但拒不履行网络安全管理义务；快播公司及各被告人的行为具有非法牟利目的；而本案不适用"技术中立"的责任豁免；快播公司以牟利为目的放任淫秽视频大量传播的行为构成传播淫秽物品牟利罪的单位犯罪。在量刑方面，法院认为快播公司的行为不属于传播淫秽物品牟利罪"情节特别严重"情形，但快播公司放任淫秽视频大量传播，并获取巨额非法利益应当认定为"情节严重"。

---

① 参见《重庆〈旅游新报〉地震报道违背社会公德被停刊整顿》，http://www.news.sohu.com/20080521/n256979783.shtml，访问日期：2023 年 5 月 12 日。

② 《刑事审判参考》(总第 109 集)，法律出版社 2017 年版，第 1192 号案例。

最终法院做出判决,以传播淫秽物品牟利罪判处深圳市快播科技有限公司罚金1000万元;判处快播CEO王欣有期徒刑3年6个月,并处罚金100万元;判处快播公司事业部副总经理兼技术平台部总监张克东有期徒刑3年3个月,并处罚金50万元;判处事业部总经理吴铭有期徒刑3年3个月,并处罚金30万元;判处事业部副总经理兼市场部总监牛文举有期徒刑3年,并处罚金20万元。之后该案被告之一吴铭不服一审判决,提出上诉,最终北京市第一中级人民法院裁定驳回上诉人吴铭的上诉,维持原判。

思考题

1. 如何理解总体国家安全观?在总体国家安全观视野下,应该如何构建我国的网络安全制度体系?

2. 国家秘密的构成要件有哪些?我国保守国家秘密的法律依据有哪些?

3. 我国关于淫秽物品的认定标准是什么?为什么有关人体生理、医学知识的著作书籍不是淫秽物品?

第七章 新闻传播与司法公正

第一节 媒体与司法的关系

本章所讲的媒体与司法的关系主要是指新闻传播行为与司法行为之间的关系。本章所讲的新闻传播行为主要是指媒体的报道与监督活动,即记者、编辑或社会各界人士通过广播、电视、报刊、网络、自媒体等大众传播媒体,对司法机关及其公职人员的公务行为用新闻报道、评论等方式向社会公开传播事实真相或发表自己的意见的行为。本章所讲的司法是"大司法",主要是指法院、检察院、公安、司法行政等部门所从事的司法活动,即上述司法机关在行使侦查、检察、审判等权力过程中的行为。

一、媒体与司法的一致性与对立性

媒体与司法从新闻传播业务的角度讲,是报道与被报道的关系。媒体对于司法活动的报道,尤其是法治类媒体对于司法活动的报道是其业务的主要方面。由于司法部门属于国家机构,司法活动与公众利益息息相关,司法公正是社会正义的最后一道防线,所以司法部门也属于新闻舆论监督的对象,媒体与司法之间存在监督与被监督的关系。

比较新闻报道和监督的原则与司法活动的特性,我们会发现两者有许多共同之处,如追求真实、准确、时效等。更为重要的是,司法与媒体在最终价值的追求方面也是一致的,它们的根本目标都是追求社会的公正与正义。司法通过法律来解决纠纷,保障当事人的合法权利,追求法律上的公正与正义;媒体则通过舆论来评判是非,扬善贬恶,追求社会道德上的公正与正义。正是由于司法与媒体有许多共同之处,两者都能统一于"公正与正义"这一根本目标,因而媒体与司法两者之间具有一致性。

新闻传播与司法活动两者的一致性还体现在兼容性上。媒体对司法活动有关信息的搜集与传播帮助公众行使知情权,由此公众能更好地对司法活动进行监督,促进司法公正;同时,司法存在的目的、开展司法活动的宗旨,就是保障社会正义的实现、保障最大多数人的最大幸福,司法天生是同腐败、不公等阴暗面相排斥的。所以媒体与司法有互相兼容的一面。①

然而,新闻传播毕竟与司法活动有着重大的区别,两者之间除了具有一致性外,其对立性也是非常明显的。刘建华等认为,这种区别主要表现在:(1)司法机关在司法活动中并不存在自身利益,它是超越案件利害关系的中立裁判者,履行国家赋予的法定职责。新闻媒体是事业或企业法人,虽以公众之代言人的身份出现,但有着事关其生存的商业利益,有时难免会影响其公正性。(2)被动是司法活动的本性,冷静思考判决及审慎适用法律对司法活动尤为重要,故司法机关坚持审判独立原则,不愿受到外界影响。而新闻监督是主动的,具有扩张性,新闻媒体会主动对司法活动这一社会热点领域进行报道、监督。(3)司法活动与新闻监督虽都追求真实,但司法活动有着严格的程序保障,包括以国家强制力来查证案件事实,而新闻监督则没有这样的机会和条件。相反,新闻监督的时效特征决定了它不可能像司法机关那样对案件进行深入、全面的了解,并且新闻报道简洁的风格要求,也不可能使新闻监督的报道翔实、周密。(4)司法活动的运作过程专业性很强,司法人员有着较高的法律素养和受到专业的训练,而新闻从业人员则在此方面有着较大的缺陷。正是诸如此类的差异导致新闻监督司法活动时难免出现偏差,甚至发生虚假、歪曲事实等严重背离新闻监督目的的情形,从而妨碍了司法机关对案件的公正审判。司法机关为避免不当的新闻监督对司法公正造成不利的影响,自然会极力躲开甚至拒绝

---

① 参见张雯、汪洋:《浅论新闻监督与司法公正》,《新闻知识》2000年第7期。

新闻监督,这样,新闻监督与司法活动有时就难免会处于紧张的对峙状态。① 我国法律规定,司法机关独立行使审判权,不受任何行政机关、社会团体和个人的干涉。其中当然也包括不受媒体的干涉。这种对立性是由司法与媒体自身的性质决定的。

如何看待媒体与司法之间的对立性呢?一方面,司法机关独立行使职权对新闻报道或监督具有天然的排斥性。司法是解决社会纠纷的最基本的手段之一,司法公正是司法的生命,而司法机关独立行使职权又是司法公正的前提。司法活动需要一个相对封闭的环境,侦破、起诉、审理一起案件需要办案人员与社会保持适度的距离,相对隔绝各种公共权力、社会势力、社会情绪对办案人员的指令、干扰和影响,使办案人员依据事实和法律独立行事。另一方面,媒体的职责要求媒体适时地报道或监督司法活动,以满足公众对知情的需求,因此媒体必须"贴近"司法活动。但是,媒体的任何不适当的"贴近",任何有倾向性的报道或评论都有可能让司法人员和受众形成先入为主的偏见,可能使司法人员受到媒体的影响或迫于社会舆论的压力,做出有失公正的判决。当媒体的评判与法庭的判决结果不相符时,就极容易把道德与法律的内在矛盾具体展示为公众与司法机构之间的现实冲突,进而造成司法机构不可信的错觉,损害法律的权威性。②

二、媒体报道和监督司法活动的必然性与合法性

新闻媒体报道和监督司法活动,这不是司法机关或司法人员本身愿意不愿意、高兴不高兴的问题,而是客观现实之必然。至少有这样五个因素决定着媒体必然要报道和监督司法活动:

一是公众知情的需要。知情权是宪法赋予公民的表达权利的延伸,是公民以"知悉、获取信息"作为自己实体性的权利要求和利益目标。知情权是指公民有权知道他应该知道的事情,国家应该最大限度地保障公民获取信息的权利,

---

① 刘建华:《新闻监督对司法活动影响之探讨》,《山东法官培训学院学报》2004年第2期。
② 罗昕:《司法与传媒关系的理性思考》,《新闻前哨》1999年第12期。

尤其是政务信息的权利。知情权的意义还在于，公民许多权利的行使与实现都是以"知情"为前提和要件的。例如，不了解有关的政治信息，公民的平等权、选举权、批评权、建议权、检举权、言论自由权、民主管理权、精神活动自由权等法定权利和自由便难以充分实现。知情权的这种构筑其他权利基础的功能，正是公民基本权利固有的特征。但是，由于现代社会公共事务纷繁复杂，而人们直接获取信息的能力又有限，所以公民依法享有言论出版的自由和权利需要借助媒体来实现。公民通过媒体了解有关司法的重要新闻，行使了知情权；公民通过媒体对新闻事实发表意见，实现了表达自由。正是在这个意义上，媒体成为实现公民言论与出版自由权利的"社会公器"。

二是约束和监督权力的需要。在我们的社会中，公民需要有组织的社会生活，就需要公共权力；公共权力要发挥作用，就需要构建一个体系完备、分工细致的政治结构，并由被授权的公职人员来掌握和使用这种公共权力。公共权力是国家支配社会的强制性力量，而公民则需要公共权力保障其参与政治生活的权利。但是，授权者与被授权者的利益并非在任何情况下都是一致的，而且授权者也不能保证每个被授权者的忠诚。当被授权的公职人员有可能违背授权者的意志，或公共权力被公职人员的私欲所支配时，除了公共权力系统内的相互监督外，新闻舆论监督便作为体制外的约束力发挥作用，以防止公共权力的异化。法治社会新闻舆论监督的要义在于，为了确保人民当家作主的地位和每个公民的权利不受公共权力侵犯，必须对国家权力进行限制。在一定意义上说，这种体制外的约束和监督，就是权利对权力的约束和监督。① 司法是社会正义的最后一道防线，是一项地位特殊的国家权力，因而它在权力运作过程中，必须接受新闻舆论的监督。

三是媒体职责的需要。媒体作为信息的集散地，是公民个人、社会团体、企事业单位、国家机关之间的中介和纽带，是社会舆论集中体现的平台，带有强烈的社会性，它反映、表达社会舆论，又转而引导社会舆论。媒体的职责是向社会传播公众关心的、新近发生或发现的、具有典型性或独特性的客观事实、人物、

---

① 参见杨宣春：《新闻舆论监督的法治化思考》，《新闻战线》2003 年第 8 期。

理念及言论。依据《宪法》第二条的规定,"中华人民共和国的一切权力属于人民",但是人民不可能人人都具体行使管理国家的权力,也不可能具备知悉一切社会事务的客观条件和物质条件,更不可能人人都跑到政府机关或社会各界去了解情况,于是就要通过多种方式来行使对于国家和社会事务的知情权利及对国家机关、国家工作人员的批评权利和建议权利。在诸多的方式中,新闻媒体是最为广泛、最为迅即、充当主要角色的一种方式,新闻媒体的职责就是要帮助公民将这些权利规定变为现实。同时,新闻舆论监督是公民行使民主权利的一种形式,是社会主义民主政治的重要内容,是扩大公民有序参与政治的重要手段,也是社会主义政治文明的重要标志。因此,对国家机关和国家工作人员进行监督是新闻媒体义不容辞的一项职责。

四是司法实践的需要。司法活动的独立性主要表现在办理案件上,除了办案,司法还有许多工作要开展,需要借助媒体来实现。比如司法机关可能会推出许多新的举措,需要通过媒体向社会公示;司法实践中涌现出许多英雄模范,需要通过媒体向社会公开表彰;司法实践中形成的许多先进经验,需要通过媒体进行交流;司法实践中经常运用的法律法规,需要通过媒体向公众宣传;司法实践中产生的许多新观念,需要通过媒体向社会传播;司法实践中出现的许多新问题,需要通过媒体来讨论;等等。同时,出于对司法公平、公正的价值追求,也为了减少司法人员在从事司法活动时的主观性和片面性,司法部门自己也提出了司法公开的提议。在这种情况下,新闻媒体作为实现社会大众知情权和思想表达自由的社会公器,介入司法便成为可能。例如,关于电视对庭审的直播,虽然有学者对此持不同观点,但也有部分学者认为其利大于弊。电视直播作为客观地报道法院公开开庭审理的经过和判决结果的一种形式,在很大程度上约束了司法审判人员的行为,起到了很好的舆论监督作用。这种外在的监督力量对于树立司法权威的意义是重大的。而且,这种对庭审现场的直播给一般社会大众带来的视觉冲击和思想冲击也是不可小视的。它通过案件当事人现身说法以及法官的居中裁判,给受众带来生动的法治教育,同时对社会上的一些不安定分子起到了震慑作用,达到了一般预防的目的。此外,从我国目前司法制度尚不完善的现实出发,舆论的正确监督仍不失为一种促进和保证司法公正的有力手段。

　　五是防范司法腐败的需要。目前,我国的司法队伍整体素质还有待提高,有法不依、执法不严、枉法徇私的现象仍然存在,司法腐败的问题依然严重。从司法实践上讲,我国司法机构在行使职权的过程中还会受到一些限制。"在此种条件下,司法的封闭性不可能是一种真正意义上的封闭,它不具备对抗强权势力和利益诱惑的机理,而只能是对弱势群体、对柔性监督的封闭。这种缺乏监督的封闭,将有可能诱发绝对权力异化为绝对腐败,从而导致司法机构内部猖狂的暗箱操作和司法人员肆意的枉法裁判。正是基于对权力可能蜕变的审慎和对权力行使者的'不信任',具有开放性、透明性的传媒应该介入具有封闭性的司法,客观公正地展示司法过程,这与司法制度本身所要求的审判公开是天然契合的。"①面对"久治不愈"的司法腐败,人们把目光投向了司法权力的监督资源,新闻舆论监督被普遍认为是司法体系外监督的常规的、基本的形式。而新闻舆论监督司法的实践也证明,它作为司法腐败的一种社会救济手段,有助于促进司法公正。

　　综上所述,媒体报道和监督司法活动既有助于把宪法规定的公民的知情权、言论自由权等民主权利真正交给人民,又可以在一定程度上促进司法廉洁公正。既然公众有知情的权利,媒体肩负着报道和监督司法活动的职责;既然司法实践有通过媒体进行宣传的需要,而防范司法腐败又有媒体参与之必要,那么,媒体报道和监督司法就是必然的了。当然,法学界也有一些学者对于新闻报道和监督司法持比较冷静的态度,例如苏力认为:司法执法机关的活动还是应与社会舆论保持一种恰当的距离,不能过多地强调社会舆论对审判机关的司法活动的监督。②

　　新闻媒体报道和监督司法活动除了具有必然性,还具有合法性。

　　首先,我国《宪法》第三十五条规定:"中华人民共和国公民有言论、出版、集会、结社、游行、示威的自由。"这些权利概括起来就是公民所享有的表达权,这是公民表达意愿、参与国家和社会公共事务的最基本的方式与途径。记者的报

---

① 罗昕:《司法与传媒关系的理性思考》,《新闻前哨》1999 年第 12 期。
② 苏力:《法治及其本土资源》,中国政法大学出版社 1996 年版,第 149—152 页。

道权、评论权、批评权等权利直接来源于公民的表达权,而记者采访权的权源则是由表达权衍生出来的知情权。知情权是公民行使其他权利的基本前提,是民主政治的基本要素,是信息社会运行的基础条件。没有知情权,公民的言论自由权、选举权、参政权都是一句空话。知情权的实现虽然有多种途径,但对于大多数公民来说,最直接、最迅速和使用最多的方式是依靠新闻媒体。换句话说,新闻媒体是公民实现知情权的最主要渠道。

其次,我国《宪法》第二十七条规定:"一切国家机关和国家工作人员必须依靠人民的支持,经常保持同人民的密切联系,倾听人民的意见和建议,接受人民的监督。"第四十一条规定:"中华人民共和国公民对于任何国家机关和国家工作人员,有提出批评和建议的权利。"这是新闻舆论监督权的权源。政府的一切权力来自人民、源自法授。就是说,政府的权力、司法机关的权力来自人民,人民通过法律规定授权给政府和司法机关行使。既然是权力,就需要接受监督,新闻媒体的作用就是帮助公民将宪法赋予他们的权利变为现实,因而媒体是享有法律意义上的获取信息和舆论监督权利的主体。

最后,《宪法》第一百三十条规定:"人民法院审理案件,除法律规定的特别情况外,一律公开进行。"《人民法院组织法》第七条也规定:"人民法院实行司法公开,法律另有规定的除外。"最近几年,最高法、最高检、公安部、司法部还就审判、检务、警务、政务公开分别作出相应的规定。这些法律和规定向社会宣示,司法活动除了法律所规定的不能公开的部分以外都应当公开。因为公开才可能公正,公开是司法公正的前提和有力保证,而要公开就需要新闻媒体的参与。

三、媒体与司法关系的实质

究竟应当怎样看待媒体与司法关系的实质呢?就一般情况而言,媒体代表的是大众知情与表达的权利,而司法机关行使的是国家权力。媒体可以监督司法机关是由权利与权力的关系决定的:从法源上讲,权力来源于权利。《宪法》第二条规定:"中华人民共和国的一切权力属于人民。"同样,司法权力也来源于人民的授权:一方面,人民授权少数人组成司法机关,代表人民行使审判、检察、侦查等权力;另一方面,人民还要行使对于审判、检察、侦查等司法活动的知情权利,以及对司法机关和司法机关工作人员的批评和建议权利。但是公民个人不可能都具备知悉司法活动的客观条件和物质条件,也不可能人人都跑到司法机关去了解情况。要保障公民实现这些权利,就需要媒体在其中充当中介的角色,发挥桥梁的作用。

媒体所实施和表现的行为主要在权利范畴,司法所实施和表现的行为主要在权力范畴。如果我们把媒体视为代表着公民的社会公共权利,把司法机构视为国家机器,代表着国家权力的话,那么在一般情况下,当权利和权力发生冲突的时候,做出让步的应当是权力,而不是权利。从法源、法理上讲,媒体是享有法律意义上获取信息、舆论监督权利的主体,这就是媒体可以报道和监督司法活动与司法机关的法理依据。由于权力来源于权利,而法治社会的价值取向又是尽量地规范权力、保障权利,因此,权利在行使中即使过头尚可宽容,但对权力的滥用就绝不能容忍。

媒体与司法的关系,从形式上看是报道与被报道、监督与被监督的关系,就其内容而言实际上包含三层关系:表层关系是新闻媒体与司法机关的关系,表现为记者与法官、检察官、警官、司法行政人员等产生的关系。中间层次关系是言论自由与司法机关独立行使职权的关系。言论自由具有开放的特征,司法机关独立行使职权具有封闭的特性;民主离不开言论自由,法治不能缺少司法机关独立行使职权,司法机关独立行使职权与言论自由体现着一个社会民主与法治两种等量价值。媒体与司法的深层关系是权利与权力的关系,是社会公共权利与国家公权力的关系,亦即公民的知情、批评、建议等表达权利与国家司法权力的关系。[①] 所以,媒体与司法的关系从本质上讲是权利与权力的关系,新闻传播与司法活动的冲突实质上是言论自由与司法机关独立行使职权的冲突,是公众对司法活动的知情权、公民的言论表达权以及公民对任何国家机关及其工作人员的批评建议权等一系列基本权利与司法机关独立行使职权的冲突。[②]

---

① 参见刘斌:《让权力在阳光下运行——再论传媒与司法的关系》,《政法论坛》2008 年第 2 期。
② 参见刘斌:《论传媒与司法公正》,《社会科学论坛》2005 年第 6 期。

此外,从价值层面上来看,言论自由与司法公正都是现代民主法治国家不可或缺的基石,是民主社会所必须珍重的基本价值。我们的社会既需要司法机关独立履行职责,也需要新闻媒体对司法活动的报道与监督,两者不可舍弃其一,损害其中任何一者都是社会的巨大损失。我们应当在制度和体制的设计上尽量保持两者之间合理的平衡。

第二节 新闻报道对于司法活动的影响

新闻报道会对司法活动产生影响,这种影响有时是正面的、积极的,有时是负面的、消极的。这里我们需要探讨的问题是:新闻报道是通过怎样的途径影响司法活动的?它对司法活动的影响究竟有多大?在回答这两个问题之前,我们先看新闻报道影响司法活动的两个典型案例。

一、新闻报道影响司法活动的典型案例

(一)负面影响的案例

在近年一些影响较大的司法案例中,新闻报道对于司法活动的影响,既有负面的,也有正面的,有些新闻报道引发的舆情甚至起到了改变司法判决的作用。新闻报道对于司法活动产生负面影响的案例很多,例如重庆万州塌桥案、药家鑫案等,这里以张扣扣案为例。

张扣扣案案情梗概 1996年8月27日,陕西汉中市南郑区新集镇发生了一起因邻里纠纷而故意伤害致死的命案。张扣扣家与王自新家是邻居,张扣扣母亲汪秀萍因琐事与王自新的两个孩子王正军、王富军发生争吵并厮打,用一节扁铁击打王正军面部,反被王正军用木棒击打头部致重伤后死亡。同年12月5日,王正军因犯罪时未满十八周岁,且汪秀萍在案件起因上有一定过错等情节,法院以故意伤害罪判处王正军有期徒刑七年,监护人王自新赔偿附带民事诉讼经济损失9639.3元。张扣扣1983年出生,案发时年仅13岁,成年后入伍武警部队,2003年退役后曾外出务工,2017年底回到家乡。2018年2月15

日中午,张扣扣发现王正军及其长兄王校军上山祭祖,在其返回途中,张扣扣持刀将王正军、王校军捅死,随后张扣扣又到王自新家中将其捅死,并将王校军的小轿车左后车窗玻璃砸碎,用汽油燃烧瓶将车点燃,致该车严重受损。作案后张扣扣逃离现场,两天后张扣扣到公安机关投案自首。2019 年 1 月,汉中市中级人民法院以涉嫌故意杀人罪、故意毁坏财物罪判处张扣扣死刑;2019 年 4 月,陕西省高级人民法院裁定驳回张扣扣的上诉,维持一审判决,并依法报请最高人民法院核准;2019 年 7 月 17 日,张扣扣被执行死刑。①

张扣扣案引发的舆情 张扣扣案是法院判决与舆论意见之间存在较大差异的典型案件。在案发和案件进入司法程序之后,始终有媒体及自媒体表示张扣扣应当从轻处罚,有不少媒体在报道中认为,张扣扣因幼年时目睹母亲遭王正军故意伤害致死的惨状,且当时法院判决并未达到预期而心理失衡,遂于 2018 年春节前持刀杀死王正军、王校军及其父王自新三人后投案自首。随着当年汉中市公安局宣布该案告破,舆情也开始发酵,大量相关讨论充斥微博、微信朋友圈和各大论坛,媒体议论的焦点集中在"血亲复仇""司法公正""道德与法律"等话题,许多舆论不约而同地认为张扣扣为母复仇的杀人行为具有正当性,从而在情感上产生了认同。部分意见领袖也在不断强化其"孝子""被逼无奈"等标签,"网民陆续提起 22 年前张扣扣母亲被王家老三杀害一案,认为张扣扣杀害王家父子三人是为母报仇,当年的案件判决书也被曝光,网民认为当年的司法裁决不公,这正构成张扣扣杀人的动机"②。各类媒体的报道对审判工作造成一定干扰,办案人员和法官在不同程度面临舆论压力,汉中市公安局的官方微博曾被大量网民围堵攻击。网民在面对热点案件时习惯于"选边站队",普遍存在"为母复仇,罪不至死"的认识和"观点在前,事实在后"的现象,导致犯罪事实真相被带有明显情绪色彩的言论掩盖。更为严重的是,一些自媒体平台特别是"病毒式"传播的社交网络对司法人员正常履职行为之外的生活和工作也

---

① 参见罗沙等:《张扣扣故意杀人、故意毁坏财物案一审公开开庭审理并当庭宣判》,http://www.xinhuanet.com/2019-01/08/c_1123963334.htm,访问日期:2020 年 5 月 26 日。

② 王怡溪、赵云泽:《正义的想象:后真相时代的媒体报道与网民舆论——以"张扣扣"案的舆情风波为例》,《新闻春秋》2019 年第 3 期。

造成了极大的干扰。①

张扣扣案舆情评述 在张扣扣案的报道中,官方话语和网络舆论呈现出两种截然不同的态势。有的网媒还质疑司法是否实现实质正义并对有关的办案人员进行攻击,使司法活动全程都处于极大的舆论压力之下,甚至在张扣扣被执行死刑后很长时间,"罪不至死""草菅人命"等言论仍然甚嚣尘上,对判决结果甚至司法人员的质疑和攻讦屡禁不止,引用国外或古代案例类比进而对我国司法制度进行政治化炒作的也比比皆是。《人民法院报》等官方背景的媒体在案件报道中呼吁理性看待案情,尊重司法权威,遵守社会秩序等。官方背景的媒体淡化自媒体舆论场中甚嚣尘上的血亲复仇等情节和朴素的正义追求,呼吁在法律框架内解决问题,化解矛盾。新华网有一则评论认为,"在一定程度上,张扣扣案是一堂深刻的公共普法课,是推动法治建设的深刻警示"②。

（二）正面影响的案例

新闻报道对于司法活动产生负面影响的案例虽然有许多,但是新闻报道促进司法公正的案例也不少,例如昆山砍人案以及河南商丘赵作海案、内蒙古呼格案的平反昭雪就是典型案例。这里以于欢案为例。

于欢案案情梗概 于欢1995年出生于山东聊城,其母苏银霞是当地企业家,因债务与他人发生纠纷。2016年4月14日,多名催债人多次骚扰苏银霞的工厂,并且将她和儿子于欢及另一名职工带到公司的接待室限制其人身自由,此间有的催债人员在大庭广众之下采用极其下流的方式对苏银霞进行羞辱。警察在接到报警后来到现场,未进行有效处理就准备离开现场,于欢试图冲到屋外唤回警察,但被催债人员阻拦。在混乱之中,于欢从接待室的桌子上摸到一把水果刀乱捅,致使四名讨债人员被捅伤。其中一人死亡,两人重伤。2016年12月15日山东省聊城市人民法院以故意伤害罪,判处于欢无期徒刑。

---

① 参见杨益航:《论司法公正与媒体报道之关系》,中国政法大学博士学位论文,2020年,第108—111页。

② 刘娟等:《张扣扣案,一堂深刻的公共普法课|思客数理话》,https://baijiahao.baidu.com/s?id=1639544064046321563&wfr=spider&for=pc,访问日期:2020年4月5日。

于欢案引发的舆情 聊城市中级人民法院一审判决之后,引发了社会舆论的强烈反响和社会各界的广泛关注。2017年3月23日,《南方周末》刊发题为《刺死辱母者》的报道,次日凤凰网和网易网分别以《山东:11名涉黑人员当儿子面侮辱其母 1人被刺死》和《女子借高利贷遭控制侮辱 儿子目睹刺死对方获无期》为题转发报道,迅速将舆情炒热。网易新闻手机客户端则将新闻标题改为《母亲欠债遭11人凌辱 儿子目睹后刺死1人被判无期》,并将该新闻置于首页进行推送,截至2017年3月30日,该新闻跟帖互动量高达239万,形成第一波舆情高潮。3月25日新浪微博认证用户"新京报"在微博平台上报道此案,让舆情影响迅速扩大。此外,"头条新闻""财新网"等官方微博账号纷纷转发有关此案的新闻报道,其中"头条新闻"微博参与的评论超过11万条,"头条新闻"还开启全民话题讨论"刺死辱母者"。此后,包括《人民日报》《新京报》《中国青年报》以及《法制日报》等媒体和许多自媒体,特别是微信朋友圈里出现了大量此案的相关信息。上述报道不仅引起了全社会对此案的广泛关注,也引起了司法部门对此案的高度重视。

于欢案舆情评述 于欢案在一审判决到终审期间,新闻媒体和舆论对此案的改判起到了很大的作用。在新闻舆论等因素影响下,最高人民检察院及时派人到山东督办此案,2017年5月27日山东省高级人民法院开庭审理于欢故意伤害案,同年6月23日改判于欢有期徒刑5年。于欢案件的报道不仅促使该案迅速改判,而且引发了人们对于正当防卫的思考和认识,其积极意义在于:该案通过媒体报道促成司法内部纠偏程序,从而实现对一审判决的改判,不仅平息了舆情,同时也维护了司法公正和司法权威。2018年2月1日,于欢故意伤害案被选为"2017年推动法治进程十大案件","成为中国法治道路上的新标志"①。

---

① 参见王祎:《2017年推动法治进程十大案件评选揭晓》,http://www.chinacourt.org/article/detail/2018/02/id/3196549.shtm,访问日期:2019年5月31日。

二、新闻报道影响司法活动的途径及其影响力

（一）新闻报道影响司法活动的途径

就一般情况而言，新闻报道影响司法活动的途径是：媒体在法律允许的范围内，将司法活动的有关信息传递给受众，受众在对各种信息进行判断、评价的基础上形成舆论，新闻媒体再将舆论的评价和公众的褒贬公之于社会并反馈给司法部门，从而形成一种舆论压力环境，以达到约束和监督司法的目的。在这里，新闻媒体只是监督主体与客体之间的桥梁。

新闻报道影响司法活动的具体途径有直接影响和间接影响两种：

直接影响 司法公正以司法人员的职能活动为载体，靠司法人员的具体行为来实现。当司法人员看到传媒公开的报道或批评后，或多或少会受到影响。因为司法人员既是执法者，又是生活在社会中的人，处在社会力量的影响下。当新闻媒体的舆论监督发生作用时，他们作为社会大众的一部分，不可避免地被传播的信息影响，有时甚至会给司法人员造成过大的心理压力，影响最后的判决。

间接影响 这种影响又分为两种情况：一是，媒体的传播极具广泛性，不仅司法人员可以看到或听到，其家属、亲戚、朋友也能够看到听到。如果媒体报道或批评的内容与之接近或直接相关，他们极有可能将获悉的这些信息与司法人员交流，进而对司法人员产生影响。二是，媒体的报道很容易被上级领导或党和国家领导人关注，在一定程度上推动司法进程。这种间接影响作用最大，是媒体影响司法效果最为显著的一种途径，尤其是监督批评类的报道。

新闻舆论监督虽然不像司法监督、行政监督那样具有强制性，但由于它面向社会、面对公众，不受地域、行业的限制，具有警示教化的功能，又具有影响面广、传播速度快等特点，因而会形成一种无形的力量来规范和约束公共权力的运行。

（二）新闻报道对于司法活动的影响力

新闻报道对于司法活动的影响力究竟会有多大？前文用案例已经做出初步说明，这里从另一个角度来阐释与回答这一问题。首先，新闻报道对于司法活动的影响力不能笼统而言，不同的媒体产生的影响是不同的，《人民日报》、新华社和大型门户网站的影响力肯定要更大；而对同样的报道，不同的地方、不同的司法人员，甚至司法机关的领导与具体办案人员所受到的影响也不同。换句话说，新闻报道对于司法活动的影响是因人而异、因地而异、因时而异、因司法环境而异、因媒体而异，甚至会因媒体编发的时段、版面、篇幅而异。在信息化时代，网络媒体已经成为公众情绪的放大器，"网络是一把双刃剑，一张图、一段视频经由全媒体几个小时就能形成爆发式传播，对舆论场造成很大影响"①，如果传播的内容涉及司法，那么当然会对司法活动产生较大的影响。

现在的问题是，有不少人过分看重媒体对司法的影响力，有的文章干脆把一些新闻报道称作"媒体审判"，这似乎过高地估计了媒体的作用。我们认为，问题的根本还在于司法人员，外因只能通过内因来起作用。司法人员若具备良好的职业素养和对法律的深刻理解，他们就能正视新闻舆论中合情、合理、合法的部分，恰当处理其中有失公允的内容，从而将实现司法权威的主动权掌握在自己手里。如果司法人员都能做到贫贱不移、富贵不淫、威武不屈、名利不计，坚持"以事实为依据，以法律为准绳"的原则，忠于法律、严格执法，那么，媒体对于司法的作用就主要是促进司法公正，而不以消极或负面的影响为主了。

媒体对于司法的影响绝不只是负面的，更多的是正面效应。新闻媒体通过对司法活动进行真实、公开、公正的报道，可以起到宣传法律知识、弘扬法治精神、促进司法改革、维护法律尊严的作用，这对于加快我国的民主与法治建设进程有着难以替代的、积极的、重要的意义，尤其是新闻舆论对司法活动中腐败行为的揭露、对司法活动中有争议的法律问题的讨论、对司法实践提出的新问题的探讨，对于促进司法公正起到了极其重要的作用。

---

① 习近平：《加快推动媒体融合发展 构建全媒体传播格局》，《求是》2019 年第 6 期。

第三节 案件报道存在的问题及注意事项

一、案件报道应当澄清的几个问题

报道案件很好地体现了新闻媒体与司法活动的关系。案件报道究竟该从哪个阶段开始呢？新闻界和法律界主要有三种主张：一是立案说，即案件一旦立案就可以报道；二是结案说，即案件办理完结以后才允许采访报道；三是文责自负说，即在法院宣判前，新闻机构可以自负其责的态度如实报道。

关于媒体报道案件的时机，除了特殊情况①之外，从案发到结案都可以进行报道，不存在什么时段可以报道、什么时段不可以报道的问题，关键在于怎样进行报道，报道中应把握哪些原则。新闻报道要养成尊重司法权威的习惯，司法要对媒体持宽容的态度，因为媒体与司法在根本目标上是一致的，都是为了追求正义与公正。

此外，对于依法不公开审理的案件虽然应以"不公开报道"为原则，但是并非所有不公开审理的案件均不得报道。比如未成年人犯罪案件，法律禁止披露犯罪者的身份，却未禁止披露案情。况且此类案情公开，对社会有一定的教育、警示意义。胡平仁认为，报道"不公开审理"案件的理由和应遵循的原则是：一是依照法律规定，不公开审理的案件，其判决也应当公开进行，因此对不公开审理案件的判决结果可以报道；二是报道判决结果就可能涉及案情，因此案情并非不能报道，而是"不宜详细报道"；三是报道案情的内容应当以判决书披露的内容为限。②

在媒体关于案件的报道与监督中，还有几种观念必须澄清：

第一种观念是，在新闻界和司法界都有人认为，有些案件的报道需要经过司法部门的同意。新闻界持此观点的人士可能基于担心报道影响司法或承担

---

① 并不是所有的案件都要在第一时间进行报道，比如有些绑架案件和毒品走私案件报道后可能影响到人质的生命安全或不利于案件的侦破、审理，那么就应当缓报。

② 详见胡平仁：《新闻舆论监督的法律问题》，《城市党报研究》2007年第2期。

责任等考虑,司法界持此观点的人士可能出于维护司法机关独立行使职权、免受负面影响等考虑。但不管基于何种考虑,这种观点值得商榷。首先,新闻报道是自由的,媒体是独立的,宪法在保护司法机关独立行使职权的同时也保护言论自由,言论自由和司法机关独立行使职权是民主与法治社会不可或缺的两个方面,两者具有同样重要的地位。其次,如果媒体报道或监督司法需要经过司法部门的同意,那么媒体报道或监督行政是否也要经过行政部门的同意?媒体报道或监督社会其他行业的丑恶现象或违法犯罪行为是否也要经过这些行业或犯罪嫌疑人的同意?如果媒体的报道或监督都需要经过报道或监督对象的同意,那么媒体还算独立的吗?新闻报道还有自由可言吗?最后,媒体独立自有媒体的规矩,新闻报道自由也有新闻的章法,媒体报道或监督司法活动应当按照媒体的规矩和新闻的章法来,而不是经过司法部门的同意。正确的做法是:媒体应当按照有关新闻的法规和文责自负的原则来行使新闻报道的自由权,如果在行使中出现了问题,可以通过法律的渠道来解决。比如媒体构成侵权,那么可以通过民事诉讼的方式来解决;若是媒体构成诽谤罪,那么可以依据刑法对责任人进行刑事处罚,也可以采取刑事附带民事诉讼的方式来解决。

第二种观念是,案件在审判过程中,新闻媒体可以进行报道;但法院裁判做出后,新闻媒体只可以对案件展开讨论,不能评判裁判不公正,不能对法院及其裁判进行抨击,否则就会有藐视法庭之嫌。这种观点也值得商榷。媒体不对法院及其裁判进行抨击是正确的,但说"不能评判裁判不公正"就不妥了,于情、于理、于法都讲不通。新闻舆论监督就是要监督司法活动的"不公正",但如果不能评判裁判不公正,何谈舆论监督?再者,在"法院裁判做出后",媒体"可以对案件展开讨论",那么就会涉及案件裁判公正与否的问题,否则"讨论"就没有实质性意义。培根有一句名言,叫作"一次不公正的判决,其恶果相当于十次犯罪"。由此可见,对于不公正判决的报道,其现实意义重大。

第三种观念是,有人认为,如果允许新闻舆论对具有国家强制力的司法审判予以评论,会影响司法机关的权威和形象。这种担忧是善良的,但却是多余的。媒体对于司法活动的评论有时可能失之偏颇,但只要评论是善意的和建设性的,而不是恶意的和攻击性的,那么它对司法机关的权威和形象就不会产生多少负面影响。一般情况下,新闻舆论对司法审判善意和建设性的评论,对于司法实践是具有积极意义的,对于司法公正是具有促进作用的。司法机关的权威和形象是建立在公正执法的基础之上,而它需要新闻媒体来维护,社会各界来维护,但是更要靠司法人员自己来维护。

二、案件报道中存在的问题

新闻媒体在报道与监督司法的过程中确实也存在一些问题,目前有些媒体的法治报道有些变味,将法治报道等同于案件报道,将案件报道等同于案情报道,又将案情报道等同于犯罪细节报道,而不考虑其报道所承担的社会责任。不适当的报道与监督行为有碍司法公正,也会造成负面社会影响。这些问题主要表现在如下几个方面:

一是超越司法程序抢先做出定性报道。有些媒体对于正在侦查、起诉或审理的案件,超越司法程序抢先做出定性报道,或者发表带有明显倾向性的评论,导致大众对司法公正产生疑虑甚至谴责。面对媒体沸沸扬扬的报道,法院承受的舆论压力过大,失去独立审判案件的外部条件,而犯罪嫌疑人也可能失去在新闻舆论监督中得到公正对待的权利。

二是煽情性的热炒。近几年来,有的案件报道对于犯罪细节津津乐道,片面追求轰动效应,夸大其词,渲染血腥与恐怖。例如有的记者,虽未亲赴凶杀现场,却将现场描述得血淋淋,让人惨不忍"读"。有些记者打着"为民请命"的旗号,不顾大局,故意炒作,利用新闻报道对司法机关施加舆论压力,造成极其恶劣的影响。

三是显失公正的报道。案件报道显失公正的原因很复杂,既有记者的因素,也有媒体的原因。例如,在有些案件中,某一方是媒体的赞助单位,或媒体受经济利益的驱使而进行有倾向性的报道。另外,来自外界和地方保护主义的干扰也会影响案件的公正报道。

四是忽视对个人信息的保护。案件报道往往涉及一些敏感个人信息,这些信息一旦泄露或者被非法使用,容易导致自然人的人格尊严受到侵害或者人身、财产安全受到危害,这些个人信息包括生物识别、宗教信仰、特定身份、医疗健康、金融账户、行踪轨迹等。尤其是一些民事案件的报道容易忽视对这些敏感个人信息的保护。

五是用道德标准评论法律问题。有的报道不下功夫深入揭示犯罪分子内心世界与犯罪的社会根源,而是用庸俗的手法着力渲染与案情关系不大甚至毫无瓜葛的"遗闻趣事";有的报道捕风捉影,津津乐道当事人的生活作风问题,不注意尊重当事人的人格权和隐私权;有些媒体倾向于得出建立在感性判断基础上的道德结论,有时甚至喧宾夺主,代替司法主持正义,导致人们把实现正义的希望寄托在新闻媒体的监督上,使公众本来就有待加强的法治观念更加弱化,最终妨害司法公正。

六是报道与监督的面窄,深度报道与监督少。近些年来,监督司法活动的报道减少,关于司法活动的深度报道也明显减少。其实,媒体报道与监督司法绝不应限于对个案和司法人员进行报道或监督,而是完全可以对一些深层次的问题如现行的司法体制所存在的问题进行监督,深究产生某些现象的社会根源,反思体制与机制方面存在的问题。

七是报道呈低俗化趋势。有的案件报道格调低下,情节荒诞离奇,内容低俗;有一些报道标题粗俗不堪,极具挑逗性,严重误导了社会风气;有的媒体把握不住"度",对哪些该写,哪些不该写,哪些详写,哪些略写等,没有合适的尺度与标准,不顾及受众的感受和社会影响。

三、案件报道应当注意的事项

案件报道总的写作要求是:写活报道中的"人",做透报道中的"文"。既要处理好案与人的关系,避免"重案轻人";又要处理好案与文的关系,避免"重案轻文"。这里的文是指文化品位、文化内涵,即社会效果。①案例报道要注意如下一些问题:

一是要选择典型案例。社会上每天都可能发生许多案件,不是所有的案件

---

① 详见肖义舜、何勤华主编:《法制新闻学》,法律出版社2001年版,第83页。

都要进行报道,也不是所有的案件都可以进行报道。报道什么,不报道什么,这是记者和媒体需要面对的选择问题。只有那些具有典型意义和新闻价值的案件才有必要向社会披露和向大众传播。

二是案件报道要注意导向性。同一个案件,报道切入的角度不同、报道的思路不同、采访的侧重点不同、写作的方法不同,就会产生不同的社会效果。采写案件报道必须考虑社会效果,要尽量避免案件报道带来的负面影响,避免误导社会风气。

三是不能超越司法程序做定性式报道。对于待决案件应以客观事实报道为原则,不宜做带有明显倾向性的评论,不能抢先司法程序使用定性式语言进行报道。特别是在一审宣判之前,要只做客观性的事实报道,不做定性判断。对于正在诉讼程序中的司法活动,应当摒弃夹叙夹议的倾向式报道,实现对案件公正平衡的报道,基本不发表评论;把对正在进行的司法活动的批评性报道谨慎限制在程序违法和审判作风上,不对实体问题说三道四。①

四是有些案件一经披露可能妨碍侦破工作或危及当事人的人身安全,例如绑架案件在人质被安全解救以前、毒品和走私案件在未破获之时,媒体就应暂缓报道;再如刑事案件的报道,应严格限制披露警方侦破手段及细节,以免为犯罪分子提供反侦破的经验。

五是案件报道一定要以客观事实报道为原则,尽最大努力做到客观公正,尤其是在民事、行政诉讼案件的报道中,不能偏听偏信,也不能偏袒某一方,更不能故意炒作。同时案件报道的用语要准确规范,无论所报道的案例是刑事案件,还是民事或行政案件,都要注意准确地使用法律术语,陈述案情和用词一定要准确规范。

六是案件报道要注意保护个人信息。个人对其信息的处理享有知情权、决定权,有权限制或者拒绝他人对其个人信息进行处理。任何组织、个人不得非法收集、使用、加工、传输他人的个人信息,不得非法买卖、提供或者公开他人的个人信息。除法律法规有相关规定之外,一般情况下披露对个人权益有重大影

---

① 参见徐迅:《中国新闻侵权纠纷的第四次浪潮:一名记者眼中的新闻法治与道德》,中国海关出版社 2002 年版,第 10、210 页。

响的信息应当取得个人同意,处理敏感的个人信息应当取得个人的单独同意,处理不满十四周岁未成年人的个人信息应当取得未成年人的父母或者其他监护人的同意。

七是在案件报道中,应当尊重当事人的人格,保护当事人的隐私权,即使是一个被核准死刑的罪犯,其人格和隐私只要与案件本身关系不大,也不宜进行报道。此外,出于人道主义的关怀,在报道一些案件时不应强行采访受害者,以免造成再次伤害,比如强奸案件中的受害者,如果不愿意接受采访,则不应强行对其进行访问。

八是案件报道之后要及时跟进。因为案件是动态的,案件本身有一个案发、经过、结局的过程,办理案件也有侦查、起诉、一审、二审等程序,不同的阶段有不同的侧重点和特点,所以报道案件也要对办案的流程及时跟进,客观全面地反映案件的动态进展。

九是案件报道要在开掘思想深度、安排结构层次、准确使用法言法语上下功夫。现在有的案件报道犹如一本"流水帐",开凿不深,缺乏思想性;有的报道缺乏起码的法律知识,用词不当,法律术语混乱;有的报道杂乱无章,结构松散错位;还有些案件报道千篇一律,一个套路,平铺直叙,无波无澜。这些情况在撰写案件报道时都是应当予以注意的。

十是案件报道的语言要力求生动、形象、鲜活。一篇成功的案件报道离不开精妙语言的表达,干枯晦涩的语言会使惊险曲折的案情和鲜活的人物暗淡失色。从语言使用的技巧来讲,要做到生动就要尽量多用动词,要做到形象就要巧用形容词,要取得鲜活的效果就要使用受众最熟悉、最简洁、最自然的语言。[①]

十一是案件报道应当祛俗。近些年,有些案件报道呈低俗化趋势,以博观众眼球。这些不利于社会公序良俗和良好社会风气的维持。案件报道要注意合理掌握报道分寸,对不适于公开报道的内容要进行必要的过滤和技术处理,以免对公众造成不良影响。

[①] 参见万春主编:《检察新闻十三讲》,中国检察出版社2003年版,第247—269页。

一篇好的案件报道,一定要考虑报道本身,更要考虑社会效果;要有精彩的情节,更要有丰富的内涵;既能给社会以警示,又能给受众以启示;既具有以案说法的作用,又具有昌明法治的功效。高质量的案件报道至少要具有如下三个特点:一是通过报道案件能够向受众传递以公平正义、法律至上为基石的法治理念,弘扬法治精神;二是通过报道案件能够增强受众信仰法律、遵守法律、运用法律、维护法律的意识;三是通过报道案件能够培育受众的法治信仰,提升受众的法治素质,在社会上产生正能量。

第四节 媒体与司法的良性互动

一、媒体应当如何报道和监督司法活动

(一)新闻媒体报道和监督司法活动的目的

新闻媒体报道和监督司法活动应当以促进司法公正为目的。媒体应当以正面报道司法活动为主,对于司法活动的监督应以以下几方面为主:一是司法机关内部机制和司法人员非职务违法行为,尤其是司法机关内部机制所存在的一些深层次问题。二是司法机关、司法人员职务行为,尤其是司法腐败现象。三是对干预司法机关独立办案的外部势力的监督,为司法机关独立行使职权和司法公正创造一个良好的外部环境。四是对现行的司法体制与机制及某些法律制度存在的问题实施监督。媒体要达到促进司法公正的目的,最重要的是坚持实事求是的原则,在报道和监督司法活动的过程中,"事"一定要"实",报道一定要"是"。"事"若不"实",就失去新闻存在的意义;报而不"是",就会失去受众的信任。求"实"求"是",既是媒体报道和监督司法的出发点,也是媒体报道和监督司法的目的地。

(二)新闻媒体要遵守现行的法律法规

新闻媒体报道和监督司法活动应当遵守现行的法律法规。媒体呼吁司法

机关依法办事,自身首先应当依法行事,虽然我国现在还没有"新闻传播法",但散见于宪法、刑法、民法、三大诉讼法等诸多法律和法规中的有关规定以及一些相关的规章制度,都需要媒体和新闻工作者执行和遵守。媒体在报道和监督中不能违背法律法规。媒体应当遵守的法律法规概括起来分为六大类:一是关于保护公民、法人权益方面的规定,二是关于国家安全和保密方面的规定,三是关于加强媒体管理的规定,四是关于禁止新闻报道过程中不正之风的规定,五是关于违纪违规的警告制度和监督制度,六是国际法和国际性条约中的相关规定。

(三) 新闻媒体要坚持"四性"原则

新闻媒体在报道和监督司法活动中应当坚持"四性"原则:一是真实性。真实是新闻赖以存在的最基本条件,也是传媒必须遵循的铁定原则。传媒所报道或监督的事实必须真实,所涉及的时间、地点、人物、事件、原因、结果必须真实无误,所反映的背景、环境、过程、细节、人物语言等必须真实可靠,所引用的各种资料和数据必须翔实准确,同时对所反映的事实在整体概括、评价、分析时必须符合客观实际。凡是新闻报道涉及的事实都必须是完全真实的,容不得一点夸张或虚构。二是严肃性。媒体报道司法活动所使用的资料必须严肃,不能"捡到篮中就是菜",要认真进行去粗取精、去伪存真工作,能用第一手材料的绝不使用二手材料;同时要核实材料的真实性,鉴别材料的全面性,注重材料的典型性。写作中不能只追求"惊心动魄"或"趣味盎然"而忽略了严肃性。媒体不是法官,在报道中不能超越自己的角色定位,不可轻下定论。三是准确性。新闻报道不仅要客观真实地报道事件,同时也要确保报道中涉及的法律内容和法律用语的准确性。美国著名报人约瑟夫·普利策曾说过:"一家报纸在其新闻、标题及社论页中最要注意的是准确、准确、再准确。"[①]准确性要求新闻采编人员首先要吃透法律,同时在叙说事实时对于人、名、时、数等名词和数据要精确无误,对于所反映的事实经过、情节、因果关系要精确可靠,对于人物的思想、心理

---

① 转引自徐向明编:《中外新闻名家名言集》,南京大学出版社 2003 年版,第 116 页。

活动以及人物的语言的描述要忠实于原貌,对于所引证的资料和语言要翔实有据,对于事件、人物的评价要分寸适当、客观公正。四是公正性。媒体报道和监督司法活动最大的忌讳就是在稿件中过多地表露出主观倾向,而显失公正平衡。要学会让诉讼双方说话,让第三者说话,让专家说话,以免造成当事人话语权的不平等。同时还要注意局部客观公正与整体客观公正的关系问题。

(四) 新闻媒体要规范自身的行为

新闻媒体在报道和监督司法活动时应当首先规范自身的行为。媒体要规范自身的行为就要时刻记住自己的位置与职责,要对自己的角色有准确的定位,做独立、公正、超脱的旁观者,树立距离意识,保持冷静,不要急于做评断、下结论。媒体要充当传递员、监督员、评论员,而不能充当法官、裁判员。关于媒体如何规范自身的行为,徐迅根据法律已有的规定和以往的经验教训提出十条意见:(1) 媒体不是法官,媒体不应在案件判决前作出定罪、定性的报道;(2) 不应指责诉讼参与人及当事人正当行使权利的行为;(3) 对案件报道中涉及的未成年人、妇女、老人和残疾人等的权益予以特别的关切;(4) 对不公开审理的涉及国家机密、商业秘密、个人隐私案件的案情,不宜详细报道;(5) 不针对法庭审判活动进行暗访;(6) 平衡报道,不做诉讼一方的代言人;(7) 评论一般应当在判决后进行;(8) 判决前发表质疑性、批评性评论应当谨慎,限于违反诉讼程序的行为;(9) 批评性评论应当抱有善意,避免针对法官个人的品行学识;(10) 不在自己的媒体上发表自己涉诉的报道和评论。[①]

媒体要规范自身的行为,就要坚决扫除有偿新闻等腐败现象,加强管理,廉洁自律。既不能拿了赞助就偏袒或替当事人说话,也不能收受贿赂,更不能主动犯罪。媒体要规范自身行为,不能想报道什么就报道什么,想怎样报道就怎样报道,必须服从和服务于国家改革发展稳定大局。履行舆论监督职责固然是新闻媒体的重要职能之一,但要把这项工作做好,也要处理好到位和越位的问题。到位是说,履行可以履行也应该履行的责任,扶正祛邪,激浊扬清,体现人

---

① 详见徐迅:《四大焦点引人注目,十条规则首次亮机》,《检察日报》2003年12月17日,第6版。

民的意志和心声;越位是说,利用新闻发布的特权,越俎代庖,当法官、当裁判,包打天下。新闻媒体需要的是做到位,而不能越位。舆论监督的出发点和落脚点是主持社会正义,维护人民利益,化解消极因素,促进实际工作,从根本上维护国家改革发展稳定大局,而不应该有别的目的。刻意甚至恶意炒作不是监督,与监督的本意背道而驰。

(五) 新闻报道或监督司法活动当存善意

媒体具有引导功能,因而媒体报道审判活动时要有选择、有分析地进行叙述或评论,并应当考虑社会承受能力,考虑社会效果,要尽力化解不良社会情绪,维护司法机关的公信力和社会稳定。刘祖禹认为:"我们在新闻传媒上进行舆论监督,按照以往经验,必须恪守以下一些原则:与人为善,要批评、解决的问题必须是上下都认为要解决而且可以解决的问题;事实准确,出以公心,不感情用事;等等。有些问题可以通过内参反映,不是所有问题都得通过传媒公开的舆论监督不可。这些,都是保证舆论监督正常、正确开展的必要条件,是我们对舆论监督进行控制的底线所在。"[①]媒体要体现善意,报道的语气就不能居高临下、颐指气使,而要心平气和、与人为善;不能对司法工作人员进行恶意的人身攻击和人格侮辱;不可损害当事人的道德形象,不可损害法人的信誉。媒体要保持善意,就必须注意在报道中核准事实、恰当用词,如指称某妇女不贞、通奸、淫荡,或者指责报道对象有酗酒、吸毒等不良习性或虚伪、爱吹牛、不忠实于朋友的行为,都会损害当事人的道德形象。许多贬义词是引起诽谤诉讼的导火线,如造谣生事者、流氓、恶棍、告密者、黑帮等。此外,肆无忌惮地报道和渲染贪官们所谓的"生活作风问题"和其他隐私,也可能涉嫌侵犯他们的名誉权和隐私权。此外,如失实报道某公司违法经营、欺骗顾客、信用危机、资不抵债等,都会损害该公司的信誉,构成侵权。还有,在报道中要注意不伤及无辜,如报道某罪犯的堕落和犯罪过程中,不要透露未参与犯罪的妻子儿女的名字,否则会给他们带来难言的损害。恶意和攻击性绝不是传媒报道和监督司法应取的态度,

---

① 刘祖禹:《说说社会新闻》,《新闻战线》2003 年第 5 期。

媒体要不断强化自身的法律意识,养成尊重司法、尊重报道对象的习惯,维护司法公正。

二、司法机关应当如何善待新闻媒体

新闻媒体既是司法机关展示自己活动的平台,也是大众审视司法公正的主要窗口。新闻媒体在报道和监督司法活动的过程中,有些观点可能是不准确、偏颇甚至错误的,但绝大多数的报道是客观的、公正的。媒体的报道也不必然导致司法的不公正,因为司法公正与否,起决定作用的不是记者或媒体,而是司法工作人员或司法机关。所以,要构建司法与媒体的良性互动关系,从司法机关这个角度讲,就应当学会或者说要做到善待新闻媒体。

从理论上讲,司法与媒体是可以形成良性互动的,但是实践中并非总是如此。媒体方面存在的问题前文已经述及,这里主要从司法机关方面进行讨论。司法机关对待媒体的问题主要表现在:限制或拒绝记者的采访报道、驱逐记者、"封杀"记者等行为,以及出台相关限制性规定。

媒体确实负有维护司法尊严和司法机关形象的责任,但这里需要澄清的问题是:媒体维护的是司法机关和警官、检察官、法官的整体形象,而不是某一个司法部门或司法人员个人的形象。警官、检察官、法官都是人,有业务水平高低之分,有职业道德良莠之别,如果司法人员职业操守缺失,存在暗箱操作和司法腐败现象,或有滥权枉法的行为,那么媒体不仅不能尊重他,还必须曝光和批评他。而媒体的曝光或批评报道正是在维护司法机关的尊严和司法人员的整体形象,否则就是媒体的失职。所以,媒体虽然负有维护司法尊严和司法机关形象的义务,但绝不意味着不可以揭露具体的司法腐败现象和批评某些失德失范的司法人员。

从另一个角度讲,司法机关也负有支持和保障新闻采编人员合法的采访报道权利的责任。2007年新闻出版总署《关于保障新闻采编人员合法采访权利的通知》,明确指出"任何组织和个人不得干扰、阻碍新闻采编人员合法的新闻采访活动"。司法公开是法律法规的要求,也是必然趋势;司法公正与否应当"看得见",要"看得见"就需要给予媒体足够的空间,不能把所有媒体当成宣传工具,只能说好听的,不能讲刺耳的。在司法领域,媒体是否具有合法采访和报道的自由,不仅仅是媒体自身权利是否实现的问题,而且关系到大众的知情权与表达权等权利的实现。只有将司法活动置于大众传媒的监督之下,司法权力才是在阳光下运行,司法公正才是能让大众"看得见的公正"。所以,司法不应该也不可能远离媒体。

司法对于媒体应取的态度是:坦然地面对媒体,一方面要正视新闻舆论中合情、合理的部分,另一方面对其中有失公允的内容宽容看待,并保障和维护记者合法的采访报道权利。

同时,司法机关不能被动地等待新闻媒体的监督,而是应当建立起与媒体对话的机制,主动听取新闻媒体的合理呼声。当然,司法机关及其工作人员也不能被新闻舆论所左右,要学会辨别新闻舆论中对司法公正有利的和不利的因素,防止带有偏见的舆论影响司法公正。传统的"删帖"和"封杀"等方式已经不能适应新时代的舆论环境,对于新闻舆论不能一味地依靠监管和限制,简单化处理的结果只能事与愿违。司法机关应当主动加强与媒体特别是主流新闻媒体的沟通和合作,以主流媒体为抓手营造出良好的司法公正舆论环境,特别要学会借助主流媒体来引导舆情并促进司法公正。同时,司法机关也要给新闻舆论监督预留空间,主动地回复舆论关切的热点问题,在特别重大或敏感的案件的新闻报道中,要注重与新闻媒体之间的协调①,以期及时地发布权威消息,占据舆论高地,引导舆论方向。

案例

昆山持刀砍人案②

2018年8月27日晚,江苏省昆山市发生一起凶杀案件,被杀者名叫刘海

---

① 在西方国家有专门机构,通常是行业协会或政府机关负责处理媒体报道与司法等公权力之间的关系。例如美国的新闻评议会(Press Councils)负责听取来自社会各阶层的批评和投诉。但是,这类机构对新闻媒体及其工作人员在刑事案件的不当报道并无强制力,只能规劝及发布其意见。因此,有实力的媒体如《纽约时报》等先后以律师事务部为专门部门,负责处理协调记者编辑与法律之间的关系,通过事先审核,对可能违反无罪推定或侵害他人权利的稿件进行修改,对事实进行核实,以避免招致麻烦。详见陆小华、杨益航:《论涉法新闻报道的规制——以无罪推定为视角》,《浙江工商大学学报》2019年第2期。

② 参见《刚刚,警方通报"昆山砍人案"!》,https://baijiahao.baidu.com/s?id=1610402375583012488&wfr=spider&for=pc,访问日期:2023年7月15日。

龙，杀人者名叫于海明。案情梗概为：当晚刘海龙醉酒驾驶汽车闯入非机动车道，与骑自行车的于海明发生争执。刘海龙下车用随车携带的砍刀击打于海明颈部、腰部、腿部。在击打过程中砍刀甩脱，于海明抢到砍刀，并在争夺中捅刺刘海龙，刘海龙逃离后送医抢救无效，于当日死亡。

本案案发后，许多自媒体很快发布了有关此案的报道和事件发生过程的视频，纸媒体与其他类型的媒体也跟进做了广泛报道，有些网站还爆料刘海龙曾经多次违法犯罪，受到公安和司法部门的处理，对杀人者于海明表示同情。媒体的报道迅速引起了社会各界的广泛关注和讨论。媒体和社会舆论议论的焦点问题是：于海明是属于正当防卫，还是防卫过当？法院应当如何认定？当人们正在热议这些问题时，昆山警方迅速对此案做出回应。2018年9月1日，江苏昆山公安局在查明事实的基础上，听取检察机关意见和建议，认定于海明的行为属于正当防卫，不应当负刑事责任，公安机关依法撤销于海明案件。同日，昆山市人民检察院对此案做出通报："检察机关认为：死者刘海龙持刀行凶，于海明为使本人人身权利免受正在进行的暴力侵害，对侵害人刘海龙采取制止暴力侵害的行为，属于正当防卫，其防卫行为造成刘海龙死亡，不负刑事责任。公安机关对此案作撤案处理符合法律规定。"

昆山警方和检方如此快结案，出乎许多人的意料，也迅速平息了由此案引起的舆情，得到了社会舆论的广泛认同，不仅使公众了解到正当防卫的相关知识，正确认识特殊情况下正当防卫制度的立法初衷及其制度功能，也改变了之前形成的司法机关对于正当防卫认定过严的印象。此案的快速结案，显然与新闻媒体特别是自媒体的舆情推动分不开。

思考题

1. 传媒与司法关系的实质是什么？如何理顺二者的关系？
2. 为什么说传媒必然要报道和监督司法？
3. 案件报道应当注意哪些事项？

第八章 网络传播与网络安全①

第一节 网络安全的指导思想

党的二十大报告提出国家安全是民族复兴的根基,必须坚定不移贯彻总体国家安全观,而网络安全是国家安全体系的重要组成部分,习近平总书记在担任党和国家领导人伊始,就将"建设互联网强国"作为中国未来发展的重要国策。他在深刻总结我国互联网发展实践和世界互联网发展趋势的基础上,相继发表了网络主权、网络安全、网络法治与伦理、网络空间治理、网络文化与舆情、网络技术发展和网络开放与合作等方面的重要论述,构建起适合中国未来发展和惠及全球互联网发展的重要思想体系。从辩证法和认识论的角度看,习近平总书记关于互联网的重要论述揭示了虚拟与现实之间的矛盾和互联网发展的一般规律,辩证地将虚拟与现实、发展与安全、主权与开放、法治与伦理、自由与秩序等因素结合起来。这些因素互为表里,对立统一,成为构建我国网络安全的指导思想。网络传播直接关系到网络安全,要确保网络安全,就必须厘清上述因素之间的内在关系。

一、虚拟与现实

习近平总书记在第二届世界互联网大会开幕式上提出:"网络空间是虚拟

---

① 本部分写作参照朱巍:《习近平互联网思想体系的辩证分析》,《中国广播》2016年第4期。

的,但运用网络空间的主体是现实的,大家都应该遵守法律,明确各方权利义务。"虚拟性是网络最基本的特征,数字化信息的发展催生了虚拟空间和虚拟人格等新兴概念。网络空间的虚拟性与现实性之间其实是对立统一的关系,虚拟是现实利益和人格的延伸,现实则是虚拟权利和义务的承担主体。

互联网经济的发展,特别是大数据、云计算等新技术的应用离不开网络的虚拟性;数字化和网络化逐渐改变了传统产业,也正是虚拟化社区让世界成为"地球村";在虚拟空间中,甚至可以摆脱时间和空间对人类的传统束缚。但是,虚拟并非绝对的,世界上不存在脱离现实空间的虚拟社区,也不存在缺乏现实人格基础的网络人格。因此,虚拟社区不是法外之地,虚拟人格也不能成为违法行为的挡箭牌。

习近平总书记提出的虚拟和现实对立统一的关系,是构建互联网思维的基础性理论。只有明确了虚拟与现实对立统一的关系,才能真正认识到互联网主权、网络安全和互联网信息传播的理论基础问题。同时,虚拟现实论也将成为新时期人工智能等新技术发展的伦理性基础。

二、发展与安全

习近平总书记在中央网络安全和信息化领导小组第一次会议上提出了信息化与发展和安全的科学论断:没有网络安全就没有国家安全,没有信息化就没有现代化。网络安全和信息化是一体之两翼、驱动之双轮,必须统一谋划、统一部署、统一推进、统一实施。做好网络安全和信息化工作,要处理好安全和发展的关系,做到协调一致、齐头并进,以安全保发展、以发展促安全,努力建久安之势、成长治之业。同时他还多次指出,网络信息安全不仅关系到国家安全问题,而且涉及网民信息安全问题。

国家的发展需要过硬的技术,如同习近平总书记反复强调的"把关键技术掌握在自己手里",中国经济进入新常态,刺激经济发展的重任已经交给以"互联网+"为代表的新技术。中国改革深水期的难中之难,就是解决产业转型问题,其中关键性问题就是能否在互联网风口上把握方向。工业4.0革命在即,发展的硬道理不仅是追求GDP,而是要以新的发展观重构中国经济。这是一个大手笔,事关全面建成社会主义现代化强国、实现第二个百年奋斗目标。

网络安全问题自始至终伴随着网络发展,也制约着网络技术的进步。习近平总书记讲信息化和现代化互为表里,新时代的现代化就是以互联网技术为基础的工业革命,信息化的发展也是现代化的重要步骤,这不仅包括社会经济的现代化,还应包括国防与安全的现代化。网络安全是国家安全的重要组成部分,从国际上看,美西方国家甚至以网络作为战略手段成立了专门"战术部队",各种"棱镜"计划也再次彰显了网络安全对国家安全的重要地位。技术的发展不能以牺牲安全为代价,因此,安全与发展之间的辩证关系就构成了习近平总书记网络安全思想中最重要的基础性论断之一。

三、主权与开放

习近平总书记将"尊重网络主权"作为推进全球互联网治理体系变革的第一个基本原则,他指出:"《联合国宪章》确立的主权平等原则是当代国际关系的基本准则,覆盖国与国交往各个领域,其原则和精神也应该适用于网络空间。"① 网络主权是现实国家主权在虚拟社会中的延伸,网络空间就像是一国自己的领海、领空一样,都受到国际法保护,是一国人民生存与发展的基础,"在信息领域没有双重标准"。互联网的本质就是"互联互通、共享共治",互联网让"地球村"成为现实。国际化和多元化也是构建互联网命运共同体的基础,跨国金融、国际合作、文化交流、信息传递等都成为互联网国际化的基本要素。

尊重主权与开放合作,这两个看似相互矛盾的概念,其实是一个问题的两个方面。习近平总书记在有关推进全球互联网治理体系变革的论述中,将尊重网络主权与促进开放合作作为应坚持的四大基本原则中的两个。互相尊重主权是开放合作的基础,开放合作是尊重主权的成果。网络主权不仅包括国家主权,还可以细化分成司法主权、发展主权、传播主权、管理主权和参与国际管理的主权等多个方面。任何国家不分大小、强弱、贫富或地缘,都在共同生活的网络空间中享有自主的权利。习近平总书记关于网络主权与开放的论述,奠定了

---

① 习近平:《在第二届世界互联网大会开幕式上的讲话》,http://www.xinhuanet.com/politics/2015-12/16/c_1117481089.htm,访问日期:2023年4月10日。

互联网国际合作的基础,尊重主权,就是不搞霸权,不滥用网络优势地位去掠夺、干涉或妨碍他国政策和自主权,这也是全世界构建互联网命运共同体的基本要求。

中国已经成为世界第二大经济体,在互联网发展领域已经走在世界各国的前列,在此背景下我国提出尊重网络主权与开放的基本原则,有力地驳斥了"中国威胁论",充分说明了中国式发展就是和平力量的发展,中国也是维护世界和平与多极化格局的坚实力量。

四、法治与伦理

习近平总书记在第二届世界互联网大会上明确指出:"要坚持依法治网、依法办网、依法上网,让互联网在法治轨道上健康运行。"互联网经济本质上就是法治经济,互联网思维实质上就是法治思维,互联网秩序在根本上就是法治秩序。近些年来,我国互联网的立法工作取得了举世瞩目的成绩,与互联网立法修法有关的法律、解释、法规、政策和各级政府的办法、条例等多达上百部。在大数据发展、网络侵权、著作权保护、技术创新鼓励、网络自律与他律方面,我国正在加速推进法治进程。随着中国互联网技术和经济的发展,我国互联网实践中一大批处于世界领先位置的新情况、新业态和新应用的法律制定,都是基于我国自己的互联网实践完成的,这样的法治更接地气,也更具有生命力,同时为世界互联网法治建设做出了自己的贡献。

习近平总书记指出:"要加强网络伦理、网络文明建设,发挥道德教化引导作用,用人类文明优秀成果滋养网络空间、修复网络生态。"[①]法治与德治相辅相成,中国是世界上最早提倡"以德治国"的国家,早在西周时期就已经出现"以德配天"的治国理念。新时期以德治网就是要充分发挥人类文明优秀成果,宣扬先进文化和正能量,将网络伦理建设变为依法治网、依法办网和依法上网的助推器。

众所周知,互联网治理的困境之一就在于技术发展速度太快,立法工作相

---

① 习近平:《在第二届世界互联网大会开幕式上的讲话》,http://www.xinhuanet.com/politics/2015-12/16/c_1117481089.htm,访问日期:2023 年 4 月 10 日。

对滞后。在法律存在空白之处,一个国家和民族多年来形成的社会伦理就成为重要的补充。伦理建设不仅要在道德和文化建设上发力,而且应该围绕优秀传统文化以及公认的社会习惯形成人人可知的公约,以网络自律补充和提升法律治理。

五、秩序与自由

习近平总书记在阐述构建网络良好秩序的原则时,揭示了自由与秩序之间的关系:自由是秩序的目的,秩序是自由的保障。目前,网络传播的发展已经进入自媒体时代,每个人都是信息表达者。在这个人人都拥有"麦克风"的时代,网络逐渐演变成侵权的重灾区,网络暴力、人格侮辱、商誉侵权、暴恐信息、网络谣言等成为互联网发展带给世界人民的"副产品"。这些网络"负能量"和"副产品"是世界各国在信息化变革中所共同面对的问题,能否解决好,将直接决定网络发展的成功与否,涉及数以亿计的网民的合法权益。

习近平总书记辩证地将自由与秩序统一到保护网民权益的中心点上,以秩序保障社会公共利益,以法治秩序保障全体网民的自由。习近平总书记将网络法治化分成"依法治网、依法办网和依法上网"三个层面,辩证地把政府职责、网络服务提供者责任和网民权利义务结合起来,形成了网络法治的有机整体。

六、网络安全观的人民性

习近平总书记强调指出的"网络安全为人民,网络安全靠人民"是网络安全人民性的科学论述。网络安全工作的根本目的在于保护人民根本利益,在于维护全体人民的互联网红利,同时,网络安全的人民性论断也指明了网络安全工作的方向,就是要依靠全体人民的合力,创造共享、共治和共同繁荣的互联网新环境。如今的网络技术已经通过O2O、大数据、云计算、物联网等方式,让互联网完全融入人民生活。如同第二次工业革命出现的电力一样,第三次工业革命出现的互联网已经成为社会经济生活不可分割的一部分。网络发展得好与不好最主要的衡量标准就是安全。技术本身并不具有道德性，互联网就是一把双刃剑。在网络病毒、木马植入、银行卡盗刷、电信诈骗、黑客撞库、个人信息买卖等网络犯罪中，人民群众一直是最大受害者。

在人民根本利益面前，网络安全就是最大的砝码，任何牺牲安全换取发展的短视行为都是对人民利益的损害。忽视网络安全的发展，无异于舍本逐末；缺乏网络安全观的技术革命，非但不会让人民满意，反倒会让现有发展成果付之东流。让全体人民共享互联网发展红利的基础，不仅是日新月异的技术，更应该是让人民群众放心使用网络、不必再为网络安全担惊受怕的安全网络环境。所以，习近平总书记将网络安全与人民性结合的科学论断，就是将保护人民利益放在了最为突出的位置，构筑网络安全的铜墙铁壁就是构建保护人民根本利益的坚实基础。

要确保网络安全，必须充分依靠人民的力量。一方面，人民群众是网络安全的直接体验者，能够最快和最直接地发现安全隐患。亿万网民就是亿万网络安全巡查员。网络安全是攻坚战，是持久战，必须依靠全体人民的合力。另一方面，人民群众的创造力是技术创新的基础，只有充分依靠和团结人民群众，才能真正让互联网技术趋利避害，确保网络安全。

网民的素质在很大程度上决定了网络安全的基础环境。习近平总书记多次指出，应该发动全社会参与到网络安全建设中来。培育"中国好网民"对网络安全有重要意义，拥有安全意识、文明素养、守法习惯和防护技能是现代网民的基本要求。我国拥有世界上最大的网民群体，培养和树立现代网民安全观，就成为落实网络安全世界观和方法论的基础性工作。网民素质越高，网络安全隐患就越少，网络安全的基础就越扎实。

第二节 《网络安全法》的主要内容

《网络安全法》于2016年11月7日由十二届全国人大常委会第二十四次会议高票通过。这部立足网络时代、旨在保护国家安全和个人信息安全的法律，宣示了国家网络主权，建立了网络安全基本规则，形成了数据信息流动规则,厘清了安全与发展的界限,衍生了数据权等新型人格权。这部法律是面向网络时代的"安全伞",最大限度地保护了国家安全利益和公民合法权益。[①]

一、《网络安全法》是网民权益保护法

首先,《网络安全法》新增了保护未成年人权益的规定。未成年人是网民的重要组成部分,他们身心发展还不完全,相对成年人而言,更容易受到网络违法违规内容的影响和侵害。近年来,一些涉黄、涉赌、涉毒的网络信息有重新抬头之势,这对网络安全环境,特别是对未成年人身心健康提出了严峻考验。《网络安全法》第十三条对未成年人作出专门规定,鼓励研发有利于未成年人健康成长的网络产品和服务,依法惩治利用网络从事危害未成年人身心健康的活动,为未成年人提供安全、健康的网络环境。可见,《网络安全法》是《未成年人保护法》在互联网内容上的延伸。同时,该法第四十六条明确了任何人不得利用互联网实施诈骗、传授犯罪方法、制作或者销售违禁物品和管制物品等行为。这对于净化网络环境,让青少年放心上网也起到了至关重要的作用。

其次,《网络安全法》强化了用户知情权。互联网发展的未来是以用户意愿为基础的"意愿经济"模式,用户对数据的控制权和其他合法权益都建立在用户知情权的基础之上。该法第二十二条规定,网络产品、服务的提供者发现其网络产品、服务存在安全缺陷、漏洞等风险时,有"及时告知用户"的法定义务。这条规定是针对近年来国内外多发的"漏洞门""黑客门"等事件作出的总结,是消费者知情权在网络权益上的发展和进化。尽管网络漏洞可能存在一定的不可控性,但用户有权在第一时间知晓漏洞的存在,网站有义务第一时间告知用户。这样做可以尽量避免用户损失的扩大,减少网络漏洞和黑客攻击可能带来的损失。同理,该法第四十二条在强化网络运营者应当采取的技术措施和其他必要措施基础上,新增了在"可能"发生个人信息泄露、毁损、丢失的情况时,网络运营者应当"按照规定及时告知用户"的义务。

再次,《网络安全法》明确了用户对自己数据的控制权和自我决定权。该法

[①] 本部分写作参照朱巍:《面向网络时代的"安全伞"——网络安全法解读》,《中国法律》2016年第6期。

第四十三条规定了用户对涉及自己信息的数据的控制权,既包括对网站依法和依约使用用户数据的约束,也包括用户在个人信息有错误时主张"删除或更正"的权利。这样的规定就是将数据权作为具体人格权的明确表现,非常符合互联网时代用户权益的发展方向,也是发展中的人格权在互联网上的体现。强调用户对自身数据的控制权也是国际立法的趋势,欧盟法院关于"被遗忘权"的判例以及美国"橡皮擦"法案等新制度,也都在强调用户才是自身数据的最终控制权人。数据控制权是消费者权益保护法在网络空间的延伸,也是尊重用户个体意愿的重要体现,最大限度地弥合了相对弱势的用户群体与网络服务提供者之间的数据鸿沟。

最后,《网络安全法》强化了用户信息保障的主体责任。《网络安全法》第七十三条、第七十四条,从政府权力部门的信息保障义务入手,在源头上强化了政府部门的信息安全保障义务,不论是政府部门工作人员违规获取信息的行为,抑或是玩忽职守、徇私舞弊、滥用职权的行为,构成犯罪的要追究刑事责任;没有构成犯罪的,也要依法予以处分。特别是针对境外组织或个人从事侵害或者攻击中国"关键信息基础设施"的活动,第七十五条明确规定了对境外个人或组织侵害的特殊处罚措施,可以采取"冻结财产或者其他必要的制裁措施"。国家关键信息基础设施是国计民生的根本,强化保护和增加处罚力度就是为了更好地保护用户合法权益。

二、《网络安全法》是网络主权的宣示法

《网络安全法》第一条开篇明义,将维护网络主权作为立法的最重要目的之一。中国是互联网发展的大国,在网络安全建设领域中积极倡导网络主权论是一个负责任大国的义务所在。

网络主权理论源于国家间主权平等原则。国家之间不论贫富和大小,主权都是平等的,这是国与国之间进行合作与对话的前提。网络是虚拟空间,但运行网络空间的主体是现实的,虚拟空间与虚拟人格只不过是现实社会与现实人格在互联网上的延伸,所以,网络空间所要遵循的规则与现实世界一样。同样的道理,国家在现实中存在主权规则,在虚拟的网络世界中也必然存在主权规

则。网络空间与一国的领空、领海一样,都是国家主权的延伸,因此,网络虚拟空间从来就不存在所谓的"无主之地"。虽然网络作为一种新事物极大地促进了世界各国经济和文化的交流,但是在实践中却存在国家间技术发展不均衡带来的"数字鸿沟"和发展差距。这些不均衡现状产生的原因是多层次的,全世界各国都应正确面对。滥用网络优势和技术差距,将网络作为攻击他国的武器,或将他国作为"假想敌"大搞网络军备竞赛,只能拉大"数字鸿沟",人为地制造贫困与混乱,既不符合《联合国宪章》的主权原则,也不符合共同发展的时代主题。所以,尊重网络主权就是尊重国家主权,就是不搞网络霸权,不利用网络干涉他国内政和从事、纵容或支持危害他国国家安全的行为。习近平总书记曾多次强调网络主权的重要性。网络主权作为推进全球互联网治理体系变革的"四大原则"和"五点主张"的基础,经过中国互联网实践三十多年的经验总结,通过《网络安全法》的公布已经完全进入法律制度层面。

(一) 保护关键信息基础设施安全是网络主权的物质基础

《网络安全法》第三十一条至第三十九条分别对关键信息基础设施的类别、责任主体、性能维护、安全义务类型、审查机制、保密措施、数据存储、安全评估和部门协调责任等方面进行了规定。这些法律条文基本构建起中国面向"互联网+"产业变革新时代的关键信息基础设施的框架。

之所以要将关键信息基础设施安全上升到国家主权安全的高度,是因为这些信息基础设施安全涉及国计民生和国民根本利益。工业4.0革命是以"互联网+"为代表的产业革命,几乎所有的传统产业都已经或即将全面融合到互联网产业变革浪潮中来。在这些产业中,以"公共通信和信息服务、能源、交通、水利、金融、公共服务、电子政务等重要行业和领域"为代表的关键信息基础设施安全,就成为国计民生健康安全发展的保证。互联网化的关键信息基础安全,已经不是一个单纯的产业问题,更是国家安全和国家主权问题,容不得半点差池,这也是《网络安全法》要对关键信息基础设施强化保护的重要原因。

(二) 以综合管辖体系维护网络安全

《网络安全法》的法律适用管辖是一个体系,既包括属地管辖原则,也包括保护管辖原则。该法第二条明确规定,中国"境内建设、运营、维护和使用网络,以及网络安全的监督管理"都适用该法。这就将《网络安全法》的管辖权,实际延伸到了对外企、外国人、境外组织等在中国境内从事网络活动的所有主体。同时,《网络安全法》第七十五条规定:"境外的机构、组织、个人从事攻击、侵入、干扰、破坏等危害中华人民共和国的关键信息基础设施的活动,造成严重后果的,依法追究法律责任;国务院公安部门和有关部门并可以决定对该机构、组织、个人采取冻结财产或者其他必要的制裁措施。"本条规定进一步扩展了《网络安全法》的管辖空间,以保护中国网络安全为目的,不论所在何地或是何国籍,只要违反了本法就要承担法律责任,即使主体不在中国境内,也可以依法对其采取包括冻结财产在内的制裁措施。《网络安全法》将属地管辖与保护管辖结合的原因在于,互联网本身就是一个融合时空的环境,网络技术模糊了地域界限,实践中多发的网络攻击发起点和受害点大多数情况下都不在同一地域。若法律仅强调属地管辖或属人管辖,则很可能使侵害网络安全者逃脱法律制裁,一旦《网络安全法》无法约束来自其他地域的非法侵害,法律也就变成了空中楼阁。中国一直以来就是网络攻击的最大受害国之一,从保护关键信息基础设施安全到国家安全,从维护数据安全到阻止暴恐、淫秽、赌博等违法信息流入,每年要承担巨大的技术、安全与经济代价。网络安全隐患已经成为制约中国网络经济发展和国民分享"互联网+"产业红利的最大壁垒。《网络安全法》的立法目的就是在宣誓网络主权的基础上,以最大管辖的原则来维护好国家安全和全体国民利益。

(三) 在互相尊重网络主权的基础上促进国际交流与合作

互联网的开放性与安全性是一个问题的两个方面,"没有网络安全就没有国家安全,没有信息化就没有现代化"。习近平总书记多次指出,互联网的本质是"互联互通","共享共治"是网络发展应有之义。中国改革开放数十年来,"对外开放"一直就是我国基本国策,从没有改变过。而"互联网+"产业革命更是让这个世界通过互联网变成"你中有我,我中有你"的世界村,任何国家和社会都不能从互联互通的大背景下分离出来。网络技术越是发展,就越需要安全保障;网络国际化走得越快,也就越要强调主权与安全。

《网络安全法》第七条规定:"国家积极开展网络空间治理、网络技术研发和标准制定、打击网络违法犯罪等方面的国际交流与合作,推动构建和平、安全、开放、合作的网络空间,建立多边、民主、透明的网络治理体系。"可见,"和平、安全、开放、合作"是《网络安全法》的立足点,建立"多边、民主、透明"的网络治理体系是《网络安全法》的重要目标。网络治理的多边形态中,相互尊重网络主权是最重要的基础,没有主权观念,也就不会存在平等与民主,更不会存在开放与合作。这也是《网络安全法》将网络主权写在该法第一条的原因。网络主权论之所以重要的另一个原因在于互联网的"共享共治"。以"互联网+"为代表的工业4.0革命的红利应该由全世界人民共同分享,不能仅由个别互联网大国单独掌控。

三、《网络安全法》是数据安全保护法

《网络安全法》正式明确了国家保护的个人信息范围,进而划清了个人数据合理使用的法律界限:《网络安全法》第七十六条第5项对个人信息进行了科学界定:"以电子或者其他方式记录的能够单独或者与其他信息结合识别自然人个人身份的各种信息。"大数据时代背景下,个人信息属于隐私权范围,大数据信息则不属于公民隐私权保护范畴。实践中,借助大数据的精准营销、用户画像、大数据报告等都是数据商业化的表现。大数据的合理使用边界就是个人信息与大数据之间的边界,长期以来这条边界都处于模糊状态。《网络安全法》将是否具有"可识别性"作为隐私权保护的标准是非常科学的,既符合世界数据保护政策的立法趋势,也在个人信息与大数据应用之间找到了最佳平衡点,这会极大促进中国大数据的发展。

《网络安全法》第八条明确了"国家网信部门"负责统筹协调网络安全工作和相关监督管理工作,结束了网络数据安全领域"九龙治水"的局面,各级网信办将统筹相关部门协同履行保护数据安全的重要责任。除了明确责任部门之外,《网络安全法》也将网络安全战略从国家最高层面落实到标准制定、技术发展、人才培养和媒介宣传等方方面面。

将网络安全的监测预警与应急处置写入《网络安全法》是该法的一大亮点。在《网络安全法》通过之前，监测预警与应急处置都是网络服务提供者"内控"的部门职责，政府往往只有在信息泄露等重大事件发生后才会介入。这种滞后应对最多能达到"亡羊补牢"的效果，而《网络安全法》彻底转变了网络安全的预警机制和监测职能，更加强调"未雨绸缪"，以正式立法的形式强调了各个互联网公司的安全责任。该法第五十一条建立的监测预警和信息的"通报制度"意在构建预防网络安全事件的信息共享平台，这将极大促进提升中国网络安全风控水平。该法第五十四条在"网络安全事件发生的风险增大时"，赋予有关部门监测、评估、发布预警等特殊权限，成为网络安全事件的"减震器"，能够在较大程度上避免风险和减少损害。

四、内容安全是网络安全的必要延伸①

言论自由是法治国家的基石，但自由不是没有界限，法律、公德与他人合法权益就是言论自由的红线。一旦越过红线，言论自由就变了性质，成为违反法律、伤害公共利益和侵犯他人合法权益的凶器。一般来讲，平台有越高的商业价值和越大的社会影响力，就意味着要承担越多的注意义务和社会责任。因言获罪与因言违法就是一念之间，出于公共利益和社会公德考虑，对平台责任的加强符合互联网时代的要求。

我国在不当表达治理方面已经有了不少立法，诸如《宪法》《民法典》及《网络安全法》等法律，可以说制止不当言论的法律法规并不缺乏，但是在实施和执行方面却不尽如人意。实践中，以表达自由、技术中立等作为借口，放任甚至鼓励不当言论传播的平台不占少数。例如，有些平台大肆宣扬民族仇恨、捏造否认历史、玷污历史人物、抹黑英雄，以及侵害他人合法权益、损害未成年人身心健康、嘲弄残疾等弱势人群、虚假宣传、不正当竞争等等。这些不当言论不是表达自由的合法范畴，而是假借言论自由以达到宣传违法思想、吸引粉丝关注、侮辱他人、不正当竞争、损害商誉等非法目的。

---

① 本部分写作参照朱巍:《中国游客德国录制纳粹军礼被捕？法律必须严惩网络不当言论》，https://www.sohu.com/a/162836257_161623，访问日期:2023年5月12日。

在国家安全中网络安全是重中之重,文化安全和内容安全又是网络安全的重要组成部分。若是没有文化安全,就会丧失文化自信和历史底蕴;若是没有内容安全,网络传播和网络经济就会成为腐蚀民众的蛀虫。因此,我国互联网法治建设应当在注重信息安全与技术安全的同时,强化文化安全和内容安全意识。

第三节 网络安全的机制与体系

一、个人信息与大数据的合法使用

(一)个人信息与大数据合法使用边界①

1. 个人信息的法律性质

互联网技术的 4.0 时代已经到来,数据经济成为新网络时代的基础。一方面,人工智能、智慧城市、用户习惯、物联网等新技术需要数据作为支撑;另一方面,精准营销、用户画像、分享经济、个性化服务等互联网生态经济也需要数据作为基础。因此,数据就成为新时代产业的"石油",互联网 3.0 时代的用户经济逐渐依靠数据转化成 4.0 时代的数据经济。数据作为一种经济形态,从自然人隐私权角度看,在法律上可以分为两大类:一是可以直接或间接识别自然人身份的个人信息;二是不能识别自然人身份信息的大数据。个人信息属于隐私权范畴,我国的《民法典》和《网络安全法》对此进行了明确界定。大数据性质区别于个人信息,尽管缺乏现有法律的明确规定,但大数据的性质一般被认为属于知识产权。

个人信息属于隐私权保护范畴,未经允许授权任何人不得非法使用。超出法律底线对公民个人信息的商业化采集、使用和买卖不仅是典型的侵权行为,而且触犯了我国刑法修正案七、九以及 2017 年最高检和最高法联合发布的《关于办理侵犯公民个人信息刑事案件适用法律若干问题的解释》相关规定。我国

---

① 本部分写作参照朱巍:《网络隐私权的法律逻辑是什么》,《新京报》2018 年 4 月 5 日,第 A04 版。

法律对保护公民个人信息的规定极为严格,在《网络安全法》中明确将政府、网络经营者和其他数据保有人作为公民个人信息的安全责任主体。若是有人越过雷池非法使用公民个人信息,就将承担民事责任、行政责任或刑事责任。不过,个人信息也并非绝对不能商业化使用。个人信息既然属于隐私权范畴,性质上就属于民事权利保护范围,按照平等自愿的原则进行处理。个人信息的合法使用关键点就在于商业使用者是否遵循了《网络安全法》规定的"合法、正当和必要"三个原则。合法性说的是数据的采集、使用和处分的全过程应该遵守强制法规定;正当性原则就是使用者应该事先得到用户的明确授权;必要性原则是将"最小伤害"原则适用于信息使用的全过程,不得超过业务需要和用户知情权范畴过度采集或使用数据。

实践中,网站一般以"网民协议"的方式取得用户授权,这种合同授权大都是格式化的。用户是否事先通过格式合同的方式完全知情和予以授权,成为网站是否有权商业化搜集用户信息的关键。值得注意的是,我国之前已经有判例明确了格式合同取得授权的核心点所在。在朱烨诉百度侵犯隐私权案中,南京市中院的终审判决中将隐私条款是否明确、用户是否有渠道退出、网站采集范围和用途是否明确等方面作为司法判定格式合同授权的关键点。合法有效的网民协议格式条款授权,一方面,协议应在显著位置提示用户隐私条款,明确告知用户信息被采集和使用的范围;另一方面,网站应提供高效畅通的退出机制,用户随时可以拒绝和终止信息采集与使用并删除已采集的信息。值得注意的是,我国《网络安全法》特别规定了用户对自己数据的控制权,即在用户发现网站违法违约或存储错误数据时,有权利要求网站删除、终止使用或更正。可见,尽管网站可以通过格式合同取得对用户个人信息的处分权,但是,这必须建立在充分尊重用户个人意愿的前提下,明确告知、显著提示、事中事后退出和赋予用户及时更正权利等条件成为合法使用个人信息的关键所在。

2. 大数据、个人信息与隐私权的关系

相比个人信息而言,大数据属于知识产权范畴。大数据的来源是用户行为数据和不能识别到个人身份的数据,这部分数据因无法关联到个体,所以不属于隐私权保护范围,我国的《网络安全法》和刑法司法解释都将大数据排除在受法律保护的个人信息之外。从商业化使用角度看,大数据具有明显的财产权属性,同时,大数据又凝结了网站的脱敏、算法和处理,具有一定的独创性,可以按照知识产权或商业秘密进行保护。数据的知识产权所有权人为采集的平台,如同其他财产权的市场行为一样,其他人非法获取的行为属于不正当竞争行为。

民事法律层面的隐私权作为一种具体人格权,在性质上属于绝对权或对世权。换句话说,就是除了权利人本人以外的其他所有主体,包括但不限于网站、其他网民、第三人等都是这种权利的义务主体。同时,隐私权作为民事权利当然也可以由权利人自己进行处分,比如,在网上公开自己的信息,授权给依法成立的征信公司获取数据,也可以与网络平台签订协议让与一定权利等。

3. 网络隐私的保护体系

从网络实践看,网络隐私的范围很大,既包括用户的身份信息,也包括网络行为产生的数据。网络身份信息涵盖用户实名身份信息、注册信息和虚拟地址信息等足以识别个人身份的数据,在法律性质上仍属于传统隐私权涵盖范围。至于网络行为产生的数据,因直接或间接都无法精确定位到自然人,所以法律性质更像是知识产权。

以网络实践为基础,我国对隐私采用了多层立法模式。一是严格保护用户个人信息。我国以扩张解释的系列刑法修正案构建起隐私保护的最严格底线。二是区分个人信息与大数据之间的关系。《网络安全法》第七十六条明确了法律所保护的个人信息范围,即"能够单独或者与其他信息结合识别自然人个人身份的各种信息"。换句话说,除此之外的数据信息则属于大数据性质,不在隐私权保护体系范围之内。三是明确个人数据控制权。从2012年全国人大常委会《关于加强网络信息保护的决定》开始,到《网络安全法》,都将用户数据控制权作为人格权的重要基础性权利。特别是2017年全国人大常委会开启的"一法一决定"执法检查,重申了用户对自己数据的控制权,明确将账号删除权也作为执法重点,可见最高立法机关对个人数据控制权的重视程度。

从立法现状看,网络隐私保护的法律逻辑在于三点。第一,身份信息等敏感信息受到法律最高等级保护,任何人触犯都将受到刑事法律最严格的处罚;第二,大数据等不可识别的隐私信息更像是知识产权,可按照商业规则和惯例,以"合法、正当和必要"的基本原则进行处理;第三,强化用户对自己数据的知情权、控制权和处分权,确保数据权掌握在用户自己手中。多层级的网络隐私保护法律逻辑,主要是为了适应网络大数据经济发展的需要。大数据的来源与它的商业价值一样广泛,其中用户数据是各个平台最重要的数据源之一。用户网络行为到底属于什么性质,决定着商业使用与隐私权之间的微妙关系。网络平台采集用户行为数据进行商业使用的合法前提至少有三:一是未经用户允许不得采集、使用和处分具有可识别性的身份信息;二是即便在征得用户同意之后,也不得违反法律规定或约定过度使用,整个过程必须遵循"合法、正当和必要"基本原则;三是平台在技术上和制度上,要确保用户充分享有对自己数据的知情权、退出权和控制权。

(二) 网络精准营销与隐私权保护[①]

网络精准营销又被形象地称为"定向广告",指的是网络公司通过对用户网络行为的数据分析,推算出用户目前或潜在的消费趋势,并以此为依据投放的特殊网络广告。网络精准营销是以大数据技术为支撑的现代网络商业经营模式,美国、欧洲的很多网络公司都在使用。不过,该种商业模式却因数据取自用户网络行为而遭到不少质疑,很多人认为精准营销侵害了用户的隐私权。其实这是对精准营销的误解,精准营销不仅不会侵害到用户隐私权,而且还会提高用户使用网络的效率,更好地保护用户合法权益。

1. 精准营销的商业模式不会侵害用户隐私权

中国广告协会互动网络分会在2014年制定实施的《中国互联网定向广告用户信息保护行业框架标准》中对精准营销的定义为:"通过收集一段时间内特定计算机或移动设备在互联网上的相关行为信息,例如浏览网页、使用在线服务或应用等,预测用户的偏好或兴趣,再基于此种预测,通过互联网对特定计算机或移动设备投放广告的行为。"网络精准营销的特点在于,通过对不特定用户网络行为的数据分析结果,预测特定广告内容的效果。

---

① 本部分写作参考朱巍:《网络精准营销与隐私权保护分析》,《人民法院报》2014年7月30日,第07版。

在互联网环境下,各国法律所保护的是个人信息,而非不可识别的网络行为信息。按照工信部《电信和互联网用户个人信息保护规定》第四条对保护"个人信息"范围的界定:"本规定所称用户个人信息,是指电信业务经营者和互联网信息服务提供者在提供服务的过程中收集的用户姓名、出生日期、身份证件号码、住址、电话号码、账号和密码等能够单独或者与其他信息结合识别用户的信息以及用户使用服务的时间、地点等信息。"至于其他网络行为数据,不仅不是个人隐私范围,也不属于法律所保护的范围。

精准营销的法律合理性在于其利用的信息属于无法与特定人联系的不可识别信息。既然数据不可识别,那么,在侵害隐私权责任构成上,就缺乏必要的实际损害后果,所以,精准营销本身并不侵权。

2. 网络精准营销有利于用户

现代互联网商业模式是用户免费模式,在这种模式下,网络经营者的利润多来自广告收益。大数据环境下的精准营销更强化了这种商业模式,不论是搜索、网游、即时通信、邮箱还是网购等互联网形态,都生存在"免费使用+增值服务"的环境中,绝大多数用户不需要花钱就可以享受到最基本的网络服务。近年来互联网服务和网络经济的迅猛发展再次证明这种经营模式的成功。网络经营者和用户都从中得到了实惠,实现了双赢。

用户在享受网络服务之时并未付费,这种缺乏"对价"的合同是没有执行力的,这在英美法等国家的合同法中更明显。同时,用户因为没有付费,就无法适用消费者权益保护法对于消费者的特殊保护。如此一来,网络用户既不能依照合同,也无法适用消费者权益保护法进行维权,这对用户权益保护极为不利。然而,在精准广告的背景下,网站通过大数据分析得到用户的"非隐私信息",对其发送针对性广告获取商业利益。从这个角度说,用户虽未实际支付网站货币,但以数据提供者和精准广告接受者的身份间接向网站支付了"对价"。所以,在精准广告的前提下,用户与网站之间的网民协议有了"对价",也就有了执行力,在网站违约之时,即使是免费使用的用户也有权要求网站承担违约责任。同时,用户也因特殊的"对价"方式,得到了消费者权益保护法的保护,这无疑是有利于用户的。

3. 网络精准营销应符合相关法律规定

尽管大数据背景下的精准广告与用户隐私保护之间并没有矛盾,网络服务提供者和用户之间是互惠互利的双赢关系,但是,网络服务提供者在发布精准广告之时,仍需注意以下几点,否则可能要承担法律责任:第一,满足用户知情权。按照《关于加强网络信息保护的决定》的规定,网站要事先明确告知用户数据采集、使用方式和范围,不得以格式条款或使用晦涩难懂的词汇剥夺用户知情权。第二,严格区分用户的身份信息和其他信息。身份信息是用户可识别性的主要标志,网站不得以任何方式利用用户姓名、地址、联系方式等身份信息发送侵害其安宁权的广告。第三,满足用户选择权。网站在网民协议中应明确规定,用户可以使用包括清除 cookies 在内的方式拒绝网站继续采集数据。一旦用户拒绝,网站不得以其他隐秘手段继续采集利用用户数据。第四,互联网企业之间不得以任何方式,或技术优势防碍正当的数据采集工作。在互联网免费经营模式下,破坏正当数据采集工作的性质就是企业之间的不正当竞争,这种"绑架消费者"的行为从根本上侵害的仍是广大用户的利益,违规企业应受到《反不正当竞争法》的制裁。第五,互联网企业对用户数据应尽到善良管理人义务。网站应在技术上提高防黑客盗取手段,在制度上保障信息安全,在理念上将保障用户隐私权作为最重要的发展规划。

(三)儿童个人信息的特殊保护[①]

2019 年 10 月 1 日起,国家网信办起草颁布的《儿童个人信息网络保护规定》正式开始实施。这部旨在保护网络时代儿童"网络原生代"个人信息、落实《网络安全法》在未成年人群保护适用、划清儿童个人信息合理使用界限的法律性文件,主要确立了如下一些基本权利与原则:

1. 正当必要原则

《儿童个人信息网络保护规定》的第十一条、第十二条明确了平台收集、提供、存储和使用儿童个人信息的原因和期限。在收集儿童个人信息范围内,该

---

① 本部分写作参照朱巍:《〈儿童个人信息网络保护规定〉解读》,《中国信息安全》2019 年第 10 期。

规定明确了三个基本原则,即是否与提供的服务相关、是否违反法律法规的规定、是否遵守了网民协议的约定。我们可以看到,是否遵守后两个原则可以较容易做出判断,但第一个原则就比较困难。我们理解平台收集信息的正当性和必要性,至少要结合三个标准进行综合判断:业务类型、行业习惯、技术迭代。特别要强调的是"技术迭代"。实践中很多业务超范围收集个人信息,例如一个原本做智能定位的平台,需要事先采集儿童的位置信息,后来经过迭代之后,该平台放弃了定位服务,改做母婴产品,但所收集的信息范围还包括儿童的位置信息,这就不符合正当必要原则,属于违法行为。

2. 监护人全面控制原则

纵观美国和欧盟关于儿童个人信息保护的法律,监护人全面控制原则是共同的基本原则。《儿童个人信息网络保护规定》的第九、十、十四、十九、二十条等,都落实了监护人对被监护人的信息收集、处分、删除、拒绝、更正等权利。儿童个人信息权利保护的重要环节是家长的监护权,只有在家长监护权全面落实的基础上,才有可能做到充分保障儿童个人信息权利。该规定从三个方面落实了家长的全面控制权:一是平台的技术和制度上的配合;二是赋予家长全程、全面和实时的监护权利;三是行业自律和社会责任的落实。儿童个人信息保护中监护人全面控制原则,是儿童网络权益保护系列法规的基础。针对儿童的网络防沉迷系统中,家长能够监管儿童的前提就是真实身份信息认证制度。但实践中,仅靠身份注册时的识别是远远不够的,平台还需要在儿童每一次玩游戏、登录视频网站、消费产品时,进行诸如人脸识别、信息提示和手机短信告知等动态认证,这势必需要获取儿童的相关信息。可见,儿童个人信息的收集使用,很多情形下是保障儿童权益和确保家长监护权行使的基础。网络时代的家长监护权全面履行,必须有法律制度和技术支持的配合,二者缺一不可。

3. 充分告知权

知情权既是用户权利的基础,也是家长监护权的基础。缺乏充分告知的前提,平台既有可能构成违约责任,也有可能构成侵害监护权和儿童个人信息权的侵权责任,更有可能构成违反《网络安全法》等法律责任。《儿童个人信息网络保护规定》第七、九、十、十四条等都对平台充分告知用户及家长进行了详细说明。该规定第十条用列举的方式呈现了平台需要告知的内容,基本涵盖了儿童个人信息保护的各个环节。值得注意的是,该条规定了"更正、删除"个人信息的权利,随后在第二十条中又以单条的篇幅列举了平台应予以删除的类别。实际上这两条的规定是立法者结合互联网产业发展实践和比较法经验,将"注销权"与"被遗忘权"灵活确立在法规之中的体现。"注销权"并非传统民事权利,在近年互联网系列专门立法中也没有出现过类似的字样。注销权实际是在"一法一决定"实施之后,全国人大常委会在调研过程中,结合互联网实践总结出来的一种新型网络人格权,是发展中的人格权在网络世界的延伸。该规定中的"注销权"实际控制在家长手中,家长作为儿童的监护人,可以按照《网络安全法》和网民协议等相关规定,终止网络服务或注销服务;一旦注销,平台就应该及时对儿童个人信息予以删除。该规定特别强调"注销权",主要目的就在于将注销行为与删除所有相关信息建立关联,即删除儿童个人信息应该是家长行使"注销权"的法律后果,也是平台的法定义务。"被遗忘权"本身争议已久,即便欧盟GDPR将其写到了条例里,但从全世界范围看,"被遗忘权"的真正确立还有待时日。不过,对于儿童个人信息保护,立法宜紧不宜松,应考虑从严立法。该规定第十九条将"被遗忘权"的范围限定于"信息有错误"的情形,这样的规定略显保守,没有给予被遗忘权在儿童个人信息保护中应有的重要地位。

4. 最小授权原则

最小授权原则是网络个人信息收集使用的基本原则之一,一般存在于学理之中,在我国写到法律性文件中尚属首次。《儿童个人信息网络保护规定》第十五条规定了最小授权原则,这主要是为了防止平台"内鬼"侵害儿童权益的情况。最小授权原则本意要远远超过该规定的内容。该规定之所以仅将其限定在对平台工作人员行为的限制之内,主要原因还在于最小授权原则与"一法一决定"中"正当性和必要性"原则有所重合,必要性原则在很大程度上可以吸收涵盖最小授权原则。所以,该规定仅单独将其应用在对平台工作人员的限制上。网络儿童个人信息保护需要包括政府、社会、家长和平台的共同努力,但其中有两个重要抓手,一是监护人责任,二是平台主体责任。平台主体责任不能仅停留在原则上,必须落实到具体行为中。该规定明确划分了平台责任类型,主要包括三大类。

第一,制度责任。该规定要求网民协议必须要有儿童个人信息保护的专门条款,并有专人负责儿童个人信息保护。这里讲的专人,很多人会理解为普通法务人员,其实不然。按照境外互联网公司的一般做法,平台会设立"首席隐私官"这样的职位,儿童个人信息是其负责的重要内容。该规定将最小授权原则也纳入平台内部风控制度体系,以减少信息泄露可能。安全评估是制度责任的关键,该规定明确平台在委托第三方处理信息或依法转移儿童个人信息时,要自行或委托第三方进行安全评估。评估的目的是确保安全,这就说明儿童个人信息的安全是在效率之上的,不能为了效率牺牲安全。以往对儿童个人信息的保护多集中在事后的处理上,该规定将风险评估前置,做到了未雨绸缪。告知义务的"二次告知"制度主要是针对开放平台中个人信息保护的问题。该规定将其基本原则吸纳,首次将二次告知写入法条中。以制度确立规则,以立法指引实践,这种做法是值得称道的。

第二,社会责任。《儿童个人信息网络保护规定》将社会责任写明在第六条中,鼓励行业组织制定行业规范、行为准则等,加强行业自律。表面上看,社会责任没有类型化,可能缺乏一定的执行力。其实不然,社会责任是根据平台影响力大小、受众多少和市场份额不断变化的,越大的企业就要承担越多的责任。因此,社会责任在立法上可能无法细化,只能以抽象的方式表现出来。该规定以"鼓励"的方式要求行业组织制定自律规范,法律是最低等级的道德,自律规范的要求一定比法律高,这实际上就是通过立法的方式促进企业履行社会责任。

第三,技术责任。技术责任是法律责任最重要的落脚点之一,没有技术的支持,法律责任也就成了空中楼阁。该规定将对儿童个人信息采取加密等措施进行存储、安全信息保护、安全管理责任等内容充实到了法律之中,因而技术责任已经不单纯是企业发展层面的问题,而是关系到平台能否从事相关方面业务的问题。

二、网络安全的机制与体系

(一) 加密与安全认证机制

1. 加密机制

加密是以某种算法改变原有信息数据,使未授权用户即便获得已加密信息仍无法获得其信息内容。加密分为两种类型,即对称加密与非对称加密。对称密钥加密技术使用相同的密钥对数据进行加密和解密,即发送者和接收者用相同的密钥。对称密钥加密技术的典型算法是数据加密标准,非对称密钥加密的特点是加密和解密使用不同的密钥。非对称加密系统的关键是寻找对应的公钥和私钥,并运用某种数学方法使得加密过程成为一个不可逆过程,即用公钥加密的信息只能用与该公钥配对的私钥才能解密,反之亦然。

2. 安全认证机制

在电子商务活动中,为保证商务、交易及支付活动的真实可靠,需要有一种机制来验证活动中各方的真实身份。安全认证是电子商务活动正常进行的保证,它涉及安全管理、加密处理、PKI 及认证管理等重要问题。当然,认证机制还需要法律法规支持,安全认证相关的法律包括信用立法、电子签名法、电子交易法、认证管理法等。安全认证机制涉及"数字"方面的内容还包括:一是数字摘要。数字摘要采用单向 Hash 函数对信息进行某种变换运算得到固定长度的摘要,并在传输信息时将之加入文件一同送给接收方。接收方收到文件后,用相同的方法进行变换运算得到另一个摘要,然后将自己运算得到的摘要与发送过来的摘要进行比较。这种方法可以验证数据的完整性。二是数字信封。数字信封用加密技术来保证只有特定的收信人才能阅读信的内容。具体方法是:信息发送方采用对称密钥来加密信息,然后再用接收方的公钥来加密此对称密钥(这部分称为数字信封),再将数字信封和信息一起发送给接收方;接收方先用相应的私钥打开数字信封得到对称密钥,然后使用对称密钥解开信息。三是数字签名与时间戳。数字签名是指发送方以电子签名形式表示签名人对发送的消息或文件的内容负有责任。数字签名综合使用数字摘要和非对称加密技术,可以在保证数据完整性的同时保证数据的真实性。数字时间戳服务是提供电子文件发表时间认证的网络安全服务,它由专门的机构提供。四是数字证书。数字证书含有证书持有者的有关信息,是在网络上证明证书持有者身份的数字标识,由权威的认证中心(CA)颁发。CA 是一个专门验证交易各方身份的权威机构,向涉及交易的实体颁发数字证书;数字证书由 CA 做数字签名,任何第三方都无法修改证书内容,交易各方通过出示自己的数字证书来证明自己的身份。在电子商务中,数字证书主要有客户证书、商家证书两种。客户证书用于证明电子商务活动中客户端的身份,一般安装在客户浏览器上。商家证书签发给向客户提供服务的商家,一般安装在商家的服务器中,用于向客户证明商家的合法身份。

(二) 访问控制与数据传输控制机制

1. 访问控制机制

访问控制是网络安全防范和保护的主要策略,它的主要任务是保证网络资源不被非法使用和非常访问。常见的访问控制主要采用三种手段:一是入网访问控制。入网访问控制为网络访问提供了第一层控制,它控制哪些用户能够登录到服务器并获取网络资源,以及用户入网时间和入网地点。用户的入网访问控制可分为三个步骤:用户名的识别与验证、用户口令的识别与验证、用户账号的缺省限制检查。只有通过各道关卡,该用户才能顺利入网。对用户名和口令进行验证是防止非法访问的首道防线。用户登录时,首先输入用户名和口令,服务器将验证所输入的用户名是否合法。如果验证合法,才继续验证输入的口令,否则用户将被拒绝登录。用户口令是用户入网的关键所在。为保证口令的安全性,口令的显示和设置都有一定的要求。用户口令必须经过加密,加密的方法很多,其中最常见的方法有:基于单向函数的口令加密、基于测试模式的口令加密、基于公钥加密方案的口令加密、基于平方剩余的口令加密、基于多项式共享的口令加密、基于数字签名方案的口令加密等。用户还可采用一次性用户口令,也可用便携式验证器(如智能卡)来验证用户的身份。二是网络的权限控制。网络的权限控制是针对网络非法操作所提出的一种安全保护措施,用户和用户组被赋予一定的权限。根据访问权限,用户被分为以下几类:特殊用户(系统管理员)、一般用户和审计用户。三是目录级安全控制。网络应允许控制用户对目录、文件、设备的访问。用户在目录一级指定的权限对所有文件和子目录有效,用户还可进一步指定对目录下的子目录和文件的权限。对目录和文件的访问权限一般有八种:系统管理员权限、读权限、写权限、创建权限、删除权限、修改权限、文件查找权限、存取控制权限。用户对文件或目标的有效权限取决于以下两个因素:用户的受托者指派、用户所在组的受托者指派、继承权限屏蔽取消的用户权限。一个网络系统管理员应当为用户指定适当的访问权限,这些访问权限控制着用户对服务器的访问。八种访问权限的有效组合可以让用户高效地完成工作,同时又能有效地控制用户对服务器资源的访问,从而加强网络和服务器的安全性。

2. 数据传输控制机制

数据传输控制主要包括流量填充和路由控制。流量填充又叫"业务填充机制",是指在数据流中嵌入一些虚假信息,来掩盖正常的通信特征,从而阻止对手使用流量分析,提高业务流的机密性。流量填充属于数据流的加密手段,保障数据在传输过程中的安全,提高网络数据的机密性。路由控制是指选择更为安全的传输路径,如策略路由。策略路由是依据用户指定的策略进行路由选择,路由选择可以通过路由过滤技术实现,路由过滤可以基于访问控制表、路由策略等执行。

(三) 法律规制与社会监督举报机制

上文所讲的网络安全机制均是通过网络技术手段来实现对网络安全的保护,但是仅有技术性网络安全机制无法为网络安全提供全面保护。正因为网络世界错综复杂,行为人具有高度自由且可以通过多种方式侵害网络安全,所以需要法律介入予以适度的规制。我国《网络安全法》已设立多种类别的规制手段,例如第二十一、二十五条明确规定网络运营者的安全保护义务,第五十九条第1款明确规定对违反该安全保护义务的网络运营者予以行政处罚。再如,第三十三、三十四、三十六、三十八条规定关键信息基础设施的运营者有安全保护义务,第五十九条第2款明确规定对违反该安全保护义务的关键信息基础设施的运营者予以行政处罚。网络服务提供者不履行法律法规规定的信息网络安全管理义务,致使违法信息大量传播、用户信息泄露,情节严重造成严重后果的,很可能会受到刑事处罚。

此外,《网络安全法》第十四条规定:"任何个人和组织有权对危害网络安全的行为向网信、电信、公安等部门举报。"这实际上就是社会监督和网络用户举报机制，但这种机制需要执法机关的介入方可得到实施，因而从广义上讲它也是一种法律规制机制。

三、网络安全的体系

基于不同的环境和应用，有人将网络安全分成系统安全、信息安全、信息内容安全和信息传播后果安全四种类型。[①] 从法律层面上看，这四种网络安全类型分别表现出不同的法益，均在不同程度上受到法律保护。

（一）系统安全

系统安全保证信息处理和传输系统的安全，它侧重于保证系统正常运行，比如避免因为系统的崩溃和损坏而对系统存储、处理和传输的消息造成破坏和损失。[②] 此外，硬件安全对系统安全具有重大影响，本章第四节将针对硬件安全进行全面介绍。

（二）信息安全

网络安全通常指计算机网络安全，实际上也可以指计算机通信网络的安全。[③] 运用计算机网络的根本目的是实现信息交换与资源共享，所以信息安全是网络安全体系中重要的组成部分。许多技术性网络安全机制是以保护信息安全为目的，如访问控制机制和数据传输控制机制。我国许多法律法规为信息安全提供保护，比如《民法典》《网络安全法》均为个人信息提供明确的法律保护。值得关注的是，《数据安全法》突破法律仅保护个人信息的局限，将保护对象扩大为所有被记录的信息[④]，为信息安全提供了更为全面的保护。

（三）信息内容安全

网络信息内容是网络信息的承载物，网络信息是网络信息内容的载体。信

[①] 张万民、王振友主编：《计算机导论》，北京理工大学出版社2016年版，第77页。
[②] 同上。
[③] 王国才、施荣华主编：《计算机通信网络安全》，中国铁道出版社2016年版，第6页。
[④] 《数据安全法》第三条对数据的定义为：任何以电子或者其他方式对信息的记录。

息内容安全主要表现为信息的保密性、真实性和完整性。加密机制、安全认证机制等技术性网络安全机制均是为了保护信息内容安全。虽然信息与信息内容两者在概念上可以明确区分,但在现实中难以确定一个清晰的区分界线。这在法律规制机制中主要体现为立法者并未明确区分二者,并据此提供不同的法律保护规定,即保护系统信息安全的法律规定往往亦保护信息内容安全。

(四) 信息传播后果安全

信息传播后果安全是指避免通过网络传播信息破坏其他社会秩序、危害社会安全。危害信息传播安全的行为往往难以事前制止,技术性网络安全机制难以起到有效的抑制作用,较多情况下需要运用法律规制机制,通过行政处罚和刑事处罚的方式予以规制。

第四节 硬件安全是网络安全的基本保障[①]

一、硬件安全的重要性

"互联网+"的发展日新月异,越来越多的应用程序进入社会生活,网络与网络服务提供者在社会经济发展中的作用日显突出。不过,互联网依靠硬件设备才能运营,信息需要光纤才能传递,网络信号需要物理覆盖才能被接收。从这个意义上讲,网络设备安全的重要程度丝毫不亚于网络信息安全的重要性。

杭州萧山区曾发生了一起光纤被挖断事件,直接导致包括支付宝在内的一些网络服务受到严重影响,很多用户在此期间无法转账和无法登录支付宝,引起了相当程度的网络混乱。这个事件虽然很快得到解决,但是它提醒我们设备安全保障意识丝毫不能松懈,应当准备好紧急情况下的预案机制。从法律层面上讲,我国对光纤等信息传播设备的保护规定还是比较全面的,破坏光纤的行

[①] 本部分写作参照朱巍:《论互联网的精神——创新、法治与反思》,中国政法大学出版社 2018 年版,第 200—203 页。

为不仅要承担民事责任和行政责任,有时还需要承担刑事责任。我国《刑法》第一百二十四条规定,"破坏广播电视设施、公用电信设施,危害公共安全的,处三年以上七年以下有期徒刑;造成严重后果的,处七年以上有期徒刑。过失犯前款罪的,处三年以上七年以下有期徒刑;情节较轻的,处三年以下有期徒刑或者拘役"。同时,包括挖河床淤泥、整修道路、管道施工等行为,都需要遵守光纤保护基本原则,需要相关部门事先监管和审批。尽管法律规定得比较详尽,但实践中却经常出现各种原因导致的光纤破坏事件。近年来,包括微信、网易、淘宝等著名网络服务提供者,都出现过因设备遭破坏而终端服务中断的情况。因此,如何应对此类"意外事件"、如何保障网络设备安全成为网络安全的重要难题。

二、网络硬件保护的应对策略

首先,保护硬件重在预防。实践中大多数光纤破坏事件,并非主观恶意的直接破坏,很多都是因施工人员缺乏必要常识,忽视施工程序,相关部门缺乏必要监管。对网络传输硬件直接破坏所产生的损失,往往超过了硬件本身的实际价值。即使事后进行补救,也可能导致大范围应用受到影响。这就需要政府监管部门加强对光纤等传播硬件的管理。政府不仅需要在光纤地带进行明示,还需要加强对工程施工项目的监管;如果涉及传输设备地域的施工,政府监管部门需要派专人进行现场监督。网络设备硬件保护责任主体方面,政府相关部门和网络服务提供者都是主要责任人,包括施工单位施工人员在内的其他社会主体都是义务主体。任何人不得非法破坏设备硬件,既包括光纤等传输设备,也包括机房、存储器、终端等设备。这些网络公司的硬件设备因涉及网络传播的公共服务,具有明显的公共利益性质,所以远比其他财产权保护层次要高。因此,政府对其保护力度应该加大,侧重事先预防,加强法制宣传教育,强调施工纪律和程序。

其次,要做好预警预案。一般来说,即使是一个普通网络用户,对于一些重要资料文件,也会使用备份的方式加以保存,有时候备份在硬盘中,有时候也可以备份在"云端"。这样做可以避免把"鸡蛋放在同一个篮子里",分散风险,提高应急处理能力。这对于企业来说同样重要,特别是对于大型网络公司,进行必要的信息"备份",是将意外损害减少到最低程度的好办法。信息数据与社会经济生活密切相关,具有很强的公共利益性质。所以,对信息进行备份,不仅是企业减少风险的"自救"措施,而且是其承担社会责任的体现。信息备份存在"冷备"和"热备"之分,前者说的是同地另存,后者说的是异地备份。这两种备份方式可以相互补充使用,将风险降至最低点。从信息安全性和稳定性角度看,一个企业对信息备份的程度,往往显现出其社会责任感的多少,也是企业竞争力和抗灾能力的综合体现。未来互联网技术的发展,逐渐摆脱单一硬件的束缚是一种发展趋势,云存储更适合分担信息被破坏的风险。但在目前阶段看,存储的主要宿主仍是硬件设备,传输仍然主要依靠光纤等实体设备中。这就需要互联网企业做好相应的预警机制,在资料有效备份保存的基础上,加快可摆脱对单独硬件过分依赖的传输和存储技术的研究应用。

三、网络硬件损坏的责任承担

网络服务提供者是网络服务的主要承担者,对意外所导致的用户损失应承担赔偿责任。赔偿范围包括因不当泄露用户信息造成的人格权损害,用户账户丢失造成的违约责任,用户资金转账、交易、支付异常造成的损失及其利息,中止服务所产生的违约责任等。这里的赔偿性质主要是违约责任和侵权责任,如果损害并非由服务提供者直接导致,而是由第三人所致,例如建筑施工行为,那么,网络服务提供者在赔偿用户后,享有对直接侵权人的追偿权。

另外,商业保险是应对相关责任的有效措施。商业保险是社会的减震器。网络世界可谓是"道高一尺魔高一丈"。实践表明,意外发生的概率很难降到零,这就需要适当引入商业保险来分担这份必然存在的风险。涉及网络硬件的商业保险可以分为两个部分:一是基础性保险,由网络服务提供者购买;二是增值保险,由有需要的用户按意愿自行购买。购买保险后,一旦出现意外事件造成损害,保险赔付承担首付责任,这就简化了赔偿程序。保险公司在赔偿后,可以依法对直接责任人进行追偿。

案例

翠屏区"教师发展平台"网站违反安全规定案 ①

2017年7月22日,宜宾市翠屏区"教师发展平台"网站因网络安全防护工作落实不到位,导致网站存在高危漏洞,造成网站发生被黑客攻击入侵的网络安全事件。宜宾网安部门在对事件进行调查时发现,该网站自上线运行以来,始终未进行网络安全等级保护的定级备案、等级测评等工作,未落实网络安全等级保护制度,未履行网络安全保护义务。根据《网络安全法》第五十九条规定,宜宾市公安机关决定给予翠屏区教师培训与教育研究中心和直接负责的主管人员法定代表唐某某行政处罚,对翠屏区教师培训与教育研究中心处一万元罚款,对法人代表唐某某处五千元罚款。

《网络安全法》第五十九条主要是对未能履行网络安全保障义务的运营者设立的处罚措施。本案主要涉及几个方面:一是运营者应落实网络安全责任,包括制度、专业人员以及相关技术等方面;二是运营者应有能够防控网络攻击、病毒等风险的技术措施;三是运营者应依法保存相关网络运营日志;四是对相关重要数据,必须采取加密措施。

《网络安全法》对运营者安全保障义务的要求是非常具体的,其中规定了应对网络攻击等情况的事先、事中和事后责任,既是国家安全、网络安全与网民安全的基础,也是网络运营者的技术责任、法律责任和社会责任的基本底线。如果运营者没有遵守相关规定,即便没有发生安全事故,也应按照《网络安全法》承担相关责任。

思考题

1. 为什么说网络实名制是网络法治化的基础?
2. 你如何看待个人隐私安全与国家安全之间的关系?

---

① 马世鹏:《四川查处违反网络安全法首案:一网站因高危漏洞遭入侵被罚》,https://www.thepaper.cn/newsDetail_forward_1760093,访问日期:2017年8月11日。

第九章 新闻传播与人格权

第一节 新闻侵权与人格权的保护

一、《民法典》人格权编与新闻侵权

2020年5月28日,《民法典》正式颁布。这是我国立法史上的盛事,是新时代我国社会主义法治建设的重大成果,也是推进全面依法治国、推进国家治理体系和治理能力现代化的重大举措。《民法典》在体例设计上最突出的特点就是设立了独立的人格权编,下分一般规定,生命权、身体权和健康权,姓名权和名称权,肖像权,名誉权和荣誉权,隐私权和个人信息保护六章。人格权独立成编体现了《民法典》的中国特色和中国智慧,其重要意义表现在如下几个方面:

其一,它落实了《宪法》中的人格尊严条款。保障人格尊严,既是时代的需要,也是《宪法》的要求。《宪法》第三十八条规定:"中华人民共和国公民的人格尊严不受侵犯。"《宪法》中的人格尊严条款确立了国家的义务,即国家应当通过立法、司法、行政等各种方式,保障人格尊严。在《民法典》中设置独立的人格权编,就是国家通过立法的方式来保障人格尊严,从而让社会公众"有尊严地活着"。

其二,它宣示了中国民法学的自主性。十多年前就有学者提出了"中国法

学向何处去"的问题,反思中国法学的自主性问题。① 我国《民法典》分则中设置了独立的人格权编,这一体例设计本身也强烈地反映了我国民法学的自主性诉求。

其三,它满足了司法实践的需要。"法律是社会的一面镜子。"从法社会学的角度来看,立法就是要回应社会的法律需求。因此,民法典编纂就应当充分反映当前社会的需要,积极优化制度供给。人格权编独立可以为人格权的制度设计及未来发展提供充足的空间,从而使得该编可以回应我国当下所面临的诸多重要社会热点问题,如个人信息保护、隐私保护、人格要素商品化使用、基因编辑技术的规范、性骚扰的规制等。这些社会问题也反映到了司法诉讼之中。据统计,近年来我国的人格权诉讼呈快速增长趋势。《民法典》人格权编密切关注这些社会问题,就这些问题予以规范,有助于满足司法实践的需要,为裁判提供了统一的标准。

新闻侵权与《民法典》人格权编的关系相当密切,在我国没有新闻法的背景下,《民法典》人格权编实际上发挥着对新闻法的部分功能的替代作用。从条文数量来看,人格权编直接涉及媒体、新闻报道的条文有 5 条,而整个人格权编仅有 51 条,占比约百分之十。下文所引述的《民法典》法条,基本上属于这一编。

二、人格权概述

人格权是指民事主体以其人格要素为客体的权利。所谓人格要素,就是人之所以为人而必备的要素。人格权可以分为一般人格权和具体人格权。《民法典》之中并没有对人格权下定义,而是采取开放性列举的方式,指明了典型的人格权类型,此种开放性列举的方式有助于保持法的开放性和灵活性。《民法典》第九百九十条第 1 款对具体人格权进行了列举,包括生命权、身体权、健康权、姓名权、名称权、肖像权、名誉权、荣誉权、隐私权等。同时,本条第 2 款就一般人格权作出了规定,明确了一般人格权是自然人享有的"基于人身自由、人格尊严产生的其他人格权益"。

---

① 详见邓正来:《中国法学向何处去——建构"中国法律理想图景"时代的论纲》,商务印书馆 2006 年版。

"一般人格权"的概念源自德国,它实际上是德国法官造法的产物。我国《民法典》第九百九十条第2款借鉴了德国法的经验,同时结合我国《宪法》第三十七条和第三十八条关于人身自由和人格尊严的规定,确立了我国的一般人格权制度。一般人格权最重要的功能是兜底,使人格权制度保持开放性,解决具体人格权制度难以因应社会发展的问题。再如,人格权编规定声音受法律保护,但声音并非具体的人格权,而是受法律保护的利益,从体系上也可以将其纳入一般人格权。

原则上说,人格权是"高度个人化的"权利①,不可被放弃、转让,也不可被继承,这是人格权的本质属性,也是其区别于财产权之处。对此,《民法典》第九百九十二条规定:"人格权不得放弃、转让或者继承。"这一规定明确了人格权的专属性规则。不过,这一规定仅是原则性规定,在特殊情形中是否可以有例外也值得探讨。

《民法典》第九百八十九条规定:"本编调整因人格权的享有和保护产生的民事关系。"这条规定中并没有明确,人格权的行使是否为该编的调整对象。但是,从该编的规定来看,人格权的商品化利用(如明星授权他人在商品上使用自己的姓名或肖像)也被纳入其中。而且,从人格权编的立法目的考虑,该编的调整对象自然应当包括人格权的行使。所以,第九百八十九条中"人格权的享有"应当作扩张解释,将人格权的享有理解为广义的,也包括人格权的行使在内。

三、人格权保护的规则

1. 人格权请求权

人格权请求权是保护人格权的重要制度,具有防患于未然的作用,因为侵害人格权的损害后果往往具有不可逆性,一旦发生就很难恢复原状,正所谓"覆水难收"。尤其是在互联网时代,用户的无限性和超地域性往往使得侵害人格权的后果被无限放大,且无法恢复。例如,被告拍摄了原告的隐私照片,如果不阻止被告公开,就可能扩散到网上,全世界的网民都可以看到,从而对原告造成

---

① 〔瑞士〕贝蒂娜·许莉蔓-高朴、耶尔格·施密特:《瑞士民法:基本原则与人法》,纪海龙译,中国政法大学出版社2015年版,第279页。

难以弥补的损害。《民法典》第九百九十七条规定："民事主体有证据证明行为人正在实施或者即将实施侵害其人格权的违法行为，不及时制止将使其合法权益受到难以弥补的损害的，有权依法向人民法院申请采取责令行为人停止有关行为的措施。"这一规定就确立了人格权请求权制度，从立法上看可能借鉴了瑞士法的经验。它对于完善请求权体系、强化人格权的保护具有重要意义。该条特别强调人格权请求权的行使前提是存在"违法行为"，明确了"违法性"这一要件。在人格权请求权的行使要求中，妨害或可能的妨害是违法的，但行为人不必具有过错。实践中有些妨害是合法的，例如在自助、受害人同意、正当防卫、攻击性紧急避险等情形。此时，就无法适用人格权请求权。例如，武警依法执行死刑，罪犯当然不可能依据其生命权主张人格权请求权（即消除危险），因为武警的行为是合法行为。需要注意的是，虽然本条就人格权请求权的行使只是强调了可以通过诉讼的方式进行（申请法院的禁令），但没有明确权利人也可以通过诉讼之外的方式行使。这一立法与瑞士等国家的做法具有一致性。不过，为了充分发挥《民法典》的行为指引功能，在解释上，应当认可人格权请求权通过意思表示的方式行使。如此也可以避免纠纷都走入法院，既增加当事人的维权成本，又增加法院的诉讼负担。例如，某公司即将拍卖的珍贵书信包含了杨某的个人隐私，杨某以意思表示的方式对该公司主张停止拍卖以避免其隐私权受到侵害，对此法律也应当认可。

2. 新闻报道和舆论监督中侵害人格权的免责规则

基于新闻报道和舆论监督的需要，有时必须要使用民事主体的人格要素，包括姓名、名称、肖像、个人信息等。此种使用只要是在合理的范围之内，就不应当承担责任，这可以理解为，因社会公共利益的需要而合理限制人格权。《民法典》第九百九十九条规定："为公共利益实施新闻报道、舆论监督等行为的，可以合理使用民事主体的姓名、名称、肖像、个人信息等；使用不合理侵害民事主体人格权的，应当依法承担民事责任。"这一规定有助于实现人格权保护与新闻自由和舆论监督的妥当平衡，具有重要意义。例如，2019年曾有网友发布视频，视频显示，广西壮族自治区河池市宜州区龙头乡党委书记韦某，半躺在沙发上，在室内打牌，还有一名女子正用双手为韦某按摩脚部。虽然该视频中出现了韦某的肖像,但因为是为了公共利益而进行的舆论监督,所以该网友不必承担侵权责任。当然,本条仅抽象规定"合理使用",至于如何界定"合理",则需要通过司法实践,以类型化的方式进行。在必要的时候,可以通过司法解释的方式总结司法实践经验。例如,即使打上马赛克或不使用真实姓名,也足以进行正常的新闻报道或舆论监督,就应当对当事人进行保护。再如,对于实施了违法行为的未成年人,媒体应当尽可能对其进行保护,避免其姓名、肖像和个人信息的泄露。

3. 死者人格权益受侵害的责任

在比较法上,各国判例一般认为,自然人死亡之后,其人格利益应当直接或间接地得到保护,这主要是基于公共利益和公共政策的考虑。[1] 我国司法实践一直坚持死者人格利益应当受到保护。最高人民法院的不少函复都认为,死者的人格利益应当受到保护。例如在荷花女案中,作家魏某侵害了死者荷花女的名誉,最高人民法院就复函明确要保护死者的名誉。另外,最高人民法院《关于确定民事侵权精神损害赔偿责任若干问题的解释》第三条也明确规定,死者人格利益应当受到保护,其近亲属可以主张精神损害赔偿。《民法典》第九百九十四条明确了死者的姓名、肖像、名誉、荣誉、隐私、遗体等受到侵害时的民事责任,同时也明确了请求权人的范围和顺位。依据该法条的规定,第一顺位的请求权人是死者的配偶、子女、父母;第二顺序的请求权人是死者的其他近亲属,即死者没有配偶、子女并且父母已经死亡的,其他近亲属有权依法请求行为人承担民事责任。这里的其他近亲属,是指兄弟姐妹、祖父母、外祖父母。因此,新闻传播过程中应当特别注意死者人格权益受侵害的问题。

4. 侵害人格权的责任形式及诉讼时效规则的适用

在人格权受到侵害的情况下,只要符合法律规定的要件,行为人就应当承担民事责任。但是考虑到比例原则的要求,《民法典》第一千条第1款明确规定,"行为人因侵害人格权承担消除影响、恢复名誉、赔礼道歉等民事责任的,应当与行为的具体方式和造成的影响范围相当"。例如,行为人在某网站上发布

---

[1] 参见姚辉:《逝者如斯夫》,《判解研究》2002年第1期。

毁损他人名誉的言论，原则上法院可以要求其在网站的首页发布道歉声明，一般来说，不必要求行为人在全国性的重要纸质媒体上发布道歉声明。另外，在实践中，被告有时并不主动地承担消除影响、恢复名誉、赔礼道歉的民事责任，我国法院探索出了一种有效执行方式，即法院可以采取在报刊、网络等媒体上发布公告或者公布生效裁判文书等方式执行，产生的费用由行为人负担。例如，在北京大学诉邹某名誉权纠纷案中，因为邹某拒绝履行判决书中确定的赔礼道歉的责任，因此，北京市海淀区人民法院在《人民法院报》将判决书内容摘要公告。上述经验也被《民法典》第一千条第2款确认下来。

另外，在侵害人格权的情形下，权利人主张停止侵害、排除妨碍、消除危险、消除影响、恢复名誉、赔礼道歉的请求权，是不是应当适用诉讼时效，在实践中也存在争议。为了统一裁判标准，《民法典》第九百九十五条明确了这些请求权不适用诉讼时效的规定。从法理上来看，停止侵害、排除妨碍、消除危险、消除影响、恢复名誉、赔礼道歉的请求权，之所以不适用诉讼时效，是因为它们属于人格权请求权的范畴。人格权请求权是"面向未来"的请求权，着眼于避免未来的妨害或损害，具有防患于未然的作用。不过，就消除影响、恢复名誉、赔礼道歉而言，其既可能是"面向未来"的请求权，也可能是"面向过去"的请求权（旨在救济已经发生的损害）。如果其属于"面向过去"的请求权，则其应纳入侵权损害赔偿请求权的具体形式。确切地说，此时消除影响、恢复名誉和赔礼道歉都属于损害赔偿的方法中的"恢复原状"（即重建赔偿权利人受侵害权益的原貌，如同损害事故没有发生）。[1] 此时，其就应当适用诉讼时效。因此，在解释上应当明确，不适用诉讼时效的消除影响、恢复名誉和赔礼道歉请求权，仅限于其属于"面向未来"的请求权的情形。例如，被告说原告是"教授不教、导师不导"，法院认定，构成毁损名誉的不当言论，被告收回其言论，就属于"面向未来"的消除影响。再如，被告在"文化大革命"时期发表了侮辱性言论，损害了原告的名誉，原告要求恢复名誉，即对已经造成的损害"恢复原状"，此时属于"面向过去"的请求权，应当适用诉讼时效，否则就与诉讼时效制度的设立目的存在冲

---

[1] 参见曾世雄：《损害赔偿法原理》，中国政法大学出版社2001年版，第148页。

突。因此，新闻传播过程中应当充分注意侵害人格权的责任形式及诉讼时效规则的适用。

5. 因违约而侵害人格权的精神损害赔偿

因违约而侵害人格权的情形是否可以主张精神损害赔偿，对此理论上一直存在较大争议。《民法典》第九百九十六条规定："因当事人一方的违约行为，损害对方人格权并造成严重精神损害，受损害方选择请求其承担违约责任的，不影响受损害方请求精神损害赔偿。"本条明确了因违约而侵害他人人格权的情形，如果造成了严重的精神损害，受害人可以主张精神损害赔偿。《民法典》第九百九十六条的规定对于充分救济受害人具有积极意义。同时，本条也可以避免受害人为了主张精神损害赔偿，刻意选择侵权损害赔偿请求权。因此，本条规定使得合同法律规定和侵权法律规定的边界划分更为妥当。此外，德国等地的最新立法，如《德国民法典》第二百五十三条第2款承认了违约责任中的精神损害赔偿。我国通过立法借鉴这一经验，符合比较法上的最新立法趋势，也符合"原本后出最精确之法理"的要求。此外，根据《民法典》第一千零一条的规定，身份权利的保护准用人格权保护的规则。因此，结合第九百九十六条的规定，在因为违约而侵害对方身份权利并造成严重精神损害的情形下，也应当可以主张精神损害赔偿。因此，新闻传播过程中应当充分注意因违约而侵害人格权的精神损害赔偿问题。

6. 侵害人格权责任认定的考量因素

人格权本身的边界有时比较模糊，同时，人格权往往会与其他的权利发生冲突，因此，人格权的保护应当体现出利益平衡的特点。据此，《民法典》第九百九十八条规定："认定行为人承担侵害除生命权、身体权和健康权外的人格权的民事责任，应当考虑行为人和受害人的职业、影响范围、过错程度，以及行为的目的、方式、后果等因素。"例如，在范志毅赌球案中，法院就认为，范志毅属于公众人物，应当忍受对其人格权的轻微侵害。这就是考虑到原告的职业特点而认定民事责任的例子。不过，考虑到本法条的表述比较宽泛，我们在解释适用本条规定时，应当非常谨慎，以避免产生不利后果。此外，《民法典》侵权责任编原则上是不采动态系统论的，或者说原则上是"不动态"的。如果在《民法典》人格权编引入动态系统论,也会与侵权责任编的规定之间发生冲突。因此,新闻传播过程中应当充分考虑侵害人格权责任认定的这些考量因素。

7. 身份权利的准用

身份权是以身份为客体的权利。在现代社会,典型的身份权包括监护权和配偶权等。身份权与人格权合称为人身权。在人格权法独立成编的背景下,如何妥当规范身份权,成为立法上的课题。我国《民法典》采用准用的立法技术,实现了对身份权的妥当保护,值得肯定。《民法典》第一千零一条规定:"对自然人因婚姻家庭关系等产生的身份权利的保护,适用本法第一编、第五编和其他法律的相关规定;没有规定的,可以根据其性质参照适用本编人格权保护的有关规定。"这一规定考虑到了人格权与身份权的类似性,通过准用的做法,实现了平等原则要求的"类似问题类似处理"。据此,如果有证据证明行为人即将实施侵害身份权人的行为时,权利人可以主张类似于人格权请求权的身份权请求权。此外,因违约而侵害身份权利的,受害人也可以主张精神损害赔偿。因此,新闻传播过程中应当充分考虑身份权利的准用问题。

第二节 生命权、身体权和健康权

一、生命权、身体权和健康权的概念界定

新闻报道中难免要涉及自然人的生命权、身体权和健康权,《民法典》人格权编第一千零二条至一千零四条宣示了自然人享有生命权、身体权和健康权,并对它们的概念进行了界定。按照第一千零二条的规定,生命权的内涵就是"自然人的生命安全和生命尊严受法律保护"。

《民法典》第一千零四条明确了健康权的客体是"自然人的身心健康",这为新闻传播实践中因侵害心理健康导致他人患精神疾病的案件提供了裁判依据。例如,2009 年北京市密云区人民法院审理过一起案件,被告朱某醉酒后,突然冲着一名小女孩大声呵斥:"站住!哪里的?!"突如其来的厉声喝问顿时使小女孩面露惊恐、浑身瘫软,不由得蹲在地上开始呕吐。后来小女孩入医院诊治,

被诊断为"受惊过度致神经功能紊乱"。这就属于典型的侵害心理健康的案件,被告的行为构成侵害健康权。

《民法典》第一千零三条对"身体权"的内涵进行了界定,明确了"自然人的身体完整和行动自由受法律保护"。这实际上使得身体权包括了原本意义上的身体权和人身自由权。在解释上,可以将该法条中的"身体权"做广义和狭义两种理解。狭义的身体权,仅指以维护自然人身体完整为内容的人格权;而广义的身体权还包括人身自由权,即身体行动的自由。

《民法典》第一千零五条规定:"自然人的生命权、身体权、健康权受到侵害或者处于其他危难情形的,负有法定救助义务的组织或者个人应当及时施救。"这一规定属于不完全法条,它没有明确违反法定救助义务的责任。对此需要做具体分析,如果法定救助义务属于公法上的义务,违反此种义务要承担公法上的责任;而如果法定救助义务属于私法上的义务,违反此种义务则要承担民事责任。这里的"法定"如何理解?一般情况下应当从宽解释,即任何层次的规范性法律文件都可以是这里的"法"。因此,新闻报道中如何准确把握自然人的生命权、身体权和健康权这些基本概念,如何报道在自然人的生命权、身体权和健康权受到侵害或者处于其他危难情形下履行救助义务,就成为非常现实的问题。

二、性骚扰的规制

近些年来,新闻传播中涉及性骚扰的报道在我国呈明显增长的态势,这一问题在国际社会也得到普遍关注,反性骚扰立法和司法都受到普遍的重视,例如德国 1994 年制定了《工作场所性骚扰受雇人保护法》,美国联邦法院通过援引《公民权利法案》中的相关条款形成反性骚扰的判例法。近年来,我国社会公众对性骚扰问题颇为关注,《民法典》第一千零一十条积极回应了这一社会问题,本条包括如下内容:一是明确了性骚扰的认定标准。依据第一千零一十条第 1 款的规定,"违背他人意愿,以言语、文字、图像、肢体行为等方式对他人实施性骚扰的,受害人有权依法请求行为人承担民事责任"。这里特别强调了"违背他人意愿"这一认定标准,这是性骚扰认定的关键。同时,本条也明确了性骚扰可以是语言、文字、图像、肢体行为等方式。例如,在实践中法院一般认定,给他人发黄色短信构成性骚扰。我国 2022 年修订《妇女权益保障法》时,在第二十三条明确规定:"禁止违背妇女意愿,以语言、文字、图像、肢体行为等方式对其实施性骚扰。"而《民法典》并未将性骚扰的对象限定为女性,而且也没有将其限定为必须是异性之间,这都是重要的制度发展。二是明确了职场性骚扰的防治。2012 年,国务院颁布的《女职工劳动保护特别规定》第十一条规定:"在劳动场所,用人单位应当预防和制止对女职工的性骚扰。"在这一规定的基础上,《民法典》确立了更加完善的规则,第一千零一十条第 2 款规定:"机关、企业、学校等单位应当采取合理的预防、受理投诉、调查处置等措施,防止和制止利用职权、从属关系等实施性骚扰。"这里强调了对于利用职权和从属关系等实施性骚扰,单位负有保护其工作人员的义务。

三、侵害人身自由权的责任

《民法典》第一千零一十一条规定了"以非法拘禁等方式剥夺、限制他人的行动自由,或者非法搜查他人身体的,受害人有权依法请求行为人承担民事责任"。结合《民法典》第一千零三条的规定可知,《民法典》以一种不太明确的方式确立了人身自由权。人身自由权是自然人就其身体行动的自由所享有的人格权。[1] 人身自由权的意义重大,"人身自由可以说是人民一切自由的基础,没有人身自由,其他一切自由权都会落空"[2]。人身自由权受到宪法和法律的特别关注。我国《宪法》第三十七条明确规定:"中华人民共和国公民的人身自由不受侵犯。"《刑法》第二百三十八条规定的非法拘禁罪也以保护人身自由为目的。因此,在民法上当然也应当认可人身自由权。在司法实践中,收买被拐卖的妇女后将其锁在屋内,就属于典型的侵害人身自由权的行为。此外,虽然《民法典》第一千零一十一条将非法搜查他人身体(如超市因怀疑顾客偷窃而搜身)与非法拘禁合并规定在一条之中,但是人身自由权以身体行动的自由为内容,非法搜查他人身体者并没有侵害他人的身体行动自由,不应当构成侵害人身自由

---

[1] 参见郑玉波:《民法债编总论》,中国政法大学出版社 2003 年版,第 129 页。
[2] 刘清波:《冤狱赔偿法》,台北商务印书馆 1974 年版,第 1 页。

权,而作为侵害一般人格权更为妥当。因此新闻报道在涉及此类案件时要审慎措辞,不可一概而论。

第三节 姓名权与名称权

一、姓名权的内涵及其被侵害的形式

新闻报道经常涉及自然人的姓名。姓名是自然人的外在标志,同时姓名有利于彰显自然人的个性。因此,姓名权是重要的标表性人格权。《民法典》第一千零一十二条明确地宣示了自然人享有姓名权,并明确了此项权利的内涵,是在不违背"公序良俗"的前提下,有权"依法决定、使用、变更或者许可他人使用自己的姓名"。考虑到姓名的决定和变更,需要按照行政法的规定办理登记手续,《民法典》第一千零一十六条强调了自然人决定、变更自己的姓名,应当依法向有关机关办理登记手续,这里的"有关机关"一般是指公安机关。

与此相应,《民法典》第一千零一十四条明确了姓名权被侵害的具体表现。依据该条的规定,任何组织或者个人不得以干涉、盗用、假冒等方式侵害他人的姓名权。据此,侵害姓名权的行为主要有如下几种:一是干涉他人决定或变更姓名,例如父亲在子女成年后不允许其变更为随母亲姓氏。二是盗用他人姓名,即擅自以他人的名义而实施某种活动,例如自称是某人的代理人而与第三人订立合同。三是假冒他人姓名,例如使用他人的身份证办理结婚登记,冒用他人姓名上学或就业。

本法条没有明确未成年人的姓名如何决定,如何变更。在比较法上,很多国家都就未成年人姓名的决定与变更作出了规定。例如,《德国民法典》第一千六百一十六条等就未成年人姓名决定与变更问题作出了详细规定。未成年人姓名的决定与变更由其监护人共同决定,同时也要征求该未成年人的意见,如果数个监护人的意见不一致的,由法院按照未成年人利益最大化原则确定。

姓名权制度的立法目的就是服务于自然人之间的相互区分和彰显个性,因此,姓名权制度要扩张适用。按照《民法典》第一千零一十七条的规定,具有一

定社会知名度的笔名、艺名、网名、译名、姓名的简称等,被他人使用足以造成公众混淆的,参照适用姓名权保护的有关规定。这一规定有助于解决实践中的问题,如侵犯他人笔名或网名的纠纷。姓名权扩张保护限定的条件为"具有一定社会知名度"以及"被他人使用足以造成公众混淆"。但是考虑到姓名权制度的目的是服务于自然人之间的区分和彰显个性,上述两个条件的解释不宜过于严格,只要能够与特定自然人联系起来的笔名、艺名、网名、姓名的简称,都应当受到保护。新闻传播在涉及姓名权的报道时,要注意准确把握相关法律法规的含义,避免报道中出现与法律法规不一致的提法而导致民事侵权。

二、自然人在其父姓和母姓之外选取第三姓的规则

自然人选取第三姓应当受到适当的限制,必须具有正当利益或充分的理由,不得违背公序良俗和法律的强制性规定,而且应当依据一定的程序进行。①《民法典》第一千零一十五条总结了既有立法的经验,对自然人在其父姓和母姓之外选取第三姓进行了适当的规范。本条明确了在两种情形下自然人可以在父姓和母姓之外选取姓氏:一是选取其他直系长辈血亲的姓氏,例如自然人为了纪念其祖母,以其祖母的姓氏作为自己的姓氏。二是因由法定扶养人以外的人扶养而选取扶养人姓氏。本条还作出了一项兜底性规定,即如果"有不违背公序良俗的其他正当理由",自然人也可以选取第三姓。在我国社会,有夫妻将对方姓氏作为自己姓氏的习惯,这也可以认为是不违背公序良俗的正当理由。例如,张三嫁给了赵某,而后改名为赵张三等。另外,父母再婚后,继子女改随继父姓,也可以认为是"不违背公序良俗的其他正当理由"。此外,《民法典》第一千零一十五条第2款还明确了"少数民族自然人的姓氏可以遵从本民族的文化传统和风俗习惯"。这一规定尊重了少数民族的文化传统和风俗习惯,有利于法律的实施和维护民族团结。新闻传播过程中,记者与编辑在采写或编发涉及此类问题的稿件时,应当了解和把握相关的法律规定。

三、名称权的内涵界定及其扩张保护

新闻报道也经常涉及法人和非法人组织的名称。《民法典》第一千零一十

---

① 参见马桦、袁雪石:《"第三姓"的法律承认及规范》,《法商研究》2007年第1期。

三条宣示了法人和非法人组织享有名称权。名称作为法人和非法人组织的人格要素,当然具有人格权。

依据《民法典》第一千零一十三条的规定,法人或非法人组织"有权依法决定、使用、变更、转让或者许可他人使用自己的名称"。这就明确了名称权的内涵。同时,《民法典》第一千零一十四条还列举了侵害名称权的表现形式。依据该条规定,任何组织或者个人不得以干涉、盗用、假冒等方式侵害他人的名称权。

《民法典》第一千零一十六条第1款明确规定,除了法律另有规定,法人或者非法人组织变更、转让自己的名称的,应当依法向有关机关办理登记手续。例如企业法人变更其名称,应当向市场监管部门办理变更登记。不过,对于实践中突出的企业法人名称权转让中的营业转让和债权人保护问题,《民法典》并未作出规定。

在企业法人名称权转让中,债权人的保护也是重要课题。对此,德国、日本等一些大陆法系国家采取外观主义原则,即只要受让人继续使用转让人的名称(或商号),就应当对转让人原来负担的债务负责。例如,《日本商法典》第二十六条第1款规定:"营业受让人使用让与人的商号,就让与人的营业所生的债务,亦负清偿责任。"《德国商法典》第二十五条第1款也有类似规定。① 这一做法有利于强化对债权人的保护,值得借鉴。

另外,法人或非法人组织的字号、简称也应当受到保护。《民法典》第一千零一十七条规定,具有一定社会知名度的字号、名称的简称,被他人使用足以造成公众混淆的,参照适用名称权保护的有关规定。当然,简称的保护也存在权利冲突的问题,例如,南京大学简称为"南大",南昌大学也可以简称为"南大";山东大学简称为"山大",山西大学也简称为"山大"。对于诸如此类的简称如何保护,需要明确。因此,在新闻报道中,如何准确使用法人和非法人组织的名称及其简称,需要仔细斟酌。

---

① 参见王文胜:《论营业转让的界定与规制》,《法学家》2012年第4期。

四、变更姓名或名称对民事法律行为效力影响的规则

按照民事法律行为制度的一般原理,自然人变更姓名、法人或非法人组织变更名称后,其原来实施的民事法律行为的效力不受影响。据此,《民法典》第一千零一十六条第 2 款明确规定:"民事主体变更姓名、名称的,变更前实施的民事法律行为对其具有法律约束力。"例如,公司变更名称以后,其原来与员工签订的劳动合同仍然有效。因此,民事主体变更姓名、名称的,变更前其享有的权利和承担的义务都应当不受影响,本条规定应当通过类推适用的方式,适用于民事主体变更姓名或名称前实施的事实行为。

姓名或名称是新闻报道必然涉及的内容,如何准确地使用自然人的姓名、法人或非法人组织的名称及其简称是一个非常严肃的问题,既然法律有了相关的规定,新闻报道就必须遵从,不得随意使用,以免构成侵权。

第四节　名誉权与荣誉权

一、名誉权的概念及侵害名誉权的具体表现

《民法典》第一千零二十四条第 1 款宣示了民事主体享有名誉权,这就是说,自然人、法人和非法人组织都享有名誉权。为了准确界定名誉权,第一千零二十四条第 2 款还对名誉进行界定,即"对民事主体的品德、声望、才能、信用等的社会评价"。这里涉及名誉权和信用权的关系问题。信用权,是指自然人或法人以其经济活动上的可靠性及支付能力为内容的权利。[①] 在理论上,信用权是否独立于名誉权,人们存在不同的看法。《民法典》第一千零二十四条第 2 款显然采取了名誉权吸收信用权的立场。

《民法典》第一千零二十四条第 1 款"任何组织或者个人不得以侮辱、诽谤等方式侵害他人的名誉权"明确了侵害名誉权的主要表现,即侮辱和诽谤。侮

---

① 王泽鉴:《侵权行为法》第一册,中国政法大学出版社 2001 年版,第 124—125 页。

辱是指故意以暴力或其他方式贬低他人人格,毁损他人名誉。诽谤是指捏造并散布某些虚假的事实,损害他人名誉的行为。① 名誉权侵害的认定以社会评价降低为标准。是否构成侵害名誉权,不以被害人主观感受为准,应就社会的评价进行客观判断。② 所以,侵害名誉权的行为必须为第三人所知悉。例如,甲乙二人在一个密闭空间内,甲侮辱乙,第三人并不知悉,就不构成侵犯名誉权。

另外,在新闻传播和司法实践中,还存在集体诽谤的问题。所谓集体诽谤,是指对某个集体或群体实施的诽谤行为。例如,2005 年深圳市公安局龙岗分局龙新派出所在其辖区悬挂了"坚决打击河南籍敲诈勒索团伙"和"凡举报河南籍敲诈勒索团伙犯罪、破获案件的,奖励 500 元"字样的横幅。这就可以认定为集体诽谤,属于法律应当限制的行为。近年来新闻报道侵犯名誉权和荣誉权的案件频繁发生,其中的一个重要原因就是记者或编辑的法律意识淡薄,往往在不经意的情况下就构成新闻侵权。

二、新闻报道和舆论监督侵害名誉权的免责规则

在比较法上,就名誉权保护与新闻报道、舆论监督之间的调和有两种做法。德国、日本、英国等国家采取个案衡量的做法,就个案事实运用比例原则调和两者。而美国主要采取真实恶意规则。但是,真实恶意规则是美国社会文化的产物,其过于偏惠新闻媒体,过分强调舆论监督的价值。从国外的情况来看,美国的做法属于少数。名誉权保护与新闻报道、舆论监督都具有重要的宪法价值,两者不可偏废。因此,《民法典》并没有借鉴美国的做法,而采取个案衡量的立场,希望能够妥当平衡名誉权保护和舆论监督的关系。据此,《民法典》第一千零二十五条规定:"行为人为公共利益实施新闻报道、舆论监督等行为,影响他人名誉的,不承担民事责任,但是有下列情形之一的除外:(一) 捏造、歪曲事实;(二) 对他人提供的严重失实内容未尽到合理核实义务;(三) 使用侮辱性言辞等贬损他人名誉。"例如,买家在某商家购物后,认为质量不佳,在网络上发布自己的购物感想,只要买家不是捏造事实、歪曲事实,一般不宜定为侵害商家

---

① 参见王利明:《人格权法研究》,中国人民大学出版社 2005 年版,第 502 页。
② 王泽鉴:《侵权行为法》第一册,中国政法大学出版社 2001 年版,第 114 页。

的名誉权。

考虑到实践中判断新闻媒体是否尽到合理审查义务比较困难,《民法典》对此给出了指导性的意见,第一千零二十六条规定:"认定行为人是否尽到前条第二项规定的合理核实义务,应当考虑下列因素:(一)内容来源的可信度;(二)对明显可能引发争议的内容是否进行了必要的调查;(三)内容的时限性;(四)内容与公序良俗的关联性;(五)受害人名誉受贬损的可能性;(六)核实能力和核实成本。"这一规定试图在判断行为人是否尽到合理审查义务时引入动态系统论的理念,具有积极意义。例如,媒体报道时引用了地方政府的文件,因为其来源的可信度,基本上可以认为其尽到了合理审查义务。

三、媒体报道侵害名誉权的救济措施

《民法典》第一千零二十八条规定:"民事主体有证据证明报刊、网络等媒体报道的内容失实,侵害其名誉权的,有权请求该媒体及时采取更正或者删除等必要措施。"本条可以理解为是停止侵害或者排除妨碍的具体表现,或者说是在媒体报道侵害名誉权时的人格权请求权的具体规则。

在比较法上,各国针对媒体侵权还设计了回应权制度。回应权也被称为反驳权,是指定期出版的媒体(包括报刊、电台、电视台等)如有涉嫌损害他人人格之报道,则被报道者有权作出回应。[1] 回应权最早起源于法国,在 1822 年的《法国新闻法》中被制度化,后来这一制度被一些大陆法系国家(如瑞士、德国)所借鉴。[2] 例如,瑞士在 1983 年修改《民法典》时,就在人格权制度中增设了相关规则。[3] 我国《民法典》第一千零二十八条规定了媒体的更正或删除义务,但是这与回应权仍然存在差异,无法代替回应权制度。我国可以探索在未来确立回应权制度,理由主要在于:一是有利于权利人保护其名誉等人格权益。[4] 二是有助

---

[1] 参见石佳友:《守成与创新的务实结合:〈中华人民共和国民法人格权编(草案)〉评析》,《比较法研究》2018 年第 2 期。
[2] 〔日〕五十岚清:《人格权法》,〔日〕铃木贤、葛敏译,北京大学出版社 2009 年版,第 212 页。
[3] 参见《瑞士民法典》第 28g—281 条。
[4] 王利明:《民法人格权编(草案室内稿)的亮点及改进思路》,《中国政法大学学报》2018 年第 4 期。

于最大限度地减少司法诉讼,节约司法资源。三是可以实现对新闻法的功能替代。在大陆法系的一些国家,回应权是作为新闻法上的制度发展起来的①,在我国暂时没有新闻法的背景下,回应权制度可以在一定程度上实现对新闻法的功能替代。

四、荣誉权及其受到侵害时的救济

荣誉是指特定的组织授予自然人的一种定性化的积极评价,如全国先进工作者、全国爱国拥军模范、科技标兵等。②《民法典》将荣誉权作为人格权的一种类型加以规定,第一千零三十一条第1款规定了民事主体享有荣誉权,这就意味着自然人、法人和非法人组织都享有荣誉权。同时,本条第1款后句还就侵害荣誉权的具体表现作出了规定,依据其规定,"任何组织或者个人不得非法剥夺他人的荣誉称号,不得诋毁、贬损他人的荣誉"。

结合实践中荣誉权侵害的救济需求,《民法典》第一千零三十一条第2款明确了权利人的请求权,即"获得的荣誉称号应当记载而没有记载的,民事主体可以请求记载;获得的荣誉称号记载错误的,民事主体可以请求更正"。虽然法律上没有明确此种权利的性质,但是结合前面的人格权请求权制度,应当认为本条赋予了荣誉权人以人格权请求权。具体而言,"请求记载"和"请求更正"可以理解为是停止侵害或排除妨碍。

从新闻报道的角度看,必须注意荣誉权的问题,近年来出现了多起侵犯英雄、烈士、模范人物荣誉权的事件,引来社会各界的热议。为此,《民法典》第一百八十五条作出专门规定:"侵害英雄烈士等的姓名、肖像、名誉、荣誉,损害社会公共利益的,应当承担民事责任。"

第五节 肖像权与隐私权

在新闻侵权中,最为常见的现象是侵犯他人的肖像权与隐私权,本节就此

---

① 〔日〕五十岚清:《人格权法》,〔日〕铃木贤、葛敏译,北京大学出版社2009年版,第198页。
② 苏号朋:《民法总论》,法律出版社2006年版,第220页。

问题从以下几个方面进行阐述。

一、肖像权的概念及侵害肖像权的表现

《民法典》第一千零一十八条第 1 款宣示了自然人享有肖像权,同时在第 2 款明确了肖像的概念,即"通过影像、雕塑、绘画等方式在一定载体上所反映的特定自然人可以被识别的外部形象"。这一概念突出了肖像的本质特征,即可据此识别特定的自然人。同时,这一概念没有将肖像限定为自然人的面部形象,而是使用了"外部形象"的表达。

《民法典》第一千零一十八条明确了肖像权的权利内涵,即"有权依法制作、使用、公开或者许可他人使用自己的肖像"。《民法典》还明确了侵害肖像权的主要表现形式,第一千零一十九条规定:"任何组织或者个人不得以丑化、污损,或者利用信息技术手段伪造等方式侵害他人的肖像权。"这一规定结合最新科技发展,强调不得利用信息技术手段伪造的方式侵害他人的肖像权,反映了法律的与时俱进。总体上,凡是未经同意而制作、使用、公开他人肖像,都构成侵害肖像权。例如,实践中偶尔会发生的偷拍他人的行为,就属于未经同意制作他人肖像的侵权行为。

二、肖像权与著作权冲突的解决规则

权利冲突是法律上的重要问题。正如吴经熊指出的,如果能够通过法律承认和保护人类的所有利益,那是极其美妙之事。但事实是,利益之间不断冲突。[①] 所以,法律必须解决好利益冲突和权利冲突的问题。在实践中,著作权往往会与肖像权发生冲突。例如,照相馆未经顾客同意,将顾客的照片用于广告宣传。有一种观点认为,肖像权人既然同意他人将其肖像制作成作品(如充当人体模特),就推定其同意著作权人发表、复制、发行、展览等,但《民法典》确立了与此不同的裁判规则。《民法典》第一千零一十九条第 2 款规定:"未经肖像权人同意,肖像作品权利人不得以发表、复制、发行、出租、展览等方式使用或者

---

① 吴经熊:《吴经熊法学文选》,中国政法大学出版社 2012 年版,第 46 页。

公开肖像权人的肖像。"本条在著作权人和肖像权人之间,作出了倾斜保护肖像权人的规定,以符合保护人格尊严的立法目的。

另外,从实践来看,著作权与隐私权的权利冲突是更为突出的问题。例如,在数年前曾发生一起案件,北京画家王甲给湘潭姑娘王乙拍摄了一组裸照,并根据照片创作了《尘》系列油画作品,受到业内好评。随后油画被公开展览、刊登、拍卖。王乙认为,王甲侵犯了她的隐私权等权利,遂向湖南省湘潭市雨湖区法院提起诉讼,要求对方立即停止侵权行为、登报赔礼道歉,并赔偿50万元。对于此类案件,法院可以类推适用《民法典》第一千零一十九条第2款的规定,明确隐私权优先于著作权,强化对人格尊严的保护。

三、肖像权的合理使用与许可使用

肖像权合理使用的规则,旨在实现肖像权人的利益与社会公共利益的平衡。依据《民法典》第一千零二十条的规定,在下列五种情形下可以进行肖像权的合理使用,不需要经过肖像权人的同意。一是为个人学习、艺术欣赏、课堂教学或者科学研究,在必要范围内使用肖像权人已经公开的肖像。例如,艺术学院的学生为了临摹的需要,使用他人在网络上公开的照片。二是为实施新闻报道,不可避免地制作、使用、公开肖像权人的肖像。例如,媒体为了报道"影响2005年的人物"而使用了某体育明星的照片。因为这是一个新闻报道,在使用该体育明星照片时只要说明肖像的来源和原作者,就是合理使用。三是为依法履行职责,国家机关在必要范围内制作、使用、公开肖像权人的肖像。例如,公安机关在通缉犯罪嫌疑人时使用其照片。四是为展示特定公共环境,不可避免地制作、使用、公开肖像权人的肖像。五是为维护公共利益或者肖像权人合法权益,制作、使用、公开肖像权人的肖像的其他行为。例如老人走失时,为了寻找该老人而使用其照片发布寻人启事。

在现代社会,人格要素(尤其是名人的姓名或肖像)日益具有重要的价值,其商品化使用(如明星将其肖像用于商品的宣传)是法律上的重要课题。《民法典》规定了肖像的许可使用,同时在第一千零二十三条设计了准用条款,即"对姓名等的许可使用,参照适用肖像许可使用的有关规定"。这就明确了肖像许可使用的规则,可以准用于其他人格要素的许可使用,从而使得肖像许可使用的规则具有了一般性规则的作用。《民法典》就肖像的许可使用合同作出一些特殊的规定,具体包括如下三项规则:一是有利于肖像权人的解释规则。《民法典》第一千零二十一条规定:"当事人对肖像许可使用合同中关于肖像使用条款的理解有争议的,应当作出有利于肖像权人的解释。"这一规则体现了适当倾斜保护肖像权人的立法政策。二是不定期肖像许可使用合同中的双方任意解除权规则。《民法典》第一千零二十二条第1款规定:"当事人对肖像许可使用期限没有约定或者约定不明确的,任何一方当事人可以随时解除肖像许可使用合同,但是应当在合理期限之前通知对方。"本条中任意解除权是双方都享有的,实现了当事人的利益均衡。三是定期肖像许可使用合同中肖像权人的任意解除权规则。《民法典》第一千零二十二条第2款规定:"当事人对肖像许可使用期限有明确约定,肖像权人有正当理由的,可以解除肖像许可使用合同,但是应当在合理期限之前通知对方。因解除合同造成对方损失的,除不可归责于肖像权人的事由外,应当赔偿损失。"本条的立法目的在于强化对肖像权人的人格尊严的保障。但是,任意解除权的赋予也可能会危及对方当事人的商业安排,带来交易的不确定性。另外,考虑到本条规定可以准用于其他人格要素的许可使用,因此本条可能会对所有人格要素的商业化利用产生影响。对本条中"肖像权人有正当理由的"应当进行严格的解释,限定为"合同的继续履行将严重损害其人格尊严",更符合该项制度的设立目的。

四、自然人声音的保护

《民法典》第一千零二十三条规定:"对自然人声音的保护,参照适用肖像权保护的有关规定。"法律没有明确认可声音权,因此,自然人声音成为"受法律保护的利益"。在《民法典》之中,明确声音是受法律保护的利益,这是因为随着社会的发展,声音成为独立的人格要素,变得日益重要。[①] 而且在当下,声音模仿、自然语言识别等技术不断发展,在此背景下声音保护会成为日益重要的社会问

---

① 参见杨立新、袁雪石:《论声音权的独立及其民法保护》,《法商研究》2005年第4期。

题。《民法典》中强调声音的保护既具有现实性,也具前瞻性,可以有效地应对科技发展带来的挑战。声音属于一般人格权的客体,这与一般人格权兜底性的功能是一致的。另外,本条没有明确声音是否可以许可使用。在实践中,导航系统中往往会使用名人的声音,可见声音的许可使用在我国已经开始了实践。考虑到声音的重要价值,应当将《民法典》第一千零二十三条第 1 款中"姓名等的许可使用"中的"等"解释为包含了声音。从新闻报道的角度讲,如果涉及自然人声音的保护,应当了解和把握法律的这些规定,否则可能会产生侵权的问题。

五、隐私权的内涵及侵害隐私权的表现

《民法典》第一千零三十二条第 1 款明确宣示"自然人享有隐私权",同时该条第 2 款对"隐私"的内涵进行了界定,即"自然人的私人生活安宁和不愿为他人知晓的私密空间、私密活动、私密信息"。

隐私权的设置是为了合理划分公共领域与私人生活①,该项制度的产生与发展反映了"从熟人社会到陌生人社会"的变迁。在现代社会,隐私权显得日益重要,成为两大法系都十分重视的权利类型。例如,法国于 1970 年修改《民法典》,增加第九条规定:"每个人都享有其隐私获得尊重的权利。"美国联邦议会则于 1974 年制定了《隐私权法》。不过在理论上如何界定"隐私",学界存在不同的看法,包括"独处说""私密关系自治说""人性尊严说""资料保留权说"等不同的观点。②《民法典》第一千零三十二条第 2 款明确了隐私的内涵,即私人生活安宁、私密空间、私密活动和私密信息。这里突出强调了私人生活的安宁,因为私人生活安宁是无法被私密空间、私密活动和私密信息所涵盖的。③ 我国

---

① 参见马特:《无隐私即无自由——现代情景下的个人隐私保护》,《法学杂志》2007 年第 5 期。
② "独处说",即隐私权是一种保留个人独处不受干扰的权利;"私密关系自治说",即隐私权的本旨在于保障个人私密关系不受侵害;"人性尊严说",即隐私权是为了维护人性尊严;"资料保留权说",即隐私权在于保护个人相关资讯,而不及于其他与个人无关的利益或领域。参见王泽鉴:《侵权行为法》第一册,中国政法大学出版社 2001 年版,第 131 页。
③ 温世扬:《民法典"人格权"编(草案)评议》,《政治与法律》2019 年第 4 期。

有学者甚至提出"生活安宁权"应当作为一种独立的人格权。① 在"隐私"的概念中指明"私人生活安宁",有助于解决实践中出现的侵害私人生活安宁的案件,例如以电话、广告、短信、垃圾邮件等干扰他人私生活的案件。

需要注意的是,美国隐私权保护的重点逐渐向自我决定权转移,大陆法系也出现了这样的趋势。② 随着社会的发展,将来也可以考虑将私生活自主纳入"隐私"的概念,这有助于解决类似案件,同时也契合隐私权制度发展的趋势。

此外,《民法典》第一千零三十二条第1款一般性地规定了侵害隐私权的方式,包括"刺探、侵扰、泄露、公开等"。第一千零三十三条具体列举了实践中典型的侵害隐私权的行为,依据该条的规定,侵害隐私权包括如下几种类型:一是以电话、短信、即时通讯工具、电子邮件、传单等方式侵扰他人的私人生活安宁。例如行为人经常在夜间给他人打骚扰电话,就属于典型的侵害私人生活安宁。二是进入、拍摄、窥视他人的住宅、宾馆房间等私密空间。例如有个别违法分子在邻居的窗户上安装摄像头,偷窥邻居行为,就属于此种类型;再如擅闯他人住宅,也可以构成对他人隐私权的侵害。三是拍摄、窥视、窃听、公开他人的私密活动。例如实践中的"盯梢"就属于此种类型。四是拍摄、窥视他人身体的私密部位。例如行为人在他人浴室内违法安装摄像头进行偷窥,就属于此种类型。五是擅自处理他人的私密信息。例如公司未经职工允许,通过一种APP收集职工的行踪信息就属于此种类型;再如在网络上公布他人患有艾滋病的信息,也属于此种类型。

近些年来,新闻记者与媒体因报道侵害他人隐私权的事例频频发生,被诉上法庭的案件也不在少数,在隐私权的保护受到各界人士普遍重视的当下,记者、编辑与媒体需要增强法律意识,知悉自己的行为边界。

---

① 按照学者的界定,安宁生活权是指自然人享有的维持安稳宁静的私人生活状态,并排除他人不法侵扰的具体人格权。参见刘保玉、周玉辉:《论安宁生活权》,《当代法学》2013年第2期。

② 〔日〕五十岚清:《人格权法》,〔日〕铃木贤、葛敏译,北京大学出版社2009年版,第188页。

六、自然人个人信息的界定及其处理原则

随着社会的发展,个人信息保护日益受到重视。为了保护个人信息权益,规范个人信息处理活动,促进个人信息合理利用,2021年8月20日,十三届全国人大常委会第三十次会议表决通过《个人信息保护法》,自2021年11月1日起施行。从《民法典》的规定来看,第一千零三十四条第1款明确宣示了"自然人的个人信息受法律保护"。这里个人信息的权利主体限于自然人,而不包括法人和非法人组织。为了明确个人信息的保护范围,第一千零三十四条第2款规定:"个人信息是以电子或者其他方式记录的能够单独或者与其他信息结合识别特定自然人的各种信息,包括自然人的姓名、出生日期、身份证件号码、生物识别信息、住址、电话号码、电子邮箱、健康信息、行踪信息等。"本条规定借鉴了国际上的立法经验,也总结了我国实践经验。就个人信息的内涵界定而言,其采用了比较法上通行的"可识别性"规则,即凡是能够直接或间接地识别特定自然人的信息都属于个人信息。① 此外,考虑到个人信息中的私密信息同时也属于隐私的范畴,《民法典》第一千零三十四条第3款规定:"个人信息中的私密信息,适用有关隐私权的规定;没有规定的,适用有关个人信息保护的规定。"

个人信息的处理包括个人信息的收集、存储、使用、加工、传输、提供、公开等,依据《民法典》第一千零三十五条规定,处理自然人的个人信息,应当符合如下四项条件:一是征得该自然人或者其监护人同意,但是法律、行政法规另有规定的除外。二是公开处理信息的规则。例如很多购物网站都公示其收集消费者信息的规则。三是明示处理信息的目的、方式和范围。例如学校因招生考试而要求学生提供身份证复印件就要明示收集到的身份信息仅用于此次招生考试活动。四是不违反法律、行政法规的规定和双方的约定。本条还规定了处理自然人个人信息应遵循合法、正当、必要三项基本原则。需要注意的是,就个人的敏感信息而言,其处理应当有更严格的法律规制。所谓敏感信息,包括能够

---

① 参见齐爱民:《个人信息保护法研究》,《河北法学》2008年第4期。

揭示个人的种族、政治倾向、宗教和哲学信仰、个人健康等的信息,以及基因信息和生物信息等。《欧盟数据保护通用条例》强调了其处理要适用特殊的规则,要进行非常严格的限制①,这一做法值得借鉴。

为了避免因个人信息保护而损害社会公共利益,《民法典》还确立了处理个人信息时的免责规则。依据《民法典》第一千零三十六条的规定,处理自然人个人信息有下列情形之一的,行为人不承担民事责任:一是在该自然人或者其监护人同意的范围内合理实施的行为。这可以理解为受害人同意规则的具体运用。二是合理处理该自然人自行公开的或者其他已经合法公开的信息,但是该自然人明确拒绝或者处理该信息侵害其重大利益的除外。这一规定对于数据产业和数字经济的发展具有重要意义,有助于平衡个人信息保护和数据共享之间的关系。三是为维护公共利益或者该自然人合法权益,合理实施的其他行为。例如为了通缉罪犯而公开其身份证号码,就属于为了维护公共利益而披露个人信息。

在新闻报道中要特别注意个人信息的保护,凡在报道中涉及个人信息的,记者和编辑应当依据有关法律的规定,认真对待,仔细斟酌,切实保护个人信息权益,规范个人信息处理活动,以促进个人信息合理利用。

 案例

杨丽娟诉南方周末报社案②

2007年3月26日,甘肃女子杨丽娟的父亲为圆女儿的追星梦,在香港跳海自杀。同年4月12日,《南方周末》第10版刊登了《你不会懂得我伤悲——杨丽娟事件观察》一文。2008年3月10日,杨丽娟和母亲一起状告南方周末报社,认为该篇报道侵犯了杨父、杨母及杨丽娟的名誉权,3起案件共索赔30万元精神损失费,并要求南方周末恢复名誉、消除影响、赔礼道歉。法院查明,涉讼

---

① 王融:《〈欧盟数据保护通用条例〉详解》,《大数据》2016年第4期。
② 参见广东省广州市中级人民法院(2008)穗中法民一终字第3871号民事判决书。

文章是该报记者根据对杨丽娟及其母亲等知情人士进行采访后获得的新闻素材综合整理后撰写的,相关内容已删除了可能对杨丽娟的父亲造成严重影响的敏感素材,也没有过度渲染杨丽娟父亲的个人隐私,故南方周末报社已尽了谨慎注意义务。而且,涉讼文章没有使用侮辱性言词刻意丑化、贬损杨父,亦未掺杂对杨父人品、道德等的负面评述,故南方周末报社客观上也不存在以侮辱、诽谤方式侵害杨父名誉的违法事实。

名誉权保护与新闻报道、舆论监督都具有重要的宪法价值,两者不可偏废。因此,我国《民法典》并没有借鉴美国的做法,而采取个案衡量的立场,以妥当平衡名誉权保护和舆论监督的关系。《民法典》第一千零二十五条规定:"行为人为公共利益实施新闻报道、舆论监督等行为,影响他人名誉的,不承担民事责任,但是有下列情形之一的除外:(一)捏造、歪曲事实;(二)对他人提供的严重失实内容未尽到合理核实义务;(三)使用侮辱性言辞等贬损他人名誉。"在本案中,因为南方周末报社没有本条列举的三种情形,所以不应当承担民事责任。

思考题

1. 我国《民法典》人格权编规定的具体人格权有哪些?

2. 依据我国《民法典》人格权编的规定,为了公共利益实施新闻报道、舆论监督,影响他人名誉的,行为人在何种情况下应当承担民事责任?

第十章　新闻传播与著作权

第一节　著作权的内容

一、著作权与著作权法

（一）著作权的概念

著作权又常被称作"版权"。在英语国家，著作权最初的含义是传统印刷出版的复制权。伴随着社会经济的进步和媒介技术的发展，著作权的内涵和外延也在不断丰富和扩展。在德国等一些欧洲大陆国家，著作权又被称为"作者权"（right of author），即"著作权是由作者和权利所构成"[①]。

在我国，"著作权"概念最早出现在 1910 年的《大清著作权律》中。中华人民共和国成立后沿用了"著作权"概念，同时相关法律规范通常将版权与著作权混同使用或者相互代替。比如，1986 年的《民法通则》是我国首部正式提出"著作权"概念的法律，其第九十四条就规定：公民、法人享有著作权（版权），依法有署名、发表、出版、获得报酬等权利。1991 年 6 月《著作权法》正式实施，其中第五十一条明确规定：本法所称的著作权与版权系同义词。

至于著作权的定义，就像它的称谓一样，不同法律和学者对其有不同的定义。一般来说，著作权是指"基于文学、艺术和科学作品依法产生的权利"[②]。

[①] 参见来小鹏：《知识产权法学》，中国政法大学出版社 2008 年版，第 28 页。
[②] 参见《知识产权法学》编写组编：《知识产权法学》，高等教育出版社 2019 年版，第 43 页。

从这一定义来看,在文学、艺术和科学技术领域内创作的作品是著作权产生的前提,也是著作权人取得和行使相关权利的基础。我国《宪法》第四十七条就规定:"中华人民共和国公民有进行科学研究、文学艺术创作和其他文化活动的自由。国家对于从事教育、科学、技术、文学、艺术和其他文化事业的公民的有益于人民的创造性工作,给以鼓励和帮助。"著作权与新闻传播活动关系密切,新闻传播法与著作权法有着共同的宪法依据和原则。[①]一方面,著作权是新闻传播内容在法律上的重要权利载体,尤其是对于大众传播组织而言,内容是其新闻报道的主要成果和赖以生存发展的重要资源,这些内容成果和资源,体现到法律上就是作品的著作权;另一方面,新闻传播活动本身也要遵循著作权法的规定,不仅要保护自己作品的著作权,也要尊重其他著作权人的合法权益,保障他们的合法权益不受损害。

(二) 著作权法与著作权制度

现代著作权制度起源于西方,肇始于 1710 年生效的英国《安娜女王法》,1783 年以后美国各州制定的法律和 1787 年宪法,以及法国 1791 年的《表演权法》和 1793 年的《作者权法》也都与著作权有关。[②]从 19 世纪末期开始,伴随着越来越多的作者希望能在其他国家获得同等"国民待遇"的保护,著作权制度开始走上国际法规范的道路,一系列双边或者多边国际公约、条约与协定开始出现,并成为推动现代著作权制度和相关权利体系发展的重要力量。

1887 年 12 月 5 日,在国际文学艺术协会(ALAI)的倡导下,《伯尔尼保护文学和艺术作品公约》(以下简称《伯尔尼公约》)正式生效[③],它也是保护著作权的第一部多边国际公约。在此之后,一系列涉及著作权的国际法开始出现,包括《保护表演者、录音制品制作者和广播组织国际公约》(以下简称《罗马公约》)、《保护录音制品制作者防止未经许可复制其录音制品公约》《世界版权公

[①] 参见魏永征、周丽娜:《新闻传播法教程》第六版,中国人民大学出版社 2019 年版,第 199 页。
[②] 参见[德]西尔克·冯·莱温斯基:《国际版权法律与政策》,万勇译,知识产权出版社 2017 年版,第 33 页。
[③] 《伯尔尼保护文学和艺术作品公约》于 1887 年生效,之后经过多次修订和补充,现行版本是 1971 年在巴黎修订的文本。

约》《世界知识产权组织版权条约》和《世界知识产权组织表演和录音制品条约》等。

"中国对知识产权制度的接纳,与来自国外的影响密切相关,即达到贸易伙伴和投资来源国的要求与预期。"① 改革开放以后,伴随着我国对外开放的不断扩大以及市场经济发展的需要,我国也开始借鉴一些国际法的内容构建来完善自己的著作权制度。一方面,我国不断加入著作权领域的一系列国际组织和相关条约,比如1980年我国加入世界知识产权组织,1992年我国与美国签订了《中国政府与美国政府关于知识产权的谅解备忘录》,并于同年加入了《伯尔尼公约》《世界版权公约》与《保护录音制品制作者防止未经许可复制其录音制品公约》。2001年,我国正式加入世界贸易组织(WTO),同时也开始全面履行《与贸易有关的知识产权协定》(以下简称TRIPS协定)。2007年,我国加入了由世界知识产权组织主持缔结的《世界知识产权组织版权条约》和《世界知识产权组织表演和录音制品条约》,以解决互联网上的著作权保护问题。2012年,在我国北京举办的世界知识产权组织保护音像表演外交会议,还通过了《视听表演北京条约》。应当说,上述国际法对中国知识产权制度尤其是著作权制度的影响甚大,同时也促使我国著作权制度与世界相关体系、标准相协调。另一方面,我国又在法律移植的基础上,根据自身国情稳步推进国内著作权立法工作。我国于1990年和1991年分别颁布了《著作权法》及它的配套法规《计算机软件保护条例》,1994年的《全国人民代表大会常务委员会关于惩治侵犯著作权的犯罪的决定》就侵犯著作权的犯罪行为对《刑法》进行了补充,1997年《刑法》修订时又增加了侵犯著作权罪与销售侵权复制品罪。进入21世纪后,为确保国内法与TRIPS协定中的著作权保护标准协调一致,同时也是基于我国自身文化事业和媒介产业发展的需要,我国于2001年先后对《著作权法》和《计算机软件保护条例》进行了修订,并在此之后陆续制定、颁行了《著作权法实施条例》《著作权集体管理条例》《信息网络传播权保护条例》《广播电台电视台播放录音制品支付报酬暂行办法》等一批涉及著作权领域的行政法规。在此之后,我国对《著作

---

① 陈夏红主编:《中国知识产权法:中国特色知识产权新探索》,中国大百科全书出版社2018年版,第241页。

权法》和《著作权法实施条例》又进行了多次修订。最新的《著作权法》于2020年修订，于2021年6月1日起施行。

二、著作权的主体

（一）著作权人概念

著作权的主体，即著作权人，是指对作品享有著作权利的人。著作权人决定了著作权的归属，根据《著作权法》第九条的规定，著作权人包括作者，其他依照《著作权法》享有著作权的自然人、法人或者非法人组织。具体来说，著作权主体包括如下几类：

一是作者。即在文学、艺术和科学技术领域内创作作品的自然人。著作权作为知识产权的组成部分，保护的是智力成果，即自然人依靠脑力创作的作品。作为自然人的作者也是著作权最主要的权利主体。德国等欧洲国家甚至规定作品的创作者只能是自然人。

二是视为作者的法人或其他非法人组织。除了自然人外，法人或非法人组织也可以成为著作权的主体。《著作权法》第十一条规定：由法人或者非法人组织主持，代表法人或者非法人组织意志创作，并由法人或者非法人组织承担责任的作品，法人或者非法人组织视为作者。这种情况在新闻传播活动中经常出现。这里还要注意与职务作品形成的著作权相区分。在职务作品中，单位对于作品一般只享有在其业务范围内的优先使用权，即使存在合同在先约定等条件，职务作品的署名权仍然归作者享有。这里提到的法人著作权，则是自作品形成之后，法人就自然享有完整的著作权。

三是继受著作权人。包括自然人、法人或非法人组织，即使并非作者，基于继承、赠与或者依据合同约定等情况获得相关作品著作权的转移后，也可以成为相关作品的继受著作权人。但其一般只能享有著作权中的财产权，而不能享有著作权的人身权。值得一提的是，与继受的著作权人一样，国家在特定情况下，比如接受作品的转让或者赠与后，也可以成为该作品著作权的主体。

在创作作品或者新闻传播活动的过程中,往往涉及多个著作权人,《著作权法》第十三至十九条对此也有专门的规定,包括演绎作品著作权的归属、合作作品著作权的归属、汇编作品著作权的归属、视听作品著作权的归属、职务作品著作权的归属、委托作品著作权的归属等。

(二) 人工智能能否成为著作权人

近年来,伴随人工智能的发展和应用,关于人工智能能否成为新的著作权主体的讨论开始多了起来。比如2017年,微软公司的人工智能机器人"小冰"发表了自己的诗集,引来舆论一阵惊叹,甚至有人预言,人工智能将会成为新的著作权主体,并且颠覆现有的知识产权制度。实际上,这种对人工智能的应用在新闻传播领域并不鲜见,从数据新闻到VR电影,从智能采访设备到机器人主播,应当说,伴随着人工智能技术的快速进步,一些人工智能"创造"的所谓"作品",已经能够媲美人类依靠智力劳动创造的真正作品。但即便如此,人工智能就真的像人类一样,成为创作作品的著作权人吗?

答案当然是否定的。前文已经说过,作品是人类思想和情感的独创性表达。之所以能创作出作品,其前提就是一个独立人格的自然人付出了其之所以为人的脑力劳动。人工智能尽管可能以更高效率"创造"出高价值的"作品",但这种"创造"实质是一种"模拟"而非"创作",即人工智能基于大规模的数据收集与高效的计算能力对人类行为的模仿,其本身缺乏必要的情感和独立的思考。比如微软公司的"小冰",从其"创作"的实际来看,模仿拼凑的痕迹还是很重,有一些诗歌中较常见的语式、词句所表达的情感、意境还比较肤浅,都是计算能力、算法规则和数据模仿的结果,很难称其为著作权所保护的作品。即使未来哪一天,人工智能作品真的达到真正作品的高度,那也只是人类制造机器时赋予机器的能力,是机器对人类的模仿能力进步的体现,并不代表机器本身的智力水平。

总而言之,在法理层面,人与人工智能存在着人与物的本质性区别。[1] 这实

---

[1] 参见史永竞:《人工智能的著作权主体性探析》,《吉林大学社会科学学报》2019年第4期。

际上回到了"人—机"的根本伦理问题,本质上反映了技术创新与既有规则之间如何在不造成较大颠覆的情况下进行协调的问题。人工智能所生成的"作品",目前来看只能是一种"生成物",人工智能的感知和处理能力尚处于人类控制能力范围内,"人工智能给著作权保护增加了一些复杂性,但尚不足以对著作权制度形成真正的挑战"①。

三、著作权的客体

(一)作品的定义及构成要件

著作权保护的客体是作品。自 1710 年英国的《安娜女王法》始,作品就成为著作权保护的客体,也是著作权法实践的核心基础。关于"作品"的定义,目前并没有统一的说法。在国际法层面,只有《伯尔尼公约》曾对"文学和艺术作品"进行了定义,即"科学和文学艺术领域内的一切作品,不论其表现方式或形式如何,诸如书籍、小册子及其他著作"。而《世界版权公约》《世界知识产权组织版权条约》等都只对作品进行了分类,并未对作品概念进行定义。

在国内法层面,日本《著作权法》将作品定义为"文学、科学、艺术、音乐领域内,思想或者感情的独创性表现形式"②。韩国《著作权法》将作品定义为"对人的思想或情感的独创性表达"③。我国《著作权法实施条例》则将"作品"定义为"文学、艺术和科学领域内具有独创性并能以某种有形形式复制的智力成果"。从以上定义来看,著作权法中的作品主要由以下三项核心要件构成:

第一,独创性。分为"独"与"创"两部分。所谓"独",即作品由作者独立完成,不是抄袭而来的。著作权法并不保护纯粹的事实或者基于事实形成的素

---

① 王迁:《论人工智能生成的内容在著作权法中的定性》,《法律科学(西北政法大学学报)》2017年第5期。
② 参见《十二国著作权法》翻译组:《十二国著作权法》,清华大学出版社 2011 年版,第 361 页。
③ 同上书,第 509 页。

材,因为它们应为公众所知晓和掌握,属于社会共同财产,绝不是由某人或某些人独立创造的。同时这一"独"还要求作品必须能够独立表达,如果只有和其他表达一同才能体现出某种情感或思想,那么只能说它是独立表达的一部分,不能单独构成一件作品,比如电影《五朵金花》剧本中的标题"五朵金花"[1]。所谓"创",即"创作",指直接产生文学、艺术和科学作品的智力活动。作品的本质,是思想和情感的创造性表达,但不是思想、情感本身,比如关于电视节目模式的创意,就不能构成作品。《世界知识产权组织版权条约》第二条就规定:版权保护延及表达,而不延及思想、过程、操作方法或数学概念本身。

第二,复制性。学理上也称之为"固定性"。因为作品必须能够以某种有形形式被复制,其逻辑前提就是能够以有形形式固定于某种载体之上。这里的复制性解释为"能够被客观感知的外在表达"较为合理[2],如果只是存在于人们的脑海中,没有被固定在载体上而表达出来,不被外人所感知,那就不能称之为作品,也不会得到著作权法的保护。为此,"复制性"也成为许多著作权纠纷案件中的核心争议点,比如音乐喷泉侵害著作权纠纷案[3]。作品固定性很好理解,但是否必须要依照法律所要求的以"有形"形式被复制或者固定,则存在疑问,因为它无法解释数字作品以"无形"形式被复制或者固定的情况。而且从本质上说,作品的"固定性"实质上要求的是"固定可能性",并不要求"固定"的实然性。[4]

第三,属于文学、艺术和科学领域内的智力成果。将知识产权的客体界定为智力成果,已经成为世界各国的共识。但是区别于工业产权,著作权法保护的智力成果仅限于文学、艺术和科学领域范畴。我国《著作权法》第三条也规定:"本法所称的作品,是指文学、艺术和科学领域内具有独创性并能以一定形式表现的智力成果。"这一规定与作品的功能有关,作品主要是为了满足人们沟通交流、获取信息或者审美等需求,因此需要表达出来为他人所感知。

---

[1] 参见云南省高级人民法院(2003)云高民三终字第16号民事判决书。
[2] 参见王迁:《知识产权法教程》第4版,中国人民大学出版社2014年版,第26页。
[3] 参见北京知识产权法院(2017)京73民终第1404号民事判决书。
[4] 参见戴哲:《论著作权法上的作品概念》,《编辑之友》2016年第5期。

(二) 作品的类型

根据我国《著作权法》《著作权法实施条例》以及《计算机软件保护条例》的规定,依据表达形式和权利内容的不同,"作品"可以细分成多种类型,具体包括:

(1) 文字作品,是指小说、诗词、散文、论文等以文字形式表现的作品。文字是人类文明的重要标志,文字作品则是文学艺术创作的基本载体。《伯尔尼公约》所列举的书籍、小册子等文学和艺术作品,就是典型的文字作品。

(2) 口述作品,是指即兴的演说、授课、法庭辩论等以口头语言形式表现的作品。口述作品"虽未固定于某种有体物上,除众人皆知的以外,也须符合能以某种有体物将其固定下来的条件"①。因此也符合作品的固定性特征。

(3) 音乐作品,是指歌曲、交响乐等能够演唱或者演奏的带词或者不带词的作品。音乐作品一般包括歌词、歌曲和曲谱,无论是《伯尔尼公约》②还是我国著作权法,都未对词、曲进行区分。

(4) 戏剧作品,是指话剧、歌剧、地方戏等供舞台演出的作品。关于戏剧作品的定义,不同学者有着不同的看法,《伯尔尼公约》使用的是"戏剧或音乐戏剧作品"这一概念。戏剧作品大体上是指"供舞台演出的作品",受到法律保护的是"剧本或称戏剧文学,而不是戏剧表演(一整台戏)"③。

(5) 曲艺作品,是指相声、快书、大鼓、评书等以说唱为主要形式表演的作品。曲艺作品是我国传统的文艺形式,与戏剧作品一样,它指的也是类似剧本的表演脚本,而不是表演本身。

(6) 舞蹈作品,是指通过连续的动作、姿势、表情等表现思想情感的作品。舞蹈是通过动作、姿势、表情等来表达自身的艺术"语言"。

(7) 杂技艺术作品,是指杂技、魔术、马戏等通过形体动作和技巧表现的作品。值得注意的是,杂技、魔术、马戏表演中的技巧或者技能并非著作权法所保护的对象。

---

① 参见邵国松:《网络传播法导论》,中国人民大学出版社 2017 年版,第 223 页。
② 《伯尔尼公约》将音乐作品界定为"配词或未配词的乐曲"。
③ 参见张今:《著作权法》,北京大学出版社 2018 年版,第 27 页。

（8）美术作品，是指绘画、书法、雕塑等以线条、色彩或者其他方式构成的有审美意义的平面或者立体的造型艺术作品。一般来说，动漫中的人物形象，比如阿凡提①等，一般也认为属于美术作品。

（9）建筑作品，是指以建筑物或者构筑物形式表现的有审美意义的作品。一般来说，建筑物中受到著作权法保护的是其体现建筑美感的外观造型、色彩搭配、装饰风格等艺术部分，而不是与艺术设计无关的功能部分。②

（10）摄影作品，是指借助器械在感光材料或者其他介质上记录客观物体形象的艺术作品。摄影虽然是一种技术，但是摄影师可以依据图像中的人物位置、色彩光线、构图背景等独特性设计来表达相应的思想或情感，《伯尔尼公约》同样规定了"摄影作品以及与摄影术类似的方法创作的作品"这一概念。

（11）视听作品，这是《著作权法》在最近一次修订中提出的概念，用来代替原来的"电影作品和以类似摄制电影的方法创作的作品"概念，以适应新技术新环境的需要。它是指摄制在一定介质上，由一系列有伴音或者无伴音的画面组成，并且借助适当装置放映或者以其他方式传播的作品。从这一规定来看，广播剧等纯音频作品并没有被纳入其中。著作权法上的视听作品指的是拍摄完成的，通过屏幕可显示的一系列活动画面，而不是其中的阶段性成果③，这使其与体育赛事直播等边摄制边固定的生成影像区别开来，一些司法判例对此也存在争议，比如新浪诉天盈九州侵犯著作权和不正当竞争纠纷案④。此外，诸如每年中央广播电视总台的"春节联欢晚会"是否可以被纳入视听作品，同样引起了广泛讨论，在陈某某等诉中国国际电视总公司侵犯著作权纠纷案⑤等案件中，法院判决倾向于认为"春晚"在整体上属于一种视听作品。

---

① 可参见"曲某某诉北京阿凡提投资管理有限公司等侵犯著作权纠纷案"，详情参见北京市第二中级人民法院(2007)二中民初字第210号民事判决书。
② 如保时捷公司与泰赫雅特汽车公司著作财产权纠纷案，详情参见北京市高级人民法院(2008)高民终字第325号民事判决书。
③ 参见张今：《著作权法》，北京大学出版社2018年版，第27页。
④ 详情参见北京知识产权法院(2015)京知民终字第1818号民事判决书。
⑤ 详情参见北京市第一中级人民法院(1999)一中知初字第108号民事判决书与北京市高级人民法院(2001)高知终字第31号民事裁定书。

（12）图形作品，是指为施工、生产绘制的工程设计图、产品设计图，以及反映地理现象、说明事物原理或者结构的地图、示意图等作品。图形作品虽然也与绘制有关，但它显著区别于美术作品。图形作品必须严格按照相关科学方法和技术要求来操作，比如图纸；或者必须真实、准确反映客观事物，比如地图。

（13）模型作品，是指为展示、试验或者观测等用途，根据物体的形状和结构，按照一定比例制成的立体作品，常见的有房产销售公司的楼房演示沙盘等。有学者认为模型作品是错误理解《伯尔尼公约》中"model"一词的结果，model是"对作品或物品的立体造型设计"[1]。

（14）计算机软件。根据我国《计算机软件保护条例》的规定，计算机软件是指计算机程序及其有关文档。其中，计算机程序是指为了得到某种结果而可以由计算机等具有信息处理能力的装置执行的代码化指令序列，或者可以被自动转换成代码化指令序列的符号化指令序列或者符号化语句序列；文档是指用来描述程序的内容、组成、设计、功能规格、开发情况、测试结果及使用方法的文字资料和图表等，如程序设计说明书、流程图、用户手册等。有些学者认为文档属于独立的文字作品范畴，不应放在计算机软件范畴内进行著作权保护。

以上是目前我国《著作权法》承认的作品类型。当然，著作权法所保护的客体范畴并不是一成不变的，比如"杂技艺术作品"就是我国《著作权法》2001年修订时新增加的作品类型。伴随着社会经济的发展，总有一些新的"作品"产生，比如字体字库。2018年，《九层妖塔》电影的制片方就因为七个字，被法院判赔14万元。[2]

（三）不受著作权法保护的作品

我国《著作权法》第五条还规定了不受著作权法保护的作品，主要包括：法律、法规，国家机关的决议、决定、命令和其他具有立法、行政、司法性质的文件，及其官方正式译文；单纯事实消息；历法、通用数表、通用表格和公式等。其中

---

[1] 参见王迁：《"模型作品"定义重构》，《华东政法大学学报》2011年第3期。
[2] 参见北京市朝阳区人民法院（2016）京0105民初字第50488号民事判决书。

与新闻媒体关联比较密切的就是单纯事实消息。

长期以来，由于法律界定的模糊以及现实生活中新闻被任意转载、篡改等现象的普遍存在，社会上一度形成一种"新闻无版权"的错觉，同时新闻作品的版权保护问题引起了包括新闻传媒行业在内的全社会的广泛关注。根据《伯尔尼公约》第二条第8项的规定，该公约所提供的保护不得适用于日常新闻或纯属报刊消息性质的社会新闻。我国《著作权法》所称"单纯事实消息"与此规定具有一致性，指的是"以概括的叙述方式、简明扼要的文字，迅速及时地说明在何时何地，因何人，以何种方式，发生了何事的客观情况"[1]。因为其几乎不存在个性化的思想或情感表达，因此不能称之为作品，当然也不可能得到保护。它与新闻作品完全是两回事。

新闻作品往往是以单纯事实消息为素材，并在此基础上加入了记者、编辑的采访、分析、总结、评论，再搭配以独特的图片、版面、音效、影像等设计要素，已经达到构成作品的标准。可以说，新闻作品尤其是优质新闻作品的创作需要专业媒体投入大量的资源和智力成本，尤其是在媒体融合的语境下，受众对新闻的时效、呈现方式等方面的要求越来越高，创作成本越来越大。加强对新闻作品的著作权保护，是维护新闻媒体合法权益的重要工作。

第二节　著作权的性质

著作权是一种民事权利，可以分为人身权和财产权两类。

一、著作权中的人身权

著作权中的人身权，又被称为"著作人身权"，是指"作者基于作品依法享有的以人身利益为内容的权利"[2]。作品的本质是人的思想和情感的表达，并往往反映出作者独特的思维方式、认识水平、价值观念、审美观点和人格魅力，因此才能与其他作者的作品区别开来。

---

[1] 参见张今:《著作权法》，北京大学出版社2018年版，第37页。
[2] 参见《知识产权法学》编写组编:《知识产权法学》，高等教育出版社2019年版，第43页。

也正因为如此,作品所承载的作者利益必然要包含其人格利益。尽管著作权并不像名誉权、隐私权等一般人身权利那样始于人的出生,也并不涉及每一个人(只与有作品的作者有关),但著作人身权实质上所蕴含的人格利益与一般人身权并无二致,只不过是人身权在著作权领域的一种特殊体现。① 因此,著作人身权也具有人身权的一般特点,其专属于权利人本人,既不能转让,也不能继承或者遗赠,但权利本身(发表权除外)没有保护期限的限制。

不同法律对于著作人身权的构成规定并不一致。根据《伯尔尼公约》的规定,作者享有两项人格权利:一是保有主张对其作品的著作者身份的权利,即署名权;二是反对对其作品进行任何歪曲或割裂或有损于作者声誉的其他损害的权利,即保护作品完整权。德国《著作权法》则规定了发表权、署名权和保护作品完整权三项。我国《著作权法》则与法国的类似,共赋予了作者四项人身权利,具体包括:

第一,发表权。根据我国《著作权法》的规定,发表权是指决定作品是否公之于众的权利。作品是思想和情感的表达,而表达的对象就是公众,这一公之于众的传播活动就是发表。关于何为"公之于众",2002年10月施行的《最高人民法院关于审理著作权民事纠纷案件适用法律若干问题的解释》对此有所规定,即"著作权人自行或者经著作权人许可将作品向不特定的人公开,但不以公众知晓为构成条件"。比如作者向期刊投稿,一旦稿件为期刊单位所采纳并登载于期刊之上,就会被视为发表。作品的发表必须是向"公众"——不特定多人公开,如果只是在少数特定人之间的传播,比如作者投稿之前先交给导师把关,或者期刊编辑在收到来稿后对文章进行审核,之后认为不合格将稿件退回,这些都不被视为发表。由于作品一旦公开就不能收回,因此一部作品只能发表一次,比如论文被登载于期刊之后,即使再被其他期刊转载,或者作者再将其公开到互联网上,都不能视为再次发表。在这种情况下,作者也只能行使一次发表权,一旦作者行使了该发表权,就同时意味着作者对该作品发表权的用尽。

发表权是一项著作人身权,但是与财产权关联密切,有学者很早就主张发

---

① 参见李扬:《著作权法的基本原理》,知识产权出版社2019年版,第143页。

表权就属于著作财产权①,或者兼具人身权和财产权双重属性②。这是因为作者行使发表权往往需要与著作权中的其他财产权利相配合才能实现。比如一位画家将自己刚完成的一幅油画原件的展览权③或者一位作曲家将自己创作未发表歌曲的表演权转让出去,尽管其转让的只是美术作品的展览权或者音乐作品的表演权,但上述作品一旦公开展览或者表演,就意味着同时发表,即使作者与受让者双方并没有就作品发表权进行约定,但转让行为即意味着发表权的转移。

第二,署名权。署名权是指表明作者身份,在作品上署名的权利,其实质是对作者享有相关作品著作权利的一种身份确认,旨在对不同作品与不同作者进行区别。因此《伯尔尼公约》及其他一些国家法律对此都使用的是"作者身份确认权"这一概念。署名权是一种最基本的著作人身权,它既是作者与其创作作品天然联系的必然结果,也是对作者创造性脑力付出的一种法律尊重。署名权一般为作者专有,且保护期限不受限制,不会因为时间和地域的变化而改变。署名权一般为自然人享有,但法人、其他组织的作品,相关署名权则归属于法人、其他组织享有。在职务作品中,即便在特定情况下作品的著作权为单位享有,但作者一般仍保有署名权,这种情况在新闻媒体中就比较普遍。

著作权人享有的署名权内涵非常丰富,它既包括署名的权利,也包括不署名的权利;既包括以"何名"署名的权利,也包括在"何处"署名的权利;既包括阻止别人在自己作品上冒名的权利,也包括防止自己名字被盗用在他人作品上的权利。署名权的主体包括自然人、法人和其他组织。近年来,我国还出现过因为戏曲的"地方"归属问题发生的署名权纠纷,但一般来说,对戏曲类别的"地方性"命名很难构成著作权中的署名行为。

作者行使署名权应当符合社会习惯和公序良俗。一般来说,共同作品中会因为署名顺序而发生纠纷,针对此种情况,2002年《最高人民法院关于审理著作

---

① 参见夏淑华主编:《知识产权法理论与实务》,法律出版社1994年版,第311页。
② 参见刘剑文、张里安主编:《现代中国知识产权法》,中国政法大学出版社1993年版,第94页。
③ 尽管美术作品的著作权并不随其原件的所有权一并转移,但该美术作品的展览权,根据著作权法的规定由原件所有人享有。

权民事纠纷案件适用法律若干问题的解释》第十一条就规定:"因作品署名顺序发生的纠纷,人民法院按照下列原则处理:有约定的按约定确定署名顺序;没有约定的,可以按照创作作品付出的劳动、作品排列、作者姓氏笔划等确定署名顺序。"

第三,修改权。修改权即作者修改或者授权他人修改作品的权利。作品承载着作者的思想和情感,但作者的思想和情感也在时刻变化,故从法律上赋予其修改权,确保其能随时对自己的作品进行修改和完善。在我国,相关法律不仅提出了修改权概念并进行了界定,还对图书出版、报刊发表等细分领域的作品修改进行了具体规定。比如,根据《著作权法》第三十六条的规定,图书出版者、报社、期刊社等经过作者许可,可以对作品进行修改、删节,其中报刊上囿于字数限制,主要是作文字性修改、删节。而对于著作权人许可他人以其作品创作视听作品的,比如原著作者将其小说卖给电影公司改编成电影,《著作权法实施条例》第十条规定,在不歪曲篡改原作品的前提下,视为作者已同意对其作品进行必要的改动。

修改权是我国《著作权法》的一种特殊的规定,《伯尔尼公约》事实上并没有规定"修改权",而是将其纳入"保护作品完整权"。对作品完整性的破坏实质上就是一种修改,而背离作者原意的修改在客观上也侵犯了作品的保护作品完整权。因此有些学者就认为修改权与保护作品完整权是"一体两面",而在保护作品完整权之外再设立修改权,相当于为一件作品设置了两道著作人格权门槛,增加了作品传播和利用的成本和不确定性,宜废除为妥。①

第四,保护作品完整权。保护作品完整权即保护作品不受歪曲、篡改的权利。它与署名权一样,是著作人身权的核心权利,也是《伯尔尼公约》及世界各国著作权法普遍规定的一项著作人身权。保护作品完整权作为一项人身权利,本质上是通过保护作品完整来确保作品承载的人格利益的完整。但是作品并不等同于人格,原则上任何对原作品的修改都会破坏作品的完整性,却并不一定会破坏作品所承载人格利益的完整性。或者说,对作品的变动要达到何种程

---

① 参见李扬:《著作权法的基本原理》,知识产权出版社 2019 年版,第 163 页。

序才能被确认为"破坏",这就关系到我们如何理解著作权法所规定的"歪曲、篡改"这一标准的问题了。

结合我国《著作权法》及《伯尔尼公约》①的内容,侵犯作者的保护作品完整权需要符合两项要件:一是未经作者允许存在对作品进行歪曲、篡改或割裂的行为;二是这种歪曲、篡改或割裂的行为损害了作者的声誉。这两个要件缺一不可,如果只具备其一,比如只是对作品的恶意评价损害了作者的声誉,或者虽然对作品的排版或个别字句进行了改变,但是客观上并未导致作者的社会评价降低,都不构成侵害保护作品完整权。

对保护作品完整权的理解需要注意两点:一是对作品变动幅度的大小与是否构成对作品完整性的破坏不存在必然联系。一般来说,对作品的变动幅度越大,越会影响作品原意,进而损害作者的声誉,但是是否构成侵犯保护作品完整权行为并不以变动幅度大小为判定标准。二是对作品载体完整性的破坏与对作品本身完整性的破坏也不存在必然联系。比如一幅油画的损毁,或者一栋建筑的结构改动,并不代表对相关美术作品或建筑作品著作权的侵犯。

保护作品完整权为作者所专有,不可转让或者继承,也没有保护期限的限制,但这并不代表作者对保护作品完整权的行使就不受限制。尤其是当作品著作权(主要是著作财产权)发生了转移之后,比如作家将原著的改编权等卖给制片商用以拍摄电影,则作者就不可能滥用其保护作品完整权,否则势必会对正常的市场秩序造成影响。我国《著作权法实施条例》第十条就规定:著作权人许可他人将其作品摄制成电影作品和以类似摄制电影的方法创作的作品的,视为已同意对其作品进行必要的改动,但是这种改动不得歪曲篡改原作品。

二、著作权中的财产权

著作权制度产生于市场经济,著作权中的财产权则是著作权制度的重要组成部分。所谓著作权中的财产权,或者称为著作财产权,是著作权人基于对作品的利用而获得的财产收益权。它包含两个构成要件:一是对作品的利用;二

---

① 参见《伯尔尼公约》第六条之二规定。

是获得财产收益。我国《著作权法》第十条根据利用行为的不同,列举了12项著作财产权。这些权利又可以归为复制权、传播权与演绎权三大类别,再加上"由著作权人享有的其他权利"这一兜底性条款,一共有四类13项著作财产权。这些著作财产权相互区别与独立,可分别由著作权人行使、转让并从中有所收益。具体包括:

(一) 复制权

广义上的"复制权"包括复制权、发行权、出租权与展览权,它们都涉及公众通过有形载体感知作品对思想和情感的表达,因此被归为一类。

第一,复制权,即以印刷、复印、拓印、录音、录像、翻录、翻拍等方式将作品制作一份或者多份的权利。复制权伴随印刷出版业的发展而产生,是"伴随印刷术的发明而建立的版权之源头和精髓的权利"①。"复制行为"是理解复制权的核心,是指"以物质形式对作品进行的任何具体化,得到作品的一个副本或单独的复印件"②。我国《著作权法》中的复制行为,包括印刷、复印、拓印、录音、录像、翻录、翻拍等多种方式。根据我国《著作权法实施条例》的规定,作品作为独创性的智力成果需要"能以某种有形形式复制"。但这里作品的"复制性"与复制权中的"复制"并不是一回事。前者是作品的构成要件,是认定某一成果是否构成作品的前提和原因,而复制权是一种著作财产权类型,是作品已经被认定后著作权人所享有的权利结果,二者在逻辑上存在明显区别。③

数字时代的"临时复制"行为是复制权领域的一个争议问题,它与媒介技术、媒体形态变化对著作权制度的影响有关。复制权形成于印刷出版时代,伴随着从印刷术到影印术再到录音录像技术的发展,复制权概念的内涵不断扩大,图书、照片、音像制品等各种有形载体之间的复制行为,理所应当应纳入复

---

① 参见张今:《数字环境下私人复制的限制与反限制——以音乐文件复制为中心》,《法商研究》2005年第6期。
② 参见〔德〕西尔克·冯·莱温斯基:《国际版权法律与政策》,万勇译,知识产权出版社2017年版,第127页。
③ 参见金松:《论作品的"可复制性"要件——兼论作品概念条款与作品类型条款的关系》,《知识产权》2019年第1期。

制权控制范畴。但是伴随数字时代的来临,对数字作品的"临时复制"行为是否应纳入复制权范畴,至少目前来看,欧洲、美国及我国在内的相关司法实践中均存在较大争议。实际上,数字条件下"临时复制"的社会意义已经明显区别于传统媒介载体的复制,它不是有意识、有目的的行为,往往是基于对作品的其他利用、传播行为而产生的一种附加动作,在法理上应当认为"临时复制"所承载的那一点"复制权利",已经在与信息网络传播权等其他传播权利的竞合中被吸收,否则大部分财产权利都可以被视为复制权下的一项权能,单独设立不再具有意义。

第二,发行权,即以出售或者赠与方式向公众提供作品的原件或者复制件的权利。在《伯尔尼公约》的法文文本中,发行被描述为"投入流通"[1],即著作权人享有控制作品(一般是复制品)流通的权利;流通的对象则是公众,即不特定的多数人。如果只是将自己的作品在家庭、朋友圈子里免费发放,这不构成发行。在发行过程中,向公众提供的是作品的有形载体,比如图书、电影拷贝、音像制品等,而不仅仅限于感知作品的表达。发行中的有形载体转移行为使得发行权必然要奉行"一次用尽"原则,即作品发行后的受让人再次将其受让的作品载体转让给他人的,无需取得作者的许可,这既是物权原则的体现,也有利于协调作者与公众之间的利益平衡。但是与复制权一样,网络时代不依赖有形载体的"数字发行"行为是否属发行权调控,也是一个长期争议的问题。比如在魏剑美教授诉龙源期刊网侵犯其信息网络传播权案[2]中,相关判决就认为"发行权只能调整作品有形载体所有权的转让,并不及于网络发行"[3]。

第三,出租权,即有偿许可他人临时使用视听作品、计算机软件的原件或者复制件的权利,计算机软件不是出租的主要标的除外。这里所谓"计算机软件不是出租的主要标的"是指计算机软件作为出租标的的组成部分,其价值占比很小。比如甲向乙出租一套工程设备,该设备必然含有作为操控系统的计算机

---

[1] 参见〔德〕西尔克·冯·莱温斯基:《国际版权法律与政策》,万勇译,知识产权出版社2017年版,第132页。

[2] 详情参见北京市朝阳区人民法院(2009)朝民初字第25242号民事判决书、北京市第二中级人民法院(2009)二民终字第20866号民事判决书。

[3] 参见张俊发:《媒体融合下著作财产权体系的重构》,《科技与出版》2019年第5期。

软件,但甲不能以计算机软件出租权为由,阻碍乙对工程设备的使用。从这一定义来看,出租权保护的对象只能是视听作品和计算机软件。此外,根据《著作权法》第四十四条的规定,录音录像制作者对其制作的录音录像制品也享有出租权。同时权利的保护期为五十年,截止于该制品首次制作完成后第五十年的12月31日。

第四,展览权,即公开陈列美术作品、摄影作品的原件或者复制件的权利。与出租权一样,展览权保护的对象也比较有限,只有美术作品、摄影作品等艺术类作品。展览行为针对的对象是作品的原件或者复印件,但是与发行不同,展览旨在让公众感知作品对思想和情感的表达,而不涉及作品载体的转移。展览权一般归著作权人专有,但是当美术等作品原件所有权发生转移后,根据我国《著作权法》第二十条的规定,其展览权由原件所有人享有。这就使得展览权与著作权中的其他权利发生了分离,应当属于著作权法中的例外规定。在司法实践中,这种例外规定容易引起作品发行权与展览权之间的冲突。

(二) 传播权

传播权是对作品通过传播行为实现利用进而获得财产利益的权利。所谓"传播",是转移作品载体的情况下,使公众以无形方式感知作品表达的一种方式。媒介技术的进步及媒体形态的变迁对于著作财产权制度的发展有着深刻的影响和推动作用,这一点在传播权领域体现得尤为明显,从人对作品直接表演产生的表演权,到借助影像放映设备而形成的放映权,再到基于广播电视技术的广播权,最后是由互联网技术推动产生的信息网络传播权。

第一,表演权,即公开表演作品,以及用各种手段公开播送作品的表演的权利。历史上,表演是最早以无形方式将作品内容公开传播给受众的一种方式,一般包括两种形式:一是人的表演,比如歌手唱歌、主持人朗诵、钢琴家演奏、演员说相声等,都是人直接以自己的声音、动作、表情向受众传达作品的方式,也被称为直接表演;二是机械表演,是指利用技术设备将对作品的表演进行再现,也被称为间接表演。根据我国《著作权法》的规定,表演是用"各种手段"公开播送作品的行为,自然也应当包括直接表演和间接表演,法学界为此还将表演权细分为"现场表演权"与"机械表演权"。理解表演权还要注意与表演者权的区别。前者是著作权中的一种财产权，主体是著作权人，客体是作品本身；而表演者权则是一种邻接权，其主体是演员、歌唱家、舞蹈家等表演者，权利的客体则是表演活动，而不是演出的客体。从性质上说，表演者权包括人身权和财产权。

第二，放映权，即通过放映机、幻灯机等技术设备公开再现美术、摄影、视听作品等的权利。通过该规定可以看出，放映权的对象仅指向美术、摄影及视听类作品。放映权中的"放映"由两个要件构成：一是再现作品。这种再现必须是面向公众的，诸如家庭、朋友小圈子内的放映不能视为放映权中的"放映"，而不考虑是否以营利为目的。二是通过技术设备让视觉及听觉感知作品。[①] 这与之前提到的机械表演行为有些类似，即都是通过一定技术设备，但两者明显不同：放映权再现的是作品，且这一作品范围有限；而机械表演则是对作品的表演的再现，且再现的范围较之于放映而言要大很多。

第三，广播权，即以有线或者无线方式公开播放或者转播作品，以及通过扩音器或者其他传送符号、声音、图像的类似工具向公众传播广播的作品的权利。广播权是伴随媒介技术发展而产生的一项权利，主要指向单向传播作品的行为。它起源于《伯尔尼公约》，该权利的设立就是基于无线广播行为。只是随着技术的发展，有线电视已经代替无线广播成为广播电视收听收看的主流，尤其是在"三网融合"的当下，传播媒介之间的差异不复存在，有线传播和无线传播可以在技术支持下自由转化，包括与互联网融合产生的交互式传播[②]，导致广播权在学理讨论上出现了一些争议，同时导致法律适用上的不少困惑。而相较于之前将广播局限于无线广播、有线传播或者转播、公开播放广播三种方式[③]，现

[①] 参见张今：《著作权法》，北京大学出版社2018年版，第101页。
[②] 参见梅术文：《"三网合一"背景下的广播权及其限制》，《法学》2012年第2期。
[③] 无线广播是指通过技术装置以无线点播的方式将作品传播出去的行为，比如我们通过收音机直接收听广播节目中的作品内容，就是一种无线广播行为的结果。有线传播或者转播是指在接收到无线信号后，通过有线装置将作品传播或转播出去的行为。进行有线传播或者转播的，一定要是区别于发出无线广播信号的原发组织的另一组织。公开播放广播是指接收到以有线传播或者转播来的信号后，通过扩音器或者其他传送符号、声音、图像的类似工具向公众传播广播的作品的行为，比如学校、火车站或者农村的大喇叭系统，在接收到无线广播节目后，再将节目中的作品通过大喇叭系统公开播放。

行《著作权法》中的"广播权"则更为适应新技术发展,通过"有线公开播放"等条款将非交互式的网络直播等行为也纳入新概念。

第四,信息网络传播权,即以有线或者无线方式向公众提供、使公众可以在选定的时间和地点获得作品的权利。我国于2006年制定了《信息网络传播权保护条例》,规定了权利主体、合理使用、法定许可、责任承担等一系列内容。信息网络传播权的形成得益于数字网络技术的发展,公众可以借助数字装置,通过请求式的互动传播行为感知作品的表达。我国法律关于"信息网络传播权"的界定参照了《世界知识产权组织版权条约》第八条第1款的规定,强调受众在其个人选定的时间和地点获得作品,这也是理解"信息网络传播"行为的关键,具体包括两个方面:一是向公众提供,即在信息网络条件下以有线或无线方式向公众提供作品。信息网络下提供作品的行为是一种数字传播行为,而这里的"提供",其本质上也是一种"传播"。[1] 但是关于"提供"的内涵,由于涉及国际条约的解释、司法实践与学界理论而产生了较大的争议,并相继出现了服务器标准[2]、用户感知标准[3]等多个标准。我国2013年1月实施的《最高人民法院关于审理侵害信息网络传播权民事纠纷案件适用法律若干问题的规定》,从侵权角度列举了一些"提供"行为,包括"上传到网络服务器、设置共享文件或者利用文件分享软件等方式,将作品、表演、录音录像制品置于信息网络中"与"以提供网页快照、缩略图等方式实质替代其他网络服务提供者向公众提供相关作品"等。二是使公众获取,即提供的作品应该处于公众可以在其个人选定的时间和地点获得的状态。这种公众获取作品的方式使得信息网络传播行为明显区别于广播权中的单向性传播行为,是一种交互式的传播行为。需要注意的是,使公众获取作品仅仅强调一种可能状态,并不以公众是否真的获取该作品为判断

---

[1] 参见张今:《著作权法》,北京大学出版社2018年版,第105页。
[2] 服务器标准,简单而言是指将作品置于服务器的初始提供行为就意味着向公众提供作品。服务器标准在我国司法实践中被接受程度较高,同时也得到了美国、德国、澳大利亚等世界多数国家的认同。参见王迁:《网络环境中的著作权保护研究》,法律出版社2011年版,第349—355页;张金平:《信息网络传播权中"向公众提供"的内涵》,《清华法学》2018年第2期。
[3] 用户感知标准多为著作权人所主张,指的是信息网络传播权直接侵权的认定应当从用户的主观体验出发,如果用户认为作品是来源于设链网站,那么该网站的服务提供者就实施了作品提供行为,应当承担直接侵权责任,至于设链行为是不是初始提供则无关紧要。参见张金平:《信息网络传播权中"向公众提供"的内涵》,《清华法学》2018年第2期。

标准。在我国,除了著作权人以外,享有信息网络传播权的主体还包括表演者与录音录像制作者。根据我国《著作权法》第四十九条,为了保护信息网络传播权,这些权利人可以采取技术措施。未经权利人许可,任何组织或者个人不得故意避开或者破坏技术措施,不得以避开或者破坏技术设施为目的制造、进口或者向公众提供有关装置或者部件,不得故意为他人避开或者破坏技术措施提供技术服务。但是,法律、行政法规规定可以避开的情形除外。

(三) 演绎权

演绎权是利用已有作品进行再创作的权利,而再创作的过程必然涉及对已有作品的改变,改编、摄制、翻译、汇编等行为都可以被纳入"演绎"范畴。演绎权旨在授予作者对其作品重新创作的演绎权利,同时也增加了著作权人控制作品利用和作品市场的机会。① 我国《著作权法》中的演绎权,包括改编权、摄制权、翻译权与汇编权。

第一,改编权,即改变原作品,创作出具有独创性的新作品的权利。广义上的"改编权"也包括摄制权、翻译权等权利,几乎可以代指"演绎权"。改编权中的"改编"实质是一种具有独创性的改变行为,包括两个构成要件:一是对"已有作品"的改变,即改变的基础在于存在已有作品,而改变之后形成的新作品并未脱离已有作品在审美、表达、含义等方面的基本主旨;二是对已有作品的"改变"②,包括改编作品的类型,比如将钢琴曲改编为交响曲等,或者改变作品的需求对象,比如将理论专著改编为通俗读物③,并且这种改变必须具有独创性,即对作品的再创作行为体现了改编者的独创性智力成果,否则就是抄袭或部分抄袭。值得注意的是,改编权不同于改编者权。改编权是原作著作权人享有的对其原作进行再创作的权利,而改编者权是对原作进行再创作的改编者对其再创后而形成的新作享有的权利。在这种情况下,如果涉及对改编后新作品的再次改编,就要受到原作著作权(原作者的改编权)和新作著作权(改编者的改编

---

① 参见冯晓青:《演绎权之沿革及其理论思考》,《山西师大学报(社会科学版)》2007年第5期。
② 参见梁志文:《论演绎权的保护范围》,《中国法学》2015年第5期。
③ 参见冯晓青:《著作权法》,法律出版社2010年版,第112页。

权)的双重制约。比如 2019 年初,依据刘慈欣同名小说改编的电影《流浪地球》大火,如果有人想将该电影改编成电视剧,除了要获得《流浪地球》电影制品方的授权外,还要取得刘慈欣的授权。近些年来,关于利用原作中人物角色、故事情节或背景设定等元素进行二次创作的同人小说是否存在侵犯原作著作权尤其是改编权的争议开始增多,无论是学界还是业界对此还没有定论。但从一些司法案例①来看,如果同人小说只是借用了原作中的人物、性格、背景等静态的结构性要素,而不涉及原作情节及所表达的思想、情感等个性化要素,很难被认定为构成著作权侵权,不过若涉及经济利益等因素,则很可能属于不正当竞争行为。

第二,摄制权,即以摄制视听作品的方法将作品固定在载体上的权利。所谓"摄制",也称拍摄,是指"通过新的创作和相应的技术加工,将原作品演绎表现为视听作品的行为"②。从该定义也可以看出,摄制实质上也是一种改编行为。摄制权的设立得益于影视行业的形成和发展,许多电影、电视剧的制作均涉及对原创文字(主要是剧本)、音乐、美术等作品的再创作,这就需要制片人等事先获得这些作品著作权人的授权,其中所授的就是摄制权。

第三,翻译权,即将作品从一种语言文字转换成另一种语言文字的权利。翻译行为是一种转换语言文字的行为,因此翻译的对象往往是那些与语言文字密切相关的作品类型,包括文字作品、口述作品及计算机软件(主要是计算机程序语言)等。这种语言文字的转换既包括不同国家、民族语言文字之间的互相转换,也包括同一国家、民族古代与现代语言文字的转换,根据《伯尔尼公约》第八条的规定③,翻译包括作者自己翻译和授权他人翻译两种。但无论是自己翻译还是授权他人翻译,翻译本身都是一种基于原作的再创作行为,本身就具有独创性,结果就是会形成一件新的作品(译作)。

---

① 如"金庸诉江南等著作权侵权及不正当竞争纠纷案",详情参见广州市天河区人民法院(2016)粤 0106 民初 12068 号民事判决书;天下霸唱与玄霆公司关于《鬼吹灯》系列作品的侵权纠纷案,详情参见 http://www.iprchn.com/Index_NewsContent.aspx? NewsId=117882,访问日期:2019 年 11 月 30 日。
② 参见《知识产权法学》编写组编:《知识产权法学》,高等教育出版社 2019 年版,第 82 页。
③ 《伯尔尼公约》第八条规定:受本公约保护的文学艺术作品的作者,在对原著享有权利的整个保护期内,享有翻译和授权翻译其作品的专有权。

第四,汇编权,即将作品或者作品的片段通过选择或者编排,汇集成新作品的权利。与改编、摄制、翻译等其他演绎行为不同,汇编本身并没有改变原作的形式或内容,而只是将原作的全部或部分内容汇编在一起。因此有学者认为汇编的实质是一种复制,没有单独设立为一项权利的必要,建议未来在修改《著作权法》时予以取消,其相关内容交由复制权覆盖。①

(四) 由著作权人享有的其他权利

伴随社会经济的发展和媒介技术的进步,著作权制度也在不断发展,目前正进入第四次改革浪潮②,导致相对稳定的法律在一定时期内不可能穷尽列举所有的权利类型。为此,《著作权法》设立了"应当由著作权人享有的其他权利"这一兜底性条款,放在第十条所列举的16项著作权利之后。尽管《著作权法》并未就上述权利的性质进行界定,但从该条第2款、第3款规定著作权人可以许可他人行使、可以全部或者部分转让著作权,以及之后保护期限的限制等内容来看,立法者的本意是将这项兜底性权利纳入著作财产权范畴。

设立该兜底性权利主要有两项功能:一是将较少适用的一些权利纳入其中。之前列举的12项著作财产权对应的均是较多出现的作品利用和传播方式,不可能穷尽;二是解决因技术环境变化导致现有法律无法直接适用的问题,尤其是数字技术条件下对作品利用和传播所形成的一些前沿问题。

与著作人身权不同,著作财产权都有保护期限的限制。根据《著作权法》第二十三条的规定,如果是自然人的作品,其著作财产权的保护期为作者终生及其死亡后五十年,截止于作者死亡后第五十年的12月31日;如果是合作作品,截止于最后死亡的作者死亡后第五十年的12月31日。如果是法人或者非法人组织的作品、著作权(署名权除外)由法人或者非法人组织享有的职务作品,其著作财产权的保护期为五十年,截止于作品首次发表后第五十年的12月31日,但作品自创作完成后五十年内未发表的,本法不再保护。如果是视听作品,其著作财产权的保护期为五十年,截止于作品首次发表后第五十年的12月31

---

① 参见张今:《著作权法》,北京大学出版社2018年版,第114页。
② 参见李扬:《著作权法的四次浪潮及其司法回应》,《人民论坛》2019年第28期。

日,但作品自创作完成后五十年内未发表的,本法不再保护。当然,1996年《世界知识产权组织版权条约》第九条规定:对于摄影作品,缔约各方不得适用《伯尔尼公约》第七条第4款①的规定。

第三节　著作权的限制与平衡

著作权制度一方面从鼓励作品的创作和传播,促进文化、艺术与科学发展的角度出发,赋予了著作权人在作品利用和传播过程中的各项权益;另一方面又从保障公众知情权、促进社会进步方面,设立了合理使用和法定许可等制度,并赋予传播者一些"传播权利",以对著作权人的上述权益进行限制和平衡。这些都体现了立法者试图在私人著作权益与社会公共利益之间寻求平衡的价值取向。

一、合理使用制度

合理使用就是依照法律规定,无须征得著作权人同意,也不必支付报酬就可以使用他人作品的情形,实质上就是一种"许可机制之外的非侵权性作品使用"②规则。根据《著作权法》第二十四条的规定,合理使用就是使用人可以不经著作权人许可,不向其支付报酬,但应当指明作者姓名或者名称、作品名称,并且不得影响该作品的正常使用,也不得不合理地损害著作权人的合法权益。

前文述及,之所以设立合理使用制度以界定著作权人的权利边界,目的就在于实现著作权人权益与社会公共利益之间的平衡。也就是说,若要形成合理使用的情形,就必须基于法定的维护社会公共利益的理由。《著作权法》第二十四条与《信息网络传播权保护条例》第六条、第七条列举了12种合理使用的具体理由,可以大致将它们分为如下几类,包括:

---

① 《伯尔尼公约》第七条第4款规定:本联盟成员有权以法律规定摄影作品及作为艺术品加以保护的实用美术作品的保护期限,但这一期限不应少于自该作品完成时算起二十五年。
② 参见孙阳:《演进中的合理使用规则及其启示》,《知识产权》2018年第10期。

(一) 个人使用

个人使用即为个人学习、研究或者欣赏,使用他人已经发表的作品。主要包括以下三个方面:一是个人范围内的使用。即使用作品的范围仅局限于个人或者家庭等较小范围内。《信息网络传播权保护条例》规定的"合理使用"范围之所以没有《著作权法》中的"为个人学习、研究或者欣赏,使用他人已经发表的作品"这一条,就是因为一旦在信息网络上使用,使用人就很难控制作品的传播范围,会极大损害著作权人的利益。二是必须是基于非商业目的,即使用作品只为个人学习、研究或者欣赏目的。法律之所以给予个人更多合理使用作品的空间,就是因为其能够在不过分损害作者权益尤其是财产利益的前提下,满足公众的知情权并提升社会整体知识水平。如果个人使用是出于商业目的,势必打破著作权人与使用者之间的利益平衡,为法律所不许。三是使用的均是已发表的作品。未经他人许可使用未发表的作品,势必会侵犯著作权人的发表权、信息网络传播权等权益。但是在信息网络上为介绍、评论某一作品或者说明某一问题适当引用著作权人已经发表的作品,则不构成侵权。

(二) 适当引用

适当引用即为介绍、评论某一作品或者说明某一问题,在作品中(包括在互联网上向公众提供的作品)适当引用他人已经发表的作品。允许评论、说明问题时适当引用他人观点是保障表达自由、促进思想交流的需要。当然,与个人使用一样,适当引用的对象也只能是已经发表的作品。判断适当引用是否符合合理使用的关键是如何理解其中的"适当",一般体现在引用的数量和比例上,即尽可能少量引用,且必须保持合理、适度的比例,这种比例既要与介绍、评论等保持适度,也要与引用的作品保持适度。比如文艺评论,如果评论的对象是一首短诗,那么即使全文引用也可能属于合理使用,但如果对象是一部中长篇小说,那么可以引用的规模就要受到严格限制,否则会构成过度引用甚至抄袭。

(三) 新闻媒体使用

在现代社会,给予新闻媒体报道一定空间,有利于保障社会公众的知情权和监督权,因此有必要给予相关新闻报道一定的合理使用他人作品的空间。根据《著作权法》和《信息网络传播权保护条例》的规定,相关情形大致可以归纳为三类:一是为报道新闻,在报纸、期刊、广播电台、电视台等媒体中,以及通过信息网络向公众提供的作品中,不可避免地再现或者引用已经发表的作品。这种情况在新闻报道中比较普遍,比如对刚刚公开演出的某台话剧进行报道,尽管会对话剧中的部分内容进行再现,但由于是"不可避免",再现话剧的内容较少,且为报道公众有权知晓的新闻,再现或引用的也都是已经发表的作品,因此应当对相关著作权进行限制。二是报纸、期刊、广播电台、电视台等媒体刊登或者播放在公众集会上发表的讲话,或者其他报纸、期刊、广播电台、电视台等媒体已经发表的关于政治、经济、宗教问题的时事性文章,但著作权人声明不许刊登、播放的除外。这实际上是一种转载行为,其中转载的主体是报纸、期刊、广播电台、电视台等媒体,转载的对象是在公众集会上发表的讲话,或者其他报纸、期刊、广播电台、电视台等媒体已经发表的关于政治、经济、宗教问题的时事性文章。但无论是谁转载或者转载什么,著作权人已经声明不许转载的除外。三是通过信息网络向公众提供在公众集会上发表的讲话,或者在信息网络上已经发表的关于政治、经济问题的时事性文章。这都属于《信息网络传播权保护条例》的规定,实际上是将《著作权法》中的转载规定引入网络领域。但是值得特别注意的是,这里向公众提供实时性文章的"信息网络",根据我国《互联网新闻信息服务管理规定》第五条的规定,应当取得互联网新闻信息服务许可,也就是说该网络首先要具有转载时事性文章的资格,否则就不能转载。

(四) 科研教学使用

科研教学使用即为学校课堂教学或者科学研究,翻译、改编、汇编、播放或者少量复制已经发表的作品,供教学或者科研人员使用,或者通过信息网络向少数教学、科研人员提供少量已经发表的作品,但均不得出版发行。该合理使用情形主要包括四项构成要件:一是基于学校课堂教学或科学研究目的;二是合理使用的受益对象仅限于特定、少数的教学或科研人员,即使是通过信息网络,也只能指向特定的少数人,不允许向不特定多数人公开传播;三是合理使用的行为仅限于翻译、改编、汇编、播放、少量复制或者通过信息网络提供六种行为;四是合理使用的作品均是已经发表的作品,如果对原作通过翻译后有了新的成果,也不能出版发行。

(五) 基于维护公共利益的使用

基于维护公共利益等目的而合理使用作品的情形包括:一是执行公务使用。即国家机关为执行公务在合理范围内使用或是通过信息网络向公众提供已经发表的作品。该情形比较容易理解,其中使用的主体为国家机关,即国家为行使其职能而设立的各种机构,根据我国宪法和法律的有关规定,包括国家权力机关、行政机关、监察机关、审判机关、检察机关、军事机关等。使用须在合理范围内,既不能超出国家机关的职能,也要与其执行公务的目的相关,且使用的作品是已经发表的作品。二是特定群体使用。比如针对阅读障碍者,将已经发表的作品以其能够感知的无障碍方式向其提供;又比如将中国公民、法人或者非法人组织已经发表的以国家通用语言文字创作的作品翻译成少数民族语言文字作品在国内出版发行,或者通过信息网络向中国境内少数民族提供。三是馆藏使用。图书馆、档案馆、纪念馆、博物馆、美术馆、文化馆等为陈列或者保存版本的需要,复制本馆收藏的作品,视为合理使用行为。馆藏保存的作品并不限于已经发表的,但是只能基于陈列或者保存版本的需要,因此只能复制,但不可对外借阅、出租和出售。馆藏保存的合理使用也延及互联网领域,但保存对象的范围更为有限。根据我国《信息网络传播权保护条例》第七条的规定,为陈列或者保存版本的需要以数字化形式复制的作品,应当是已经损毁或者濒临损毁、丢失或者失窃,或者其存储格式已经过时,并且在市场上无法购买或者只能以明显高于标定的价格购买的作品。这主要是因为数字化的复制作品极容易通过网络传播出去,会严重侵害著作权人的利益,因此有必要严格限制。近些年经常出现的数字图书馆侵权现象,其实质上就是一种超出合理使用范畴的行为。① 四是陈列使用。根据《著作权法》规定,对设置或者陈列在公共场所的艺术作品进行临摹、绘画、摄影、录像,属于合理使用行为。公共场所本身就具有对公众开放的公益性质,而陈列于其中的艺术作品,如雕塑、壁画等,已经成为当地公共文化设施的一部分,因此对上述艺术作品的临摹、绘画、摄影、录像等,应当纳入合理使用范畴。

(六) 免费表演

根据我国《著作权法》的规定,免费表演已经发表的作品,如果该表演未向公众收取费用,也未向表演者支付报酬,且不以营利为目的,则属于合理使用行为。该情形主要强调表演必须"免费",既未向公众收取费用,也未向表演者支付报酬。一些基于公益目的的"义演",虽然其出于公益目的,演员也未收费,但是如果涉及募捐行为,也不能视为"免费"表演。

二、法定许可制度

法定许可制度是指"根据法律的直接规定,以某些方式使用他人已经发表的作品可以不经著作权人的许可,但应当向著作权人支付使用费,并尊重著作权人的其他各项人身权利和财产权利的制度"②。因此可以看出,与著作权人基于自愿的授权许可不同,法定许可是基于法律规定而形成的"非自愿许可",即不经作者同意便可使用作品,且使用的作品必须是已经发表的。但是与合理使用不同,法定许可使用作品仍然需要向作者支付报酬。至于支付报酬的标准,一般是由专门制定的法律规范予以规定。法定许可使用旨在简化著作权手续,促进作品迅速而广泛地传播,便于社会共享智力成果③,因此法定许可制度的受益者多是出版者、录音录像制作者、广播组织等传播者。我国《著作权法》与《信息网络传播权保护条例》主要规定了如下几种"法定许可"情形。

---

① 如郑成思诉北京书生数字技术有限公司著作权纠纷案。参见《北京书生数字技术有限公司与郑成思侵犯著作权纠纷案二审民事》,https://www.66law.cn/laws/65199.aspx,访问日期:2019 年 11 月 18 日。
② 参见《知识产权法学》编写组编:《知识产权法学》,高等教育出版社 2019 年版,第 122 页。
③ 参见魏永征、周丽娜:《新闻传播法教程》第六版,中国人民大学出版社 2019 年版,第 216 页。

（一）编写出版教科书

《著作权法》第二十五条规定：为实施义务教育和国家教育规划而编写出版教科书，可以不经著作权人许可，在教科书中汇编已经发表的作品片段或者短小的文字作品、音乐作品或者单幅的美术作品、摄影作品、图形作品，但应当按照规定向著作权人支付报酬，指明作者姓名或者名称、作品名称，并且不得侵犯著作权人依照本法享有的其他权利。《信息网络传播权保护条例》第八条则将该法定许可情形延及网络领域：为通过信息网络实施九年制义务教育或者国家教育规划，可以不经著作权人许可，使用其已经发表作品的片断或者短小的文字作品、音乐作品或者单幅的美术作品、摄影作品制作课件，由制作课件或者依法取得课件的远程教育机构通过信息网络向注册学生提供，但应当向著作权人支付报酬。

（二）报刊转载、摘编

《著作权法》第三十五条规定：著作权人向报社、期刊社投稿的，自稿件发出之日起十五日内未收到报社通知决定刊登的，或者自稿件发出之日起三十日内未收到期刊社通知决定刊登的，可以将同一作品向其他报社、期刊社投稿。双方另有约定的除外。作品刊登后，除著作权人声明不得转载、摘编的外，其他报刊可以转载或者作为文摘、资料刊登，但应当按照规定向著作权人支付报酬。

（三）制作录音制品

《著作权法》第四十二条第2款规定：录音制作者使用他人已经合法录制为录音制品的音乐作品制作录音制品，可以不经著作权人许可，但应当按照规定支付报酬；著作权人声明不许使用的不得使用。1993年，国家版权局出台了《录音法定许可付酬标准暂行规定》，规定了录制发行录音制品付酬标准。其中，不含文字的纯音乐作品版税率为百分之三点五；歌曲、歌剧作品版税率为百分之三点五，其中音乐部分占版税所得百分之六十，文字部分占版税所得百分之四十；纯文字作品（含外国文字）版税率为百分之三；国家机关通过行政措施保障发行的录音制品(如教材)版税率为百分之一点五。如果录音制品中涉及两个或两个以上作品的,按照版税的方式以及相对应的版税率计算出录音制品中所有作品的报酬总额,再根据每一作品在整个录音制品中所占时间比例,确定其具体报酬。

(四) 广播电视播放

根据《著作权法》第四十六条的规定,广播电台、电视台播放他人已发表的作品,可以不经著作权人许可,但应当支付报酬。该种法定许可使用作品的主体仅限于广播电台、电视台,法定许可使用的客体为他人已发表的作品。除此之外,《著作权法》第四十五条还赋予了录音制品权利人的广播获酬权,将录音制品用于有线或者无线公开传播,或者通过传送声音的技术设备向公众公开播送的,应当向录音制作者支付报酬。这里向录音制作者支付报酬的义务主体,就包括播放录音制品的广播电台、电视台。值得注意的是,根据《著作权法》第四十八条规定,电视台播放他人视听作品、录像制品并不在法定许可范围之内,应当取得视听作品著作权人或者录像制作者许可,并支付报酬,其中播放他人的录像制品时还应当取得著作权人许可,并支付报酬。

(五) 通过信息网络向农村地区免费提供特定作品

《信息网络传播权保护条例》第九条规定:为扶助贫困,通过信息网络向农村地区的公众免费提供中国公民、法人或者其他组织已经发表的种植养殖、防病治病、防灾减灾等与扶助贫困有关的作品和适应基本文化需求的作品,网络服务提供者应当在提供前公告拟提供的作品及其作者、拟支付报酬的标准。自公告之日起30日内,著作权人不同意提供的,网络服务提供者不得提供其作品;自公告之日起满30日,著作权人没有异议的,网络服务提供者可以提供其作品,并按照公告的标准向著作权人支付报酬。网络服务提供者提供著作权人的作品后,著作权人不同意提供的,网络服务提供者应当立即删除著作权人的作品,并按照公告的标准向著作权人支付提供作品期间的报酬。严格地说,该规定并非标准的法定许可情形,只是出于扶贫等公益性目的,允许通过信息网络向农村地区免费提供特定作品时,基于严格限定的时间、范围和特定目的等条件,在未经著作权人明示反对的情况下使用其作品。

三、邻接权制度

促进作品的传播是著作权法的立法目的之一。在作品传播过程中,一些传播者也投入自己的智力劳动,并因作品的传播形成了具有独特形式的传播者权。因为它与著作权紧密相关,所以称为"邻接权"(neibouring right),我国《著作权法》将邻接权表述为"与著作权有关的权益"。从国际法的角度看,邻接权与著作权并不冲突,比如《罗马公约》第一条就规定:本公约给予之保护将不更动也决不影响文学和艺术作品的版权保护。因此,本公约的条款不得作妨碍此种保护的解释。但是从实践来看,两种平行权利体系势必会互相影响,这就涉及对著作权人利益的限制与平衡。关于邻接权的内容,1961年缔结的《罗马公约》规定了表演者、录音制品制作者和广播组织的权利。根据我国《著作权法》与《著作权法实施条例》的规定,我国的邻接权主要包括出版者权、表演者权、录音录像制作者权和广播组织权。

(一) 出版者权

我国《著作权法实施条例》将出版限定在图书和期刊出版范围,并将相应的出版者权界定为"出版者对其出版的图书和期刊的版式设计享有的权利"。根据《著作权法》的规定,出版者有权许可或者禁止他人使用其出版的图书、期刊的版式设计。这种权利的保护期为十年,截止于使用该版式设计的图书、期刊首次出版后第十年的12月31日。《著作权法实施条例》第二十八条规定,图书出版合同中约定图书出版者享有专有出版权但没有明确其具体内容的,视为图书出版者享有在合同有效期限内和在合同约定的地域范围内以同种文字的原版、修订版出版图书的专有权利。

(二) 表演者权

"表演者"是指演员、歌唱家、音乐家、舞蹈家和表演、歌唱、演说、朗诵、演奏或以别的方式表演文学或艺术作品的其他人员。在我国,表演者享有多种权利,一是表明表演者身份;二是保护表演形象不受歪曲;三是许可他人从现场直播和公开传送其现场表演,并获得报酬;四是许可他人录音录像,并获得报酬;五是许可他人复制、发行、出租录有其表演的录音录像制品,并获得报酬;六是许可他人通过信息网络向公众传播其表演,并获得报酬。其中,前两项权利类似于著作权中的署名权和保护作品完整权,因此保护期限不受限制。剩余四项权利实际上是表演者通过不同媒介或者基于不同利用方式获取财产利益的权利,其保护期为五十年,截止于该表演发生后第五十年的 12 月 31 日。此外,《著作权法》第四十条还对职务表演的情形进行了规定,演员为完成本演出单位的演出任务进行的表演为职务表演,演员享有表明身份和保护表演形象不受歪曲的权利,其他权利归属由当事人约定。当事人没有约定或者约定不明的,职务表演的权利由演出单位享有。职务表演的权利由演员享有的,演出单位可以在其业务范围内免费使用该表演。

(三)录音录像制作者权

该权利也被称为"录制者权",其主体为录音录像制品的制作者,即"首次将表演者的或者其他声音或声音与影像制作为录音制品或录像制品的人"①。根据《著作权法》第四十四条的规定,录音录像制作者对其制作的录音录像制品,享有许可他人复制、发行、出租、通过信息网络向公众传播并获得报酬的权利;权利的保护期为五十年,截止于该制品首次制作完成后第五十年的 12 月 31 日。此外,被许可人复制、发行、通过信息网络向公众传播录音录像制品,还应当取得著作权人、表演者许可,并支付报酬;被许可人出租录音录像制品,还应当取得表演者许可,并支付报酬。

(四)广播组织权

我国《著作权法》并未采用《罗马公约》中的"广播组织"概念,而是以广播

---

① 参见张今:《著作权法》,北京大学出版社 2018 年版,第 148 页。

电台、电视台作为替代。根据《著作权法》第四十七条的规定,广播电台、电视台主要享有三项权利:一是转播权,即许可他人以有线或者无线方式转播其播放的广播、电视的权利;二是录制权,即许可他人录制及复制其播放的广播、电视的权利;三是信息网络传播权,即许可他人通过信息网络向公众传播其播放的广播、电视的权利。这三项权利的保护期为五十年,截止于该广播、电视首次播放后第五十年的12月31日。

新闻报道在制作和传播过程中,应当增强法律意识,严格遵守上述关于著作权的规定,避免违规违法行为的发生。

 案例

央视网公司诉百度公司侵犯著作权纠纷案①

在2012年春晚直播期间,本案原告央视国际网络有限公司(以下简称"央视网公司")发现本案被告北京百度网讯科技有限公司(以下简称"百度公司")的网站(www.baidu.com)的页面下,可以直接观看2012年春晚的"直播"。央视网公司认为百度公司的这一行为系对涉案春晚的实时转播行为,该行为构成对其著作权的侵犯,据此,要求百度公司赔偿100万元经济损失。

被告百度公司对央视网公司的指控不予认可,其主要的抗辩理由为其所提供的仅是链接服务,网络用户虽然在百度网站页面下可以直接观看涉案视频,但由涉案搜索结果图示中"搜狐视频"的标示,以及该视频播放页面中"来自搜狐视频"的显示,均可以看出涉案视频来源于搜狐网站。至于用户为何可以在百度网站页面下观看搜狐网站中的涉案视频,百度公司的解释是因为其使用了i-frame技术,这一技术使得用户在搜索结果页面上可直接观看被链接网站的视频,而无需进入被链接网站的页面。

---

① 芮松艳:《网络实时转播行为的法律属性以及深层链接行为的举证要求:评央视网诉百度公司案》,《中国版权》2014年第2期。详情可参见北京市海淀区人民法院(2012)海民初字第20573号民事判决书与北京市第一中级人民法院(2013)一中民终字第3142号民事判决书。

针对央视网公司的起诉,北京市海淀区人民法院(以下简称一审法院)认为,涉案 2012 年春晚属于汇编作品,中央电视台作为春晚的汇编者,对其汇编的作品春晚享有著作权。对于百度公司的行为,一审法院认为,因公证书中显示涉案春晚视频播放图标旁边显示"来自搜狐视频",且春晚播放的画面顶部显示"搜狐视频",画面右上角显示"搜狐视频实时转播",故被控侵权视频春晚系由第三人搜狐公司提供,百度公司仅提供了链接服务,并未侵犯央视网公司对涉案春晚享有的广播权。据此,一审法院判决驳回央视网公司的全部诉讼请求。

央视网公司不服,向北京市第一中级人民法院(简称二审法院)提起上诉。二审法院经审理认为,依据中央电视台出具的授权书可以认定,央视网公司对于 2012 年春晚不仅享有广播权,亦享有信息网络传播权以及《著作权法》第十条第 17 项规定的兜底性权利。被告百度公司现有证据无法证明其仅提供了链接服务,故应认定被告百度网站直接提供了对涉案 2012 春晚的实时转播。在未经著作权人许可的情况下,被告百度公司实施的上述实时转播行为构成对原告央视网公司所享有的广播权的侵犯。据此,二审法院判令百度公司赔偿央视网公司经济损失人民币 6 万元。

思考题

1. 作品的构成要件有哪些?如何理解作品可复制性与固定性之间的关系?
2. 我国《著作权法》规定的著作财产权都有哪些?它们大体可以分成几类?
3. 著作权中的合理使用制度与法定许可制度有何异同?
4. 著作权与邻接权是什么关系?我国邻接权都包括哪些内容?

第十一章 新闻侵权的抗辩事由

新闻侵权抗辩是确定新闻侵权责任的重要问题,即使主张权利保护的人能够证明其人格权受到侵害,具备新闻侵权责任的构成要件,但如果新闻媒体能够提出正当的抗辩,仍然可以免除侵权责任。确定新闻侵权责任,既要保护好民事主体的人格权,同时也要保护好新闻媒体新闻批评自由的权利,给新闻媒体以更大的空间,更好地发挥新闻媒体的舆论监督作用,反映民声和民意,推动社会不断进步。

第一节 新闻侵权抗辩及其体系的构建

一、我国新闻侵权法发达的原因及其意义

(一)我国新闻侵权法发达的原因

众所周知,我国目前还没有制定"新闻法"或者"新闻出版法",但是有一个特别的现象经常引起境外学者的疑问,这就是中国为什么新闻法不发达,而新闻侵权法却十分发达。提出这一疑问的具体根据是,中国热心于研究新闻法的人并不是很多,而研究新闻侵权法的,不仅民法学者中大有人在,而且新闻学者也都十分热心;不仅法学专家在起草《中华人民共和国民法典侵权责任法建议

稿》时专门规定新闻侵权的内容①,而且新闻学者还专门草拟了《新闻侵害名誉权、隐私权新的司法解释建议稿》②。在法学界和新闻学界,研究新闻侵权的著作和论文也相当丰富。

中国出现这种状况的原因是:在一个社会中,对新闻出版行为必须有法律进行规制,以正确划清新闻自由以及滥用权利之间的界限,划清言论自由与人格权保护之间的界限,划清新闻媒体正当行使新闻监督权利和新闻侵权之间的界限。这样,即使没有新闻出版法进行规制,通过新闻侵权法也能够给新闻媒体行使新闻自由权利界定具体规则,即通过确定新闻侵权行为的范围而界定新闻媒体的行为规范,以及对新闻行为进行法律规制的方法和规则。我国社会这个特别的法律现象,实际上是针对没有新闻法或者新闻出版法的情况而采取的一种变通和替代的办法,具有非常积极的重要意义。

(二) 研究新闻侵权法的意义

现实中存在的另一个问题是,中国民法领域特别注重研究新闻侵权法,原因是在1987年实施《民法通则》之后,我国民事主体的权利意识迅速提高,维权意识深入人心。但是从另一个角度来说,过分地强调保护名誉权等权利,致使有些人的权利观念过于"膨胀",出现了权利泛化以及权利滥用等现象。而过度、过分的权利主张,必然挤压甚至限制新闻媒体新闻自由的"喘息空间",使新闻媒体无法完成报道和促进社会进步的职能,其结果必然会损害全体人民的整体利益。

研究新闻侵权、制裁新闻侵权行为,当然并不是为了限制新闻媒体的新闻自由,而是要给新闻媒体确定行使新闻自由权利的具体规则。不属于新闻侵权的新闻行为,就是合法的新闻行为,可以正当进行。而特别研究新闻侵权抗辩,则是从正面确立新闻媒体正当行使新闻权利的规则,使新闻媒体能够依法提出事实根据,以对抗不当的新闻侵权诉求。研究新闻侵权法,通常更多的是去研

---

① 王利明主编:《中国民法典草案建议稿及说明》,中国法制出版社2004年版,第241—242页。
② 徐迅等:《新闻侵害名誉权、隐私权新的司法解释建议稿》,中国人民大学民商事法律科学研究中心、INTERNEWS国际记者培训机构编:《"新闻侵权与法律适用"主题研讨》,2008年内部论文集,第30页。

究新闻侵权责任构成和新闻侵权行为的类型,即在什么情况下、什么样的行为能构成新闻侵权责任,以更好地保护民事主体的人格权。同样,研究新闻侵权法应当在坚定不移地保护民事主体人格权的同时,注重从另外一个角度研究,在什么情况下新闻媒体可以抗辩新闻侵权责任的诉求,对抗侵权责任构成,以确保新闻媒体依法行使新闻权利的行为受到法律保护,不受不当诉讼行为甚至是恶意诉讼行为的干预和打击。这样,就能够从两个不同的角度来考虑新闻侵权责任问题,划清前述"三个界限",确定新闻侵权责任就会更客观、更全面,特别是在权利过于膨胀、权利泛化和权利滥用的情况下,给新闻行为确立法律规范,保障新闻媒体的新闻自由,更好地发挥新闻媒体的舆论监督职能。

(三) 研究新闻侵权抗辩的价值

研究新闻侵权抗辩既具有较大的理论意义,同时具有较大的实践意义,我们可以从如下三个方面进行观察:第一,新闻侵权抗辩与新闻侵权请求权相对应,其价值在于对抗新闻侵权请求权的正当性,否定侵权责任。请求权是裁判权的基础。原告享有新闻侵权请求权就可以向法院起诉,只要证明自己的请求权成立,被告就应当承担新闻侵权责任。但是,"无告不成讼",一个原告在向法院起诉主张自己的请求权时,作为这个请求权的义务人也就是新闻媒体,如果存在法定的不承担侵权责任的正当理由时,通过抗辩就能够否认原告的请求权,阻却自己的新闻侵权责任。第二,形成诉讼上的诉辩对抗,使法官做到兼听则明,准确地适用法律。原告提出新闻侵权诉讼请求,被告依法进行抗辩,这就能够使原告的请求与被告的抗辩形成诉辩双方的对抗,形成诉辩交锋,能给法官对案件进行全面审查、准确认定案情提供裁判基础,以便对案件做出正确裁判。否则,原告说什么,法官就信什么,请求什么就判什么,就无法保证法律的正确适用,对当事人是不公平的。第三,补充新闻立法不足,更好地保护新闻媒体的新闻权利。由于我国没有制定"新闻法",因此不易确认新闻媒体的行为准则,而通过研究新闻侵权以及新闻侵权抗辩可以从侧面确定新闻媒体的行为准则,更好地保护媒体的新闻报道自由和新闻批评自由。

二、新闻侵权抗辩的理论体系

（一）新闻侵权抗辩和新闻侵权抗辩事由的概念

新闻侵权抗辩，是指新闻媒体作为被告，对原告新闻侵权诉讼请求提出的，证明原告诉讼请求不成立或者不完全成立的主张。抗辩事由，是指被告针对原告的侵权诉讼请求而提出的，证明原告诉讼请求不成立或不完全成立的事实。新闻侵权抗辩事由是新闻侵权抗辩的特定的具体事实。在侵权行为法中，抗辩是对请求的对抗，而抗辩事由是针对承担侵权责任的请求而提出的具体事实，所以，新闻侵权抗辩总是表现为具体的事由，即新闻侵权抗辩事由。认为"新闻侵权抗辩事由，就是指媒体的新闻活动虽然给他人造成了损害，但该行为依法不构成侵权行为的情形"的观点，似乎还需要进一步严密界定。侵权行为法的抗辩事由是由侵权行为的归责原则和侵权责任构成要件派生出来的。适用不同的归责原则，就有不同的责任构成要件，因而抗辩事由得是与归责原则和责任构成要件相适应的特定抗辩事由。新闻侵权同样如此，由于新闻侵权在归责和构成上的特殊性，新闻侵权责任的抗辩事由也就更加丰富，更为多样化，需要专门进行研究。

（二）新闻侵权抗辩的性质

新闻侵权抗辩的性质是抗辩中的事实抗辩和法律抗辩。抗辩和抗辩权，是民法的重要概念，但二者具有严格的界限。抗辩是针对请求权的防御方法，是针对请求权的构成而提出的对抗性意见，是指被告通过主张与原告不同的事实或法律关系，以撤销原告所主张的请求权，使其不能成立的行为。抗辩权则是指被告对于原告的诉讼请求，有拒绝给付的权利，是针对请求权的行使而享有的对抗权利，是一个具体的实体权利。请求权已经构成并且可以依法行使，但抗辩权的行使即可抗拒和阻却请求权，抗辩权人不承担侵权责任。例如，诉讼时效完成就使被告产生抗辩权，被告行使之，即可阻却请求权，可以依法拒绝履行义务。

新闻侵权中的抗辩与反驳也有严格区别。反驳是指一方当事人为反对另一方当事人的主张而提出于己有利的事实和理由所进行的辩论。实体反驳是指被告以实体法律为根据,说明原告的实体权利请求的事实依据或者法律依据不存在。如被告用事实证明原告的权利根本不存在或已经实现,或者证明原告提出的作为诉讼的理由的事实根本就没有发生过或与事实真相不符等。而抗辩则是被告根据原告的诉讼请求,主张自己存在客观事实或者法律根据以对抗原告的请求。

新闻侵权的抗辩既不是已经产生的实体抗辩权,可以只直接对抗原告的新闻侵权请求权,阻却该请求权的行使,也不是否认原告诉讼请求而提出的事实根据或者法律根据的反驳,而是主张自己存在客观上的事实和法律依据,证明自己具有适当的理由,破坏原告的新闻侵权请求权的构成,使其新闻侵权请求权不能成立,从根本上否认原告的新闻侵权请求权,使自己免于承担新闻侵权责任。

(三) 新闻侵权抗辩事由的构成

概括起来讲,构成新闻侵权抗辩事由必须具备如下三个条件:

一是对抗性要件。新闻侵权抗辩事由必须对抗新闻侵权责任构成的具体要件,破坏新闻侵权责任构成的内在结构,使原告诉请的新闻侵权请求权归于不能成立。新闻侵权请求权是新生的请求权,必须具备构成要件才能够发生。原告提出新闻侵权请求权,要证明自己的请求具备新闻侵权构成所必须具备的要件。不论其证明是否成立,新闻侵权抗辩事由尽管从整体上看是对抗原告的侵权诉讼请求,但它具体对抗的必定是侵权责任构成及其要件,破坏原告新闻侵权请求权的构成,导致原告的新闻侵权诉讼请求在法律上不成立。如果新闻侵权纠纷的被告提出的主张不具有对抗性,而仅仅能证明自己的行为可以被谅解但不足以破坏新闻侵权请求权的构成,不能对抗新闻侵权请求权的事实和理由,则不能成为新闻侵权抗辩事由。

二是客观性要件。新闻侵权抗辩事由必须是客观事实,须具有客观性这一属性。它要求新闻侵权抗辩事由必须是客观存在的、已经发生的事实,不能是主观臆想的或者尚未发生的情形。不论事实基本真实,还是权威消息来源等,作为新闻侵权抗辩事由,都是已经发生的客观事实,既不是假想和猜测,也不是将来能够发生的事实。仅仅表明某种损害没有发生,或单纯否认对方请求权不存在,不能成为新闻侵权抗辩事由,因为它不是客观事实。

三是正当性要件。新闻侵权抗辩事由必须具备的内在价值判断应有正当性要件。这一要件意味着,尽管新闻媒体的新闻行为造成了受害人的损害,但媒体的新闻行为于社会而言是正当的,对社会有重要的进步价值,能够推进社会的公平正义,社会对这种造成损害的行为予以正面肯定,在法律上确认其具有阻却新闻行为违法的功能。正因为如此,一切抗辩事由包括新闻侵权抗辩事由才能够成其为抗辩事由,才能够对抗侵权的诉讼请求,免除自己的侵权责任。一个新闻侵权抗辩事由如果不具备正当性要件,即使存在对抗性和客观性要件,也不能发生对抗新闻侵权请求的法律后果。

四、新闻侵权抗辩的具体事由

新闻侵权抗辩事由应当定型化、具体化,这样才能起到指引和告知作用,使新闻媒体和其他当事人以及法官知道应当怎样为和不为,从而在事前建立预测和筛选机制,防止诉讼的发生和进一步发展①,规范新闻行为、保护新闻自由和当事人的合法权益。本部分使用完全抗辩和不完全抗辩的分类作为标准来阐述新闻侵权抗辩事由。

(一) 完全抗辩

新闻侵权的完全抗辩,是指能够完全对抗原告新闻侵权请求权,免除自己侵权责任的抗辩事由。新闻侵权抗辩事由中的完全抗辩事由包括以下十五种:一是事实基本真实;二是权威消息来源;三是连续报道;四是报道特许发言;五是公正评论;六是满足公众知情权;七是公众人物;八是批评公权力机关;九是公共利益目的;十是新闻性;十一是受害人承诺;十二是为本人或者第三人利

---

① 郭卫华、常鹏翱:《论新闻侵权的抗辩事由》,《法学》2002 年第 5 期。

益;十三是"对号入座";十四是报道或批评对象不特定;十五是涉及配图与内容的抗辩。

(二) 不完全抗辩

新闻侵权的不完全抗辩,是指须具备特别理由或者具体条件才能成立,并能够完全对抗新闻侵权请求权,或者仅能对抗部分新闻侵权请求权,以减轻被告侵权责任的新闻侵权抗辩事由。不完全抗辩事由包括以下七种:一是已尽审查义务;二是已经更正或道歉;三是如实报道;四是转载;五是推测事实和传闻;六是读者来信、来电和直播;七是文责自负。

当然,新闻侵权抗辩事由还可以其他条件为标准进行不同的分类。例如,以新闻侵权抗辩事由的构成要素为标准,可以将其分为事实抗辩和法律抗辩。在新闻侵权抗辩事由中,以事实作为抗辩事由的,是事实抗辩;以法律为抗辩事由的,是法律抗辩。例如,事实基本真实、连续报道等,抗辩的根据都是事实,因此都是事实抗辩;而公众知情权、公众人物、公共利益、新闻性等,抗辩的根据不是事实,而是法律规定,因此都是法律抗辩。

第二节 新闻侵权抗辩的具体事由及规则

一、事实基本真实与权威消息来源

(一) 事实基本真实

事实基本真实是最高人民法院司法解释确立的新闻侵权抗辩事由。也就是说,如果媒体报道的事实是基本真实的,那么新闻媒体的报道就不构成侵权,不应当承担侵权责任。可资参考的国外法律有《美国侵权法重述》,其规定:"就事实而作具有诽谤性之陈述公布者,如该陈述为真实者,行为人毋须就诽谤而负责任。"在英国诽谤法的相关规定中,如果被告能够证明其言论是真实的,则可抗辩原告关于诽谤的指控。我国也有学者主张,新闻作品的内容真实与合法是新闻侵权抗辩的理由。

确定事实基本真实,涉及新闻真实、法律真实和客观真实三个概念。首先,新闻媒体在报道消息的时候,应当承担事实真实的审查义务。其审查义务应当达到的程度,就是事实基本真实。新闻报道如果达到了事实基本真实的程度,应当认为新闻媒体已经尽到了审查义务,就不存在侵权问题。因此,事实基本真实就是新闻真实。其次,事实基本真实不是基本事实属实。事实基本真实是对新闻事实真实性提出的标准,对于媒体报道的事实,审查义务不能要求得太高、太苛。司法机关对一个刑事案件从公安开始侦查到检察院起诉,到法院最后判决,有严格的程序和国家的强制力量作保障,仍然不能保证调查的事实是客观真实,而新闻记者进行采访、调查、判断,很难在短时间内保证调查的事实完全真实,更不用说客观真实了,所以法律责任判定中对此也会有一定宽容。再次,法律真实是指有足够证据能够证明真实,它是对案件事实高度盖然性的证明,但并不能保证证据所证明的事实完全客观真实。因此,法官对案件事实的认定,只能是法律真实,而不是客观真实。而客观真实则是事实的本来状态,存在于已经流逝、不会再复原的历史之中。因此,客观真实不是在法律上追求的真实,不是证据所能够证明的真实,更不是新闻真实所能达到的标准。最后,事实基本真实就是法律真实,是对新闻事实认定的标准,不过它比一般认定侵权责任的事实认定标准还要低一些,报道的事实基本真实就可以了,就不构成新闻侵权。因此,事实基本真实是新闻侵权抗辩中的完全抗辩。

新闻真实、法律真实和客观真实这三个概念不是一个层次上的问题。新闻真实就是事实基本真实。我们不可能要求媒体做到百分之百的客观真实。事实基本真实的标准是合理相信。媒体经过采访、调查或者亲身经历,能够使自己确立合理相信,就达到了事实基本真实的标准。建立起合理相信事实基本真实,应当具备的条件:一是新闻媒体揭示的事实的主要经过、主要内容和客观后果基本属实,不是虚构、传言或者谣言等,在主要问题上不存在虚伪不实;二是新闻媒体确有证据证明,可以合理相信这个事实是真实的;三是新闻媒体进行的报道和批评具有善良目的,不具有侵害他人人格权的恶意和重大过失。例如《北京晚报》曾经报道"苍蝇聚车间,污水遍地流,某酱菜厂卫生不合格受处罚",该酱菜厂起诉报社构成新闻侵权责任,理由之一是记者在一同检查卫生时在现场仅仅捉到五只苍蝇,就批评为"苍蝇聚车间",显然与事实不符。报社答辩三者即为聚,因此批评"苍蝇聚车间"的事实基本真实,法院支持了报社的合法抗辩。

在特定情况下,事实基本真实不能作为正当抗辩。新闻报道批评涉及信用权时,事实基本真实不是免除责任的抗辩。信用权具有特殊性,在涉及他人信用权的新闻报道中,即使事实是真实的,也可能构成侵害信用权。例如,报道一个卖羊肉的店铺门口经常停着运狗肉的车,如果该店铺主张报道侵害其信用权,应当构成侵权,即使媒体报道的这个事实是真实的。因为任何人看了这个报道都会联想到这个卖羊肉的店铺是"挂羊头卖狗肉",肯定会对其信用权造成损害。

(二) 权威消息来源

权威消息来源是抗辩事实不真实的新闻侵权抗辩事由。英美侵权法对诽谤诉讼有特许报道的辩护事由,对官方文书和官方人员在某些场合下的言论的正确报道免负损害名誉的责任。我国的权威消息来源作为新闻侵权抗辩事由,仅指消息来源具有权威性,新闻媒体报道的事实即使是不真实的,如果具有权威消息来源,也不构成新闻侵权责任。

构成权威消息来源,应当具备的条件首先是发布消息的机关是权威的。所谓权威就是指消息来源的权威性,只要发布消息的机关是权威的,就应当认为权威消息来源提供的事实材料达到可以确信的程度。因此,只要审查提供消息的机关的权威度,就可以确认是否构成这个要件。其次是消息的真实性由发布消息的权威机关负责,媒体不必进行调查核实,不必进行审查,可以直接进行报道,即使出现事实不真实的情况,新闻媒体也不负新闻侵权责任。例如,政府机关、司法部门、政党团体公布的事实,新闻媒体对此进行报道,不必进行调查、审查,即使存在事实错误,也不是新闻媒体的责任。最后是媒体报道时未添加其他不实事实或诽谤、侮辱性文字,或者没有删减事实。如果在事实上进行删改、增减,致使发生侵权后果的,则构成侵权。具备以上三个要件,可以对抗新闻侵权责任。例如，对一个犯罪行为的报道，媒体报道了一审法院判决被告人有罪的消息，又报道了二审法院判为无罪的消息。有人认为这种情况可以适用连续报道作为抗辩事由，但这是发布消息的权威机关的责任，不是媒体的责任，不必适用连续报道的抗辩事由抗辩，以权威消息来源抗辩即足以对抗新闻侵权请求权。

有人认为，社会团体、企事业单位就其职责范围内的情况向新闻媒体发表的材料，公民、法人关于自身活动供新闻单位发表的材料，以及消息来源系事件现场目击者等，也属于权威消息来源，但使用这样的消息来源应当慎重。这些单位和个人尚不具有足够的权威性，新闻媒体有调查、核实的可能和余地，对此不能简单地以权威消息来源来抗辩新闻侵权责任。

二、连续报道与报道特许发言

（一）连续报道

连续报道是新闻侵权抗辩事由中的完全抗辩，符合连续报道要求的新闻报道可以完全对抗新闻侵权请求权，一般不构成新闻侵权责任。对此，我国法院判决的范志毅涉嫌赌球的新闻侵权案，已经做出了肯定结论。新闻媒体作为被告，其系列报道是有机的、连续的，客观地反映了事件的全部情况，是一组完整的连续报道，而且没有造成原告社会评价的降低，因此不构成侵权。

构成连续报道应当具备以下条件：一是前导报道的消息来源不是一个肯定的事实，而是一个推测或者传闻的事实，报道时应当明确其报道的事实是不具有肯定性的事实。如果前导报道时即采取肯定性的态度进行报道，而该报道构成侵权，则即使今后进行了新的报道，也不能构成连续报道，而仅仅是事实的更正。二是后续报道是及时的，应当保证与新闻事件的进展基本上保持同步，不能有过长时间的拖延。三是连续报道的最终结论是肯定性的、真实的，不涉及侵害被报道人的人格权问题。四是媒体报道时应具有善良目的，态度实事求是，为追求事件真相而进行公正报道，且不具有侵权的故意（包括直接故意和间接故意）。五是连续报道的各次报道在版面上处理适当，即版面语言使用适当，不得让否定性的报道使用显眼的版面,肯定性的报道使用不显眼的版面。

这里需要特别指出的是:在一个连续性的报道中,媒体如果故意利用这种形式,先对被报道对象进行恶意报道和评论,然后再用后续报道慢慢地补回来,这样的"连续"报道是不能抗辩新闻侵权责任的。

(二) 报道特许发言

报道特许发言也是新闻侵权的抗辩事由。报道特许发言是指新闻媒体在报道具有特许权的新闻人物的发言时,由于该新闻人物具有特许权,即使其发言有侵权的内容,新闻报道也不因为报道该新闻人物的言论而被追究侵权责任。

有的学者认为,这个新闻侵权抗辩应当叫作特许权,而不是报道特许发言。其实这种特许权并不是给新闻媒体的特许,而是新闻人物享有的特殊权利,即新闻人物发言享有特许权,即使其内容涉及侵害他人人格权,也不追究媒体侵权责任。因此,特许权相当于豁免权。按照英国诽谤法的规定,上议院的议员对于其出席议会时的发言及辩论中的言论享有绝对的特权,在司法程序中相关人员所发表的言论享有绝对的特权,行政官员在履行职务过程中对其他行政官员所发表的言论也享有绝对的特权,这些特许权都可以对抗诽谤之诉中原告的主张。新闻媒体能够作为抗辩理由的不是自己享有特许权,而是由于新闻人物对其言论享有特许权,不被追究侵权责任,因而也就使新闻媒体对该新闻人物的发言所作的报道免除了侵权责任。因此,报道特许发言是新闻侵权抗辩事由,而不是新闻媒体享有可以抗辩新闻侵权的特许权。

报道特许发言的范围是特定的,只有具有这些身份的人在特定的场合的发言才具有特许权,媒体对其报道才可以作为免除新闻侵权责任的抗辩事由。在美国,具有特许权的是司法人员、律师、司法程序之当事人、司法程序之证人、陪审员、立法者、立法程序之证人、高级行政人员、夫妻,以及依法律规定应作的公布。我国的报道特许发言的范围包括:(1) 各级人民代表大会代表在人民代表大会上的发言;(2) 各级政治协商会议委员在政治协商会议上的发言;(3) 法官、陪审员、检察官、律师在法庭上的发言;(4) 司法程序中的当事人、证人。媒体对于这些发言进行报道,因为发言者享有特许权,新闻媒体因此对其报道也享有侵权责任的"豁免权",任何人不得追究其侵权责任。

三、公正评论与满足公众知情权

(一) 公正评论

新闻评论是新闻媒体结合重要的新闻事实,针对社会普遍关注的问题所发表的论说性的意见,诸如社论、评论员文章、短评、编者按语、专栏评论、述评等。评论不是事实,仅仅是一种意见、看法的表述。① 公正评论是对抗新闻侵权的正当抗辩事由,能够完全阻却新闻侵权请求权,使媒体不承担侵权责任。

在美国,公正评论也叫作免责之批评,一开始为专门的抗辩事由,后来改为适用"意见之表达"的抗辩。公正评论应当具备何种要件?英国相关法律认为,第一,被告要证明其评论的是有关公共利益的事项;第二,被告必须证明其评论具有事实上的根据;第三,被告还要证明其评论不是恶意的。根据我国的实际情况,构成公正评论应当具备以下要件:一是评论的基础事实须为公开传播的事实,即已揭露的事实。对于已揭露的事实进行评论,即使该事实具有诽谤性,或者不真实,媒体发表评论都不负侵权责任。以故意编造或者明显虚假的新闻事实作为评论的依据,本身就构成侵权责任。如果评论隐含该意见的根据有未揭露的诽谤性事实可能的,也不具备本要件。二是评论须公正。评论的内容应当没有侮辱、诽谤等有损人格尊严的言辞。对此,应当特别区分评论的言辞尖刻与诽谤之间的界限。在评论中,即使批评的言辞非常尖刻,只要不是诽谤,不是故意贬损他人人格,就不是侵权;如果评论中有贬损人格尊严的侮辱、诽谤性言辞则为侵权,其标准应以人格是否受到侵害为标准。有学者提出,在以上范围内,即使是片面的、偏激的甚至是具有诽谤性的评论,也不应追究法律上的责任。这种看法不够妥当。片面、偏激并不会涉及侵权问题,但具有诽谤性的评论则必然会涉及被评论人的人格尊严,应当构成侵权。三是评论须出于社会和

---

① 参见王利明、杨立新主编:《人格权与新闻侵权》修订版,中国方正出版社2000年版,第650页。

公共利益目的,没有侵权的故意。社会和公共利益目的包含两种情况:一是社会公众对于评论所涉及的事项享有法律上的利益,二是评论所涉及的事项受到公众的质疑或是公众的广泛关注。如果媒体发表的评论出于作者的恶意,借评论而故意贬损被评论人的人格,则构成新闻侵权。

有人认为,对特定人的评论所涉及的事实如果虚假,那这种评论就没有依据,自然不会公正。那么,评论所依据的事实不真实或者虚假,被评论人提出新闻侵权诉讼,是否都能构成侵权责任?对此不能一概而论。评论事实虽然不真实,但符合公开传播事实的要求,不是评论者故意编造的事实,或者虽然是明显不真实的事实,但评论者依据新闻从业要求不能发现,评论人又没有侵权故意,没有贬损他人人格的言辞,当然不构成新闻侵权。认为凡是评论的事实虚假则评论就自然不会公正的观点,有绝对化的嫌疑。

(二) 满足公众知情权

满足公众知情权是一个完全的新闻侵权抗辩事由。知情权又称为知悉权、了解权等,是由美国的一位新闻编辑肯特·库珀在 1945 年 1 月的一次演讲中首先提出来的,基本含义是公民有权知道他应该知道的事情,国家应当最大限度地确认和保障公民知悉、获取信息的权利,尤其是政务信息的权利。

20 世纪 50 年代和 60 年代,美国兴起"知情权运动",知情权被广泛地援用并成为一个具有国际影响的权利概念,成为与新闻自由、创作自由、言论自由、出版自由诸概念密切相关的一个权利概念。知情权给新闻业、出版界及时报道新闻事件提供了新的法律依据和事实依据。为了满足公民知情权的需要,报纸、杂志、广播、电视、广告等大众传媒传播着世界上形形色色的事件、信息,新闻自由及言论自由被扩展到极大的限度,因而知情权与隐私权之间不可避免地产生重大冲突。

公众知情权,是指公民享有的对社会上发生的感兴趣的事情及其发生、发展、变化予以了解和知悉的权利。该权利属于公权利,其相对的义务人就是公共媒体,公共媒体负有满足公众知情权的义务。因此,公众知情权是新闻侵权的最好抗辩理由之一。

构成满足公众知情权需要具备以下三个要件：一是报道的须是一个正在发生、发展、结果的新闻事件或者与新闻事件有关的背景。二是报道的事项须为不特定的多数人对此抱有兴趣，想知道事件的发生、发展、结果以及与该新闻事件有关的背景。不特定的多数人就是公众的含义。三是媒体进行报道须符合媒体的职责要求，不违反公共利益和公序良俗，不具有侵权的恶意。构成公众知情权，不要求存在不侵害他人权利尤其是隐私权的内容。正是因为满足公众知情权可能会影响到某些人的个人权利，所以才有不违反公序良俗即可的规定。

我国法院在范志毅案件的判决中已经援引了这个抗辩事由，即公众关注。判决书说"本案争议的报道是被告处在'世界杯'的特定背景下，遵循新闻规律，从新闻媒体的社会责任与义务出发，为了满足社会大众对公众人物的知情权而采写的监督性报道"，并以此作为免除文汇新民联合报业集团新闻侵权责任的理由。这个理由是成立的，可以对抗新闻侵权请求权。

四、公众人物与批评公权力机关

（一）公众人物

公众人物是美国最高法院通过沙利文诉纽约时报案确立的概念，后来成为诽谤法的一个重要规则。为了社会公共利益进行宣传或者舆论监督，公开披露公众人物与公共利益相关的以及涉及相关人格利益的隐私，不构成侵权。超过必要范围的，应当承担侵权责任。

公众人物是指因其特殊地位或者表现而为公众所瞩目的人物，如各级政府官员、主动寻求公众评价的各种公开的候选人、体育艺术明星、因重大不凡表现而影响社会的发明家和企业家等。他们的表现或与公共利益有重大关系，或为大众关心的焦点，因而成为公众人物而自愿暴露在公众面前，所以应当对公众的评论有所容忍。这里需要特别指出的是，公众人物也是人，是民法规定的民事主体中的自然人。公众人物的人格没有缺陷，具有完全的民事主体资格，应当享有一般的民事主体所享有的全部民事权利。但是,公众人物区别于其他一般的自然人的不同之处在于,他们的知名度超过常人,或者承担的职责涉及公共利益或者国家利益,人们对他们的关注和观察就远远超出对一般的自然人关注的程度。因此,公众人物涉及两个问题:一是社会公共利益,二是公众知情权。前者表明,如果公众人物的行为关系到了国家利益或者公共利益,那么这种行为无论多么隐私,也一定要让公众知道,一定要让公众能够监督,否则就会损害社会公共利益。后者则意味着为了满足公众知情权,可能牺牲公众人物的部分权利。不论前者还是后者,都是为了满足或者实现更大的利益,而牺牲作为极少数的公众人物的某些权利。这是法律在利益冲突面前不得不做出的一种权衡和选择。

公众人物作为新闻侵权抗辩事由,应当具备以下要件:第一,被报道的人物须是公众人物。第二,报道或者评论不具有恶意、明显的放任或者重大疏忽。第三,不超过保护人格尊严的必要限度,即并不是对公众人物的所有情况进行报道和评论都是免责的,报道和评论应当有必要的界限,超出必要界限就构成新闻侵权。

(二) 批评公权力机关

批评公权力机关也是新闻侵权的抗辩事由。按照我国《宪法》的规定,公权力机关应当接受人民群众的监督;新闻媒体对其进行监督和批评,是依法行使新闻监督的权利,即使存在过失,造成批评的事实部分失实,新闻媒体也不应承担侵权责任。国家机关尽管都是法人,都具有名誉权,但是不能利用名誉权而拒绝人民群众和新闻媒体的监督。确立批评公权力机关为新闻侵权抗辩事由,就是为了制止司法机关作为"裁判"下场"踢球"的现象。因此,批评公权力机关是新闻侵权抗辩事由中的完全抗辩,以此阻却公权力机关拒绝批评的新闻侵权请求权,给媒体和公众以"更大的喘息空间"。

五、公共利益目的与新闻性

（一）公共利益目的

公众利益目的也是新闻侵权抗辩的一个重要事由，能够全面对抗新闻侵权请求权，属于完全抗辩，特别是在批评性的新闻报道中。公共利益目的就是关系到不特定的多数人利益的目的。以此作为新闻侵权的抗辩事由应当具备如下两个要件：一是须具有公共利益目的。媒体发布一个新闻报道或一则新闻批评，或者使用一幅新闻照片，须出于公共利益的目的，而不是其他不正当目的，更不得具有侮辱、诽谤或者侵害他人人格权的非法目的。二是须没有有损于他人人格的言辞。

在关于偷拍、偷录的新闻报道是否构成新闻侵权的问题上，公共利益目的是一个可以成立的抗辩事由。如果是真正出于公众利益目的而进行善意批评，在适当的范围内进行偷拍、偷录，用于揭露社会阴暗面，批评社会上的负面行为，不构成是新闻侵权。

（二）新闻性

新闻性是对于图片新闻构成新闻侵权的抗辩事由。有学者认为具有新闻价值是最一般的抗辩事由，其实这种主张更多的是指满足公众知情权。在确认满足公众知情权为新闻侵权抗辩事由的基础上，将新闻性主要作为对抗图片新闻侵权的抗辩事由更为准确，也更容易把握。对于图片新闻报道，如果利害关系人主张侵害肖像权的新闻侵权责任，新闻性是最好的抗辩，是完全抗辩。如果一个人物处于一个具有新闻性的事件中，即使媒体使用该新闻照片没有经过肖像权人的同意，也不得主张侵害肖像权或者隐私权。

对于新闻图片的侵权诉求，新闻性构成抗辩事由应当具备的条件是：第一，具有新闻价值的人物须出现在公众视野之中。公众视野就是公众能够自然看到的范围，新闻记者可以拍摄处于公众视野内具有新闻价值的人和物体，而无须顾忌侵犯肖像权等权利。第二，媒体采制和使用图片的目的须为进行新闻报道或者新闻批评,而不是以营利为目的。凡是以营利为目的而使用他人图片的,即使具有新闻性,也不得对抗新闻侵权诉求。第三,通过图片报道的新闻须事实基本真实,虚假的事实即使具有新闻性,也不得对抗新闻侵权诉讼请求。第四,使用的新闻图片及配发的文字须没有侮辱、诽谤的内容。不具备上述要件,就不具有新闻性,不能免除新闻媒体的侵权责任。

新闻性作为抗辩事由,主要表现在两个方面:第一,在公众视野中具有新闻性的人物,例如元首、政治家等,皆不得主张肖像权和姓名权。第二,具有新闻性的事件,例如在公众视野中参加集会、游行、仪式、庆典或者其他活动的人,由于这类活动具有新闻报道价值,任何人在参加这些社会活动时,都允许将其肖像和姓名、名称用于宣传报道,不得主张肖像权和姓名权、名称权。公众人物参与集会、游行、庆典或类似事件,其肖像不构成肖像制品的主题时,可以被合理使用。

六、受害人承诺与为本人或者第三人利益

(一) 受害人承诺

受害人承诺,也叫受害人同意或者受害人允诺,是指受害人容许他人侵害其权利,自愿承担损害结果,且不违背法律和公共道德的一方意思表示。这种承诺是侵权行为的一般抗辩事由,也是新闻侵权的抗辩事由。在作为一般抗辩事由时,按照《民法典》的相关规定,人身损害事先免责条款无效。侵害健康权、生命权的侵权行为,不得因受害人承诺而免除其侵权责任。

受害人承诺成立须具备以下四个要件:一是权利人须有处分该项人格权的能力与权限。无行为能力人或者限制行为能力人处分自己的权利,须经监护人同意;非经同意,其本人的允诺无效。二是须遵守一般的意思表示规则,即须具备一般意思表示的生效要件。在一般情况下,承诺侵害自己的财产权利,应当为有效;承诺侵害自己的人身权利,则应区分具体情况,如承诺他人轻微伤害自己身体,属正当的意思表示,允诺媒体使用自己的肖像、姓名、名称、隐私,亦属正当意思表示;如果嘱托他人帮助自杀,或者承诺他人将自己杀死或重伤,受人

身损害事先免责条款无效的约束,为无效行为。三是受害人须有明确承诺。承诺应当采用明示方式,或是发表单方面声明,或是制定免责条款。权利人没有明示准许侵害自己权利的承诺,不得推定其承诺。如果受害人明知或预见到其权利可能受到损害,但并未向加害人承诺,不构成抗辩事由。例如,电台记者采访时未经同意而录音,如果没有告知并经被采访人明示同意,不得推定接受采访即同意录音。四是受害人事前放弃损害赔偿请求权。放弃损害赔偿请求权不必采取明示方法,只要有允许侵害自己权利的承诺,即可推定其放弃损害赔偿请求权。

在新闻侵权中,对于新闻媒体报道涉及肖像权、姓名权、名称权或隐私权的,如果事先得到权利人的允诺,在新闻报道中使用其肖像、姓名、名称和隐私就不构成侵权。这是完全抗辩,是事实抗辩。

(二) 为本人或者第三人利益

为本人或者第三人利益也是新闻侵权的一个抗辩事由,但其适用的范围较窄,不是一个普遍的抗辩事由。

为本人或者第三人利益作为新闻侵权抗辩事由,所抗辩的新闻侵权责任主要是媒体使用他人肖像和姓名、名称等行为。其构成要件一是媒体确系为了本人利益或者第三人利益而使用他人的肖像、姓名或者名称,不得存在侵权的目的。二是涉及本人和第三人的利益须为重大利益,而非一般利益或者微不足道的利益。三是本人和第三人的利益应为正当利益,不得是非法利益。特别是涉及第三人利益的保护时,第三人范围的确定应当准确,一般应为亲属。四是使用不得超出合理范围。媒体使用他人肖像、姓名、名称的范围须适当,超出适当范围,则构成侵权。最典型的为本人或者第三人利益是刊登寻人启事,不构成新闻侵权责任。

对于侵害名誉权、隐私权的侵权行为,如果存在为本人或者第三人利益的情形也可以作为抗辩事由,但是应当特别慎重使用。

七、"对号入座"与报道或批评对象不特定

（一）"对号入座"

"对号入座"是指作品所报道或者描述的人物本不是原告，而原告硬是将自己的特点和特征与作品中人物的特点和特征"挂钩"或"对号"，主张文中描述的人物就是本人，诉求新闻媒体承担新闻侵权责任。不仅是新闻作品，其他文字作品都有"对号入座"的现象。"对号入座"是新闻侵权的抗辩事由，可以对抗新闻侵权请求权，免除新闻媒体的侵权责任。

构成"对号入座"应当具备以下要件：一是新闻作品中的人物为特指，不论是使用真实姓名，还是使用非真实姓名，都须确有其人。二是新闻作品中的人物并非确指原告。确定新闻作品中的人物确指原告，必须具备三个条件：（1）新闻作品中的人物与现实人物的基本特征必须相同。基本特征是能够将一人与他人区别开来的主要标志，如职业、经历、外貌等特征。（2）新闻作品中的人物与现实人物所处的特定环境必须相同，即生活、工作环境以及人物之间的关系应当一致。（3）熟悉现实人物的人读后公认新闻作品中的人物是现实人物。原告不能证明上述三个条件，就不是确指原告。如果具备上述三个条件，则可能发生作品人物与原告的混同，不能构成抗辩。三是新闻媒体没有侵害原告的故意或者重大过失。如果媒体明知报道的人物可能与原告混同而发生侵权的后果却故意为之，或者媒体由于重大过失而侵害原告的权益，都不构成"对号入座"的抗辩，可能构成新闻侵权责任。

（二）报道或批评对象不特定

报道或批评对象不特定是指媒体所报道的、所批评的对象不是特定的人，无法确定侵权行为的具体受害人。没有特定的受害人，无法构成侵权责任，因此，报道或批评对象不特定是新闻侵权的抗辩事由。当然，这是侵权责任的一般抗辩事由。

若新闻媒体以及出版单位被指控的新闻行为，仅仅是对一个不特定的人群

或者现象进行报道或提出批评,不能认为是侵权行为。不仅如此,就是指控的其他一般的侵权行为,如果没有特定的指向,没有特定的受害人,也不能认为是构成侵权。构成报道或批评对象不特定应当具备的要件是:第一,报道、批评的对象是一群人或者一类人,不是特定的人。第二,一群人或者一类人不能合理地理解为指其中的一个人或者特定的几个人,不能合理地推论特别提及了一个人或者特定的几个人。第三,报道或者批评没有侵害特定人合法权益的故意或者重大过失。以"蒙古大夫"案为例,该词是一个熟语,在民间以及作品中常用。尽管这个词对一群人或者一类人具有一定的贬损性,但不能够认为凡是使用这个词的就构成侵权。

例外的情况是,对一群人或者一类人发布有关诽谤性事项,该群人或者该类人的人数如此之少,以至该诽谤性事项可以合理地理解为指其中特定的个人,或者发布的客观情况可以合理地推论为该公布特别提及了该个人的,可以认为构成新闻侵权责任,不能成为合法的新闻侵权抗辩。

八、配图与内容无关和配图与内容有关

(一) 配图与内容无关

配图是指为配合文字新闻及其他作品而使用的新闻或者其他照片。在实践中经常发生因作品配图而产生的新闻侵权争议,因此,研究作品配图的侵权责任抗辩具有重要意义。

涉及配图的新闻侵权抗辩,有两个正当事由。一个是配图与内容无关,另一个是配图与内容有关。配图与内容无关作为新闻侵权的抗辩事由,应当严格把握。其应当具备的要件有:(1) 配图与新闻报道的内容须完全没有关联,无论从其性质、内容,还是其关涉的其他方面,都与新闻报道的内容无关。(2) 在配图时须加"配图与内容无关"的明确说明。(3) 配图不能引发涉及侵权的其他联想。(4) 新闻媒体须无侵权的故意或者过失。具备以上要件,构成新闻侵权的抗辩,免除新闻媒体的侵权责任。例如,新闻报道法院审理一个案件的情况,用了一个法庭开庭、审判长敲法槌的新闻图片,报纸声明配图与文字报道内

容无关。如果审判长和其他审判员提出侵权诉讼，追究新闻媒体的侵权责任，则不构成侵权。

（二）配图与内容有关

配图与内容有关也是一个新闻侵权的抗辩事由。构成配图与内容有关，应当具备的要件是：第一，须为配图而使用了载有他人肖像的新闻照片。第二，该图片与媒体报道的新闻具有内在的联系，图片是新闻报道不可分离的组成部分，所起的作用是形象地表达新闻内容。第三，尽管未经本人同意，但所报道的新闻具有新闻性。具备上述要件，可以抗辩新闻侵权的诉讼请求，媒体不构成新闻侵权。

九、已尽审查义务与已经更正或道歉

（一）已尽审查义务

新闻媒体对于自己发表的新闻报道的真实性负有审查义务。没有尽到该审查义务，致使报道失实则构成新闻侵权。如果新闻媒体的报道虽然失实，但已尽审查义务，可以对抗新闻侵权责任请求权。已尽审查义务是指媒体对报道的事实已经尽到了审查核实义务，根据实际情况无法发现所报道的事实失实。因此，新闻媒体和出版机构已经尽到合理的审查核实责任，但由受访人、受害人自身过错或其他无法预料的原因导致报道失实的，新闻媒体和出版机构不承担侵权责任。也就是说，新闻媒体及其工作人员已经对报道进行过审查、核实，但是由于新闻媒体意志以外的原因无法核实报道事实的真实性，或者没有办法得到更多的事实证明确认报道失实，一般情况下不构成侵权。

（二）已经更正或道歉

更正与道歉是世界各国新闻法确定的新闻媒体的一种义务。媒体在作品已经被认定为侵权后，或者有证据表明明显属于侵权的，应当及时刊登声明，消除影响，或者采取其他补救措施。媒体拒不刊登更正声明，也不采取其他补救措施,或者继续刊播侵权作品的,应当承担侵权责任。在我国,更正与道歉分为两种。第一种是对报道的事实未尽审查义务,造成新闻侵权的后果,新闻媒体应当承担的更正、道歉义务。第二种是新闻媒体或者其他出版单位出版的著作物,发表或者出版的行为没有构成侵权,但由于发表或者出版的行为造成侵权后果而产生的更正、道歉义务。这两种更正、道歉的义务不同,产生的法律责任也不同。已经更正或道歉是新闻侵权的正当抗辩事由。但由于更正、道歉义务的性质不同,因此,已经更正、道歉作为抗辩事由的效果也不同。

第一,完全抗辩的更正、道歉。上述第二种更正、道歉义务,新闻媒体已经更正、道歉,属于正当抗辩事由,是完全抗辩,可以对抗全部新闻侵权请求权,全部免除新闻媒体的侵权责任。这个规则来源于1992年最高人民法院《关于朱秀琴、朱良发、沈珍珠诉〈青春〉编辑部名誉权纠纷案的函》。

第二,不完全抗辩的更正、道歉。新闻媒体已经更正、道歉,属于不完全抗辩,不能对抗全部侵权请求权;而是减轻责任的抗辩,可以视侵权行为情节以及更正、道歉的程度,酌情减轻新闻媒体的侵权责任。例如,若转载的作品构成侵权责任,转载者更正或道歉之后就减轻了侵权责任。如果新闻媒体是直接报道一个消息,没有尽到审查义务,在这种情况下,仅仅是更正道歉还不足以构成免责事由,须再加上受害人谅解的条件,才能构成抗辩;没有受害人的谅解,仅仅更正或道歉只是减轻责任的理由。

十、如实报道与转载

(一) 如实报道

如实报道也称为事实如此,是指新闻所报道的事实是真实的事实,新闻媒体在报道时并没有进行加工、篡改,也没有进行增删。例如,媒体报道某人在某政府门口打出一个牌子,上面说某某县长是一个贪官。这个事实是一个真实的事实,新闻媒体如实进行报道,至于该县长是不是贪官则未可知。

如实报道能够作为新闻侵权的抗辩事由,但须具备严格的要件。构成如实报道应当具备的要件:一是媒体报道的事实须为真实,客观上已经发生,正在进行或已经结束。二是媒体对报道的事实不能进行夸大或者缩小,不能进行歪曲或者篡改,也不得进行加工或者改造。三是新闻媒体须无侵权的故意或者过失。这里的故意是指有意利用客观发生的事实进行报道,意图损害他人人格权;这里的过失是指能够判断出发生的事实为虚假或者不真实,却因疏忽未发现而进行报道。凡属于如实报道,新闻媒体一般不承担侵权责任。但发现如实报道侵害受害人的人格权后,新闻媒体应当及时进行更正、道歉。如果拒不更正、道歉的,则往往构成不作为的侵权责任。

(二) 转载

转载作为一个新闻侵权的抗辩事由,是不完全抗辩,不能完全对抗新闻侵权请求权;但是它能够部分对抗新闻侵权请求权,减轻新闻侵权责任。转载也称重复公布或者传递。转载可以免除新闻侵权责任,但须附条件。按照我国的新闻报道实践,构成转载应当具备以下条件:一是须有合理的转载来源。作品须是从其他新闻媒体或者出版单位转载,而非媒体自己采制或者自己的通讯员撰写。二是转载的作品须与原作内容一致,没有转载者添加、删减、篡改、伪造的内容。三是转载作品中没有根据新闻媒体职业要求明显可以判断的虚假事实或者侮辱、诽谤语言。如果转载者按照新闻媒体的职业要求不能审查被转载作品的上述内容的,则不承担侵权责任。

对于转载的法律后果,新闻媒体和出版机构转载的作品由于内容失实侵害他人名誉权时,主要承担及时更正和道歉的法律责任,同时可以根据扩大损害后果的程度承担赔偿责任。一般说来,如果转载者已经承担了更正或道歉的责任,可以考虑免除侵权责任。

十一、推测事实和传闻与读者来信、来电和直播

(一) 推测事实和传闻

推测事实和传闻也是新闻侵权的抗辩事由,不过,推测事实和传闻作为抗辩事由须具备更为严格的要件。一是刊出或者播出的消息是推测的事实或者

是传闻,没有经过核实。二是媒体在发布这样的新闻时,应当做出特别声明,确认自己没有进行审查和核实。三是没有审查或者核实的原因是时间紧迫无法进行,或者其他客观原因。四是媒体对推测事实或者传闻没有进行审查或者核实不存在故意或者重大过失。

由于媒体对于推测和传闻的性质本身是明知的,明知是推测事实或者传闻而仍然进行报道,应当说本身就存在某种过失。媒体刊载推测事实或者传闻具有轻微过失的,一般不承担侵权责任。

(二) 读者来信、来电和直播

读者来信、来电和直播在新闻报道中具有特殊性,具体表现在如实反映、现场进行和即时报道等方面,媒体在刊播此类消息时,往往因为时间等原因无法进行审查核实。如果因读者来信、来电和直播发生新闻侵权纠纷,媒体可以此作为新闻侵权的抗辩事由。其要件一是作品的性质须是读者来信、来电,或者是进行现场直播;二是媒体以适当方式声明上述内容尚未经过证实,未对其真实性进行审查;三是在相关利害关系人提出异议后,及时发表其答辩意见或者媒体及时进行更正或者道歉。

应当注意的是,对于读者来信构成新闻侵权抗辩,条件应当更严格,因为对读者来信还有一个审查的过程和可能,需要尽到一定的审查义务,如果发现来信反映的事件明显是虚假的还照登,媒体就有重大过失,不能作为合法抗辩。而来电和现场直播则无法进行控制,因此,不要求媒体已尽审查义务。

十二、文责自负

文责自负是马克思和恩格斯所主张的撰稿人应当对他们所报道的事实的准确性负责的体现,不仅符合我国新闻媒体的性质以及实现宪法赋予公民的言论、出版自由及批评、建议等权利的需要,也符合《民法典》确认的过错责任原则。

对文责自负应当进行区分。媒体上发表的文章有两种情况:第一种是记者采访撰写的文章。记者的行为是职务行为,属于媒体行为的延伸,文责自负是媒体内部追究责任时的要求,对外不发生效力。第二种是通讯员写的文章。给媒体投稿被媒体采用,要求文责自负,有一定的道理,但媒体要承担事实真实性的审查义务。若媒体没有尽到审查义务,使播发的稿件失实,构成侵权时,媒体应该承担责任。文责自负并不是一个完全抗辩,而是不完全抗辩,可以减轻新闻媒体的侵权责任。如果文责自负与已尽审查义务相结合,则可以成为一个完全抗辩,可以对抗新闻侵权请求权。

第三节 新闻侵权抗辩滥用及其责任

新闻侵权抗辩滥用属于权利滥用,禁止权利滥用是民法的基本原则。权利滥用的历史起因在于个体权利与社会利益、个体权利与他人权利的矛盾激化,客观上需要对权利的行使进行必要限制。该原则是为了维护权利而限制权利,最终目标是保护和实现权利。

一、确定新闻侵权抗辩滥用的要件

确定新闻侵权抗辩滥用,应当具备以下要件:

第一,新闻媒体实施了具有新闻侵权抗辩事由的新闻行为。构成新闻侵权抗辩滥用的首要条件,是在新闻媒体实施的新闻行为中确实具有新闻侵权抗辩的具体事由。没有这个前提条件,就不存在新闻侵权抗辩滥用的问题。因此,新闻媒体在实施新闻行为时,具备新闻侵权抗辩事由之一的,才能具备新闻侵权抗辩滥用的构成要件。不具备上述新闻侵权抗辩事由的新闻行为,不能成立新闻侵权抗辩滥用。

第二,新闻媒体在实施主张新闻侵权抗辩的新闻行为时超过了法律规定的必要界限。新闻媒体在实施新闻行为时,没有按照法律规定实施新闻行为,超出了新闻侵权抗辩所允许的必要界限,侵害了受害人的民事权利或合法利益,造成了受害人的人格利益损害的,属于滥用新闻侵权抗辩。在新闻侵权抗辩事由中,任何一个抗辩事由都是有界限的。例如,即使是事实基本真实这样的完全抗辩,也必须依照法律规定的范围行使新闻权利,进行报道和批评。新闻自由也不是毫无限制的自由。如果故意利用基本真实的事实加害于他人,同样构成新闻侵权责任。即使事实基本真实,而报道和批评涉及个人隐私或者信用的事实,也都可能构成新闻侵权抗辩的滥用。这些都属于新闻媒体的行为超越了法律规定的新闻侵权抗辩的必要界限。界定新闻侵权抗辩事由的具体界限,应当以各种具体抗辩事由的具体情况判断,无法规定抽象规则。

第三,新闻媒体在实施主张新闻侵权抗辩的新闻行为时具有侵权的故意或者重大过失。新闻媒体在实施所主张的新闻侵权抗辩的新闻行为时,应当具备主观故意或者重大过失,才能构成新闻侵权抗辩滥用。在一般情况下,新闻侵权抗辩滥用应当是故意所为,即新闻媒体明知其实施的新闻行为能够造成受害人的人格损害,却借用某种抗辩事由而追求这种结果的产生,或者放任这种结果的产生。除此之外,新闻媒体未尽新闻从业人员必要的注意义务,明知自己的新闻行为能够避免新闻侵权抗辩滥用的后果,而结果却是发生了新闻侵权抗辩滥用的后果,同样构成新闻侵权抗辩滥用。

二、新闻侵权抗辩滥用的具体事由

以上阐述的是新闻侵权抗辩滥用的一般规则。在现实中,新闻行为具有以下具体事由,可以明确认定为新闻侵权抗辩滥用。

第一,明知事实虚假或者放任不确定的事实。新闻媒体明知公布的事实为虚假,或者媒体不核实事实而最终该事实为虚假,或者欠缺合理相信其为真实的正当理由而事实确为虚假的,构成新闻侵权抗辩的滥用,应当承担新闻侵权责任。

第二,诽谤性谣言的公布。媒体虽然具有新闻侵权抗辩事由,却公然公布对他人具有诽谤性的谣言,或者对他人具有诽谤性谣言嫌疑、被证明为虚伪不实的,为新闻侵权抗辩的滥用。但是,公布的媒体公开声明诽谤性事项为谣言或者嫌疑而不是事实,或者就当事人之间的关系、受影响利益的重要性及公布可能导致的损害等的考虑,认为公布为合理的,不构成新闻侵权抗辩的滥用,仍然是合法的新闻侵权抗辩。

第三,不具有新闻侵权抗辩目的或者违反新闻侵权抗辩目的。媒体实施的新闻行为,在形式上具有新闻侵权抗辩事由,但在实施新闻行为时,并不具有所对应之目的,或者违反新闻侵权抗辩目的,本质是追求其他非法目的,这种情况实际是新闻侵权抗辩滥用,应当承担新闻侵权责任。

第四,超过新闻侵权抗辩的必要界限。按照新闻侵权抗辩的要求,新闻媒体实施新闻行为应当限制在必要范围之内,不能超出必要界限,方构成新闻侵权抗辩。新闻媒体实施新闻行为超出了该必要界限,造成受害人人格利益损害的,构成新闻侵权滥用,应当承担新闻侵权责任。

三、新闻侵权抗辩滥用的后果

新闻媒体滥用新闻侵权抗辩,就是借新闻侵权抗辩事由而行新闻侵权之实。因此,新闻侵权抗辩的滥用就是一种新闻侵权行为,应当承担新闻侵权责任。新闻侵权抗辩滥用所应承担的侵权责任与新闻侵权责任相当,应当依照过错责任原则的要求确认其新闻侵权责任。

因新闻侵权抗辩滥用构成新闻侵权的,新闻媒体应当对受害人承担损害赔偿责任。至于其毕竟存在新闻侵权的抗辩事由,是否考虑原因力的影响而适当减轻侵权责任的问题,我们认为,明知超出新闻侵权抗辩的范围却滥用该抗辩事由,实际追求的仍然是新闻侵权的后果,具有故意或者重大过失,因此不应当减轻新闻媒体的责任。如此要求对于净化新闻道德、规范新闻秩序和保护民事主体的人格权均有裨益。

 案例

孔某某诉吴某某侵害名誉权案①

南京广播电视台主持人吴某某在《听我韶韶》栏目中,就涉及北大教授孔某某的一起事件进行了评论。他在节目中称孔某某"他今天之所以在全国有一些名气,完全是靠骂人骂出来的","所以老吴今天第一个耳朵想挂什么呢?教授

---

① 参见北京市第一中级人民法院(2015)一中民终字第02203号二审民事判决书。

还是野兽,到底是教授还是野兽?"

孔某某认为吴某某的评论侵害了自己的名誉权,故将吴某某起诉至法院,要求判令吴某某及南京广播电视台赔礼道歉并赔偿其经济损失20万元。

法院认为,吴某某的评论依据的报道和案件所涉情况是真实的,评论的语句是有针对性的、有诚意的,并无相关证据证明吴某某存在借机损害孔某某名誉、进行人格侮辱的恶意。对于新闻评论而言,如果依据的事实是真实的,主观上不具有侮辱他人人格的恶意,即使在个别范畴内出现言辞激烈甚至稍有过激的语句,仍应予以理解与宽容,视为在正常的评论范畴之内。

法院认为,孔某某系大学教授,有一定社会知名度,近年来因骂人事件亦引发不少争议,甚至形成了公众关心的公共事件,应属社会公众人物之列。基于公共利益的考虑,应允许相关公众对公众人物的行为提出合理的质疑、指责甚至刺耳的批评,不能简单地认为仅是质疑和批评本身就构成侵犯公众人物的名誉权。孔某某作为公众人物,较社会一般人在承受社会舆论方面有较高容忍义务,不能因新闻评论时的个别用语本身存在一定的贬义,就认定构成侮辱。所以,法院最终驳回了孔某某的诉讼请求。

思考题

1. 你如何看待公众人物人格权的克减?
2. 你如何看待案例诉讼中的"公正评论"?
3. 新闻侵权抗辩的具体事由及规则有哪些?

第十二章　特殊新闻信息的发布与报道

特殊新闻信息的发布必须遵循特殊的规则。为确保特殊新闻信息的权威性、真实性和准确性，我国一直采取集中统一的新闻发布制度。

第一节　重大政务信息的发布与报道

一、新中国成立初期重大政务新闻的发布与报道

重大政务新闻主要是指执政党和国家级行政机关的重大决策、重大决定、重大会议、重要文件及相关领导人的重要公务活动的相关信息。此类新闻一般以公告方式发表。

新中国成立初期，我国就通过一系列文件确立了重大政务新闻的发布制度，即重大政务新闻必须由新华社统一发布，由《人民日报》刊载。1949年12月，政务院颁布了《关于统一发布中央人民政府及其所属各机关重要新闻的暂行办法》，其中规定由新华通讯社统一发布一切公告及公告性的新闻。1950年元旦，政务院在颁布的《关于中央人民政府所属各机关发表公报及公告性文件的办法》中规定："现为进一步加强新闻发表的效果及其准确性，特指定：凡属中央人民政府及其所属各机关的一切公告及公告性新闻，均应交由新华通讯社发布，并由《人民日报》负责刊载；如各种报刊所发表的文字有出入时，应以新华通讯社发布、《人民日报》刊载的文字为准。"

上述办法公布之后，中央机关发布重要新闻时一般均能遵照执行；但也还

有些部门未能切实遵照执行,甚至对个别重要新闻的发布,既未经行政会议或负责首长审阅文稿内容,又未遵照规定送交新华通讯社统一发布,而直接送交《人民日报》发表,这样容易使新闻的准确性和负责制无法完全得到保障。为防止此种现象继续发生,1951年6月13日,政务院秘书厅公布《关于严格遵照统一发布新闻的通知》,其中规定:

> 各机关关于重要新闻的发布,必须严格遵照《关于统一发布中央人民政府及其所属各机关重要新闻的暂行办法》切实执行。
>
> 凡中央人民政府政务院的所属各机关的公告(如文告、法律、法令、决议、命令、训令、通令、计划、方针、外交条约、外交文书、判决、起诉书等)和一切公告性新闻(如重要会议、重要措施、政令解释、工作总结、外交事件、重要案件等),在送发之前,必须经由机关首长批准;尤其重要者,须由主管首长签送总理批准,始得发布。
>
> 凡未遵照以上两项规定手续办理的,新华通讯社及人民日报社不予发布或刊载。

二、改革开放后重大政务新闻的发布与报道

1987年7月18日,中宣部、中央对外宣传小组、新华社发布了《关于改进新闻报道若干问题的意见》,再次声明新华通讯社是"党和国家发布新闻的机关",其职责是准确、及时地发布党和国家的重大新闻。新华社负责发布的重大政务新闻的类型有:党和国家的重大决策、决定,重要文件,重要会议新闻,中央领导人的重大活动,中央领导人同外宾会见、会谈时发表的涉及国际国内重大问题的谈话,重要人事任免,领导人去世等。

2005年《中共中央办公厅、国务院办公厅关于进一步推行政务公开的意见》出台,2007年《政府信息公开条例》由国务院发布,2011年《关于深化政务公开加强政务服务的意见》出台,2019年国务院对《政府信息公开条例》进行了修订。

上述几个文件基本构成了我国重大政务新闻发布制度的框架。新中国成

立以来,我国新闻发布制度在探索中不断完善,呈现出多样化的态势,但新中国成立初期确立的重大新闻发布制度基本被保留,重大政务新闻必须由新华社统一发布这一原则始终没有改变。随着时代的发展,涉及经济、民生、公共医疗、疫情灾情的信息普遍受到社会关注,这些信息虽然不属于政务新闻范畴,但实践中凡属重大新闻必须由新华社统一发布这一原则延伸到了上述领域,成为我国重大新闻发布的"规范动作"。

第二节　政府信息公开及发布

关于政府信息公开的概念,陈丽丹将其定义为"行政机关依照法定程序,以法定形式公开与社会成员利益相关的信息,允许社会成员通过查询、阅览、摘录、下载等方式予以充分利用的行为"①。如果按照这种观点,公开的政府信息应是各行政机关在履行其行政职责的过程中制作、收集、获取并以一定形式记录或保存的信息。政府信息既可以由行政机关主动公开,也可以依据公民的合法要求进行公开,供其查阅。这是公众了解政府行为的重要途径,也是公众监督政府行政行为的重要手段。

广义的政府信息公开包括政务公开和信息公开两方面,狭义的政府信息公开主要指政务公开。政务是行政机关的行政事务,政务公开要求行政机关公开其行政行为,决策的依据、程序和结果。而信息公开主要是针对行政机关所收集、掌握的政务信息以外的其他信息,例如重大社会事件的调查通报,重大疫情、灾情的救援情况和伤亡情况通报等等。新冠病毒感染疫情期间,各地政府就本地疫情召开的新闻发布会就是重大疫情信息公开的一种。

一、《政府信息公开条例》产生的背景

我国在 20 世纪 80 年代初已经开始实行行政公开制度,但政府信息公开的相关制度建设进度却相对缓慢。多年来,政府信息发布不及时、不准确引发了

---

① 陈丽丹:《新闻传播法概论》,法律出版社 2015 年版,第 109 页。

一系列争议和问题,而阻碍政府信息公开的原因主要来自思想观念落后、管理制度欠缺、公开渠道不畅、公开范围不明等方面。

第一,我国长久以来的官本位思想严重地影响到行政工作人员的服务意识,这使得政府部门在相当长时间里"重管理、轻服务",视政府信息公开为负担。与此同时,人民群众的参与意识、问政意识长期处于"沉睡"状态,较少督促、要求政府公开相关信息。

第二,我国的行政机构在相当长的一段时间里存在分工不明、管理交叉、职能重叠等问题,这导致不同层级的政府部门间、政府内不同部门间的沟通和配合效率低下,部分信息在公开前须经过漫长而复杂的行政流程,从而增加了以权谋私、滥用职权、阻碍信息公开的可能。

第三,政府信息公开制度及相应的监管机制、问责机制建设不完善。公开主要依靠政府部门的自觉和自律管理;同时,政府信息公开过程中存在表面化、形式化的问题。由于缺乏明确、统一的制度,各级各地政府的信息公开行为缺乏统一的标准,公开的时间、范围、内容、渠道、隐私保护机制等均由相关政府部门自由裁量,仅仅公开结果还是应将过程和结果一并公开的争议曾存在多年。直到 2005 年的《中共中央办公厅、国务院办公厅关于进一步推行政务公开的意见》和 2011 年的《关于深化政务公开加强政务服务的意见》等文件出台,才明确要求推进行政决策过程和结果公开。

第四,信息公开渠道不畅。在互联网和移动终端普及之前,多数公众主要通过报刊、广播、电视等传统媒体获取包括政府信息在内的各类信息。从 20 世纪 90 年代后期开始,我国落实政府网站建设并建立以政府官方网站为主的政府信息公开渠道,这为公众提供了更为便利的信息获取路径。但在一段时间之内,由于缺少统一规划和在制度上的明确要求,许多政府网站建立后长期处于信息建设不全、更新缓慢甚至停滞的"休眠"状态。

针对上述问题,《政府信息公开条例》于 2007 年 1 月 17 日经国务院第 165 次常务会议通过,于 2007 年 4 月 5 日公布,自 2008 年 5 月 1 日起施行。该条例实施十余年来,对于推进政务信息发布与公开,保障人民群众知情权,践行阳光政府发挥了重要作用,也为国内外媒体的报道提供了便利。同时,中国社会迅速发展,出现了许多新情况,也产生了许多新问题,人民群众对于政府信息公开的需求愈发多元化、全面化,而一些地方政府出于种种原因,在回应人民群众的公开诉求时以内容不符合规定等理由推诿,不能够及时、准确地发布相关信息。为了加大政府信息公开力度,提升信息公开数量,优化公开质量,积极回应人民群众的需求,解决信息公开过程中存在的问题,国务院于2019年对《政府信息公开条例》进行了修订,并于2019年4月3日公布,自2019年5月15日起施行。

二、《政府信息公开条例》的内容

《政府信息公开条例》修订前共五章三十八条,修订后共六章五十六条。该条例的立法目的是"保障公民、法人和其他组织依法获取政府信息,提高政府工作的透明度,建设法治政府,充分发挥政府信息对人民群众生产、生活和经济社会活动的服务作用"。修订要点有如下几点:第一,明确规定"坚持以公开为常态、不公开为例外",明确了不予公开和可以不予公开的内容;第二,增加了政府应当主动公开信息的范围;第三,完善了申请公开信息的程序以及政府信息公开的登记制度。具体而言,新修订的主要内容如下:

修改后的《政府信息公开条例》第三条明确了我国政府信息公开工作由各级人民政府组织领导。其中,国务院办公厅是全国政府信息公开工作的主管部门,负责推进、指导、协调、监督全国的政府信息公开工作。县级以上地方人民政府办公厅(室)是本行政区域的政府信息公开工作主管部门,负责推进、指导、协调、监督本行政区域的政府信息公开工作。对于如海关、金融、国税、外汇等实行垂直领导的部门,其办公厅(室)主管本系统的政府信息公开工作。

修改后的《政府信息公开条例》第四条进一步明确了政府信息公开的主管部门:各级人民政府及县级以上人民政府部门应当建立健全本行政机关的政府信息公开工作制度,并指定机构(以下统称政府信息公开工作机构)负责本行政机关政府信息公开的日常工作。这意味着政府信息公开工作由专门工作机构负责。其具体职能主要有:办理本行政机关的政府信息公开事宜;维护和更新本行政机关公开的政府信息;组织编制本行政机关的政府信息公开指南、政府信息公开目录和政府信息公开工作年度报告;组织开展对拟公开政府信息的审查;本行政机关规定的与政府信息公开有关的其他职能。

政府信息公开的范围是《政府信息公开条例》的核心。《中共中央办公厅、国务院办公厅关于进一步推行政务公开的意见》《关于深化政务公开加强政务服务的意见》等都明确要求,逐步扩大行政决策公开的领域和范围,推进行政决策过程和结果公开。修改后的《政府信息公开条例》明确了"坚持以公开为常态、不公开为例外"的原则,规定了不予公开的信息类型和可以不予公开的信息类型:一是,依法确定为国家秘密的政府信息,法律、行政法规禁止公开的政府信息,以及公开后可能危及国家安全、公共安全、经济安全、社会稳定的政府信息,不予公开。二是,涉及商业秘密、个人隐私等公开会对第三方合法权益造成损害的政府信息,行政机关不得公开。但是,第三方同意公开或者行政机关认为不公开会对公共利益造成重大影响的,予以公开。三是,行政机关的内部事务信息,包括人事管理、后勤管理、内部工作流程等方面的信息,可以不予公开。四是,行政机关在履行行政管理职能过程中形成的讨论记录、过程稿、磋商信函、请示报告等过程性信息以及行政执法案卷信息,可以不予公开。法律、法规、规章规定上述信息应当公开的,从其规定。

新修订的《政府信息公开条例》第二十条规定了政府应主动公开本行政机关的四类信息:一是政府行政事务类信息,二是公民办理行政事务的相关信息,三是行政执法的标准、程序及执法情况,四是重大项目、方案、考试的情况公示。

依据新修订的《政府信息公开条例》第二十七条,除行政机关主动公开的政府信息和依法不予公开的信息外,其他信息公民、法人或者其他组织可以向地方各级人民政府、对外以自己名义履行行政管理职能的县级以上人民政府部门申请获取。同时,修改后的《政府信息公开条例》还规定了政府信息公开申请的内容和程序,并在第三十六条针对不同情况的答复方式作出规定。

为确保政府信息公开的有序进行,修改后的《政府信息公开条例》对于信息发布机制作了明确规定。

首先,第二十三条规定了多种信息发布渠道,即行政机关应当建立健全政府信息发布机制,将主动公开的政府信息通过政府公报、政府网站或者其他互联网政务媒体、新闻发布会以及报刊、广播、电视等途径予以公开。第二十四条还明确规定各级人民政府应当加强依托政府门户网站公开政府信息的工作,要求政府信息公开平台应当具备信息检索、查阅、下载等功能。

其次,第二十五条规定了政府信息公开的查阅设施、设备的要求。各级人民政府应当在国家档案馆、公共图书馆、政务服务场所设置政府信息查阅场所,并配备相应的设施与设备,为公民、法人和其他组织获取政府信息提供便利。行政机关可以根据需要设立公共查阅室、资料索取点、信息公告栏、电子信息屏等场所与设施,公开政府信息。行政机关应当及时向国家档案馆、公共图书馆提供主动公开的政府信息。

最后,第十二条和第五十条对政府信息的更新作出了明确要求。第十二条规定:行政机关编制、公布的政府信息公开指南和政府信息公开目录应当及时更新。第五十条规定全国政府信息公开工作主管部门应当公布政府信息公开工作年度报告统一格式,并适时更新。此外,第五十三条规定了对不及时更新行为的处罚:由上一级行政机关责令改正;情节严重的,对负有责任的领导人员和直接责任人员依法给予处分;构成犯罪的,依法追究刑事责任。

三、《政府信息公开条例》的监督保障及其意义

为了保证政府信息公开制度的顺利实施,修改后的《政府信息公开条例》进一步完善了监督保障制度。主要内容包括六个方面:第一,各级人民政府应当建立健全政府信息公开工作考核制度、社会评议制度和责任追究制度,定期对政府信息公开工作进行考核、评议。第二,政府信息公开工作主管部门应当加强对政府信息公开工作的日常指导和监督检查,对行政机关未按照要求开展政府信息公开工作的,予以督促整改或者通报批评;需要对负有责任的领导人员和直接责任人员追究责任的,依法向有权机关提出处理建议。第三,公民、法人或者其他组织认为行政机关在政府信息公开工作中侵犯其合法权益的,可以向上一级行政机关或者政府信息公开工作主管部门投诉、举报,也可以依法申请行政复议或者提起行政诉讼。第四,政府信息公开工作主管部门应当对行政机关的政府信息公开工作人员定期进行培训。第五,县级以上人民政府部门应当

在每年 1 月 31 日前向本级政府信息公开工作主管部门提交本行政机关上一年度政府信息公开工作年度报告并向社会公布。县级以上地方人民政府的政府信息公开工作主管部门应当在每年 3 月 31 日前向社会公布本级政府上一年度政府信息公开工作年度报告。第六，行政机关违反《政府信息公开条例》的规定，未建立健全政府信息公开有关制度、机制的，由上一级行政机关责令改正；情节严重的，对负有责任的领导人员和直接责任人员依法给予处分。

为了保障公民、法人和其他组织能够获取准确、权威的政府信息，修改后的《政府信息公开条例》第六条规定，行政机关应当及时、准确地公开政府信息。行政机关发现影响或者可能影响社会稳定、扰乱社会和经济管理秩序的虚假或者不完整信息的，应当发布准确的政府信息予以澄清。此外，为保证政府信息的一致性，第十一条规定，行政机关应当建立健全政府信息公开协调机制。行政机关公开政府信息涉及其他机关的，应当与有关机关协商、确认，保证行政机关公开的政府信息准确一致。行政机关公开政府信息依照法律、行政法规和国家有关规定需要批准的，经批准予以公开。

《政府信息公开条例》的出台及其修改具有重要的意义。首先，有利于确立政府执政为民的思想，强化服务型政府建设，使行政机关坚持人民主体地位，践行执政为民、全心全意为人民服务的根本宗旨，想群众之所想，急群众之所急，解群众之所忧，切切实实为人民服务。其次，有利于廉政建设。无人监管的权力势必遭到滥用，进而成为腐败的温床。政府信息公开制度有利于行政行为的科学性、合法性、民主性，有利于将权力装在笼子里，确保权力在阳光下运行。最后，有利于增强公众的参与意识，完善公众对公权力的监督，同时也有利于切实保障公众参与公共事务，保障其知情权的实现。

第三节　突发事件的发布与报道

一、突发事件及突发事件报道

突发事件是指突然发生，造成或者可能造成严重社会危害，需要采取应急处置措施予以应对的自然灾害、事故灾难、公共卫生事件和社会安全事件。由此看来,突发事件的内涵包括:一是新近突然爆发的事件;二是已经或者可能造成严重社会危害;三是需要采取应急处置措施予以应对的自然灾害、事故灾难、公共卫生事件和社会安全事件。

无论是对突发事件本身的报道,还是对突发事件相关信息、数据的发布,均须十分谨慎,因为它不仅关系到公众的知情权,更关系到网络舆情和社会稳定,同时也关系到党和政府的公信力以及中国在国际社会的声誉。突发事件的最重要特征是瞬时性,其负面影响一般是爆发之初就可以为人们感受到的。但就通常情况而言,我国所谓的突发事件除强调其时间上的突然性之外,往往还给突发事件赋予危机事件的性质,即相关事件的突然爆发通常伴随着潜在的社会危机。

第一,突发事件最根本的特征是瞬时性,事件的发生往往非常突然,且事件的扩展极其迅速,社会层面往往因为缺乏准备而产生恐慌,政府和媒体对于事件的反应时间很短,因而在极短的时间内常常难以做出准确的判断。第二,突发事件的爆发具有偶然性。偶然性意味着事件的发生难以预料,通常超出立即可以控制的范围和幅度,且没有规律可循。第三,事件发生的时间、地点、规模具有不确定性,通常会造成预防和准备上的不充足,往往导致突发事件的危机性显现。第四,突发事件具有广泛的关注度。以2020年初蔓延的新冠病毒感染疫情为例,由于疫情直接涉及民众的生命安全,在疫情暴发和延续期间,每日每时的疫情进展都受到全世界的密切关注。第五,突发事件对社会层面的影响具有持续性。以2015年天津港滨海新区爆炸事故为例,该起事故不仅直接给伤亡人员及其家庭的生活、附近居民的财产造成损失,从长远来看还影响到在爆炸区域工作和生活的相关人员,影响到天津市的经济发展规划甚至互联网产业在华北区域的布局。

二、突发事件的分类与分级

我国对于突发事件实行统一领导、综合协调、分类管理、分级负责、属地管理为主的应急管理体制,同时将突发事件大致分为四类:一是自然灾害,主要包括水旱灾害、气象灾害、地震灾害、地质灾害、海洋灾害、生物灾害和森林草原火灾等;二是事故灾难,主要包括工矿商贸等企业的各类安全事故、交通运输事故、公共设施和设备事故、环境污染和生态破坏事件等;三是公共卫生事件,主要包括传染病疫情、群体性不明原因疾病、食品安全和职业危害、动物疫情以及其他严重影响公众健康和生命安全的事件;四是社会安全事件,主要包括恐怖事件、经济安全事件和涉外突发事件等。

突发事件的分级制度分为预警分级和事件分级两种。可以预警的突发事件,依据突发事件发生的紧急程度、发展速度、危害程度由高到低分为一级、二级、三级和四级,即红色警报、橙色警报、黄色警报和蓝色警报。按照社会危害程度、影响范围等因素,突发事件分为特别重大、重大、较大和一般四级。

三、突发事件预测预警信息的发布

《国家突发公共事件总体应急预案》规定:各地区、各部门要针对各种可能发生的突发公共事件,完善预测预警机制,建立预测预警系统,开展风险分析,做到早发现、早报告、早处置;事件发生的第一时间要向社会发布简要信息;预警信息的发布、调整和解除可通过广播、电视、报刊、通信、信息网络、警报器、宣传车或组织人员逐户通知等方式进行,对老、幼、病、残、孕等特殊人群以及学校等特殊场所和警报盲区应当采取有针对性的公告方式。相关信息可以通过受权发布、散发新闻稿、组织报道、接受记者采访、举行新闻发布会等方式发布,信息发布应当及时、准确、客观、全面。

《突发事件应对法》针对突发事件发生概率的高低,对县级以上地方各级人民政府的信息发布工作作出明确的权限和程序规定。例如第四十三条规定,可以预警的自然灾害、事故灾难或者公共卫生事件即将发生或者发生的可能性增大时,县级以上地方各级人民政府应当据有关法律、行政法规和国务院规定的权限和程序,发布相应级别的警报,决定并宣布有关地区进入预警期,同时向上一级人民政府报告,必要时可以越级上报,并向当地驻军和可能受到危害的毗邻或者相关地区的人民政府通报。

针对不同的警报级别,《突发事件应对法》对县级以上地方各级人民政府应采取的措施也有不同规定：发布三级、四级警报，县级以上地方各级人民政府应当责令有关部门、专业机构、监测网点和负有特定职责的人员及时收集、报告有关信息，向社会公布反映突发事件信息的渠道，定时向社会公布与公众有关的突发事件预测信息和分析评估结果，并对相关信息的报道工作进行管理。而对于发布一级、二级警报，县级以上地方各级人民政府应在前述基础上及时向社会发布有关采取特定措施避免或者减轻危害的建议、劝告。

四、突发事件的信息发布及其报道原则

《突发事件应对法》针对不同信息发布主体在突发事件中扮演的角色、分工和行为模式，规定新闻媒体应当无偿开展突发事件预防与应急、自救与互救知识的公益宣传，要求媒体应在突发事件当中积极参与事件相关情况的报道，应在平常的报道中融入必要的公益宣传内容。① 同时规定人民政府应在突发事件信息发布中起到领导作用，按照有关规定统一、准确、及时发布有关突发事件事态发展和应急处置工作的信息，任何单位和个人不得编造、传播有关突发事件事态发展或者应急处置工作的虚假信息。《突发事件应对法》第六十五条还规定了对在突发事件中传播虚假信息等违法行为的处理办法。

关于突发事件的报道原则，有学者提出报道突发事件应当遵循"及时主动、准确把握，正确引导舆论，注重社会效果，有利于党和国家工作大局，有利于维护人民群众切身利益，有利于社会稳定和人心安定，有利于事件的妥善处理"② 等原则。《中国新闻工作者职业道德准则》第二条第4款规定："采访报道突发事件坚持导向正确、及时准确、公开透明，全面客观报道事件动态及处置进程，推动事件的妥善处理，维护社会稳定和人心安定。"《国务院有关部门和单位制定和修订突发公共事件应急预案框架指南》将明确新闻发布原则、内容、规范性格式和机构，以及审查、发布等程序列为应急预案的内容之一。《关于〈国务院

---

① 《国家突发公共事件总体应急预案》规定：宣传、教育、文化、广电、新闻出版等有关部门要通过图书、报刊、音像制品和电子出版物、广播、电视、网络等，广泛宣传应急法律法规和预防、避险、自救、互救、减灾等常识，增强公众的忧患意识、社会责任意识和自救、互救能力。各有关方面要有计划地对应急救援和管理人员进行培训，提高其专业技能。

② 陈丽丹：《新闻传播法概论》，法律出版社2015年版，第18页。

有关部门和单位制定和修订突发公共事件应急预案框架指南〉的说明》第四部分要求；突发公共事件的新闻报道，要按照及时主动、准确把握、正确引导、讲究方式、注重效果、遵守纪律、严格把关的原则进行。此外，《中共中央办公厅国务院办公厅关于进一步改进和加强国内突发事件新闻报道工作的通知》和《关于改进和加强国内突发事件新闻发布工作的实施意见》也就突发事件的信息发布及其报道原则作出具体要求。

有研究者提出，媒体在报道突发事件的过程中应当注意如下一些规则：一是发布信息前应主动联系负有法定发布义务的政府部门核准相关信息；二是必须警惕受访者或者受访单位、部门隐瞒信息；三是确保采访活动不影响和阻碍突发事件的处置及现场工作的秩序；四是要理性、客观地进行连续报道，持续更新事件进展。① 这些规则只是最低的要求，媒体要想做好突发事件的新闻报道，必须在及时、准确、客观、公正等方面付出更大的努力。当然，不可否认的是，突发事件的特殊性决定了相关新闻采访必然面对更多困难，例如由于事发突然，相关部门的信息发布可能不全面或者不能完全回应大众关切；新闻现场的客观条件包括现场秩序、环境安全等因素也可能对采访活动造成阻碍；再如接受采访的政府部门、工作人员、相关当事人可能不愿配合采访等。此外，突发事件中的信息公开也可能与当事人的合法权益产生冲突。因此，如何在尊重他人合法权利的前提下完成突发事件采访也是对新闻记者业务能力、职业道德的考验。

《突发事件应对法》在保护人民生命财产安全，维护国家安全、公共安全、生态环境安全和社会秩序方面发挥了重要作用。当然，突发事件应对管理工作也面临一些新情况、新问题、新挑战，需要通过修订有关的法律予以解决。2021年12月20日，十三届全国人大常委会第三十二次会议对《突发事件应对管理法（草案）》（关于修订突发事件应对法的议案）进行了审议。修法工作的要点之一就是要畅通信息报送和发布渠道。草案提出：建立健全突发事件信息发布和新闻采访报道制度，及时回应社会关切；建立网络直报和自动速报制度，提高报告效率，打通信息报告上行渠道；加强应急通信系统、应急广播系统建设，确保

---

① 《媒体人新闻业务守则》编写组：《媒体人新闻业务守则》，中国政法大学出版社2015年版，第52页。

突发事件应对管理工作的通信、广播安全畅通。应当注意的是,该草案拟对现行《突发事件应对法》的名称进行修改,增加"管理"二字,意在促使我国突发事件应对工作更加规范化。

第四节　气象信息的发布与自然灾害报道

一、气象信息的发布与报道

气象信息服务是指气象信息服务单位利用气象资料和气象预报产品,开展面向用户需求的信息服务活动。根据2015年《气象预报发布与传播管理办法》的规定:气象预报包括公众气象预报、灾害性天气警报和气象灾害预警信号。公众气象预报是指面向社会公众发布的天气现象、云、风向、风速、气温、湿度、气压、降水、能见度等气象要素预报,以及日地空间天气现象、太阳活动水平、地磁活动水平、电离层活动水平、空间粒子辐射环境、中高层大气状态参数等空间天气要素预报。灾害性天气警报和气象灾害预警信号是指台风、暴雨、暴雪、寒潮、大风、沙尘暴、低温、高温、干旱、雷电、冰雹、霜冻、大雾、霾、道路结冰等气象灾害预警信息,以及太阳耀斑、太阳质子事件、日冕物质抛射、磁暴、电离层暴等空间天气灾害预警信息。

我国气象信息发布采取分级监督管理。依据《气象信息服务管理办法》,国务院气象主管机构负责全国气象信息服务活动的监督管理工作,地方各级气象主管机构在上级气象主管机构和本级人民政府的领导下,负责本行政区域内气象信息服务活动的监督管理工作。

我国气象预报实行统一发布制度。这主要是因为气象信息的专业性,同时也是为了保证气象信息的权威性。各级气象主管机构所属的气象台应当按照职责通过气象预报发布渠道向社会发布,并根据天气变化情况及时更新发布气象预报。也就是说,其他任何组织或个人不得以任何形式向社会发布气象预报。"政府部门公开权威信息可以采用政府公报、政府网站、新闻发布会和传统媒体四种方式。"①为保证大众能快速、便捷地接收权威气象信息,《气象预报发布与传播管理办法》第七条规定:"各级人民政府指定的媒体和单位应当安排固定的时间和频率、频道、版面、页面,及时传播气象主管机构所属的气象台提供的最新气象预报。"同时,该法规还提出鼓励媒体和单位传播气象预报,但规定媒体和单位传播气象预报应当使用当地气象主管机构所属的气象台提供的最新气象预报,并注明气象预报发布的气象台名称和发布时间,不得自行更改气象预报的内容和结论。

二、自然灾害信息的发布与报道

进入21世纪以来,我国在几次大的自然灾害中逐步积累了信息发布与新闻报道的经验,立法部门也结合实际情况,围绕自然灾害从预警信息发布到灾难数据更新建立了较完整的发布规则。首先,各级人民政府应当组织气象等有关部门建立气象灾害预警信息快速发布和传播机制,可能或已经发生重大灾害性天气时,媒体和单位应当根据气象主管机构所属的气象台的要求及时增播、插播重要灾害性天气警报和气象灾害预警信号。其次,当灾害性天气警报和气象灾害预警信号解除时,各级人民政府指定的媒体和单位应当及时更新,不得传播过时的灾害性天气警报和气象灾害预警信号。

目前我国地震信息发布制度已经相对完整。1998年12月17日,国务院出台了专门针对地震预报的《地震预报管理条例》,明确国务院地震工作主管部门和县级以上地方人民政府负责管理地震工作的机构,应当加强地震预测工作。同时明确了地震预报的四种类型:针对未来10年内可能发生破坏性地震的地域的地震长期预报;针对未来一二年内可能发生破坏性地震的地域和强度的地震中期预报;针对3个月内将要发生地震的时间、地点、震级的地震短期预报;针对10日内将要发生地震的时间、地点、震级的临震预报。

国家对地震预报实行统一发布制度:全国性的地震长期预报和地震中期预报,由国务院发布;省、自治区、直辖市行政区域内的地震长期预报、地震中期预

---

① 郭子辉、刘晓岚、刘伟:《论自然灾害事件的信息发布策略》,《新闻爱好者》2010年第11期。

报、地震短期预报和临震预报,由省、自治区、直辖市人民政府发布;新闻媒体刊登或者播发地震预报消息,必须依照《地震预报管理条例》的规定,以国务院或者省、自治区、直辖市人民政府发布的地震预报为准。任何单位和个人根据地震观测资料和研究结果提出的地震预测意见,应当向所在地或者所预测地区的县级以上地方人民政府负责管理地震工作的机构书面报告,也可以直接向国务院地震工作主管部门书面报告,不得向社会散布。

鉴于地震预测的特殊性,《地震预报管理条例》对前述地震预报发布机制作出了特例规定:已经发布地震短期预报的地区,如果发现明显临震异常,在紧急情况下,当地市、县人民政府可以发布48小时之内的临震预报,并同时向省、自治区、直辖市人民政府及其负责管理地震工作的机构和国务院地震工作主管部门报告。地震短期预报和临震预报在发布预报的时域、地域内有效。由于地震预测信息是通过科学的方式测算未来发生地震灾害的可能性,预测结果可能与实际情况存在偏差。预报期内未发生地震的,原发布机关应当做出撤销或者延期的决定,向社会公布,并妥善处理善后事宜。

针对关于即将发生地震的谣言,如果广为流传达到扰乱社会正常秩序的程度,国务院地震工作主管部门和县级以上地方人民政府负责管理地震工作的机构应当依法采取措施,迅速予以澄清,其他有关部门应当给予配合、协助。媒体也有义务及时传播权威机构发布的辟谣信息。

第五节　证券信息的发布与报道

证券业是我国金融体系的重要组成部分,中国的证券业从改革开放之后逐渐成为中国经济发展的重要组成部分。信息对于证券市场来说意味着生机和利益,因此,证券信息的发布、传播、监管制度对于证券市场的有序运行至关重要。

一、证券及证券信息的发布

证券是用来证明券票持有人权益的凭证。《证券法》经过几次修订,对证的定义也不断变化。2019年修订公布的《证券法》第二条对证券概念进行了列举式界定:"在中华人民共和国境内,股票、公司债券、存托凭证和国务院依法认定的其他证券的发行和交易,适用本法;本法未规定的,适用《中华人民共和国公司法》和其他法律、行政法规的规定。政府债券、证券投资基金份额的上市交易,适用本法;其他法律、行政法规另有规定的,适用其规定。资产支持证券、资产管理产品发行、交易的管理办法,由国务院依照本法的原则规定。"一般来讲,证券指证券市场中的各类证券产品,包括股票、债券、期货、期权等。1990年11月26日和1990年12月1日,我国先后在上海、深圳成立证券交易所。1992年10月,国务院证券委员会和中国证券监督管理委员会成立。自此,我国证券市场开启统一监管模式。

证券信息是指"证券管理部门、证券交易所、上市公司以及其他机构按照法定程序发布的有关证券的发行、交易及其相关活动的信息以及证券经营机构、证券咨询机构等依法向公众提供预测证券市场走势等可能影响证券市场价格的分析报告、评论等"[1]。证券信息披露是指证券在发行、交易过程中,上市公司依法及时、准确、完整地依规定形式向社会大众及投资者公开本公司重要信息的制度。设立这一制度的目的是保证证券交易在市场中公开、公平、公正地进行,保证社会大众和媒体对上市公司的经营、交易情况进行监督。

1993年4月22日,国务院发布的《股票发行与交易管理暂行条例》对上市公司信息披露制度作了详尽规定。同年12月通过的《公司法》进一步完善了上市公司证券信息的披露和传播规则。1998年,九届全国人大常委会第六次会议通过《证券法》,该法先后进行过五次修订,使证券信息的发布制度和证券新闻的报道规则不断完善。此外,我国《刑法》将内幕交易、泄露内幕信息罪及编造并传播证券、期货交易虚假信息罪等也纳入刑法管制范围。

我国《证券法》规定,发生可能对上市公司、股票交易价格产生较大影响的重大事件,投资者尚未得知时,公司应当立即将有关该重大事件的情况向国务院证券监督管理机构和证券交易所报送临时报告,并予公告,说明事件的起因、

---

[1] 陈丽丹:《新闻传播法概论》,法律出版社2015年版,第123页。

目前的状态和可能产生的法律后果。

2007年通过的《上市公司信息披露管理办法》首次将衍生品纳入信息披露范围,详细规定了须进行临时信息披露的 20 种重大事件的情形,并对引起股价或衍生品价格变动的市场传闻应如何进行信息披露做出明确规定。该办法明确了应披露的信息包括招股说明书、募集说明书、上市公告书、定期报告和临时报告。其中临时报告应披露对证券交易价格可能产生影响的重大事件,并以列举方式规定了 20 种重大事件的类别和触发披露义务的标准。该办法还提高了临时报告披露监管的法律效力。[①] 2021 年修订的《上市公司信息披露管理办法》列举了 19 种情形的重大事件必须披露。

上述规定体现出证券信息披露制度的重大意义。第一,良好的信息披露制度能确保证券交易有序进行。证券市场上数以亿计的证券投资者本身的金融素养、信息资源参差不齐,对于很多人而言,上市公司所发布的信息是其做出投资决策的重要依据。因此,及时、准确、全面、权威的信息披露能在一定程度上帮助投资者进行正确决策,促进资本市场的健康有序发展。第二,权威信息的及时发布能够有效地阻止内幕交易、不正当竞争等现象的发生。第三,从公司管理制度的角度讲,信息披露制度能够确保投资者及时了解并监督上市工作内部运转情况,有利于督促管理人员积极履行各项义务、职责,间接提升公司业绩,吸引更多投资。[②] 第四,证券信息披露制度有助于保护投资者的利益。证券市场上的信息流动并不总是对等、公平的,信息的不对称性可能导致部分投资者优先获取信息、优先做出交易决策而使其他投资人受损。股民、股东与上市公司高级管理人员的利益是对立统一的关系,而高级管理人员在工作中天然具有信息优势,这就导致了内幕交易、证券诈骗等行为的可能性。鉴于前述原因,我国《证券法》第一百九十三条对违反披露义务行为的法律后果也作出了明确规定。

---

① 参见夏丽华:《中国证监会发布〈上市公司信息披露管理办法〉》,《中国证券报》2007 年 2 月 2 日。

② 赵淼:《中国创业板上市公司信息披露研究》,社会科学文献出版社 2010 年版,第 87—96 页。

二、证券信息的报道

证券新闻是经济新闻中的一类,反映的是证券市场新近发生的信息,其任务是精确、充分、真实、完整地报道证券市场变化,促进证券市场的公开、公平和公正。《上市公司信息披露管理办法》第八条规定,信息披露义务人不得以新闻发布或者答记者问等任何形式代替应当履行的报告、公告义务,不得以定期报告形式代替应当履行的临时报告义务;第九条规定,信息披露义务人应当将信息披露公告文稿和相关备查文件报送上市公司注册地证监局。20世纪90年代初,中国证监会指定了七家报纸作为证券信息发布的指定报刊。目前上市公司主要选择《中国证券报》《证券时报》《上海证券报》《证券日报》发布证券信息。2009年创业板推出后,为减少创业板上市公司信息披露成本,证监会指定巨潮网、四大证券报网站为创业板指定信息发布网站,免费发布。

《证券法》第七十八条第2款规定,信息披露义务人披露的信息,应当真实、准确、完整,简明清晰,通俗易懂,不得有虚假记载、误导性陈述或者重大遗漏。因为证券信息是否真实、准确、完整、及时直接影响投资者的判断和决策,错误、虚假、片面的证券信息,小则损害市场交易主体的经济利益,重则危及交易主体的生命和社会的安定。正因为如此,我国《证券法》第五十六条第3款明确规定:"各种传播媒介传播证券市场信息必须真实、客观,禁止误导。传播媒介及其从事证券市场信息报道的工作人员不得从事与其工作职责发生利益冲突的证券买卖。"

作为新闻产品的一种,证券新闻应当坚持所有新闻报道必须真实、客观、及时等原则;作为特殊的新闻类型,证券新闻报道还应当尊重其独有的信息特征。首先,我国实行证券信息统一发布制度,证券媒体的信息行为应尊重证券信息的特点以及相关法律规定,精确、充分、真实、完整地呈现和反映证券市场是证券新闻的核心所在。其次,证券新闻报道应当保持客观、理性,真实呈现市场行情,及时冷静地为受众提供分析参考,谨慎提供投资建议,切记不可误导。再次,证券新闻报道要充分发挥媒体的监督职能,及时揭露证券市场中的违法与违规现象,促进证券市场健康有序运转,切勿将个人好恶和个人利益掺杂于报道当中。最后,证券新闻报道必须遵守相关的法律法规,面对博人眼球的重大利好、利空信息,要保持理性,依照规定的时间、顺序报道相关信息。

第六节 广告的刊播及其监管

一、广告信息的规制体系

广告是将想要推广介绍的商品、服务等信息利用文字、图片、音频、视频等形式发布于媒体之上,广而告之的传播行为。传统的广告包括登载于报章、杂志的文字消息、图片展示以及独立广告宣传册等,登载于广播和电视的音频、视频;互联网广告和新媒体广告还包括以电子形式呈现的广告内容等。我国《广告法》对于广告的定义是"在中华人民共和国境内,商品经营者或者服务提供者通过一定媒介和形式直接或者间接地介绍自己所推销的商品或者服务的商业广告活动"。

广告活动的主体主要包括广告主、广告经营者、广告发布者、广告代言人,《广告法》对这四类主体的内涵作了如下界定:广告主是指为推销商品或者服务,自行或者委托他人设计、制作、发布广告的自然人、法人或者其他组织。《广告法》第三、四条规定"广告应当真实、合法","广告不得含有虚假或者引人误解的内容,不得欺骗、误导消费者。广告主应当对广告内容的真实性负责"。广告经营者是指接受委托提供广告设计、制作、代理服务的自然人、法人或者其他组织,包括自然人广告经营者和法人广告经营者。一般来讲,广告经营者是接受广告主委托的一方,主要负责广告构思、创意、设计、制作。同时,广告经营者还可以作为中介者,即广告主的代理人寻求广告刊播合作。广告发布者是指为广告主或者广告主委托的广告经营者发布广告的自然人、法人或者其他组织。《广告法》所称广告代言人是指广告主以外的,在广告中以自己的名义或者形象对商品、服务作推荐、证明的自然人、法人或者其他组织。其中不满十周岁的未成年人不得作为广告代言人。

我国《广告法》对广告内容的管理仅限于经济领域的商业广告,其他类型的广告不受《广告法》规制。从调整行为上看,《广告法》主要约束广告活动行为、广告监管行为两类。我国有关广告的法律法规体系除了《广告法》之外,还包括《广告管理条例》《药品管理法》《反不正当竞争法》《消费者权益保护法》《烟草专卖法》等法律法规。由此可见,我国基本上形成了以法律为主、行政法规为辅的广告规制体系。

制定《广告法》的目的是规范广告活动,保护消费者的合法权益,促进广告业的健康发展,维护社会经济秩序。具体而言,国家制定并逐步完善广告法律法规体系的目的有如下几个方面:

第一,推进国家法治化进程。广告活动是一项参与人数众多的大众传播活动,涉及人民群众的生命、财产等公共利益,涉及企业的生产、经营行为,涉及广告产业的发展。作为法治国家,我国有必要通过完善法律法规制度规范广告行为,健全法律体系。

第二,促进广告行业发展,推动行业参与国际竞争。随着我国整体经济发展水平的提高,广告业得到了空前的发展,有必要通过健全广告法律法规体系来保障我国广告行业的健康成长,进而提高行业整体竞争力。

第三,维护市场经济秩序。广告行业作为市场经济的一部分,对经济体系的运行有着重要影响。近年来虚假广告、违法广告、违规广告,以及借助广告进行不正当竞争等行为屡见不鲜,不仅破坏了行业风气,更影响了经济秩序。因此有必要通过完善法律法规进一步规范和约束广告行为,维护市场经济秩序。

第四,保护消费者合法权益。广告行为可以影响消费者的消费选择。不合格或虚假的广告可能诱使消费者消费不合格的伪劣假冒产品,从而直接影响消费者切身利益。制定并完善广告法律法规体系可以成为保护消费者合法权益的屏障。

二、广告内容禁载规定

(一) 一般禁载规定

广告禁载内容是《广告法》的重要组成部分,也是广告行为管理的关键。我国《广告法》规定了一般商业广告的禁载内容,即商业广告不得有下列情形:使用或者变相使用中华人民共和国的国旗、国歌、国徽、军旗、军歌、军徽;使用或者变相使用国家机关、国家机关工作人员的名义或者形象;使用"国家级""最高级""最佳"等用语;损害国家的尊严或者利益,泄露国家秘密;妨碍社会安定,损害社会公共利益;危害人身、财产安全,泄露个人隐私;妨碍社会公共秩序或者违背社会良好风尚;含有淫秽、色情、赌博、迷信、恐怖、暴力的内容;含有民族、种族、宗教、性别歧视的内容;妨碍环境、自然资源或者文化遗产保护;法律、行政法规规定禁止的其他情形。

广告禁载内容的一般准则适用于所有类型的商业广告。在此基础上,我国《广告法》明确规定:广告不得损害未成年人和残疾人的身心健康。广告使用数据、统计资料、调查结果、文摘、引用语等引证内容的,应当真实、准确,并表明出处。引证内容有适用范围和有效期限的,应当明确表示。广告中涉及专利产品或者专利方法的,应当标明专利号和专利种类;未取得专利权的,不得在广告中谎称取得专利权;禁止使用未授予专利权的专利申请和已经终止、撤销、无效的专利作广告。广告不得贬低其他生产经营者的商品或者服务。大众传播媒介不得以新闻报道形式变相发布广告。

(二) 特殊禁载规定

烟酒类广告 我国《广告法》对于烟酒广告有特殊规定,禁止在大众传播媒介或者公共场所、公共交通工具、户外发布烟草广告;禁止向未成年人发送任何形式的烟草广告;禁止利用其他商品或者服务的广告、公益广告,宣传烟草制品名称、商标、包装、装潢以及类似内容;烟草制品生产者或者销售者发布的迁址、更名、招聘等启事中,不得含有烟草制品名称、商标、包装、装潢以及类似内容。此外,酒类广告不得诱导、怂恿饮酒或者宣传无节制饮酒;不得出现饮酒的动作;不得表现驾驶车、船、飞机等活动;不得明示或者暗示饮酒有消除紧张和焦虑、增加体力等功效。

医疗类广告 近年来,医疗广告已经成为广告管理的重点领域,特别是互联网普及之后,医疗广告违法违规现象屡禁不止。国家广告监督管理部门也加大了对医疗广告违法违规行为的防范、监督、惩处力度。2017年7月27日,国家新闻出版广电总局办公厅发出了《关于加强网络视听节目领域涉医药广告管理的通知》,要求各省、自治区、直辖市新闻出版广电局,新疆生产建设兵团新闻出版广电局停播"苗仙咳喘方"等40条违规电视广告,要求各省局对虚假医药广告进行全面梳理并对有问题广告立即清理。2019年5月,国家市场监督管理总局公布了当年第一批典型虚假违法广告案件。[①]针对医疗药品广告,我国《广告法》和《医疗广告管理办法》分别针对医疗产品和服务的特点对其广告内容作出有针对性的规定:麻醉药品、精神药品、医疗用毒性药品、放射性药品等特殊药品,药品类易制毒化学品,以及戒毒治疗的药品、医疗器械和治疗方法,不得作广告。医疗、药品、医疗器械广告不得含有表示功效、安全性的断言或者保证,不得含有说明治愈率或者有效率,以及与其他药品、医疗器械的功效和安全性或者其他医疗机构比较等内容。邀请名人做代言的,不得在广告中利用广告代言人作产品推荐。对于非医疗、药品、医疗器械广告,广告中不得涉及疾病治疗功能,也不得通过语言使观众对产品产生医疗用途的误解。保健食品广告不得含有表示功效、安全性的断言或者保证,不得含有涉及疾病预防、治疗功能,以及声称或者暗示广告商品为保障健康所必需等内容。同时,广播电台、电视台、报刊音像出版单位、互联网信息服务提供者不得以介绍健康、养生知识等形式变相发布医疗、药品、医疗器械、保健食品广告。

虚假广告 虚假广告指以虚假或者引人误解的内容欺骗、误导消费者的广告。按照有关法律的规定,广告有下列情形之一的视为虚假广告:商品或者服务不存在的;商品的性能、功能、产地、用途、质量、规格、成分、价格、生产者、有效期限、销售状况、曾获荣誉等信息,或者服务的内容、提供者、形式、质量、价格、销售状况、曾获荣誉等信息,以及与商品或者服务有关的允诺等信息与实际情况不符,对购买行为有实质性影响的;使用虚构、伪造或者无法验证的科研成果、统计资料、调查结果、文摘、引用语等信息作证明材料的;虚构使用商品或者接受服务的效果的;以虚假或者引人误解的内容欺骗、误导消费者的其他情形。

[①] 刘盈:《一批医院、媒体因虚假违法医疗广告被处罚!》,http://www.sohu.com/a/313207482_456062,访问日期:2019年5月10日。

我国对于虚假广告采取坚决禁止、严厉打击的态度。

此外,我国《广告法》等相关法律法规对于农药制品广告、教育培训广告、招商广告、房地产广告、农产品广告的禁载内容也都有相应的规定。

三、违法广告行为的法律责任

广告活动中的违法行为要承担相应的法律责任,法律责任的主体既包括广告主、广告经营者、广告发布者和企业法定代表人,也包括监管部门的相关工作人员、新闻媒体及其相关人员等。《广告法》第五十七条规定的处罚包括"由市场监督管理部门责令停止发布广告,对广告主处二十万元以上一百万元以下的罚款,情节严重的,并可以吊销营业执照,由广告审查机关撤销广告审查批准文件、一年内不受理其广告审查申请;对广告经营者、广告发布者,由市场监督管理部门没收广告费用,处二十万元以上一百万元以下的罚款,情节严重的,并可以吊销营业执照"。《广告法》第七十二条还规定了市场监督管理部门和相关工作人员玩忽职守、滥用职权、徇私舞弊,要承担相应的法律责任。

刑事责任 我国《刑法》第二百二十二条规定:"广告主、广告经营者、广告发布者违反国家规定,利用广告对商品或者服务作虚假宣传,情节严重的,处二年以下有期徒刑或者拘役,并处或者单处罚金。"《广告法》第七十条规定:"违反本法规定,拒绝、阻挠市场监督管理部门监督检查,或者有其他构成违反治安管理行为的,依法给予治安管理处罚;构成犯罪的,依法追究刑事责任。"第七十一条规定:"广告审查机关对违法的广告内容作出审查批准决定的,对负有责任的主管人员和直接责任人员,由任免机关或者监察机关依法给予处分;构成犯罪,依法追究刑事责任。"概括而言,构成犯罪的广告行为主要分以下几种:第一,利用虚假广告诈骗,情节严重的,构成诈骗罪;第二,侵犯他人专用商标专用权,情节严重的,构成假冒商标罪;第三,侵犯他人专利权,情节严重的,构成假冒专利罪;第四,其他情况。[①]

民事责任 我国《广告法》第五十六条规定:"违反本法规定,发布虚假广

---

① 陈绚:《广告伦理与法规》,中国人民大学出版社2015年版,第236页。

告、欺骗、误导消费者,使购买商品或者接受服务的消费者的合法权益受到损害的,由广告主依法承担民事责任。广告经营者、广告发布者不能提供广告主的真实名称、地址和有效联系方式的,消费者可以要求广告经营者、广告发布者先行赔偿。关系消费者生命健康的商品或者服务的虚假广告,造成消费者损害的,其广告经营者、广告发布者、广告代言人应当与广告主承担连带责任。前款规定以外的商品或者服务的虚假广告,造成消费者损害的,其广告经营者、广告发布者、广告代言人,明知或者应知广告虚假仍设计、制作、代理、发布或者作推荐、证明的,应当与广告主承担连带责任。"第六十八条规定:"广告主、广告经营者、广告发布者违反本法规定,有下列侵权行为之一的,依法承担民事责任:在广告中损害未成年人或者残疾人的身心健康的;假冒他人专利的;贬低其他生产经营者的商品、服务的;在广告中未经同意使用他人名义或者形象的;其他侵犯他人合法民事权益的。"在广告活动可能给他人造成财产损失、人格侵害、知识产权侵害时,依据我国《民法典》的相关规定,民事责任的承担方式主要有停止侵害、消除影响、赔礼道歉、恢复名誉、赔偿损失等等。

经济责任 依据《广告法》及其他广告相关行政法规规定,违法广告活动的经济责任主要有两种:一是没收广告费用、没收违法所得,例如《广告法》第六十五条规定"违反本法规定,伪造、变造或者转让广告审查批准文件的,由市场监督管理部门没收违法所得"。二是罚款。罚款有多种幅度,例如《广告法》第五十五条规定:"违反本法规定,发布虚假广告的,由市场监督管理部门责令停止发布广告,责令广告主在相应范围内消除影响,处广告费用三倍以上五倍以下的罚款,广告费用无法计算或者明显偏低的,处二十万元以上一百万元以下的罚款;两年内有三次以上违法行为或者有其他严重情节的,处广告费用五倍以上十倍以下的罚款,广告费用无法计算或者明显偏低的,处一百万元以上二百万元以下的罚款,可以吊销营业执照,并由广告审查机关撤销广告审查批准文件、一年内不受理其广告审查申请。"罚款金额可能是一定的金额幅度,也可能是某项金额的倍数。

行政责任 依据《广告法》及其他广告相关行政法规规定,违法广告活动的行政责任主要包括:暂停发布、行政处分、吊销营业执照等。《广告法》第六十七条规定:"广播电台、电视台、报刊音像出版单位发布违法广告,或者以新闻报道形式变相发布广告,或者以介绍健康、养生知识等形式变相发布医疗、药品、医疗器械、保健食品广告,市场监督管理部门依照本法给予处罚的,应当通报新闻出版、广播电视主管部门以及其他有关部门。新闻出版、广播电视主管部门以及其他有关部门应当依法对负有责任的主管人员和直接责任人员给予处分;情节严重的,并可以暂停媒体的广告发布业务。"《广告法》第七十二条是有关行政处罚的规定:"市场监督管理部门对在履行广告监测职责中发现的违法广告行为或者对经投诉、举报的违法广告行为,不依法予以查处的,对负有责任的主管人员和直接责任人员,依法给予处分。"《广告法》第五十五条是有关吊销营业执照的规定。除以上责任承担方式外,《广告管理条例》第十八条还规定了责令公开更正、通报批评、停业整顿等承担责任方式。

四、违法广告行为公告制度

为加强广告监管工作,充分发挥社会舆论的监督作用,建立广告监管长效机制,打击违法广告行为,2006年11月21日,相关部门联合发布规范性文件《违法广告公告制度》。文件规定了违法广告公告包括部门联合公告、广告监督管理机关公告和广告审查机关公告,并规定了相应的发布机关。文件还规定了公告的内容,即典型虚假违法广告案例曝光、违法广告提示、违法广告案例点评、涉嫌严重违法广告监测公告等。公告的目的在于,通过在新闻媒体上传播公告内容,对违法广告行为予以曝光,并对公众起到警示作用。部门联合公告有关宣传报道的内容和口径经整治虚假违法广告部际联席会议确定后,可由新华社播发通稿,或由国家工商行政主管部门向有关新闻媒体提供;媒体刊播违法广告公告相关信息应当及时、全面、客观、准确;媒体对于公告中涉及的违法广告活动主体要如实刊登。

同时,该文件还提到,各地参照《违法广告公告制度》建立本地区的违法广告公告制度。例如,2011年,广东省工商行政管理局等11个单位联合发布广东省违法广告公告制度,在全国性《违法广告公告制度》的基础上进一步明确和细化了部门联合公告发布周期为每半年一次、典型虚假违法广告案例公告的七种类型、涉嫌严重违法广告监测公告的三种类型等。

 案例

王老吉诉加多宝虚假宣传案①

王老吉是广药集团的注册商标,广药集团自 1995 年起将该商标租给加多宝公司使用。1995 年起,加多宝公司传承王泽邦清朝道光年间家传配方,推出红罐凉茶,随即在市场上大获成功。其后,双方终止合作。2012 年 5 月,加多宝公司在所产红罐凉茶上使用自主商标"加多宝",而广药集团随后也开始生产红罐凉茶。2012 年 7 月,广药集团通过诉讼拿回红色罐装及红色瓶装王老吉凉茶的生产经营权。

此后,双方开始围绕产品包装及广告用语问题展开系列官司。其中包括"王老吉改名加多宝""全国销量领先的红罐凉茶改名加多宝""加多宝连续 7 年荣获'中国饮料第一罐'""加多宝凉茶荣获中国罐装饮料市场'七连冠'"等一系列广告。2014 年 6 月,广药集团联合王老吉大健康公司以广告内容涉及虚假宣传为由起诉加多宝(中国)饮料有限公司和广东加多宝公司。两原告称:被告在广告中宣传"国家权威机构发布:加多宝连续 7 年荣获'中国饮料第一罐'""加多宝凉茶荣获中国罐装饮料市场'七连冠'"等内容与事实不符,因为加多宝凉茶最早于 2012 年 5 月上市,之前生产的均为王老吉凉茶。两原告要求被告立即停止虚假宣传行为、连带赔偿两原告经济损失 2000 万元及合理支出 100 万元。加多宝辩称,其多年使用合法授权的凉茶秘方并生产红罐凉茶,应当享有合法权利。而广告内容皆为权威数据,内容客观真实、清晰明确,不会引起公众的误解,因此不存在虚假宣传。一审法院做出判决:"涉案广告语由于在表达上不真实、不恰当且遗漏了重要信息,足以导致相关消费者误解,侵犯了两原告的正当利益,损害了公平平等的竞争秩序,构成虚假宣传。判决加多宝立即停止使用涉案广告语,赔偿两原告经济损失及合理开支共计 300 万元。"

---

① 参见广东省高级人民法院(2014)粤高法民三终字第 482 号民事判决;广东省广州市中级人民法院(2012)穗中法知民初字第 263 号民事判决;最高人民法院(2017)最高法民再 152 号民事判决书。

其后,加多宝公司提出上诉。二审中,双方争议之一集中在广告中"加多宝"所指究竟是 2012 年后启用的品牌还是 1995 年开始从事生产的生产厂商。一审判决和被上诉人都认为该表述针对的是品牌。而加多宝认为无论如何解读,广告所指向的商品是固定不变的,并不会引发歧义。2016 年 3 月 8 日,广东高院二审驳回上诉,维持原判。

加多宝公司不服广东高院判决,向最高人民法院提起上诉。最高人民法院经审理认为:"结合本案特殊背景,将涉案包装装潢权益完全判归一方所有,均会导致显失公平的结果,并可能损及社会公众利益。因此,涉案知名商品特有包装装潢权益,在遵循诚实信用原则和尊重消费者认知并不损害他人合法权益的前提下,可由广药集团与加多宝公司共同享有。对广药集团及加多宝公司的诉讼请求均予以驳回。"

2017 年,加多宝公司申请再审。广东加多宝公司使用涉案广告语不构成虚假宣传的不正当竞争行为,原审判决认定广东加多宝公司使用涉案广告语的行为构成虚假宣传。2019 年 8 月 16 日,加多宝官方网站发布了此案再审判决书的公告。最高人民法院在再审判决书中提出:"广东加多宝公司使用'全国销量领先的红罐凉茶改名加多宝'广告语并不产生引人误解的效果,并未损害公平竞争的市场秩序和消费者的合法权益,不构成虚假宣传行为。"

思考题

1. 为什么要对重大政务信息、突发事件、气象信息、证券新闻等信息的发布作特殊规定?
2. 为什么法律对药品广告、烟草广告、保健品广告的内容限制较多?
3. 如何改进突发信息的发布机制以应对日益复杂的网络舆论环境?

第十三章 新闻传播伦理概论

新闻传播伦理指新闻传播行为应当遵守的一整套理念和基本规范。近年来,新闻传播伦理课程已逐渐成为新闻传播学课程体系的重要组成部分。新闻传播伦理是新闻传播学与伦理学的交叉部分,是相对较新的一门课程,在学习新闻传播伦理时首先需要对新闻传播伦理概念、理论,以及新闻传播伦理史等有一个概括性的认识。本章将重点介绍新闻传播伦理的基础理论、核心理论,并简要回顾中外新闻伦理的发展历史。

第一节 新闻传播伦理概念与基础理论

一、新闻传播伦理及相关概念

(一) 新闻传播伦理的概念

传统媒体时期,新闻传播伦理(新闻伦理)指取得行政许可的媒体及新闻工作者应当遵守的一套理念与规范。新闻伦理是新闻业发展过程中的一个"伴生物",产生于新闻业发展相对稳定、完善的时期,在某种程度上属于一种行业共识。互联网技术的迅猛发展深刻改变了传播格局,曾经相对稳定的新闻传播主体激增,网络主播等自媒体人事实上已参与到新闻传播实践中。因而,新闻传播伦理也由原本新闻业的行业自律,转变为对一切具有舆论属性和动员能力的传播主体的传播行为的普遍性要求。这时,仅将职业传播主体作为新闻伦理的规范对象,已不再适用于互联网时代。为回应互联网传播促成的结构性变迁,本书使用"新闻传播伦理"概念。新闻传播伦理指一切传播行为均应遵循的伦理理念及行为规范;新闻传播伦理的规范对象不仅包括职业传播者,也包括非职业传播者(信息平台及自媒体);新闻传播伦理建立的目的在于追求与保障传播行为具有较高的道德价值,规避不负责任的、坏的传播行为。

(二) 新闻传播伦理的相关概念

1. 新闻传播伦理理念与新闻传播伦理规范

新闻传播伦理理念与新闻传播伦理规范的联系在于:规范是理念的产物,有什么样的伦理理念就会有什么样的伦理规范。无论是理念还是规范,均服务于新闻业的健康发展,体现传媒凝聚共识、传承文化、引领舆论等社会责任。具体来看,伦理理念指新闻传播在价值观层面的"想法或看法",属于"目的性共识",以"好/善"为其判断词;伦理规范指新闻生产、传播行为的"做法",属于"义务性共识",以"应该/不应该"为其判断词。理念与规范之间,"好"优先于"应该","应该"依据"好/善"确定。一旦新闻实践遭遇新的伦理困境,无法在具体规范层面找到现成的答案,就要"向上"寻求伦理理念的价值性指导。

新闻传播伦理理念与新闻传播伦理规范的区别在于:新闻传播伦理理念是方向指导,强调职责使命,更具原则性和概括性。例如,习近平总书记在党的新闻舆论工作座谈会上指出,在新的时代条件下,党的新闻舆论工作的职责和使命是:高举旗帜、引领导向,围绕中心、服务大局,团结人民、鼓舞士气,成风化人、凝心聚力,澄清谬误、明辨是非,联接中外、沟通世界。这四十八个字,为新闻工作提供了方向指导。新闻传播伦理规范则相对具体,也更具操作性。例如,认真核实新闻信息来源,坚决抵制低俗、庸俗、媚俗的内容,这就是新闻传播伦理规范。二者的关系也可以简单化为:伦理理念是无形的价值原则,为具体规范提供指导;具体规范相对容易把握,是一套价值体系的"抓手"部分。

2. 新闻传播伦理与新闻道德

很长一段时间里,新闻伦理与新闻道德并无严格区分,两个概念混同使用的情况非常普遍,甚至可以说,新闻伦理就是新闻道德。比如,徐宝璜就曾在

《新闻学》一书中将"提倡道德"作为报纸的六大职务之一,陈桂兰也将其主编的教材定名为《新闻职业道德教程》。2019年,中华全国新闻工作者协会新修订公布的《中国新闻工作者职业道德准则》仍使用了职业道德的概念。

从严格意义上来讲,新闻传播伦理和新闻传播道德是存在区别的,其区别在于:第一,新闻伦理与新闻道德本身有差异。一般认为,道德(moral)存在于人的内心,指个体向善的精神力量。个体道德的完善依靠个人心性,具有独特性。当评价个别的或者个体的行为时,倾向使用道德一词,而对于"不道德"的评价,一般靠社会舆论,约束相对松散。伦理(ethic)是特定群体或特定团体对其所属成员提出的行为要求,是对道德的程序化规定,是一种"应当如何"的道德共识,因而对个体行为具有一定的指导性、管理性和约束性。第二,新闻道德问题是新闻伦理学的根本问题。新闻伦理是关于新闻道德的学问,其研究对象是新闻道德。第三,新闻伦理更重理论性、规范性;新闻道德更重实践性、操作性。因此,越来越多的学术研究和教材倾向使用"伦理"一词。1984年,《新闻学简明词典》第一次收录了"新闻伦理学"词条,对新闻伦理学做出阐释。① 这表明我国新闻研究者对新闻伦理开始有了更具理论性、规范性的认知。20世纪90年代后半期,以"新闻伦理"为名的独立学科在我国形成和创立,相关教材也越来越多地使用伦理概念,如周鸿书的《新闻伦理学论纲》、黄瑚的《新闻伦理学》及蓝鸿文的《新闻伦理学简明教程》等。

3. 新闻传播伦理与传播法

道德与法律是支撑社会有序运作、健康发展的两种规范,而新闻传播伦理与传播法就是维护和保障传播秩序、言论秩序、社会舆论秩序的两种规范。

新闻传播伦理与传播法存在密切的联系。首先,传播法本身就是新闻传播伦理的重要组成部分,传播法是底线的传播伦理。例如,《网络安全法》规定了网络传播的内容底线(第十二条)和有利于未成年人身心健康的原则(第十三条),以及不得利用网络从事违法犯罪活动或传播涉及违法犯罪活动的信息(第四十六条)。其次,一切传播法在根本上都不可能与传播伦理无涉,法律规范总

---

① 蓝鸿文主编:《新闻伦理学简明教程》,中国人民大学出版社2001年版,第14页。

是或隐或显地蕴含着某种道德价值。最后,某些逐渐取得共识的传播伦理,在一定条件下会升格为传播法。例如,2014年前后,在一些新闻媒体和网络平台上出现大量"抹黑英雄"的言论,这些言论质疑雷锋、刘胡兰、狼牙山五壮士、黄继光等英雄事迹的"真实性",造成极大的负面影响。如何传播英雄事迹,本属于传播伦理、社会伦理范畴,然而,面对大量言论"抹黑英雄"的现象,在新闻界及社会各界的努力之下,2017年3月15日全国人大通过的《民法总则》第一百八十五条规定:侵害英雄烈士等的姓名、肖像、名誉、荣誉,损害社会公共利益的,应当承担民事责任。2018年4月27日,十三届全国人大常委会二次会议全票表决通过了《英雄烈士保护法》,这意味着英雄烈士的尊严和合法权益有了专门的法律保障。自此,保护国家英雄烈士的名誉,就从一种社会(公共)伦理的倡导、新闻业的伦理规范转化为法律,成为新闻工作者、平台及自媒体都必须遵守的法律红线。

新闻传播伦理与传播法也存在明显的区别。一是,新闻传播伦理制约、规范的范围更广。法律未进行规定的传播行为受到传播伦理规范的制约。二是,狭义的传播法具有更强的强制力,是传播者"能"(can)或"不能"(can not)做什么的硬性标准和他律规范,而新闻伦理是新闻传播"应当"(should)或"不应当"(should not)做什么的软性规范,仅具有一定程度上的"行业强制力"。换言之,传播法是一种"硬法"(hard law),体现为强制性;新闻传播伦理多呈现"软法"(soft law)的性质,更多体现为倡导性。

二、新闻传播伦理的适用范围

在传统媒体时期,新闻传播伦理的适用范围包括新闻媒体及新闻工作者;互联网传播时期,新闻传播伦理的适用范围扩大至"具有舆论属性或社会动员能力的互联网信息服务"行为。从规范传播主体到规范传播行为,新闻传播伦理的适用范围呈明显扩大的趋势。

(一)传统媒体时期

在传统媒体时期,最初新闻传播伦理的适用对象是"新闻工作者",而新闻传播伦理指的是新闻工作者对国家、社会、所在媒体、信息源及新闻接受者所应承担的义务、恪守的道德规范。1984年余家宏等编写的《新闻学简明词典》和1993年甘惜分主编的《新闻学大词典》中都提出新闻伦理学研究的对象应放在新闻工作者的职业道德范围之内。① 1988年余家宏等人编写的《新闻学词典》将"新闻伦理学"解释为:"研究新闻工作者的职业道德产生与形成规范的学科,是一门边缘学科。其内容包括:新闻道德产生、发展的历史,新闻道德的内容、规范、作用,新闻道德与新闻法制、公共道德的关系,新闻道德的修养等。"② 其后,虽然有学者认为新闻伦理学的适用范围是新闻工作者③,但也有学者提出新闻传播伦理的适用范围既包括新闻工作者,也包括媒体机构④。

本书认为,新闻工作者的职责与新闻机构的职责不能须臾分离。"京华时报与农夫山泉"⑤等诸多案例表明,记者的采访写作只是新闻报道的一个环节,最终的报道决策实际上只能由媒体机构做出。因此,传统媒体时期新闻传播伦理的适用范围应是"媒体机构及职诉新闻工作者"。

(二) 互联网传播时期

互联网传播时期,新闻传播逐渐从一种职业行为演化为社会行为。新闻传播伦理的传统适用范围已无法应对当下的传播变革。从法律制定、新闻实践及管理、学界研究等方面看,新闻传播伦理的适用范围已经扩大。

第一,法律对"新闻传播者"的界定采取了包容态度。类似"具有舆论属性或社会动员能力的互联网信息服务"的表述,在一定程度上接纳了新闻传播主体泛化的现实。⑥ 同时,《民法典》还将以往习用的新闻单位、新闻媒体等概念

---

① 转引自蓝鸿文主编:《新闻伦理学简明教程》,中国人民大学出版社2001年版,第7页。
② 余家宏等编写:《新闻学词典》,浙江人民出版社1988年版,第84页。
③ 参见周泰颐:《新闻伦理学研究对象和研究范围辨析》,《华中科技大学学报(社会科学版)》1996年第4期。
④ 周鸿书:《新闻伦理学论纲》,新华出版社1995年版。该书被认为是我国第一本新闻伦理学专著。
⑤ 2013年,《京华时报》持续28天以连续67个版面、76篇报道,批评农夫山泉"标准不如自来水",创造了"一家媒体批评一个企业"的纪录。
⑥ 根据《具有舆论属性或社会动员能力的互联网信息服务安全评估规定》,"开办论坛、博客、微博客、聊天室、通讯群组、公众账号、短视频、网络直播、信息分享、小程序等信息服务或者附设相应功能,开办提供公众舆论表达渠道或者具有发动社会公众从事特定活动能力的其他互联网信息服务"均属具有舆论属性或社会动员能力的互联网信息服务。

变更为实施新闻报道的行为人。① 法律从规范"传播主体"到规范"传播行为"的变化表明，在互联网传播时代，"新闻媒体""新闻传播者"均成为难以清晰界定的概念。针对传播行为进行规范，具有实践中的合理性——无论是否具有职业传播者身份，传播行动者发出的信息均可能影响舆论、建构观念。例如，2019年初，几个"自媒体人"揭开了娱乐圈"阴阳合同"黑幕，发现了假疫苗，并开启了对权健公司的调查。这些自媒体"报道"带有公共信息服务的性质，产生了舆论监督的实际效果，具有推动社会进步的积极意义。

第二，新闻传播管理部门秉承网上网下"一个标准、一条底线、一把尺子"的管理思路，将网络主播等非职业传播者的传播行为纳入行政管理范围。例如，2022年广电总局印发《全国广播电视和网络视听"十四五"人才发展规划》，提出加强视听新媒体人才培养，建立完善网络视听从业人员教育培训机制，强化网络视听播音员主持人、网络主播、网络视听内容审核员等网络视听从业人员思想引领、文化培育、道德建设和专业能力提升。

第三，学界研究认可非职业传播者的重要作用。"内容传播者""行动者网络"成为学术研究中出现频率较高的词语。"随着新兴技术形成的新闻活动边界不断向外扩展，新闻学也处在从职业性到社会性的范式转换之中"②。有研究者提出"新闻生态系统""多元新闻行动主体""网络化新闻业"等概念，将传统新闻业之外的内容传播者纳入传播主体。"新闻行动者网络"这一概念，将传统媒体、传统媒体主导的公众号、商业信息聚合平台、自媒体等全部纳入新闻行动者网络。对此，传播法学者魏永征提出"二类资质"媒体应是新闻专业组织，应把网络编辑纳入职业新闻传播主体，因为它们的行为也属于具有舆论属性或社会动员能力的互联网信息服务。③ 这与习近平总书记在主持十九届中共中央政治局第十二次集体学习时的指示形成呼应："要使全媒体传播在法治轨道上运行，对传统媒体和新兴媒体实行一个标准、一体管理。"

---

① 参见魏永征的博客文章《〈民法典〉中"新闻报道"行为的主体》，http://yongzhengwei.com/archives/33917，访问日期：2023年7月11日。
② 南京大学新闻学院新闻创新实验室：《2020年全球新闻创新报告》，《新闻记者》2021年第1期。
③ 参见魏永征：《移动端时代新闻专业系统的调整》，http://yongzhengwei.com/archives/33814，访问日期：2023年7月16日。

第四,新闻传播实践中的国家机关、企事业单位公众号写作者、部分自媒体人、商业平台的管理者和"小编们",很多出身于新闻专业或从传统媒体转型而来。他们不仅自认为是新闻人,且具有一定的新闻传播伦理规范意识;同时,部分自媒体已经具备了一定的传播公信力,事实上跻身于新闻提供者队伍。从《2020年全球新闻创新报告》观察的58家原生数字媒体来看,"尽管它们的规模普遍较小,稳定性较差,但往往凭借着深耕某一垂直领域的内容,与使用者产生更强的情感连结,并通过会员制、基金会资助等多种商业模式,跻身于新闻性内容提供者的队伍"①。

总之,新闻传播伦理的适用范围呈扩大趋势,新闻传播伦理的规范对象已不再局限于传统媒体及职业新闻工作者,也适用于互联网自媒体等的网络传播行为。换言之,新闻传播伦理日趋适用于一切传播主体及一切传播行为,新闻传播伦理呈现出从规范传播主体到规范传播行为的变化。

三、新闻传播伦理的重要作用

新闻传播伦理是新闻业存在的合法性根基,是新闻业健康发展的重要保障。新闻传播伦理通过调整传播秩序维护了社会秩序,在规范新闻传播行为的同时也保护了新闻传播行业及传播者。

(一)新闻传播伦理是新闻业存在的合法性根基,保障新闻业健康发展

中、外新闻业在其形成发展的过程中,形成了广泛而清晰的职业伦理共识,即新闻业负有信息传播、环境监测、文化传承、塑造共识等社会责任。任何国家的新闻业不仅承担着信息沟通的责任,更是国家意识形态阵地,承担着国家文化建设和意义塑造的重任,因此新闻业是"一项具有道德使命的职业"②。新闻业存在的合法性,取决于其能否道德地行使其职业权利。当新闻业不再具有公信力或监测环境、塑造社会道德的能力时,就会失去其存在的合法性。从某种

---

① 王辰瑶、刘天宇:《2020年全球新闻创新报告》,《新闻记者》2021年第1期。
② Matthew Kieran等:《媒体伦理与规范》,张培伦、郑佳瑜译,台北韦伯文化国际出版有限公司2004年版,第21页。

程度上讲,新闻媒体及从业者的道德水准,不仅应当比一般职业的道德水平更高,甚至每一位新闻工作者都应当是一位伦理专家。美国学者约翰·赫尔顿在《美国新闻道德问题种种》一书中就提出,在新闻领域里,没有哪个问题比新闻道德问题更重要,更难以捉摸,更带有普遍性。新闻工作一旦丧失道德价值,它即刻会成为一种对社会无用的东西,进而失去任何存在的理由。

(二) 新闻传播伦理对社会道德起着建构和消解的作用

建构主义认为,事物的意义并非独立于人类存在,而是源于人类的自我建构。建构主义为我们认识新闻、认知新闻传播伦理对社会的重要意义提供了一种理论视角。当下,新闻传播已经成为一种最广泛意义上的教育,"对于如何理解与塑造我们的世界观,媒体明显有着强大与复杂的影响力"[1]。社会道德会影响新闻传播,但同时,"传播反作用于社会道德,对社会道德起建构和消解的作用"[2]。新闻传播伦理在新的时代显得更为重要,"每一个新闻工作者在新闻工作活动当中表现出的道德状况对整个社会良好风气的形成和道德水准的提高都具有特别重要的意义"[3]。记者、编辑是新闻业责任使命的代表,他们的价值判断首先应当符合社会基本道德,因为公众显然并不需要"不道德"的代言人。

相较于文学,新闻更为真实地呈现社会。新闻通过议程设置、"把关"等手段建构出的"拟态环境"虽然并非绝对真实的客观环境,但却能够直接影响受众对世界的感知,从而影响人们的行为。一则新闻报道日本核电站泄漏可能污染海水,影响海盐生产,现实中就会出现"超市抢盐风波";"彭宇案"的广泛报道给公众留下了"做好事容易被冤枉""扶老人有风险"的印象,导致严重的社会信任危机,现实中就出现了"扶不扶"这类本不该成为问题的问题。

因此,成熟的新闻传播伦理对建构社会道德至关重要。它通过塑造健康的舆论环境,深刻地影响社会道德、社会观念。新闻业肩负舆论监督的责任,被视为守护社会良心的崇高事业,记者被视为社会的良知。因此,新闻媒体自身频

---

[1] Matthew Kieran 等:《媒体伦理与规范》,张培伦、郑佳瑜译,台北韦伯文化国际出版有限公司2004年版,第28页。
[2] 参见陈汝东:《传播伦理学》,北京大学出版社2006年版,第7页。
[3] 陈绚:《新闻道德与法规教程》,中国大百科全书出版社2005年版,第6页。

频曝出的负面新闻,不仅严重危害媒体公信力,侵害公众知情权,甚至还会误导社会道德和人们的价值取向。①

(三)新闻传播伦理既是约束也是保护

对新闻媒体及从业者而言,新闻传播伦理既是一种约束,也是一种保护。掌握新闻伦理理论,熟悉新闻伦理规范,媒体及新闻工作者能够有效避免陷入道德险境。新闻业的特点在于"新"。报道者要在第一时间快速反应,随时应对复杂多变的新闻场景,还要在冲突的多元价值中迅速判断选择。新闻伦理选择往往在短时间内难分对错,这也常常导致公众对媒体和新闻工作者的种种指责。法律规范的滞后性和个案调整的方式,无法及时、有效覆盖新闻报道涉及的所有领域,除了如刑事犯罪、暴力色情、侵犯个人隐私等少数类型外,大量报道内容均无明确的法律红线给予事前限定。因此,日常的新闻传播伦理教育、培训与练习,可以让新闻报道具备"上游思维",从而避免一些由选择导致的道德风险。

第二节 新闻传播伦理的核心问题

新闻传播伦理的核心问题是价值问题。新闻既是事实传播,也是价值传播,新闻传播是事实与价值的统一。价值主体性理论是解决价值问题的核心理论。本节重点阐述新闻价值的主体性、新闻传播中的价值冲突与伦理两难,基于主体的价值排序及四种道德原则(价值工具)。

一、新闻事实与新闻价值

(一)新闻是事实传播,也是价值传播

"新闻"是一个价值词。以往沿用的新闻定义"对新近发生的事实的报道",强调了"事实",但未明确该事实是带有传播主体价值选择的事实。因此,

---

① 中华全国新闻工作者协会、新闻战线"三项学习教育"活动领导小组办公室编:《马克思主义新闻观百问百答》,学习出版社 2019 年版,第 422 页。

有学者建议将"新闻的定义从新闻学拓展到伦理学的新闻价值观"①,提出新闻是基于传播主体的价值标准,对新近发生的事实进行选择、组合、再阐释的过程。

新闻传递事实,并基于事实传递价值。事实与价值分属两个领域。事实领域考察的是主观认识与客观事实是否相符,其判断标准是"是非真假"。多信源核实等努力就是为了让新闻事实尽可能地接近客观事实,保证新闻真实。而价值问题"是一个与知识、真理问题很不相同的领域"②,价值具有主体性特征,价值判断总体上是主观的、相对的、多元的,其判断标准是"好坏善恶"。③ 同一事实无法推导出唯一价值,事物"是什么"不代表"应如何"。这种事实与价值之间的断裂,也被称为"休谟的铡刀",因为它斩断了事实与价值的联系。许多经典的道德原则正是在这个断裂处为不同的价值判断提供各种不同的道德理由。事实与价值的断裂体现在新闻报道领域,即记者通过采访、观察掌握了事实是一回事,新闻报道通过叙事、事实组合等方式呈现和传递的价值则是另外一回事。因此,新闻在传递事实的同时不可避免地传递某种价值。

(二) 新闻中的价值具有隐蔽性

新闻媒体和新闻工作者的价值判断隐藏在新闻传播的各个环节。新闻叙事的角度、事实排列的方式、消息源的发言次数等均是报道者价值判断的结果。新闻工作者需要判断哪些信息是有用的,哪些信息无关紧要;哪些事实应当包括在内,哪些应当排除在外;报道采用何种框架,凸显哪些信息,忽略哪些信息。"如果一则新闻故事讨论的是公认的不适当的某些活动,而且对它的描述包含了负面意味,那么这则新闻故事也就含蓄地表达出有关'什么才是适当活动'的

---

① 〔美〕菲利普·帕特森、李·威尔金斯:《媒介伦理学:问题与案例》,李青藜译,中国人民大学出版社 2018 年版,第 34 页。
② 李德顺:《价值论》,中国人民大学出版社 2007 年版,第 28 页。
③ 休谟第一个提出了"是"与"应该"的二分法。休谟认为,人类认识世界可以有两种方法:事实与价值。"世界是什么样子的"和"我们应该做什么"是两个截然不同的问题。前者研究的是事实知识,判断标准是"是非真假";后者研究价值知识,判断标准是"好坏善恶"。新闻伦理问题,首先是事实层面的"真假"问题,也就是"是什么"的事实性问题;其次,新闻伦理需要在价值层面判断"好坏善恶",也就是"应如何"的价值性问题。

价值判断。"①因此,议程设置、新闻框架、标题、导语、段落安排、版面编辑、用词、标点等新闻生产的全流程,本质上是报道主体一系列价值选择的过程,充满了价值判断。在对诸多事实进行选择、加工的过程中,新闻媒体及其工作者的道德观念将直接影响其价值判断、价值选择和报道的内容呈现,甚至遣词造句都是记者与编辑价值能动性的体现。比如,在稿件写作中选择使用"屡战屡败"还是"屡败屡战",会带来完全不同的阅读感受。"如果记者从事报道时预设了某些基本价值,那么任何事件都可以借由不同的词句进行许多再叙述。"②

二、价值主体性与价值判断

(一)新闻的价值主体性

价值主体性是价值哲学的核心理论,也是思考新闻传播伦理的核心问题。价值的主体性包括两个含义:第一,事物是否有价值由主体判断。③ 第二,价值由主体创造,价值因主体而异。中国民间童话故事"小马过河"是阐释价值主体性最好的例子。④ 河水的"深度"是客观的事实,但"深浅"却是一个基于主体的价值判断。河水的深度是40厘米,既可能淹死松鼠,也可以只到老牛的腿腕。因此,河水深不深,小马、老牛、松鼠作为不同的主体,判断结果也不同。正如"地上有珍珠和麦粒,公鸡一定会选择后者"一样,一个东西的价值不能由它本身确定,而是由它的使用者、判断者来界定。

新闻传播具有明确的价值主体性。围绕同一个新闻事件,会产生多个事实面向、多个信源的不同描述,这时报道者必须且只能借由价值主体的标准做出判断。新闻的价值主体性包括以下两个层面:

---

① 参见〔美〕赫伯特·甘斯:《什么在决定新闻——对 CBS 晚间新闻、NBC 夜间新闻、〈新闻周刊〉及〈时代〉周刊的研究》,石琳、李红涛译,北京大学出版社 2009 年版,第 49 页。
② Matthew Kieran 等:《媒体伦理与规范》,张培伦、郑佳瑜译,台北韦伯文化国际出版有限公司 2004 年版,第 29 页。
③ 李德顺:《价值论》,中国人民大学出版社 2007 年版,第 4 页。
④ 参见李德顺:《深思浅喻:李德顺哲理比喻小集》,中国青年出版社 2018 年版,第 4 页。

第一,新闻传播伦理具有国家主体性,与一国特定的文化历史有深厚的联系。"不同国家、不同民族、不同社会的新闻传播,实际上都是服务于各自的伦理体系。"①作为主权国家,各国的媒体均认可自己有维护国家发展、维护社会秩序、保护本国文化及语言等终极责任,这也被称为新闻业的"终极价值"。②终极价值体现在新闻伦理规范的使命陈述、价值观陈述中。由于主体不同,各国伦理规范具体关照的对象也不同。比如,2019年版的《中国新闻工作者职业道德准则》中,"中国新闻事业是中国共产党领导的中国特色社会主义事业的重要组成部分"就是对中国新闻业的使命陈述与职业价值观陈述。而马来西亚的《新闻业教规》(Canons of Journalism)强调马来西亚的媒体在促进马来西亚国家建设中应发挥积极作用:新闻行业有义务为促进种族和睦、民族团结贡献力量。③ 希腊《职业新闻工作者的伦理规范》提出,为保护希腊语,要避免过度使用外语单词和术语。④ 以上各国的新闻伦理规范均表明,"无论新闻传播所处的社会制度差异有多大,无论新闻媒体的资本控制方式如何不同,在维护新闻传播伦理秩序方面有一条是共同的——符合特定国家的社会伦理秩序"⑤。这样来看,各国媒体的责任与使命在本质上具有道德共性,同时表现为道德的主体性和特殊性。同样,用价值的主体性理论解读新闻真实,就会出现"对谁而言的真实"或"提供谁需要的真实"这样的问题。曾有学者对不同国家共242个新闻伦理规范中的"新闻自由"表述对比分析后发现:"新闻自由的观念与特定的环境、政治、经济以及新闻组织特点相联系,从各个国家的新闻伦理规范中可以看出它们各自的目标。"⑥

第二,新闻传播伦理具有不同社会发展阶段的特殊性。道德在一个时代和另一个时代之间、一个民族和另一个民族之间、一个阶级和另一个阶级之间变

---

① 陈汝东:《传播伦理学》,北京大学出版社2006年版,第105页。
② 参见〔美〕赫伯特·甘斯:《什么在决定新闻——对CBS晚间新闻、NBC夜间新闻、〈新闻周刊〉及〈时代〉周刊的研究》,石琳、李红涛译,北京大学出版社2009年版,第260页。
③ http://www.mediawise.org.uk/malaysia/,访问日期:2020年6月1日。
④ 牛静、刘丹:《全球媒体伦理规范的共通准则和区域性准则——基于134篇媒体伦理规范文本的分析》,《新闻记者》2017年第10期。
⑤ 陈汝东:《传播伦理学》,北京大学出版社2006年版,第105页。
⑥ David Miller, "Cosmopolitanism: A Critique," *Critical Review of International Social and Political Philosophy*, Vol. 5, No. 3, 2002, pp. 80-85.

更得如此厉害,以至于它们常常是相互矛盾的。就我国而言,中共十九大报告提出中国特色社会主义进入新时代,我国社会主要矛盾已经转化为人民日益增长的美好生活需要和不平衡不充分的发展之间的矛盾。社会发展的不平衡、不充分是当下社会的主要矛盾,根据新闻传播伦理的要求,中国的媒体应客观报道各类社会现象,而不是夸大、渲染这些矛盾。法国近年频繁发生恐怖袭击事件,因此法国媒体通过更新伦理规范强调新闻伦理思路的变化。2016年《法新社编辑标准与最优操作手册》提出,法国媒体需要面对及解决的最新、最难的问题之一,就是"冲突事件的报道伦理"。①

综上可知,新闻传播伦理具有国家和时代的特殊性。所以国家和时代发展的特殊性需求,也是各国媒体在制定、修订媒体伦理规范时的一个重要考虑因素。

（二）基于传播主体性的真与善

新闻传播可以分为"真""善""美"三个层次。"事实"是新闻报道的第一个层次,标准是求真。在这个层面上,真实是新闻的生命。"伦理"是新闻报道的第二个层次,标准是求善。新闻伦理关注新闻报道对社会的影响,其目的不是单纯的求真,而是提供符合特定社会发展阶段需要的"善"的价值。"审美"是新闻报道的第三个层次,指优秀的新闻作品在满足"真""善"的基础之上,还能够具有审美价值。

"真"是"善"的基础,而"善"的标准帮助判断哪些真实信息应当呈现,新闻事实是否真实是"传播善"（good news）的前提。假新闻非但不能起到信息沟通的作用,还会破坏人们对所处环境的认知。一些事实符合真实标准,但把这些真实的信息传播出去,无法给社会带来任何正向的价值,便不符合"善"的标准,应当谨慎传播。比如犯罪手法、自杀细节等信息,或违背公序良俗,或可能带来负面的"示范效应"。因为"善"是更高意义上的"真","善"高于"真"而衍生"真"。

---

① 阴卫芝:《网络时代新闻记者如何更加专业？——〈法新社编辑标准与最优操作手册〉的分析与借鉴》,《新闻记者》2016年第8期。

"真"也是"美"的基础,"美"则是新闻报道的价值增值部分。具有审美内核的新闻作品具有净化心灵的作用。但一些缺少真实性的"假美",对社会道德、社会信任会造成不良的影响。2014 年"清洁工中暑小女孩撑伞""'深圳最美女孩'给街边乞丐老人喂饭"两个事件在微博上引起关注,一开始很多人点赞、转发,认为这样的"好人好事"令人振奋。但随后真相揭示,两个事件分别是某品牌伞商、某商业展览有意"制作"的假新闻,实际上是两则广告(植入性软文)。人们的情感也在新闻反转中逆转,敬佩之情变成上当受骗后的懊恼。总体来看,这种"假美"不仅有损媒体公信,更损害了社会信任,提高了人与人之间信任的门槛。因此,新闻报道中,不以真实为基础的所谓"美"同样无法成立。

三、新闻传播伦理两难与价值选择

(一) 新闻传播的伦理两难

伦理两难(Moral Dilemma)是对新闻传播伦理问题的经典概括,伦理两难本质上也是价值两难。一般将伦理两难问题解释为:在有两个(或多个)相互冲突的价值的情况下,当事人很难决定采取哪一种行动,或该做出哪个决定。忠孝不能两全、鱼与熊掌不可兼得等都属于伦理两难。伦理两难问题首先是"对与对"的选择问题;其次,它具有很强的情境性,即在某个情境下是对的问题,换一个情境可能就是错的。历史上经典的两难问题是"电车难题"[1],新闻传播史上经典的两难问题是"饥饿的苏丹"[2]。以下我们从新闻传播主体角度,将伦理两难问题分为媒体的伦理两难和记者的伦理两难。

媒体的伦理两难　　媒体的伦理两难主要体现为媒体的新闻报道职责与经营职责的冲突。媒体兼顾社会效益和经济效益双重目标。一方面,媒体需要报

---

[1]　"电车难题"由英国哲学家菲利帕·福特提出。"电车难题"的基本描述是:假设你驾驶一辆自己无法使其停下来的有轨电车,电车即将撞上前方轨道上的 5 个检修工人,他们根本来不及逃跑,除非你改变轨道。但是,备用轨道上也有 1 个人。那么,是否可以通过牺牲这一个人的生命而拯救另外五个人?

[2]　1993 年,记者凯文·卡特在苏丹大饥荒期间进入苏丹境内,拍摄了一张小女孩与秃鹫的照片。这张照片在 1994 年获得了普利策新闻特写摄影奖。但随着照片的传播,很多人质疑记者的行为:为什么不去救照片中这个孩子却选择拍照? 由此,"先拍照还是先救人"成为新闻职业伦理中经典的两难问题。

道事实,阐释信息,进行舆论监督;另一方面,媒体需要创造维持新闻生产的物质条件。这种"双轨制"的运行方式,天然带来媒体"社会效益与经济效益"的结构性矛盾。融媒体时代,各新闻媒体在启用全媒体发展战略的同时,更加注重产业经营,努力"找到媒介融合时代,新的产业杠杆上的支点"①。因而,社会上出现了更多的"经营创新"行为,例如媒体开办网络商城、直播带货,媒体成为自营文化产业园区的房东或股东,或者为媒体自己投资的企业进行宣传报道等等。为平衡报道与经营的冲突,新闻管理部门曾经要求媒体报道与经营"两分开",但实际上新闻事业中的报道与经营很难完全分开。诚如卡尔·霍斯曼所言:"站在为公众提供普及教育的立场来说,大众传播是一所学校,但就为投资者赚钱的目的而言,大众传播媒介是一家企业。任何传播媒介的负责人,如果一方面要尽校长之责,另一方面又要尽经理之职,便会陷入一种两难处境,这两种职务很多时候是互相矛盾的。"②

记者的伦理两难　记者的伦理两难仍可细分为记者的角色两难、记者信息选择的两难。记者的角色两难是指记者一身二任——职业角色、社会角色双重身份叠加。在两个彼此冲突的价值中,记者是其中一方价值的持有者。比如在"饥饿的苏丹"这一事件中,记者的职业责任和公民义务产生矛盾,拍照还是救人,成为瞬间的角色冲突。也就是说,在同一时间,凯文·卡特不能既是记者也是救助者。类似的典型角色两难常存在于隐性采访、匿名消息源保护等问题中。

另一种是记者信息选择的两难。这也是记者最常面对的一种价值选择难题。任何一个事实都包含了多个侧面的事实,甚至相互冲突的事实。如盲人摸象,无论是对象耳、象鼻还是象腿的描述,都是准确的,是整体(大象)的一部分。同一事件中的多个当事人,往往如盲人摸象,会有意无意表达从自己角度认知的事实及其愿意提供的事实。对记者而言,选择相信谁,选择使用哪些事实组成报道,要依靠采访功力,更要依据其对事实整体的判断能力。在冲突的事件中,信息源选择呈现的新闻事实有时截然不同。比如在医患报道中,医患双方

---

　① 丁柏铨:《媒介融合:概念、动因及利弊》,《南京社会科学》2011 年第 11 期。
　② 〔美〕卡尔·霍斯曼:《良心危机:新闻伦理学的多元观点》,胡幼伟译,台北五南图书出版公司 1995 年版,第 84 页。

提供的信息可能彼此矛盾,记者客观上成为多元事实的裁决者。这时的记者像法官,居中听取不同当事主体对同一事件的描述,这些描述或有细节差异,或完全相反;记者又与法官不同,法官依据法律条文或司法解释进行判断,而记者所能依据的伦理准则有限,很难具体对应特定场景的具体问题。在这种情况下,记者对信息的选择有更大的自由裁量权,甚至新闻报道权成为记者的"事实重新建构权"。表面上记者在选择事实,本质上记者在决定凸显或忽略哪些事实。新闻工作者的任务就是决定赋予哪些事件意义、重构成为新闻,通过对事件进行有选择的展现和传播,来引导受众形成对这一事件的认知。信息两难选择表现繁多,例如当事人隐私与公众知情权、信息公开与群体焦虑、新闻时效与深度报道、行业利益与社会责任等,这意味着记者在报道中要进行更多的自主判断和拥有更大的自由裁量空间,由此每一位记者本质上都应当是一位伦理学家,去判断平衡那些复杂和彼此冲突的原始信息。

(二)基于主体性的新闻价值排序

伦理问题和价值问题一样,不存在唯一的科学答案。但依据价值主体的目标,通过价值判断与价值衡量,可以对相互冲突的两个或多个价值进行排序,区分出优先价值和次优价值,即在"对与对"的价值中找到"更优""次优"的价值。价值排序是为解决与道德主体相关的多元利益冲突而创制的理论。德国现象学家马克斯·舍勒是这一理论的开创者。他提出:"价值在相互的关系中具有一个'级序',根据这个'级序',一个价值要比另一个价值'更高'或'更低'。"[①]就人们面对的价值两难选择而言,价值排序理论提供了一种思考路径,即从价值主体角度,权衡、评估哪种排序能够减少或降低道德选择带来的风险。价值排序的标准并非凝固不变,而是随着主体认知和具体情境的变化而变化。也就是说,由于伦理选择总是与特定的"场景"相关,很难出现两个一模一样的"道德现场";即便出现同类的"道德现场",同一主体在不同阶段也可能有截然相反的排序。国家利益、国家安全、投资人利益、媒体所有者利益、广告商利益、公众知

[①] 〔德〕马克斯·舍勒:《伦理学中的形式主义与质料的价值伦理学》,倪梁康译,商务印书馆2011年版,第146页。

情权、被报道者的隐私、对报道相关人的伤害等等,都可能成为最优的、被首先选择的价值。不过,价值排序理论是一个思想工具,并非一个伦理公式,无法直接给出答案。新闻报道实践中,要在特定的道德现场迅速确定原则,排出顺序,仍然是非常困难的,很多时候无论怎么排序都可能会带来道德风险。因此,价值排序理论仅仅是处理两难问题时的一种指导思路,甚至有时只能是"两害相权取其轻"。

(三) 处理伦理两难的四种道德原则

新闻伦理的选择需要恰当的道德理由,以便媒体和记者的选择行为能够建立在合理的基础之上,并具有说服力。中、西方的新闻传播伦理思想中,四种道德原则(价值工具)与传播行为密切相关:中庸(中道)的道德原则、可普遍化的道德原则、功利主义的道德原则、正义的道德原则。它们均可为新闻工作者的价值判断提供原则依据,成为记者工具箱中的价值工具。

第一,中庸(中道)的道德原则。代表人物是中国的孔子和希腊的亚里士多德,他们的共同点在于强调人的美德。这与中国早期的新闻职业道德要求是记者的"品性"不谋而合。亚里士多德的"中道"原则认为:美德存在于过分与不足两个极端之间,出色是过与不足之间的中道,勇敢是懦弱和冒失的中道,慷慨是吝啬和浪费的中道,谦逊是无耻和羞涩的中道。"中道"并非每个具体道德判断的"中间"之点,而是一种随情境变动的选择观,人们应在特定情境中进行恰当得体的判断和选择。儒家"中庸"思想提出"每种道德极端都是一种罪恶"。中庸并非庸俗的折中妥协,而是"极高明而道中庸""和而不同"与"致中和"的意思。同样,中庸并非指在两个极端之间寻找平衡,而是无过无不及,是适度为中,是一切恰如其分、刚刚好,而有时,坚持"极端"、坚守原则也是一种恰当的中庸。用中庸或中道的原则指导新闻传播,即报道应尽量在多个相互冲突的价值中求取平衡,规避极端选择导致的道德风险,找到正确的时间、合适的对象,以正确的方式进行报道,这样就比较接近道德。此外,新闻传播"时度效"也是中庸(中道)思想的现代体现。例如在灾难报道中,面对公众知情与受访者个人合理要求两个价值,一个极端的做法是照顾遇难者亲友情绪,放弃采访拍摄;另一个极端是不管不顾,完成采访拍摄。两者均不符合记者的美德,也不符合中庸、中道的道德原则。恰当的选择是在两者之间,例如远距离拍摄遇难者亲友背影,或者先陪伴后采访。事实上,一张近在咫尺、伤心难过的特写画面,并不能帮助受众对灾难全景了解得更多。

第二,可普遍化的道德原则。该原则采用推己及人的思路,强调一种绝对化的道德。这种观点的代表人物是中国的孔子和德国的康德。孔子提出"己所不欲,勿施于人"的道德观——判断一个行为是否道德,要看能否将这一行为推己及人,即以行为是否具有普遍的适用性,作为判断该行为是否道德的依据。以能否普遍化的标准来看,隐性采访就属于一种无法普遍化的采访手段,因为隐性采访需要隐瞒采访者身份、采访目的,而卧底采访甚至要装作与受访对象同一立场。隐性采访不可避免地带有欺骗性,而新闻报道中撒谎和欺骗并非一种可普遍化的原则,实施这一行为的新闻媒体也并不愿意受到同等的对待。也就是说,新闻工作者无法要求任何特权,无论任何情况,"记者都没有为了获取新闻而撒谎或侵犯隐私的特权"[①]。

第三,功利主义的道德原则。它强调一个行为的结果是判断行为是否道德的依据。功利主义(utilitarianism)实际为"效用主义",即采用计算的方式,寻求最大多数的最大幸福。功利主义给人们带来了异常简便的道德思路:一个行为是否道德,拿起纸笔算一算就知道。将功利主义的道德原则应用到"人质劫持事件"报道中,可有如下思考:若媒体以公众知情为由,直播劫持事件现场,却因直播泄露了重要信息,给警方营救工作带来负面影响,那就很不划算。因为"公众知情"的价值位阶无疑低于"人质生命安全"。相反,针对人质劫持这种犯罪行为,媒体从谨慎报道或不报道中获得的效益实际大于及时而详尽的直播。在人质还未被成功解救的阶段,媒体反时效、反细节的做法才是正确的。不过,功利主义原则提倡的计算方式,在实践中存在着诸多困难,比如"最大多数的最大幸福"本身就很难量化。用功利主义原则应对电车难题,仍会面临生命如何被计算的问题。

第四,正义的道德原则。约翰·罗尔斯在《正义论》中提出了"满足最少受惠者的最大利益"的差别原则,以独特的视角关注社会中的弱势群体。罗尔斯

---

① 〔美〕菲利普·帕特森、李·威尔金斯:《媒介伦理学:问题与案例》第8版,李青藜译,中国人民大学出版社2018年版,第10页。

对正义目标与保护弱者间的关系,在其"无知之幕"(Veil of ignorance)的思想实验中有清晰描述。大幕布下,人们的种族、性别、年龄、社会地位、财富、宗教信仰等都被遮蔽了,回到一种原初状态,没有人知道走出这个幕布后,自己将在社会或组织中承担怎样的角色,这时人们会倾向选择"差异原则",即经济政策要向处境不好的人倾斜,保障最弱者的利益。某种程度上,"让无力者有力,让悲观者前行"正是有意无意践行了这一道德原则。

为便于理解和记忆,我们将以上四种道德原则进行简化。中庸(中道)的道德原则:你应当采取行动 A,因为行动 A 表明你是一个有道德的媒体或记者。可普遍化的道德原则:你应当采取行动 A,因为 A 表明它可以普遍化。功利主义的道德原则:你应当采取行动 A,因为行动 A 比行动 B 更划算。正义的道德原则:你应当采取行动 A,因为保护弱者符合新闻对正义目标的追求。

以上四种道德原则能够为两难问题提供不同的思路,成为媒体或记者处理两难问题的道德理由。但是这些道德原则绝非公理,也不是放之四海而皆准。恰恰相反,这些原则相互之间甚至存在冲突。某一种原则反对的,可能是另一种原则所提倡的。比如,可普遍化的原则强调某种绝对的道德行为,认为无论在任何时候撒谎都是错的,无论何种情境下隐性采访都是不道德的。但功利主义的原则却认为:如果从隐性采访中获得的效益,其价值大于撒谎造成的不诚信后果,那么隐性采访就是道德的。当下,针对隐性采访的新闻伦理规范,其思路与功利主义原则更为接近,亦即将隐性采访方式视为"最后一招",当其采访的事项涉及重大公共利益、穷尽所有采访手段均无法获取信息且有适当保护措施时,就可以使用这种手段。另外,正义原则从公平角度考虑问题,倾向于保护弱势群体或事件中处于弱势的一方,这也是很长一段时间里新闻传播有意无意践行的道德原则,但它可能导致在医患冲突、警民冲突、城管与小贩的冲突事件中社会舆论直接质疑公权力或"我弱我有理"等现象,进而造成矛盾激化。因此,以上四种道德原则以及这里没有提及的其他诸多道德原则,虽可成为我们处理两难问题的价值工具,但每一种工具都不是全能的,需要依据具体的道德现场、具体的情境甄别使用。

第三节　新闻传播伦理规范的发展历程

新闻传播伦理规范(Media Ethics Code)①也被称为新闻道德准则、道德自律信条、新闻业自律规范。作为新闻传播"应该"或"不应该"的行事准则,伦理规范可被视为伦理理念的具体化。出于对社会负责的态度,世界各国的新闻媒体大多建立了自己的伦理规范。中西方新闻伦理规范的起源与发展有一定的差异性,但也存在一些共性:中西新闻伦理规范的建立,均出于应对新闻过度商业化、市场化所受到的外部质疑。

一、西方新闻伦理规范的起源与发展②

(一) 新闻伦理规范的起源

西方新闻业经历了从无到有、从不规范到相对规范的发展历程。西方新闻职业伦理规范的出现,源于报业曾经陷入严重的道德危机与行业生存危机。为了应对社会质疑,特别是对新闻业过度商业化的质疑,新闻业选择建立自律规约的方式重塑自身形象,西方现代新闻职业伦理规范由此诞生。

早期的西方记者"原本只不过是三流作家集结而成。他们会写东西,也会就社会事件记录和发表言论。但这些人并不具备职业意识,他们在评论事件的时候往往观点极端,不存在一个客观负责的公共立场"③。19世纪,以美国、英国为代表的报业进入大众化发展时期,大众报纸因售价低廉也被称为廉价报纸。1833年,美国出现了商业化报纸《纽约太阳报》,由于该报仅卖一个便士,被称作"便士报"。1896年,英国《每日邮报》在伦敦问世,仅卖半便士,而这份

---

① 国内习惯使用"职业道德准则"或"伦理规范""自律信条""规约"等概念,其对应的英文概念可以是 ethics code 或 professional norms/policy/creed 等。本章使用规范、规约或准则,均指狭义层面的新闻传播伦理原则或准则。
② 中西方新闻伦理的起源与发展,分别在黄瑚所著《新闻伦理学》(2001)的第三、四章以及蓝鸿文、郑保卫所著《新闻伦理学简明教程》(2001)的绪论和第一章中有较为全面详细的阐述。
③ James W. Carey:《新闻教育错在哪里》,李昕译,《国际新闻界》2003年第3期。

报纸改变了整个国家的阅读格局。① 廉价报纸的经营策略开启了"二次售卖"营销模式,即报纸先将新闻产品卖给公众,再将公众的注意力销售给广告商。广告成为报业重要的收入来源,这也是注意力经济的初始形态。为吸引公众,大众报纸从曾经面向精英写作的端庄文字转向了以刊登邻里纠纷等鸡毛蒜皮的琐事为主要内容。例如,美国的《纽约太阳报》为迎合大众口味,面向下层民众,刊登自杀、犯罪、失火等"腥、星、性"社会新闻,拉开眼球争夺大战的序幕。美国新闻史上著名的"你给我图片,我给你战争"以及"黄色新闻"②、广告与新闻不分、虚构新闻等行为,就发生在这一时期。这股黄色浪潮同时席卷了欧洲。为了吸引读者,欧洲的"黄色新闻"泛滥③,各种刺激性新闻甚嚣尘上,例如法文版的《花花公子》十分畅销,连著名的周刊《巴黎竞赛画报》和《快报》等也不断向色情新闻靠拢。④ 报业的堕落受到外界广泛批评,批评者认为报纸刊登的内容带坏了社会风气,报业信誉岌岌可危。

20世纪初,美国新闻教育界和新闻业先驱一起开始了规范新闻业的努力。1903年,普利策说服美国哥伦比亚大学接受其捐助,成立哥伦比亚大学新闻学院,目的是教育、培训那些缺乏职业意识的记者。⑤ 1904年,普利策发文倡导新闻业要承担社会责任,此文也被誉为新闻职业伦理的奠基之作。同年,美国威斯康星大学教授、新闻学奠基人布莱尔在高校强调新闻伦理教育的重要性。他提出新闻记者不仅要懂得如何写新闻,而且要能够理解由他们所报道的那些事

---

① 《每日邮报》创办的16年前,英国在全国推行义务教育,一批识文断字的人成长起来,大众报业成为一个尚未开发的巨大市场。《每日邮报》的创始人北岩勋爵正是看中了其中巨大的利润,针对这批人创办了《每日邮报》。

② 黄色新闻,指的是刺激性新闻,并非当下所指色情新闻。在美国新闻史上,有两个鼎鼎有名的报业大王。一个是普利策,另一个是赫斯特。1883年,普利策在纽约创办了《世界报》。赫斯特在1895年购得《纽约日报》。《世界报》星期日版上原来刊登奥特考特的滑稽漫画册"黄孩子",漫画内容多以当时的社会新闻为主题。黄孩子是一个身穿黄色长睡衣、缺齿、傻笑的男孩。黄孩子每周出现,成为家喻户晓的人物。后来,奥特考特被挖到《纽约日报》,黄孩子的漫画就在该报出现。《世界报》星期日版另找人画黄孩子漫画。《纽约日报》和《世界报》激烈竞争,两个"黄孩子"在纽约闹得黄烟瘴气。黄孩子就成为黄色新闻的语源。赫斯特也被称为"黄色新闻大王"。黄色新闻建立在煽情主义基础上,注重犯罪、丑闻、流言蜚语、离婚、性的问题,强调灾难和体育新闻的报道。以上内容参见张隆栋、傅显明编著:《外国新闻事业史简编》,中国人民大学出版社1997年版,第217—220页。

③ 李嘉鹏:《浅析法国新闻伦理规范》,《新闻世界》2014年第8期。

④ 参见胡兴荣:《新闻哲学》,新华出版社2004年版,第43—46页。

⑤ 参见 James W. Carey:《新闻教育错在哪里》,李昕译,《国际新闻界》2002年第6期。

件所生成的社会。同时,新闻业界也逐渐认识到,要想占领市场,扩大读者份额,增加广告收入,就必须以公正的面目示人。① 此后,以自我约束、自我规范的方式应对公众批评的职业伦理规范开始面世。以美国为例,1908年,美国密苏里大学新闻学院院长沃尔特·威廉博士提出《报人守则》(The Journalist's Creed)八条。这八项信条后来被世界报业大会确定为新闻界的职业规范②,也被称为世界上第一份新闻职业伦理规范。美国媒体后来制定的新闻伦理规范,基本都是在《报人守则》的基础上充实、完善起来的。

到了20世纪20年代,美国的两份媒体伦理规范成为沿用至今的规范蓝本。第一份是1923年美国报纸编辑协会(American Society of Newspaper Editors,ASNE)在第一届年会上正式通过的《新闻规约》,它强调公众利益、公正无私、正派、真实、准确。作为由行业协会制定的规范,《新闻规约》成为早期规范的典范,被视为美国报人确立社会责任、争取专业地位的标志,美国各州的新闻行业协会都复制或模仿了它的内容。第二份是1926年美国职业新闻记者协会③在《新闻规约》的基础上修改完善而成的《职业新闻记者协会职业伦理规范》(SPJ Code of Ethics)。该规范的出台掀起了全美关注新闻职业伦理的又一次高峰。在美国新闻伦理规范的发展过程中,美国报纸编辑协会与美国职业新闻记者协会扮演了十分重要的角色。

20世纪70年代,各国媒体伦理规范的建设逐步走向正轨。20世纪70年代前后,由于联合国教科文组织、国际新闻学会等国际组织的宣传,加上"水门事件"的带动,以及社会对媒介批评增多等原因,美国媒体开始普遍接受、承认这些规范。④ 1985年的一次调查显示,在美国,59%的调查对象表示他们已有成文的伦理规范。⑤

---

① 参见〔美〕迈克尔·埃默里等:《美国新闻史:大众传播媒介解释史》,展江译,中国人民大学出版社2004年版,第226—227页。
② 参见徐咏平编著:《新闻法规与新闻道德》,台北世界书局1988年版,第408页。
③ 职业新闻记者协会(Society of Professional Journalists,SPJ)于1909年在迪保尔大学成立,当时属于新闻业者的荣誉组织,1916年正式定位为新闻专业组织。它是全美最大规模,同时也是最为广泛的新闻业组织之一。在职业新闻记者协会定期出版的新闻专业期刊 Quill 中,伦理问题成为常规议题。
④ 商娜红:《英美新闻自律规范的特征初探》,《新闻界》2005年第3期。
⑤ 谢静:《美国的媒介批评与新闻专业自律》,《新闻记者》2003年第5期。

（二）新闻伦理规范的深化与发展

从新闻职业伦理规范①第一次出现到新闻业的普遍接受，伦理规范的发展经历了一个漫长的过程。由于最初制定新闻伦理规范的动因是报业对外界批评的被动应对，而非出于新闻业的道德自觉，因而在接受和认可伦理规范的问题上，新闻从业者的认知差异较大，出现过较大规模的讨论与纷争。这些讨论主要集中在"新闻伦理与新闻自由的关系""新闻伦理规范的性质""新闻伦理规范的作用"三个方面。

新闻伦理与新闻自由　西方在制定新闻伦理规范的过程中，首先遭遇的质疑是新闻伦理是否会妨害新闻自由。崇尚新闻自由观念的人认为新闻伦理妨害了新闻自由，卡尔·霍斯曼就认为："新闻记者最重视的就是新闻自由，而伦理规范则是为了约束人们的行为。那么新闻伦理学岂不是一个有着自我矛盾的学科？"②从表面上看，新闻伦理与新闻自由的确是一对诉求截然相反的概念。新闻自由是要使媒体或从业者的外部管制极大宽松，强调新闻业的自主权；而新闻伦理规范则是为了限制从业者的行为，强调新闻业的责任和义务。最后人们在两者的关系上达成了如下共识：规范与自由是深度统一的两个概念，两者相互关联，辩证统一，本质上密不可分；那些不加节制的自由只会走向自由的反面；伦理是责权利三者的统一，新闻自由是附有义务的道德权利。"新闻工作者若能坚守新闻伦理，则新闻自由所能发挥的价值更大。"③因此，只有自律的媒体才最自由。

新闻伦理规范的性质　有关新闻伦理规范的讨论主要涉及两个具体问题。第一，新闻伦理规范是否应当"去伦理化"（de-moralization）？第二，新闻伦理规范是否应有惩罚条款。本质上这两个问题也是一个问题，即对新闻伦理规范性

---

①　本部分讨论的问题是新闻伦理规范的起源与发展，仅讨论互联网传播出现之前的媒体机构和新闻从业者的伦理问题，因此本部分使用"新闻伦理""媒体伦理""新闻职业伦理""新闻伦理规范""媒体伦理规范"，而不用"新闻传播伦理规范"。

②　〔美〕卡尔·霍斯曼：《良心危机：新闻伦理学的多元观点》，胡幼伟译，台北五南图书出版公司1995年版，前言。

③　徐詠平编著：《新闻法规与新闻道德》，台北世界书局1988年版，第480页。

质的认定。在新闻业发展的历史上,一些国家践行过新闻伦理"去伦理化"的思路,认为伦理规范只有向法律或行政法规方向发展,才有实际效用,也更具执行力。例如,英国、意大利等国就授予新闻记者组织的自律规范准法律(quasi-legal)地位。[1] 当时,英国新闻界的两个自律机构报业投诉委员会(PCC)和广播电视道德委员会(BSC)是英国议会通过立法程序设立的,可以做出准法律的裁决。戴安娜车祸事件后,它们曾对相关媒体作出处罚或警戒,并按官方的要求对《业务准则》(Code of Practice)作了大篇幅修改,使之成为欧洲最严格的传媒伦理规范。[2] 但后来反对职业伦理"去伦理化"的观点占了上风,认为道德与法律是不同层面的行为规范,伦理的问题只能诉诸从业者的自觉与自律。

同时,有观点主张在新闻伦理规范中加入惩罚性条款。因为知道"应该如何做"却明知故犯的大有人在,若没有任何惩戒措施,新闻伦理规范就是一只"没牙的老虎"。美国《代顿每日新闻》的编辑詹宁斯(Max Jennings)认可这一观点:"一个没有任何制裁性措施的规范等于没有。如果没有任何惩罚措施,要它干吗?"[3] 1926年,美国职业新闻记者协会在制定其职业伦理规范时,强调职业伦理规范是一个自愿遵守而非强制性的决议。虽然之后有关这一问题争议不断,但最终"自愿遵守"成为媒体伦理规范的标准政策。[4] 自此之后,新闻伦理规范的定位就是一个非法律性质、无强迫、无惩罚条款,积极求诸从业人员高度道德感和责任心的专业准则。这个定位被广泛认可,例如1986年韩国报纸编辑协会制定的《新闻伦理规范》(Press Ethics Code)就提出,没有组织性的权威会去强制你做什么,但是如果报纸和记者不遵守规范,不仅会失去公众的支持,也会危及他们所赖以生存的职业环境。

新闻伦理规范的作用 这也是新闻伦理规范制定过程中引发争议的另一个问题。有人提出伦理规范就像一种愿景,它们共同的特征就是"不起作用"。

---

[1] 魏永征、张咏华、林琳:《西方传媒的法制、管理和自律》,中国人民大学出版社2003年版,第9页。

[2] 同上。

[3] Mark Fitzgerald, "The Debate Continues: Society of Professional Journalists Has Tables for Another Year, Another New Proposed Code of Ethics for the Organization," *Editor & Publisher*, Vol. 128, No. 43, 1995, p.11.

[4] 商娜红:《英美新闻自律规范的特征初探》,《新闻界》2005年第3期。

由于伦理规范的概括性与原则性,其内容不可能一一对应所有的新闻场景。最初制定职业伦理规范的动机和过程都比较随意,这影响了它的严肃性。查尔斯·塞伯(Charles Seib)调侃:"除非有人阻止,否则只要有三个以上的报纸编辑聚在一起,就可能写出一份职业规范。"①但更多认可伦理规范重要性的人认为:职业伦理规范看似处理方案多变,但原则稳定。规范看起来是"无用"的,但它的"无用之用"恰恰体现为它提供了新闻之"道"。新闻职业伦理规范的作用主要体现在以下三个方面:

第一,提供相对具体的价值标准、行为摹本和产品质量标准。首先,新闻伦理规范是对职业价值观的具体表述,也是职业共同体建设的文本依据,是凝聚新闻共同体意识的最佳方式。其次,职业伦理规范为职业行为、新闻产品提供了相对统一的行为摹本和质量标准。伦理规范的功能就是对新闻质量进行把关。这种"注重实效"的特性,强调了制定规范是一种自我管理方式。作为一种主动的自我控制,它为媒体及其从业者描摹规律,提供判断标准、思考路径和权衡尺度,成为自我检验的工具。正如加拿大的《多伦多星报》在其伦理规范中表述的:"我们并不期待这些条目可以覆盖所有的职业伦理情境,但它可以为报社员工的道德行为提供一个宽泛的原则。""这些伦理规范对于新入职的记者、编辑、摄影师等有较大的帮助,它们用规则的形式为其提供了指导,并且逐渐规训其行为,内化专业做法,并随着经验深化。"②

第二,保护媒体公信力及从业者安全。任何约束同时意味着保护,新闻伦理规范也具有约束和保护的双重作用,这种保护主要体现在如下三方面:(1)保护媒体公信力。媒体侵权等行为会给媒体带来经济利益和社会公信力方面的双重损失,因而伦理规范制定的初衷之一就是防止或降低媒体可能遭遇的法律风险。(2)保护从业者,提醒编辑记者慎用职业权利。如提示报道规

---

① 〔美〕卡尔·霍斯曼:《良心的危机:新闻伦理学的多元观点》,胡幼伟译,台北五南图书出版公司1995年版,第205页。
② 参见〔美〕菲利普·帕特森、李·威尔金斯:《媒介伦理学:问题与案例》第8版,李青藜译,中国人民大学出版社2018年版,第103页。

则、报道禁忌和可能踩踏的"雷区",保护从业者人身权利不受侵害。① 1994 年俄罗斯新闻工作者联盟制定的《俄罗斯新闻工作者职业伦理规约》第五条规定:在记者职业行为中,记者要意识到所有的危险与限制,记者的行为有可能惹怒一些人,而受到暴力侵害。(3) 保护被报道人及受报道发表影响的相关人。

第三,对外公开职业责任与展示媒体形象。媒体伦理规范可以看作是媒体对外宣称的行为标准,公众能够参照这一标准监督媒体,使自律在实践中产生他律的作用。媒体对外透明化其执业标准的行为,类似餐馆中透明的操作间,既可以展示食物的制作过程让用餐者放心,也可以有效地接受监督并促成他律。

二、我国新闻伦理规范的起源与发展

(一) 新中国新闻伦理问题的出现

新中国新闻职业伦理问题的出现与媒体的市场化发展密切相关。1978 年,财政部批准人民日报等新闻单位实行"事业单位企业化管理",被称为媒体体制的第一次调整。媒体开始向商业化、社会化转型,传媒市场初步成形,媒体数量激增,新闻媒体不再仅仅是党和人民的喉舌,同时也成为独立核算的经济实体,具有了政治、市场的双重属性,需要实现经济效益和社会效益双重目标。社会效益目标是指新闻媒体应积极宣传党和国家的路线、方针、政策,坚持主流意识形态、主流价值观,传播主流文化;经济效益目标是指传媒应有推动自身发展、支撑媒体运营的盈利机制。这种"宣传与经营并重"的双轨制运行方式天然存在矛盾。为解决传播与经营的矛盾,20 世纪 90 年代新闻单位实施"经营与采编分离",这也被称作媒体体制的第二次调整。但事实上,新闻业的产业功能与道德功能同时存在,它们之间必然彼此竞争,于是便有了"因为有新闻产业存在,才会有新闻伦理的问题"②这样的说法。

---

① 在这个问题上,实际存在着两个方面的要求:一个是国家和社会如何依法保护记者的权利;另一个是记者如何通过严格执行相关规定,保护自己的人身安全。比如,隐性采访需要严格的论证和前提条件。一般而言,未经允许的采访有可能侵犯对方的私权利,因而潜藏着较大的风险。

② Matthew Kieran 等:《媒体伦理与规范》,张培伦、郑佳瑜译,台北韦伯文化国际出版有限公司 2004 年版,第 14 页。

改革开放初期,报业市场化带来的新闻伦理问题相对单一,主要表现为使用新闻资源进行利益交换的"新闻寻租"行为,具体如广告新闻、有偿新闻、收取新闻刊播费、出卖版面或时段、转让报号或刊号、收受红包等。这引发了"谁来监督舆论监督者"的公众质疑。

2003年前后,媒体与记者不断成为舆论事件的主角,涉及新闻伦理的问题花样翻新。这一时期突出的伦理问题包括:有偿不闻、记者造假、虚假新闻、新闻娱乐化、暗访偷拍、传播假事件、图像伦理、二次伤害、付费采访等等。典型事件有山西繁峙矿难事件、纸馅包、杨丽娟追星事件、茶水当尿事件、《中国改革》杂志为保护匿名信源上法庭、《东南晚报》拍摄雨中骑车人等等。其中,有些属于明显的"道德问题"[①],为同行所不齿,有些则属于典型的"伦理两难"问题。我国新闻职业伦理问题向多样化、复杂化发展。

(二) 我国新闻伦理规范的发展

近代中国,梁启超、王韬等分别对记者道德有过精彩论述,一些书籍也曾专章、专题讨论过相关问题。不过那时的新闻伦理问题更多指向记者个人的"品性"。当时的新闻业、报社并未系统制定过职业伦理规范。纵观中国新闻史上由行业或媒体制定的职业伦理规范,可以概括为五个"第一":

第一次由一家报社制定的新闻伦理规范 1902年,《中国日报》拟订的《谨拟各报馆公共章程》,全文11条。[②] 从其制定的目的、内容到形式看,该章程均具备新闻职业伦理规范的特征。它被视为"中国第一份成文的新闻职业道德规范"[③],其制定甚至早于中国新闻行业组织的出现。虽然《谨拟各报馆公共章程》在中国新闻伦理史上并未产生太大影响,但它的出现表明当时的报界已经萌生了用"公共章程"约束新闻报道行为的自觉意识。

第一部由行业协会制定的新闻伦理规范 1939年10月,中国青年新闻记

---

① 展江:《我为什么主张区分媒体伦理与媒体道德?》,《新闻论坛》2014年第5期。
② 根据方汉奇、谷长岭、冯迈1982年4月发表在《新闻研究资料》上的文章看,《谨拟各报馆公共章程》共包括11条,1300多字。
③ 徐新平、邓丽琴:《论中国最早的新闻职业道德规范——1902年〈中国日报〉拟订的"各报馆公共章程"》,《今传媒》2015年第8期。

者学会制定的《中国青年新闻记者学会会员公约》(以下简称《记者公约》)被认为是中国新闻史上由行业协会制定的第一部新闻伦理规范,该公约全文共 6 条,包括新闻工作者的人格、意志、立场、目标等内容。《记者公约》的出现表明新闻职业追求有了一定的理论提升,也"标志着中国新闻工作者的道德自律已由个体意识上升到行业行为"[①]。

第一部全国性的新闻伦理规范 1942 年,报人马星野等撰写的《中国新闻记者信条》被认为是我国近代新闻史上第一部全国性的新闻伦理规范。马星野等人认为,新闻伦理对新闻业的建设具有重要作用,并提出"惟有提倡新闻道德,方能促进新闻自由"。该信条从我国新闻界的实际出发,明确倡导新闻道德。《中国新闻记者信条》在大后方国统区的部分地区实行,是民国时期影响最大的一部新闻伦理规范,在中国新闻事业史上占有重要的地位。

新中国第一部成文的新闻伦理规范 新中国第一部成文的新闻伦理规范是《记者守则(试行草案)》。新中国首次提出的新闻道德自律条例,始于范长江 1950 年 7 月在华东新闻讲习班开学典礼上的讲话。在讲话中,他提出"人民新闻工作者的四个信条"。该讲话被视为社会主义新闻伦理思想的雏形。不过,当时新闻界的道德自律意识还比较淡薄。1981 年,由中共中央宣传部新闻局和中央各新闻单位商拟的《记者守则(试行草案)》在全国新闻单位试行。《记者守则(试行草案)》共十条,强调注重调查、尊重事实、注意党性、虚心学习等优良作风。其中,第二条是"深入调查研究,掌握第一手材料";第三条是"严格尊重事实,严禁弄虚作假"。某种程度上,《记者守则(试行草案)》为中华全国新闻工作者协会出台《中国新闻工作者职业道德准则》奠定了基础。

新中国第一部正式颁布的新闻伦理规范 1991 年 1 月 19 日,《中国新闻工作者职业道德准则》由中华全国新闻工作者协会第四届理事会第一次全体会议一致通过,这是中华人民共和国成立后第一次由新闻行业协会正式颁布的新闻伦理规范。该准则的出台对社会转型期新闻职业道德的普及与深入起到了很好的促进作用。此后,该准则分别于 1994 年、1997 年、2009 年和 2019 年进行了

[①] 田灿、胡艳红、王琼:《中西新闻职业道德规范比较》,《文史博览》2005 年第 2 期。

四次修订。2019年版《中国新闻工作者职业道德准则》为现行有效的版本,共七条31款。

目前,我国已形成了较为系统完善的新闻伦理规范体系。从制定主体角度来看,除了国家相关法律规定外,我国的新闻伦理规范大致分为四种类型:第一,政府主管部门制定的政策性规范,如《中国广播电视编辑记者职业道德准则》和《中国广播电视播音员主持人职业道德准则》;第二,全国性新闻行业协会制定的指导性规范蓝本,如中国记协制定的《中国新闻工作者职业道德准则》、中国报业协会制定的《中国报业自律公约》;第三,地方性新闻团体制定的地方性新闻伦理规范,如四川省新闻工作者协会通过的《四川省新闻工作者自律公约》;第四,各新闻机构制定的新闻伦理规范。新闻机构自己具体制定的伦理规范,一方面参照行业协会的规范蓝本,另一方面结合媒体自身的定位,往往在实践中更有针对性和操作性。事实上,在明确的成文规范产生之前,多家媒体就已经使用由警语或由会议、工作备忘和新闻操作流程等结合而成的行为规范。但是随着技术的发展,互联网传播又给相对成熟、稳定的新闻伦理带来了新的巨大挑战。

 案例

中国新闻工作者职业道德准则

(中华全国新闻工作者协会第九届全国理事会
第五次常务理事会2019年11月7日修订)

中国新闻事业是中国共产党领导的中国特色社会主义事业的重要组成部分。新闻工作者坚持以马克思列宁主义、毛泽东思想、邓小平理论、"三个代表"重要思想、科学发展观、习近平新时代中国特色社会主义思想为指导,增强"四个意识",坚定"四个自信",做到"两个维护",牢记党的新闻舆论工作职责使命,继承和发扬党的新闻舆论工作优良传统,坚持正确政治方向、舆论导向、新闻志向、工作取向,不断增强脚力、眼力、脑力、笔力,积极传播社会主义核心价值观,自觉遵守国家法律法规,恪守新闻职业道德,自觉承担社会责任,做政治坚定、引领时代、业务精湛、作风优良、党和人民信赖的新闻工作者。

第一条 全心全意为人民服务。忠于党、忠于祖国、忠于人民，把体现党的主张与反映人民心声统一起来，把坚持正确舆论导向与通达社情民意统一起来，把坚持正面宣传为主与正确开展舆论监督统一起来，发挥党和政府联系人民群众的桥梁纽带作用。

1. 坚持用习近平新时代中国特色社会主义思想武装头脑，深入学习宣传贯彻党的路线方针政策，积极宣传中央重大决策部署，及时传播国内外各领域的信息，满足人民群众日益增长的新闻信息需求，保证人民群众的知情权、参与权、表达权、监督权；

2. 坚持以人民为中心的工作导向，把人民群众作为报道主体、服务对象，多宣传基层群众的先进典型，多挖掘群众身边的具体事例，多反映平凡人物的工作生活，多运用群众的生动语言，丰富人民精神世界，增强人民精神力量，满足人民精神需求，使新闻报道为人民群众喜闻乐见；

3. 保持人民情怀，积极反映人民群众的正确意见和呼声，及时回应人民群众的关切和期待，批评侵害人民利益的现象和行为，畅通人民群众表达意见的渠道，依法维护人民群众的正当权益。

第二条 坚持正确舆论导向。坚持团结稳定鼓劲、正面宣传为主，弘扬主旋律、传播正能量，不断巩固和壮大积极健康向上的主流思想舆论。

1. 以经济建设为中心，服从服务于党和国家工作大局，贯彻新发展理念，为促进经济社会持续健康发展注入强大正能量；

2. 宣传科学理论、传播先进文化、滋养美好心灵、弘扬社会正气，增强社会责任感，严守道德伦理底线，坚决抵制低俗、庸俗、媚俗的内容；

3. 加强和改进舆论监督，着眼解决问题、推动工作，激浊扬清，针砭时弊，发表批评性报道要事实准确、分析客观，坚持科学监督、准确监督、依法监督、建设性监督；

4. 采访报道突发事件坚持导向正确、及时准确、公开透明，全面客观报道事件动态及处置进程，推动事件的妥善处理，维护社会稳定和人心安定。

第三条 坚持新闻真实性原则。把真实作为新闻的生命，努力到一线、到现场采访核实，坚持深入调查研究，报道做到真实、准确、全面、客观。

1. 通过合法途径和方式获取新闻素材，认真核实新闻信息来源，确保新闻要素及情节准确；

2. 根据事实来描述事实，不夸大、不缩小、不歪曲事实，不摆布采访报道对象，禁止虚构或制造新闻，刊播新闻报道要署记者的真名；

3. 摘转其他媒体的报道要把好事实关导向关，不刊播违背科学精神、伦理道德、生活常识的内容；

4. 刊播了失实报道要勇于承担责任，及时更正致歉，消除不良影响；

5. 坚持网上网下"一个标准、一把尺子、一条底线"，统一导向要求、管理要求。

第四条 发扬优良作风。树立正确的世界观、人生观、价值观，加强品德修养，提高综合素质，抵制不良风气，保持一身正气，接受社会监督。

1. 强化学习意识，养成学习习惯，不断增强政治素质，提高业务水平，掌握融合技能，努力成为全媒型、专家型新闻工作者；

2. 坚持走基层、转作风、改文风，练就过硬脚力、眼力、脑力、笔力，拜人民为师，向人民学习，深入了解社情民意，增进与群众的感情；

3. 坚决反对和抵制各种有偿新闻和有偿不闻行为，不利用职业之便谋取不正当利益，不利用新闻报道发泄私愤，不以任何名义索取、接受采访报道对象或利害关系人的财物或其他利益，不向采访报道对象提出工作以外的要求；

4. 严格执行新闻报道与经营活动"两分开"的规定，不以新闻报道形式做任何广告性质的宣传，编辑记者不得从事创收等经营性活动。

第五条 坚持改进创新。遵循新闻传播规律和新兴媒体发展规律，创新理念、内容、体裁、形式、方法、手段、业态等，做到体现时代性、把握规律性、富于创造性。

1. 适应分众化、差异化传播趋势，深入研究不同传播对象的接受习惯和信息需求，主动设置议题，善于因势利导，不断提高传播力、引导力、影响力、公信力；

2. 强化互联网思维，顺应全媒体发展要求，积极探索网络信息生产和传播的特点规律，深刻把握传统媒体和新兴媒体融合发展的趋势，善于运用网络新技术新应用，不断提高网上正面宣传和网络舆论引导水平；

3. 保持思维的敏锐性和开放度,认识新事物、把握新规律,敢于打破思维定势和路径依赖,认真研究传播艺术,采用受众听得懂、易接受的方式,增强新闻报道的亲和力、吸引力、感染力,采写更多有思想、有温度、有品质的精品佳作。

第六条 遵守法律纪律。增强法治观念,遵守宪法和法律法规,遵守党的新闻工作纪律,维护国家利益和安全,保守国家秘密。

1. 严格遵守和正确宣传国家各项政治制度和政策,切实维护国家政治安全、文化安全和社会稳定;

2. 维护采访报道对象的合法权益,尊重采访报道对象的正当要求,不揭个人隐私,不诽谤他人;

3. 保障妇女、儿童、老年人和残疾人的合法权益,注意保护其身心健康;

4. 维护司法尊严,依法做好案件报道,不干预依法进行的司法审判活动,在法庭判决前不做定性、定罪的报道和评论,不渲染凶杀、暴力、色情等;

5. 涉外报道要遵守我国涉外法律、对外政策和我国加入的国际条约;

6. 尊重和保护新闻媒体作品版权,反对抄袭、剽窃,抵制严重歪曲文章原意、断章取义等不当摘转行为;

7. 严格遵守新闻采访规范,除确有必要的特殊拍摄采访外,新闻采访要出示合法有效的新闻记者证。

第七条 对外展示良好形象。努力培养世界眼光和国际视野,讲好中国故事,传播好中国声音,积极搭建中国与世界交流沟通的桥梁,展现真实、立体、全面的中国。

1. 在国际交往中维护祖国尊严和国家利益,维护中国新闻工作者的形象;

2. 生动诠释中国道路、中国理论、中国制度、中国文化,着重讲好中国的故事、中国共产党的故事、中国特色社会主义的故事、中国人民的故事,让世界更好地读懂中国;

3. 积极传播中华民族的优秀文化,增进世界各国人民对中华文化的了解;

4. 尊重各国主权、民族传统、宗教信仰和文化多样性,报道各国经济社会发展变化和优秀民族文化;

5. 加强与各国媒体和国际(区域)新闻组织的交流合作,增进了解、加深友谊,为推动人类命运共同体建设多做工作。

对本《准则》，中国记协会员要结合实际制定相应实施细则，认真组织落实；全国新闻工作者包括新媒体新闻信息传播从业人员要自觉执行；各级地方记协、各类专业记协要积极宣传和推动；欢迎社会各界监督。

思考题

1. 互联网时代，新闻传播伦理面对的挑战有哪些？
2. 为什么说新闻传播伦理规范同时意味着规范与保护？
3. 列举一个新闻传播的两难困境，尝试使用不同的伦理工具对其进行价值排序，并说明理由。

第十四章　新闻传播伦理实践

　　某种程度上,新闻传播伦理是一种行业的价值共识与规范共识。传统媒体时期已形成不少相对成熟的行业共识,它们切实帮助媒体践行其社会责任,保障了新闻业健康发展。随着新闻实践环境的变化,新闻伦理一直处于动态的发展之中,且不断演化,不存在一成不变的新闻传播伦理。本章限于篇幅,仅重点介绍四种较为成熟的价值共识与规范共识,即消息来源、减少伤害、利益冲突、示范效应。

第一节　新闻传播的消息来源

　　消息来源问题是新闻传播伦理最典型的问题之一。消息来源(sources)又称消息源、信息源,是指记者获取信息的来源。本节主要讨论三个方面的问题:一是记者与消息源的关系,二是新闻报道如何向受众交代消息来源,三是互联网时代消息来源的核实与验证。

一、记者与消息源的关系

　　记者与消息源的关系是新闻业极为重要的一种关系,讨论记者与消息源的关系时,一般默认该消息源是作为"人"的消息来源,即能够提供消息的采访对象。西方新闻界有句行话:没有马,牛仔不能称其为牛仔;没有兵器,战士不能称其为战士;没有消息来源,记者也不能称其为记者。"找什么样的人寻求信息,将直接影响到记者获得什么样的信息。"①记者对消息源应当保持职业诚信,因为消息源成就记者,新闻报道的质量很大程度上取决于消息来源提供信息的质量。失去消息源的信任就意味着记者与消息源合作关系的终结。同时,记者也应对消息源保持警惕,防止被消息源误导。美国社会学者赫伯特·甘斯曾就记者与消息源的关系做过一个形象的比喻:记者与消息源就如同舞会中跳探戈的人,彼此都想接近对方,彼此也都有引导对方的机会,但消息源引导记者的机会通常较大。

(一) 尊重消息源的正当要求

凡属消息源的"正当要求",记者均应予以理解并尊重。《中国新闻工作者职业道德准则》提出"维护采访报道对象的合法权益,尊重采访报道对象的正当要求"。其中,采访对象的合法权益相对明确,"正当要求"则含义丰富,既可以理解为替消息源保守秘密、接受其化名或匿名的要求,也可以理解为消息源要求审看与其相关的部分稿件及对发表时间的要求,还可以是消息源拒绝采访等要求。

尊重采访报道对象的正当要求主要是指为消息源保守秘密。早在1923年,邵飘萍就在其《实际应用新闻学》一书中提出记者应为消息源严守秘密,不可披露其个人隐私等"禁忌"。该要求也成为当下新闻伦理规范的重要组成内容。各国伦理规范均要求记者保护消息源的隐私、职业声誉等,使其不因在报道中泄露身份而受到伤害。例如德国《新闻工作者伦理准则》要求"如果线人要求作为新闻来源的条件是保证其秘密和安全,对该要求需给予尊重"。

尊重采访报道对象的正当要求还包括受访人提出审看与其相关的部分稿件的要求。新闻实践中,记者总会遇到受访人要求看稿的情况,如果承诺了可以看稿,且约定内容为双方共同意思表示,记者就应当践诺。即受访人可审看稿件中的直接引语是否准确表达了其原意,也可以审校稿件中门槛较高的专业性问题。在这里"审看"与"审核"含义不同,"审看"不仅是允许的,而且属于记

---

① 〔美〕盖伊·塔奇曼:《做新闻》,麻争旗、刘笑盈、徐扬译,华夏出版社2008年版,第91页。

者的基本义务。在传统媒体的时代,由记者自己或报社派人将稿件送给受访人"审看"是公认的行规。"审核"则意味着把关,是新闻内部质量控制的一个环节,"把关人"只能是记者编辑所代表的媒体,不能交由采访对象负责。

新闻稿件是否需要受访人看稿,主要看受访人与记者的约定。但人物专访这类体裁比较特殊,采访时大量的口语转换成文字难免不准确。因此相较于其他报道体裁,人物专访类稿件在发表前请受访人看稿,更有必要性。近些年来由"看稿"产生的冲突,主要集中在人物专访、人物报道这类体裁中。2018年《人物》杂志报道付云皓、2005年《南方人物周刊》报道何祚庥、2006年《南方周末》报道黄健翔三篇文章发表后,受访者均提出:文章的标题、语句所体现的价值倾向与自己表达的原意有极大出入。这也从侧面说明,人物专访这类体裁应当充分尊重受访者的表达权利,如果受访人的表达与把关人(记者编辑)意图不一致,应协商解决——可以忽略受访人的原话,但不能把自己的理解强加在受访人身上。因为人物专访是要完整准确呈现受访人的价值倾向和状态,并非主要展示记者或编辑部的价值观。

尊重采访报道对象的正当要求还可以包括消息源提出的"发表时间"要求,如暂缓发表或在某个特定时间发表。对此加拿大《多伦多星报》规定:如果新闻来源严格要求其提供的信息在某日某时前不能发表,《多伦多星报》应对其表示尊重,除非其他媒体率先打破这个规定。但如果某条消息已经开始流传,《多伦多星报》就没必要再去遵守这些限定。

(二) 保护匿名消息源

当消息源请求匿名且记者经评估认为属于合理要求时,应在报道中履行承诺,不透露、不交代消息来源,即不透露、不交代采访对象的姓名、住址、工作单位、职务等。一般情况下,对于不愿意透露姓名或机构名称的新闻材料提供者,除司法执法需要外,应当予以保密。保护匿名消息来源的标准是"不可识别",即通过人物化名、图片打码等方式,为消息来源提供切实的保护。媒体对匿名消息源保护不力,有时会带来难以弥补的沉重后果。2003年英国广播公司(BBC)在一篇报道中,指控英国政府在攻打伊拉克的理由中添油加醋,相当于否认英、美出兵伊拉克的合法性。英国政府对此展开调查,随后BBC公开了国防部武器专家凯利博士的匿名身份,在接受英国国会质询后,凯利自杀。BBC的做法受到了英国社会的广泛质疑,BBC董事会主席、总经理与当事记者迫于压力辞职。

总体来看,各国媒体对匿名消息源的保护分为"绝对的保护"和"有条件的保护"两种类型。"绝对的保护"指记者承诺必须践诺,不存在打破承诺的意外情况。如《俄罗斯新闻工作者职业伦理规约》规定,记者必须为已承诺保密的信源保守秘密,任何人都不能强制记者披露信息源的身份信息。对匿名信源"有条件的保护",指的是在以下两种情况中媒体可以打破承诺:(1)怀疑消息源有意歪曲事实;(2)透露消息源的姓名是避免对公众造成严重伤害的唯一办法。

纵向来看,各国媒体对匿名信源的保护,正从"绝对的保护"走向"有条件的保护"。这种趋势也表明国际新闻界对保护匿名信源认识的深化。事实上,剔除例外情况更有利于保护匿名信源。因为有特殊和例外,才能够避免记者职业道德与其法律义务的冲突,使媒体和记者的保护行为更具社会正当性。比如加拿大的刑法规定:如果需要,法庭、议会或其他专门委员会可以强制要求记者提供其消息来源。因此,新闻媒体保护匿名信源的原则是:记者要保护其匿名信源,同时也要对匿名信源持批判态度,以保护媒体和记者自身。世界40多个国家的媒体规范中均有对保护匿名信源的规定,例如芬兰、德国、阿尔巴尼亚、白俄罗斯、比利时、澳大利亚、巴西、克罗地亚、捷克、南非等。

(三)合理怀疑消息源

合理怀疑消息源是指记者应理性分辨消息源诉求。记者与消息源的合作是建立在互信的基础上,期待共赢的结果。但有时记者会受到消息源的误导,完全听其言、信其行。尤其当消息源所反映的"事实"符合记者的预期时,记者更容易偏听偏信,导致报道失实。在医患矛盾等冲突性事件中,记者很容易出于同情而偏袒相对弱势的一方,导致误判。

合理怀疑消息源是职业新闻人理性审慎品质的体现,即使在面对并无明显利益诉求的消息源时也需要理性甄别。因为人类的记忆并非情景重现,而是情景重构,记忆有时也会"撒谎",即便是清醒、冷静的目击者,有时也不能轻信。有研究对人的记忆可信度进行过调查。一架飞机撞击了某幢大楼,很多媒体报道了该事件,但无人拍到现场,媒体也未发表相关画面。十个月后,社会学家进行的心理调查中,居然有一半的公众认为自己在电视上看到了飞机撞大楼的画面,并且还能够详细描述撞击过程。出现这种现象的原因在于,读过相关报道的人,在记忆中一遍遍虚构了这些画面,这被称为"证人记忆效应"。

为防止记者受消息源误导而生产虚假新闻,各国媒体都明确要求警惕消息源的诉求,合理怀疑消息源提供信息的动机,尤其慎重对待主动爆料或与报道事件存在利益关系、可能从新闻报道中受益的消息源,以及"开展批评性报道要有两个以上不同的新闻来源"①。也就是说,对一面之词保持合理怀疑,设想报道刊发可能给消息源带来的好处,防止其利用媒体平台博取同情,使言论公器变成牟取私利的窗口。若报道发表对信息源绝对有利,则更加需要多渠道认真核实,谨防被其摆布或利用。

(四) 与消息源保持距离

与消息源保持适当距离,指新闻工作者在与消息源的互动中要防止因彼此过度亲密而失去报道的独立性。对消息源完全信任,记者就不会合理怀疑消息源的动机和意图,可能会被消息源提供的不实信息误导而制作出虚假新闻。②记者与消息源的关系正像"刺猬理论"所揭示的道理:两只刺猬无论是相互爱慕还是为了抱团取暖,出于彼此安全的考虑,都需要保持适当距离。这种"适当距离"既包括适当的空间距离,也包括适当的心理距离。

保持适当的"空间距离",指采编人员与消息源之间,在物理空间上不能过密、过勤地接触。该原则是为了防止空间距离的拉近或接触频率的增加,使得记者对消息源产生共情和心理认同。黑龙江电视台一直要求记者不能与事件的当事双方有任何私下来往,要始终保持"第三只眼睛"的旁观者立场;不能乘

---

① 详见《关于严防虚假新闻报道的若干规定》。
② 参见阴卫芝:《选择的智慧:职业传播者网络传播伦理问题、案例与对策》,中国政法大学出版社2014年版,第104页。

坐一方当事人的车辆去见另一方当事人;有些事件如果只有当事双方在场、通过语言交锋才能了解事件全貌时,记者不应暴露身份,而应当旁观事态、不介入、不影响事态的发展。

保持适当的"心理距离",指记者在日常工作或生活中既需要培养自己的消息源,也要从心理上与消息源保持适当距离。新闻人应时刻提醒自己的职业身份,而非其他如病人家属、母亲、恋人等身份,避免过多的心理和情感代入。适度的"心理距离"是远到不让消息源产生防范和抵触、近到不让消息源认为记者与其站在同一立场。即记者不能将消息源视作朋友或潜在及可能的朋友,同时要谨防消息源认为记者是朋友。如果消息源认为记者是朋友就容易产生心理错位,在采访中讲出只同朋友说的私密话语。若这些内容发表,未预期发表后果的消息源可能反悔,甚至起诉记者诱导采访。因此,记者与消息源都应始终理性看待彼此间的关系,做到亲密有间,疏而不远,防止任何一方产生心理错觉。

二、消息源的使用

(一) 使用明确的消息源

新闻报道应尽量使用明确的消息源,使报道真实可信。明确的消息源是指信息来自某个确定身份的人、确定的机构或某篇正式发表的文章。受众依据报道对消息源的描述,能够对应到一个有名有姓的人或具体机构。一则新闻最好有双渠道或多渠道的消息来源,让多个事实互为补充、交叉核实、相互印证。由于对同一个事实,不同立场的消息源会有不同的描述,因此使用多个明确的消息源,有助于相对全面地还原新闻事实。同时,使用多个明确的消息源还能表明记者履行了核实义务,有利于保护媒体自身。一旦报道失实,记者采访、调查的过程,能够帮助媒体在可能的侵权诉讼中获得法院的理解与支持。实践中,各国媒体对使用明确消息源的要求越来越严格。例如,法新社要求"一定要寻找不同信息来源核实消息。如果一条消息不明确,那就必须找到另外一个或几个消息来源核实"。路透社要求"记者在搜集材料时必须核对每项事实。编辑必须对报道中前后不一或未注明出处的、有争议的说法提出疑问。只要可能，应反复核实信息。两个或更多的消息来源好于一个消息来源"。英国《金融时报》要求"对于其他媒体已经报道过的事实，也必须经过核实确认后，再做报道"。《北京青年报》要求"新闻越重要、敏感、复杂，就越需要记者采访核实更多的消息来源。采访的消息来源越多，新闻的可靠性往往就越高"。在社会生活中，人们一般不喜欢听"一面之词"，如果新闻报道仅有"单方面陈述"，一般而言很难令人信服。但在特定情况下，也可以使用单一、权威且明确的消息源完成报道，若单一消息源在该事件中享有权威地位，则认为符合消息源的使用标准。

（二）使用匿名的消息源

匿名消息源也被称为"不透明消息源"或"深喉"。"据知情人报料""据一位不愿透露姓名的人士称""一位了解内情的人士称""住在北京南城的张大爷""一位身着深色西装的中年男士""一位微博网友@一条小狐狸"等等，均属于匿名消息源。匿名消息源的共同特征是"不可溯源"，即根据报道对消息源的描述，无法追踪到具体的单位或个人。在新闻报道中使用匿名信源既是例外，也属必要。但使用匿名消息源需要满足一定的条件，谨慎使用。

1. 匿名消息源的分类

依据匿名的程度，匿名消息源可分为如下三类：一是程度最深的"模糊背景"（Deep Background/Off the Record），指新闻来源提供的信息仅用于帮助记者理解报道主题。报道中由记者描述相关事实，不使用直接引语或间接引语，读者无法区分该内容是来自记者观察还是某个消息源。二是"不直接引用"（On Background），即报道使用间接引语对消息源进行概括性描述，这也是最常见的一种匿名方式。例如"一位穿着西装的中年男子说他支持关于难民留存的决定"。三是"不署名"（Not for Attribution）。这是匿名程度最低的一种，报道可以直接引用受访人的原话，但不能提及受访人的身份或姓名。以上三种均属匿名消息源。匿名的程度由深到浅，对匿名消息源的保护程度同样由深到浅。

2. 匿名消息源的使用条件

过度使用匿名消息源必然降低新闻的真实性，减损报道的公信力，导致假新闻泛滥,因此世界各国新闻界均严格限制匿名信源的使用数量。这就要求记者对消息源匿名的动机合理评估,谨慎判断。一般而言,使用匿名信源需要同时符合下列条件:(1) 至少有一名编审人员知道匿名信息源的真实身份;(2) 在报道中解释匿名消息源的背景,并说明其是否持特殊立场;(3) 信守承诺,不暴露匿名信息源的真实身份。例如,美国《华盛顿邮报》规定:尽量明确交代消息来源;同时也要交代清楚,消息是否引述自另一新闻机构的报道;尽量解释匿名者的背景,即使不能说出提供消息人士的名字,也有责任尽量向读者解释为何确信有关消息人士知情,而该人士在事件中又是否有特殊立场;至少要有一名编辑知道匿名消息源的真实身份,好让编辑们帮助判断应否引用该人士的消息。

3. 谨慎使用单一且匿名的消息源

由于仅有一个消息源,记者无法核实内容的真假,有时难免被消息源带偏。单一且匿名的消息源还会给媒体或记者带来潜在的侵权风险。德国《明镜》周刊曾经报道过一则新闻,主题是一名政府部级官员嫖妓。该报道唯一的消息源是一名妓女,文章在提到这名部级官员时使用了匿名,但文章发表后,所有的部长都有了嫌疑。由于报道还同时影射了政府,于是政府起诉了《明镜》周刊。法院调查后认定:这是一则失实报道,消息源(妓女)提到的人只是与部长重名。同时法官还了解到,记者在报道发表前,曾尝试与总理办公室联络核实该信息,但遭到拒绝,遗憾的是记者并未在文章中提及这一核实行为。法官根据《德国刑法典》从以下两个方面考虑:一是部长是否有嫖妓的事实,二是报道对部长的名誉是否有损害。显然,这则报道存在问题,因为公众通过阅读该报道获得了部长嫖妓的印象。文中"一名政府部级官员"的表述,直接指向了所有的政府部级官员。部长虽然是公众人物,但面对错误的指控,公众人物和普通人都应该享有同等保护,最后法院判媒体败诉。

三、互联网时代的消息源

(一) 互联网时代消息源的特点

互联网时代的消息源呈现以下四个特点:第一,对职业新闻工作者而言,消息源的数量和种类异常丰富,网络消息源"已经成为记者首选"[1]。第二,新闻"把关人"与消息源之间的界限变得模糊。传统媒体时代新闻"把关人"与消息源之间界限分明,"把关"是一种标准严格的职业行为。到了互联网时代,网络信息的"把关人"与消息源常常合二为一,有学者将之称为"首告者"[2]。"首告者"以发表速度为优先考虑,不再严格强调使用明确的消息源,也很少严格遵守匿名消息源的使用要求,"把关人"职能弱化。第三,匿名消息源使用频繁,包括一些媒体机构的公众号也常以匿名或化名的形式出现,匿名传播者大量存在。第四,统计意义上的消息源出现并被广泛使用,可称其为"数据源"。"数据源"以更加科学客观的面目出现,如信息聚合平台的"热点推荐"就是一种无法明确消息源的"数据源"。大数据统计是一种算法,算法是否带有偏见很难被验证。

(二) 消息源的核实与验证

互联网传播时代,"新闻反转"现象频繁,受众存在"等反转"的心态,人们对新闻真实性的质疑和对新闻传播机构的不信任程度加剧。与以往相比,新闻机构核实的能力和态度整体呈退守状态,消息源核实问题成为新闻传播中的突出问题。

应当说,新闻核实作为一项确保专业性的伦理原则,其要求并未随着媒介生态的变化而改变。相反,核实问题比以往任何时期都显得更为重要。《中国新闻工作者职业道德准则》中明确强调:"认真核实新闻信息来源,确保新闻要素及情节准确。"对消息源提供的信息进行核实与验证,是新闻真实性追求的基础环节,也是任何时代都不会动摇的职业责任和义务。

互联网传播中新闻核实的难度变大,具体表现为:(1)用户生成内容(UGC)等网络信源成为新闻报道,尤其是突发事件报道的重要来源。对 UGC 的核实相对复杂,不仅需要核实上传内容的真假,获取对 UGC 合理使用的许

---

[1] 申琦:《在线消息源使用中的"把关人"角色研究——以上海新闻从业者使用微博作为消息源现象为研究对象》,《新闻与传播研究》2016 年第 10 期。

[2] 参见〔美〕菲利普·帕特森、李·威尔金斯:《媒介伦理学:问题与案例》第 8 版,李青藜译,中国人民大学出版社 2018 年版,第 226 页。

可,还要甄别上传者身份,考察其动机,考虑如何署名及是否需要化名或匿名。对没有发表经验的上传者,还要提示其刊发信息可能对个人造成的影响。因此,核实的过程变得更为复杂烦琐,客观上导致媒体机构的核实工作大不如前。据哥伦比亚大学数据新闻中心一项针对全球 38 家媒体 UGC 核实现状的调查报告[1],广播电视所采用的 UGC 信息中,仅有 16%的内容注明了消息来源,26%的内容经过了编辑和背景注释等处理。也就是说,绝大部分传统媒体在使用 UGC 时,仅引用其在社交媒体上自我标注的姓名。(2)核实手段和方式呈现出强技术的特征,虚拟主体等"深假"传播、机器人写作、"洗稿机器人""洗稿软件"等技术的应用,让事实核查成为一项更加专精的技能,表现出较高的技术性。核实内容不仅包括文字,还包括图片、视频、音频等是否真实。比如,通过分析音频中环境声的音质,才能辅助判断该音频内容的真假。因此,互联网时代的事实核查需要精通网络核实常用工具的专业人士加入,帮助查证来源,分析上传者身份,查证原始信息、地理位置等等。(3)新闻核查工作正在从新闻生产的内部环节逐步走向外包。事实核实工作正在从新闻机构的一项内部流程变成另外一个机构的工作,这一趋势或带来核实标准与价值选择的差异。(4)记者和编辑对大数据无力审核把关。机器或软件有依靠程序设计公式的能力,但若公式发生错误,人工核查者几乎无力发现。例如一些依托大数据、AI 制作的数据新闻,人们无法对技术核查结果再次核查。(5)信息聚合平台审核量巨大,只能使用粗放标准。比如,某直播平台有机器自动检测、人工审核等环节。但在人工审核环节,审核员审看截取出的视频画面,必须在几秒钟内飞速审看满屏小图。这种间断性截取画面并飞速审看的过程,只能是看其有无明显犯罪等底线内容,实际上只能做到"有审无核"。

第二节　新闻传播的"减少伤害"及其避免

新闻报道及传播过程中,有时会给报道对象、事件相关方及社会道德带来

---

[1] "Tow Center Launches Amateur Footage: A Global Study of User-Generated Content in TV and Online News Output", http://towcenter.org/blog/tow-center-launches-amateur-footage-a-global-study-of-user-generated-content-in-tv-and-online-news-output/,访问日期:2023 年 5 月 13 日。

不同程度的伤害,报道的负面影响或伤害属于新闻报道行为的副产品,有时在所难免,但有些伤害可以在提前预估报道效果的基础上有意识地减少或降低。

一、减少伤害的内涵及分类

"减少伤害"指的是媒体及新闻工作者要有意识地减少由新闻报道带来的伤害。由于伤害并非来自事件本身,而是来自新闻媒体对事件的采访、报道、发表等行为,因而也被称为"二次伤害"。"二次伤害"的对象包括受访人、被报道人以及报道发表、广泛传播所涉及的相关人、企业、机构或社会群体。新闻报道所带来的负面后果有时是显性的、短期内易见的,有时则是隐性的、经同类报道长期积累浮现出来的。某种程度上,新闻伤害是新闻报道的伴生物,很难从根本上避免,因此各国新闻伦理规范要求尽量"避免伤害"或"减少伤害"。从权利归属角度看,新闻报道所造成的伤害,可以分为对个体权益的伤害和对公共利益的伤害。

(一) 对个体权益的伤害

首先,新闻报道对个体权益的伤害相对直接、明确,所以新闻报道应当尽量避免对个体权益造成伤害。2019年修订的《中国新闻工作者职业道德准则》其中第六条第2款"维护采访报道对象的合法权益,尊重采访报道对象的正当要求,不揭个人隐私,不诽谤他人"和第3款"保障妇女、儿童、老年人和残疾人的合法权益,注意保护其身心健康"强调的就是新闻报道应尽量规避给受访个体带来伤害。伤害的类别包括侵犯隐私、暴露个人信息、歧视,以及给采访对象带来的各种情感困扰等。伤害的具体行为包括:记者不恰当隐匿身份的采访、不恰当采访灾祸或犯罪事件的当事人、对受访者承诺而未践诺、报道中泄露个人信息、对事实断章取义、标题党、随意修改直接引语、题图文字与图片不符等等。

(二) 对公共利益的伤害

公共利益具有主体数量的不确定性、实体上的共享性等特征。保护公共利益指的是对不特定多数群体的共同利益的保护。较之明确的个体权益保护,人们对公共利益的维护缺乏积极主动性,因而公共利益的保护更困难。公共利益涉及的范围极广,损害社会秩序通常被认为是对公共利益的侵害,维护社会秩序则有利于保护公共利益。

新闻报道有可能对政治、经济、司法等公共秩序造成伤害。由于这种伤害相对比较隐蔽,有时在一篇报道中不易觉察,但经年累月的多篇报道可能造成民众对政府、司法的不信任,带来社会价值失序。《中国新闻工作者职业道德准则》第六条第 1 款的"严格遵守和正确宣传国家各项政治制度和政策,切实维护国家政治安全、文化安全和社会稳定",可视为对新闻报道应尽量避免对国家安全、社会稳定、文化安全造成伤害的告诫。准则第六条第 4 款"维护司法尊严,依法做好案件报道,不干预依法进行的司法审判活动,在法庭判决前不做定性、定罪的报道和评论,不渲染凶杀、暴力、色情等",是要求媒体尽量避免对司法秩序造成伤害。有时,媒体报道对一个概念的误用就可能带来"媒介审判"的嫌疑,损害司法秩序。

此外,《中国新闻工作者职业道德准则》第六条第 6 款要求"尊重和保护新闻媒体作品版权,反对抄袭、剽窃,抵制严重歪曲文章原意、断章取义等不当摘转行为"、第 7 款要求"严格遵守新闻采访规范,除确有必要的特殊拍摄采访外,新闻采访要出示合法有效的新闻记者证",就是为了尽量避免给新闻行业秩序自身带来伤害。

二、对个体权益的伤害及报道规范

在新闻报道对个体权益的伤害中,悲伤场景是较为突出的类型之一。悲伤场景经常出现在灾难报道、死亡(自杀)报道中,以下我们主要就此予以阐释。

(一) 报道中的悲伤场景

"悲伤"是新闻报道中一类常见场景。不安、焦虑、颓废、悲痛欲绝、痛苦失态、恐慌等情绪状态,都可以纳入此类场景。新闻工作者在面对那些当事人不愿意公开示人的情绪状态时,应避免使用使受访者陷入更大悲伤的报道方式。以上所列的各种情绪,哪些适宜在报道中呈现,哪些会带来切实的情感伤害,难以一概而论。以往新闻报道实践中出现的行为有:反复询问令人痛苦的经历细节、刺激处于悲伤情绪中的人、拍摄发表他人悲痛欲绝的特写画面、充当死讯报告者等等。这些场景中,记者的报道责任与当事人的悲伤情感间存在价值衡量,即报道责任与保护受访者的酌定隐私两者之间存在价值冲突。完全忽视受访者情绪的行为会被新闻同行斥为不专业,也会被公众认为冷血、残忍。例如在马航MH370事件中,某晚报记者这样描述同行:上百名记者围堵在丽都饭店外,只要有人出来,就围上去问是不是遇难者家属,得到肯定回答就连珠炮似地提问,家属哭喊"别问了"。其中,有两名女家属恳请记者们不要拍照,她们很难受。

(二) 悲伤报道的伦理分析

美国新闻史上发生过一个真实的事件:哥哥带着弟弟去游泳,弟弟溺死。摄影师在现场拍摄了一张"生动"的照片,照片中弟弟的遗体清晰可见,在他周围的哥哥及家人痛不欲生。对于是否发表这张照片,报纸编辑内部产生争执。赞同发表的编辑认为:"我们相信一张照片比一万文字更有助于人们注意水中安全。"反对者认为:警示公众从该事件吸取教训的目的,并不必然优先于对死者亲属悲伤情感的尊重。"发表车祸受害人的图片或许能警示一些司机安全驾驶,但是如果这些图像经常以侵犯一个车祸受害人的隐私为代价,这个讯息还有必要说出吗?"[1]最后支持的意见占上风,即在这个具体情境中,"警示他人"的价值略优于尊重死者及其家人的情感。照片发表后,一些读者为抗议报纸的这一决定,取消了报纸订阅。应当说,警示他人和尊重他人情感这两个价值很难绝对分出高下,无论编辑部选择哪一个做法都是对的,只是读者对母亲痛失爱子、哥哥自责大哭的画面产生了深度共情,在情感上无法接受。

很多学者赞同报道对灾祸的幸存者、伤者、遇难者及其家人保持克制,以示人文关怀。作为人类最普遍的两种情感之一,悲伤与欢乐不同。人们常常愿意将自己的幸福快乐与他人分享,却少有人愿意将自己的悲痛公开展示。因此,媒体如何报道"悲伤场景"是一个典型的伦理两难选择:一方面,处于悲伤情绪

---

[1] [美]菲利普·帕特森、李·威尔金斯:《媒介伦理学:问题与案例》第8版,李青黎译,中国人民大学出版社2018年版,第191页。

的个体或群体通常是灾难事件、伤害事件的受害者或目击者,是构成该新闻事实的重要部分,且新闻图片具有直观感染力,易引起受众共鸣,可以起到警示受众的作用。但另一方面,对当事人所经历事件的强化报道容易造成其虚弱时的情绪崩溃,或容易唤起他们对该事件痛苦的记忆。有调查数据显示,因各种打击而悲伤过度的人在一年内的死亡率,比适度受到安慰的人要高出四倍以上。出于对人类情感的普遍尊重,少数国家甚至将"悲伤时刻"视为一项隐私,将当事人免受打扰、免受公众关注的个人权利纳入法律保护。例如,英国新闻界就将个人丧失亲人等极度痛苦的画面视作隐私,德国媒体法专家同样认为人们丧失亲人时的痛苦失态属于一种"绝对的隐私",还有许多国家的新闻界将保护个人情感免受打扰视为一项重要的职业道德,强调将每一位报道对象视作目的,而不是仅仅将其视为达到报道目的的手段。

(三) 悲伤场景报道规范

悲伤报道要尊重当事人,考虑当事人的感受,尽可能减少报道对当事人产生的不良影响。具体到新闻报道中,要注意用冷静和克制的笔调,表达对当事人的关怀。而这种克制,其实也是记者的伦理,或者职业素养的体现。

英国、爱尔兰、美国、澳大利亚等国的媒体规范将当事人的"悲伤"情绪视为一种"酌定隐私"。《爱尔兰新闻记者行为规范》提出:"除非出自压倒一切的公众利益的考虑,否则新闻记者不得有任何侵扰私人悲痛忧伤的行为。"加拿大《多伦多星报》将"悲伤场景"放在"隐私"条款下,认为记者、摄影记者、编辑都应当明白,一般的人都享有隐私权。当一些人犯了罪或成为不幸事件的当事人,他们就会被记者曝光。但是这些人不应被无故骚扰,记者也不能随意发布涉及他们形象的图片。他们可能不太了解报纸的运作,但有过这样经历的人将会永远记住自己对《星报》的感觉。

美国职业新闻记者协会确立的"减小伤害"原则规定:"对那些可能因为新闻报道而受到负面影响的人们表示同情。当面对孩子或没有经验的新闻来源或报道主体时,要特别小心。寻找、采访拍摄遭遇悲惨事件的悲痛者时,应敏感体恤。要认识到报道可能对其造成伤害或不适。追求新闻不是傲慢无礼的通行证。要认识到,一般人与政府官员或追求权力、希望引发关注的人相比,有更多保护个人信息的权利。只有当有十分迫切的公共需要时,侵入私人领域获取信息才是正当的。谨慎使用相关图片。要认识到采访报道可能会给采访对象带来伤害或引起公众不安,自以为是地追逐新闻是不可取的做法。"①

2002 年澳大利亚广播公司的编辑政策中专门设置了"对他人悲痛的侵扰"规范条目。它包括:(1) 公众对描述悲伤事件的生还者、目击者或者袭击、谋杀、自杀、意外事故、自然灾难的受害者及其亲属伤痛的报道是非常敏感的。很多人将新闻对脆弱状态的报道视为对隐私的侵犯。(2) 在丧失亲人的最初阶段或受到伤害的短期内,很多人处于震惊中。丧亲者对是否接受采访、采访中说什么、接受采访会有什么样的后果,可能有非理智的选择和判断。节目制作者应有高度的敏感性,判断公众是否有兴趣了解这些情况,同时不应以采访为由,过分跟踪打扰受访对象。(3) 罹难者的家属被告知家人遇难时的反应,不应被记录或用于播出。(4) 除非特殊情况,如果死难者的家属明确表示葬礼不欢迎媒体参加,就不应报道。如果是公众人物的葬礼,媒体与同行共享资源可以减少对葬礼的干扰。(5) 要充分考虑丧亲者收看节目时的感受。因为一个人如果反复看到与其相关的悲伤场景,将很难释怀。

三、对突发事件的报道及避免伤害

不恰当的新闻报道会对公共利益、社会道德、社会秩序造成伤害。虽然新闻报道对公共利益的伤害比较隐蔽,需要较长时间、较多的报道累积才能显现,但其负面影响也更为持久,甚至可能带来社会道德滑坡、社会秩序紊乱等不良后果。

从报道主题来看,新闻报道对公共利益和社会秩序的伤害经常出现在突发事件中,因为在地震、疫情、空难、战争等突发事件中,社会易处于不稳定的状态。2007 年颁布的《突发事件应对法》第一条即指出制定该法的目的:"为了预防和减少突发事件的发生,控制、减轻和消除突发事件引起的严重社会危害,规

---

① 陈力丹:《记者采访中需谨记"减少伤害"原则》,《新闻与写作》2008 年第 7 期。

范突发事件应对活动,保护人民生命财产安全,维护国家安全、公共安全、环境安全和社会秩序,制定本法。"突发事件的新闻报道活动应与该法的目标保持一致,也就是说在突发事件中,新闻报道要以维护国家安全、公共安全和社会秩序为首要目标。该目标价值大于新闻及时、准确报道等专业价值。新闻报道通过保障信息传播秩序来维护社会公共秩序,相反,不恰当地报道灾难事件会损害社会秩序。

(一) 灾难报道属于失序报道

灾难报道也被称为"失序报道",无论是自然灾害还是事故灾难、科技灾难、公共卫生灾难,都可视为对现有社会秩序的破坏。"失序"的类型有多种:"自然失序"指的是由自然力量导致的灾难,如地震、台风、海啸;"科技失序"是指那些不能归咎于自然的事故,如切尔诺贝利核泄漏、天津滨海爆炸等;"社会失序"是指扰乱公共秩序以及可能卷入针对生命或财产的暴力威胁的活动,如恐怖袭击、人质劫持等;"道德失序"是指那些触犯法律或背离道德,但不一定危及人的生命或社会秩序的行为,如官员腐败、明星吸毒等。针对以上失序事件的报道均可称为失序报道。

(二) 失序报道中的记者定位

灾难等突发事件对社会秩序不可避免地造成破坏。新闻界有"坏消息才是好新闻"的说法,但在失序事件中,新闻工作者应当摒弃做爆款新闻的冲动,也不宜有闻必录,正确的定位和做法是努力使报道成为帮助恢复秩序的力量。对此,甘斯提出:在应对重大灾难时,新闻报道应着重于秩序重建,成为道德秩序的守卫者,着重报道对生命与财产的保全行动。"某些考量也意在保护社会秩序免受大众的破坏。因为那些令受众心烦意乱的新闻故事也有可能导致他们将焦虑变成行动。"[①]这与传播理论中"拟态环境环境化"的理论契合,即面对灾难,新闻媒体应侧重报道各种重建秩序的措施和努力。

---

① 参见〔美〕赫伯特·甘斯:《什么在决定新闻——对 CBS 晚间新闻、NBC 夜间新闻、〈新闻周刊〉及〈时代〉周刊的研究》,石琳、李红涛译,北京大学出版社 2009 年版,第 310 页。

突发事件中,媒体通过报道行为重塑社会秩序的理念,是国际新闻界的通行做法。1967年美国发生了一起骚乱事件,事后肯纳委员会(Kerner Commission)统计了美国电视台对该事件的报道后发现:报道"骚乱行为"的内容加在一起的时长,占报道总时长的3%;伤亡情况内容占2%;而至少39%的时长都用来报道关于"秩序重建"的活动。其中《新闻周刊》针对这场骚乱所做的报道中,对警察和军队重建秩序的种种努力的报道总和,四倍于对骚乱本身的报道。①

第三节 新闻传播的利益冲突及其规避

新闻传播实践中需要面对和处理各种复杂的利益关系,如何平衡和处理这些利益冲突,始终是一个复杂且重要的伦理问题。本质上,媒体的利益冲突可视为媒体作为市场主体的经济利益诉求与作为社会公器的社会利益诉求之间的矛盾。本节重点讨论媒体利益冲突分类、三种典型的媒体利益冲突,以及互联网时代媒体利益冲突的新问题。

一、媒体的利益冲突

新闻传播的利益冲突(interest conflict)指传媒和新闻工作者在利用新闻资源(如报道、版面、受众等)进行报道时,其行为与职业道德之间发生的冲突。媒体利益冲突问题非常复杂,不仅包括经济利益冲突,也包括政治利益、行业利益冲突等。从世界各国媒体实践来看,媒体的利益冲突问题如影随形,对其进行规制成为各国媒体伦理规范的重要组成部分。② 这里仅讨论媒体利益相关方及三种典型的利益冲突类型。

(一)媒体的利益相关方

每种职业都需要平衡、处理与职业相关的各主体的多元利益诉求。对新闻

---

① 参见〔美〕赫伯特·甘斯:《什么在决定新闻——对CBS晚间新闻、NBC夜间新闻、〈新闻周刊〉及〈时代〉周刊的研究》,石琳、李红涛译,北京大学出版社2009年版,第68页。
② 牛静编著:《全球媒体伦理规范译评》,社会科学文献出版社2018年版,第497页。

媒体而言,常见的利益相关方包括媒体的所有者(主办者)、管理者、消息源、受众、广告主和竞争对手(其他媒体)等。① 这些媒体的利益相关方程度不同地影响着新闻报道和新闻业的发展。实践中出现较多的媒体利益冲突包括媒体利益与公共利益的冲突、单个媒体利益与行业利益的冲突,媒体之间的不正当竞争等。媒体内部也存在利益冲突,如编辑部门和经营部门、编辑与记者、兼职取酬等。不过媒体内部的利益冲突问题,本质上可以看作是媒体内部的管理问题。总之,媒体要处理好自身与内、外部多个利益相关方的关系,协调、平衡不同利益主体的利益诉求。媒体既要从利益相关方那里获得支持或收益,也要将利益冲突带来的风险保持在合理范围内,同时减少对其他利益方的损害。

(二) 媒体利益冲突问题分类②

《中国新闻工作者职业道德准则》第四条第 4 款要求:"严格执行新闻报道与经营活动'两分开'的规定,不以新闻报道形式做任何广告性质的宣传,编辑记者不得从事创收等经营性活动。"根据以上要求,媒体利益冲突至少包括以下两种分类标准。第一种按冲突主体分为媒体机构的利益冲突、编辑或记者的利益冲突,第二种按冲突程度分为明显的利益冲突、潜在的利益冲突。

第一种分类标准从主体角度将利益冲突问题分为媒体机构的利益冲突与编辑或记者的利益冲突。(1) 媒体的利益冲突源于媒体的经济效益与社会效益双重目标的冲突,"编辑与经营两分开"正是为平衡这一冲突而提出的解决办法。媒体的利益冲突具体包括广告与新闻混淆、媒体之间的不正当竞争、付费新闻等。我国讨论较多的媒体利益冲突事件集中在媒体对广告主或赞助商无节制的"配合"。《京华时报》批农夫山泉成为媒体为利益代言的极端事件。天津《今晚报》长期设置"权健时代周刊"版面,报道与广告不分,对权健公司非法传销活动起到了推波助澜的作用。世界各国媒体也普遍存在这类问题,例如 20 世纪 90 年代,美国《达拉斯晨报》花 2400 万美元取得了当地一家篮球队 12.8%

---

① 高贵武:《新媒体环境下的主流媒体声誉管理刍议——基于利益相关者理论框架》,《国际新闻界》2017 年第 1 期。

② 媒体的利益冲突问题比较复杂,比如广告主可以是媒体外部的利益相关方,也可以是媒体内部经营诉求的相对方。本节仅选择相对普遍的媒体利益冲突类型进行介绍。

的股份,虽然这些股份并不能使这家报纸真正控制篮球队,但是公众仍然认为这一行为影响了报纸的公正报道。他们担心《达拉斯晨报》"不再是一家有着独立声音的报纸了",尤其在报道与这家篮球队相关的新闻时。① (2)编辑或记者的利益冲突,表现为有偿新闻、有偿不闻、兼职、采访亲友等。例如,兼职指新闻工作者在其单位以外的机构兼职取酬的行为。《中国新闻工作者职业道德准则》要求编辑记者不得从事创收等经营性活动。人民日报社也规定"编辑部门和采编人员不得办公司或进行其他经营活动;采编人员不得在经济实体中任职并取酬"。记者的车马费或红包也是利益冲突的一种表现,是记者代表的公共新闻服务与记者私利的冲突。收取车马费或红包在一些国家被直接定性为"受贿",属于有偿新闻的一种。虽然这里将车马费和红包问题放在编辑或记者的利益冲突类型中讨论,但实际上新闻行业、新闻机构对车马费有无明确定性及要求,决定了车马费这一利益冲突问题的归类。因为媒体机构与新闻工作者之间,在责权利关系上是一种"整体"与"分有"的关系。

第二种分类标准按冲突的程度将利益冲突分为"明显的利益冲突"与"潜在的利益冲突"。无论媒体还是编辑或记者,都可能遇到明显或潜在的利益冲突问题。明显的利益冲突包括有偿新闻、有偿不闻、礼物与馈赠、免费旅游等;潜在的利益冲突指记者或编辑本职工作之外的社会兼职、社会活动、投资与财政利益、亲属利益等。美国研究者菲利浦·梅耶在其1987年出版的《新闻伦理》一书中举例说明了几种"不明显的利益冲突",例如金融专栏作家在文章中特别提及或明确表示推崇某家上市公司,电视台对制作公司制作的节目不加选择地使用,媒体与广告客户间的隐形交易,体育记者或文化记者在工作之外使用免费门票,在短评或社论中加入广告的内容,记者不适当的演讲收费等。

二、媒体利益冲突及相关规范

媒体涉及的利益冲突问题很难找到一个共通的标准对其进行分类,所以以往对媒体利益冲突的研究更多采用的是个案分析。以下我们选取有偿新闻、付

---

① 详见〔美〕菲利普·帕特森、李·威尔金斯著:《媒介伦理学:问题与案例》第8版,李青藜译,中国人民大学出版社2018年版,第85页。

费新闻、情感利益三个典型问题进行讨论。

有偿新闻体现了媒体利益与公共利益的冲突,是媒体或记者用新闻资源交换钱财,从而影响报道走向。付费新闻属于媒体利益与行业利益的冲突,指媒体花钱买断信息,目的是垄断采访资源,本质上属于媒体之间的不正当竞争。以上两种类型均属物质利益冲突,前者是媒体接受财物,交换新闻资源;后者是媒体给付金钱,垄断新闻资源。第三种媒体与员工的情感利益冲突也可以看作"职业回避"。正如法官不得兼职律师一样,媒体采访报道亲友等行为也可能存在利益输送,应当回避。

(一) 有偿新闻

"有偿新闻"是指媒体或记者被动或主动地使用报道权交换钱财,或以曝光为条件,要挟对方提供钱、物等好处。"有偿新闻"包括有偿不闻和新闻敲诈,其本质是报道权的商品化。有偿新闻不仅违反新闻传播伦理,一些性质恶劣的有偿新闻甚至涉及违法犯罪,构成受贿罪、敲诈罪。

有偿新闻是新闻传播伦理重点规范的内容。1939年10月,由中国青年新闻记者学会制定的《记者公约》就特别提出"不收受非法金钱,不曲用自己的笔尖",提出了避免利益冲突、拒绝利益交换、反对有偿新闻等职业道德原则。[①] 1991年第一版的《中国新闻工作者职业道德准则》第六条针对"有偿新闻"明确要求:"克服行业不正之风,不刊发各种形式的有偿新闻,不得以新闻或版面做交易,接受和索取财物,牟取私利。"2019年版的《中国新闻工作者职业道德准则》在第四条第3款再次明确提出:坚决反对和抵制各种有偿新闻和有偿不闻行为,不利用职业之便谋取不正当利益,不利用新闻报道发泄私愤,不以任何名义索取、接受采访报道对象或利害关系人的财物或其他利益,不向采访报道对象提出工作以外的要求。世界各国的新闻伦理规范也大多对有偿新闻做出禁止性规定,例如新加坡国家记者联盟的《专业行为规范》,希腊关于媒体的《伦理规范》,还有一些国家将有偿新闻细化为"礼物、差旅费及入场券",按程度、分场景

---

① 田灿、胡艳红、王琼:《中西新闻职业道德规范比较》,《文史博览》2005年第2期。

提出具体的应对。例如美国《纽约时报》规范的"礼物"条目中有:不能以《纽约时报》的名义接受任何来自个人或团体的礼物、门票、折扣、回扣等。加拿大《多伦多星报》的伦理规范中,在"礼物、差旅费及入场券"条目下也有类似的规定。

(二) 付费新闻

"付费新闻"即花钱买新闻,指媒体或记者主动、被动向受访机构、受访对象或报道相关人付费,也称"采访许可费"或"支票簿新闻"(Cheque-book Journalism)。一般来说,付费新闻是通过购买信息垄断采访资源,目的是获得独家报道权。付费新闻属于典型的媒体利益冲突,体现了一家媒体短期的经济利益与新闻行业长期健康发展的价值冲突。尤其应当反对的是媒体为严肃新闻付费,因为新闻具有公共产品的属性,而消息源买卖却将新闻视为一般商品。这种行为的性质比较模糊,短期看或有利于媒体自身的经济效益,长期看却破坏了媒体间正当竞争,不利于新闻行业的健康发展。

从历史发展来看,新闻界花钱买新闻的做法曾颇为风行。1984年"水门事件"后,美国总统尼克松曾以十分高昂的价格接受哥伦比亚广播公司《60分钟》栏目的采访,成为美国历史上付费采访的一个典型案例。电影《对话尼克松》描写的就是这段历史。黄色小报和电视台曾将付费采访推到了登峰造极的地步[1]:美国青年迈克·费伊在新加坡被鞭打时,美国的黄色小报和电视台蜂拥而至,展开付费采访攻势。

世界各国对付费新闻的态度不一,一些国家坚决禁止花钱买新闻,例如澳大利亚《悉尼晨锋报》提出"无论是为了获得采访权利还是为了获得采访内容,付费的行为都是坚决不允许的"。还有一些国家认为媒体付费需要严格限定条件,例如英国路透社认为,媒体付费"只适用于很少的、例外的情况,且通常报酬很少;付费行为必须在费用报告或其他记录中说明;付费行为应获主管批准"[2]。

不过,从付费新闻发展历史来看,各国媒体对付费新闻的态度日趋严格,其

---

[1] 参见陈中原:《点击新闻职业道德关键词——84个国家或地区新闻职业道德准则73个关键词汇的统计分析(上)》,《新闻记者》2007年第6期。
[2] 张宸编著:《当代西方新闻报道规范:采编标准及案例精解》,复旦大学出版社2008年版,第158—159页。

中美国新闻界对"付费采访"的支持比例呈持续下降态势。2010年,正值传统媒体凋敝、报纸关门、电视台裁员之际,美国新闻界爆出了一则付费新闻丑闻,美国广播公司(ABC)给付凯西·安东尼案犯罪嫌疑人20万美元,以垄断采访权。当时恰逢ABC在全球裁员25%,ABC公司员工无法理解公司的这一行为,该行为同时也遭到美国新闻界的一致批评。批评者认为,ABC将因此承担名誉上的重大损失,这一损失将远不止20万美元。

对此,我国《〈媒体人新闻业务守则〉释义》一书就提出:"媒体应当在免费的情况下获取新闻,不应直接或间接向犯罪嫌疑人和同伙以及他们的家属、朋友、同事等付费;只有信息与公共利益相关且付费是获得信息的唯一方法时才可以付费。"①我国的付费新闻有过两种情况:一是针对个体的付费采访,这类付费采访最早发生在娱乐、体育报道领域,体现为给影视明星、体育明星付费。二是有机构主动将"独家采访权"作价出售给媒体。应当说,付费采访真正引起中国新闻界的讨论并受到公共舆论关注是在2005年的"孙道临提出收费采访"和"李银河提出采访收费及标准"两起事件之后。当时,针对孙道临提出的采访付费,一种观点表示赞同,认同受访者提供的资料和信息具有知识产权,媒体要使用就应该给付报酬;另一种观点认为孙道临作为公众人物,其所提供的信息是公共文化资源,个人不应向媒体收费,并且采访付费必然增加新闻媒体的运营成本,对新闻事业发展不利。还有一种中立的观点认为,采访是否付费是采访者与受访者双方商议的结果,应由媒体和受访者双方协商解决。

就我国当下的付费新闻而言,娱乐、体育事件当事人成为付费新闻的主角,影视、体育等娱乐媒体也易成为付费新闻的主体。我国目前形成的针对付费新闻的规范是:"一般不为严肃新闻付费;付费行为,必须有公共利益这个大前提,同时还加上两个小前提,即一是记者必须穷尽一切的努力,争取不付费,二是记者不得直接或间接向犯罪嫌疑人及其同伙或他们的家属、朋友以及同事等付费。而且一旦引起官司,在诉讼当中,记者或媒体必须明确承认其付费行为。"②

---

① 《媒体人新闻业务守则》编写组编著:《〈媒体人新闻业务守则〉释义》,中国政法大学出版社2015年版,第20页。
② 陈中原:《点击新闻职业道德关键词——84个国家或地区新闻职业道德准则73个关键词汇的统计分析(上)》,《新闻记者》2007年第6期。

通过付费获取独家新闻具有较大的风险,接受方可能会迎合报道需要,夸大甚至编造内容。目前似乎没有数据证明媒体付费或采访对象收费与新闻真实有何种负相关,但是正像罗恩·史密斯在其著作《新闻道德评价》一书中所说的那样:"反对支票簿新闻的理由之一是如果有钱可赚,就会有人撒谎或夸大其词;反对支票簿新闻的理由之二是如果没钱可赚,很多人会隐瞒消息;反对支票簿新闻的理由之三是支票簿新闻可能降低报道本身的质量。"①

新媒体时代通过阅读赚钱是否涉及利益冲突也值得讨论。为获取并留住用户这一稀缺资源,一些信息平台采用"将阅读变成财富"的经营思路,即用户每看一条新闻,平台现金补贴用户一定金额。这种给付模式与传统媒体时代的有偿新闻、付费新闻相比,表面看有些不同,但本质上同样是钱财与信息的交换,同样打破了新闻作为公共产品应当免费使用的理念,也同样带来了平台利益和公共利益的冲突。

(三) 情感利益

情感利益冲突 情感利益冲突是指媒体或记者未能有效采取职业回避原则,将与自己有关联的新闻事件当事人作为采访报道对象而发生的利益冲突,情感利益冲突可分为"媒体机构情感利益冲突"与"媒体人情感利益冲突"两种。首先,媒体机构不宜在自己的媒体上发表自己涉诉的报道和评论。当媒体自身涉诉时,媒体就成为一桩诉讼事件的当事人,便很难再是客观中立的观察者。运用新闻机构的话语优势为自己的官司"助阵",将导致诉讼双方的信息和观点披露不对称,有损媒体作为公共平台的定位。② 在陈永洲事件③中,《新快报》连续两天在头版喊话"请放人"的行为就是典型案例。其次,记者若与报道对象有夫妻关系、直系血亲关系,或朋友、同学、恋人等关系时,应当实施采访报

---

① 〔美〕罗恩·史密斯:《新闻道德评价》,李青藜译,新华出版社2011年版,第187—190页。
② 《媒体人新闻业务守则》编写组编著:《〈媒体人新闻业务守则〉释义》,中国政法大学出版社2015年版,第176页;徐迅:《媒体报道案件的自律规则》,《新闻记者》2004年第1期。
③ 2013年10月22日19时25分,长沙市公安局在其官方微博"长沙警事"公布,《新快报》记者陈永洲因涉嫌损害商业信誉罪,已于当日被长沙警方依法刑事拘留。第二天(23日),《新快报》在头版刊登"请放人"三个大字,并发表声明称"敝报虽小,穷骨头,还是有那么两根的"。第三天(24日),《新快报》再度在头版要求放人。随后陈永洲在央视承认收受中间人酬劳50万元。

道回避。例如曾有电视台采访在实习的大学生,记者几十篇稿件的采访对象都是其家人,这就属于未进行职务回避。

情感利益协同 情感利益协同指的是记者应当与所在媒体利益保持一致,坚持网上网下"一个标准、一把尺子、一条底线"。新闻从业者未与其所在单位保持情感利益协同的情况主要有以下三类:一是记者在社交媒体发布的信息,立场与其所在媒体不一致;二是在社交媒体上发布所在媒体尚未登载的信息,先于所在媒体发布信息;三是在社交媒体上对敏感或有争议的事件表态。例如,2011年美联社记者在社交媒体上发表了针对"同性恋结婚"问题的不当观点,美联社以此事件为契机,在 2011 年 7 月 6 日制定了《美联社社交媒体行为规范》,后又推出 2013 年版,对员工使用 Twitter 和 Facebook 等社交媒体的行为做出明确规定:美联社员工不能泄露通讯社的报道内容,不应当对有争议的公共事件发表个人见解,等等。

三、新型的利益冲突问题

媒体融合及传播中产生了一些非常模糊的可能涉及利益冲突的新问题。如传统媒体与政府或企业的各种合作、商业聚合平台的竞价排名、"加 V"行为以及新闻媒体非公益性带货、电视节目主持人带货等,均可能导致私利与公利的冲突。

(一)传统媒体与政府或企业的合作

在媒体融合阶段,传统媒体与外部利益相关方建立了更多的合作关系,合作即代表利益具有一致性。例如媒体与政府的合作,媒体通过为政府代运营公众号、网络带货等方式谋生存、求发展,这是媒体深度融合、转型发展的重要尝试。是否真正涉及利益冲突、归属何种利益冲突类型、如何避免等问题,还需要观察讨论,需要新闻行业实践给出答案。

一是媒体与政府或企业的合作,体现为媒体为政府机构或企业代运营公号、成为"城市服务商"。这种新角色被视为以往传统媒体经营功能的扩大和延伸,或可视为媒体参与社会治理的一种方式。这时的媒体既是新闻传播主体,也是经营其他业务的市场主体。作为新闻传播主体,媒体承担舆论监督、维护公共利益等社会责任;作为市场主体,媒体在着力赚取利润。同一主体的两种角色存在某种潜在冲突,尤其是媒体在报道时很难保持价值中立。一般来说,媒体与政府或企业合作越深入,其利益一致的程度越高,媒体显然难以在这样一个"利益共同体"中孑然独立。在传统媒体时代,虽然存在媒体与广告商的利益交换,但媒体仍然是一个独立主体。换句话说,面对利益交换,媒体曾经处于强势地位,有一定的抵御诱惑的自觉与能力。而在媒体融合背景下,媒体的经营更加多元,媒体已经成为多元业务的融合体,有些媒体日渐成为"私器"。

二是传统媒体非公益网络带货可能蕴含潜在的利益冲突。媒体作为社会公器助力扶贫是媒体带货的最初动因,也是媒体践行社会责任的体现,具有正当性。但除此之外,媒体为了自身盈利的网络带货,更接近以公信力换取私利的行为。新闻媒体卖货,类似于"裁判员"直接下场踢球,既是"运动员"也是"裁判员",身份角色具有冲突,在涉及自身利益时很难进行舆论监督。因此,2004年公布的《中国广播电视播音员主持人职业道德准则》有"不从事广告和其他经营活动"的要求。2019版《中国新闻工作者职业道德准则》新增第三条第5款,要求媒体和记者"坚持网上网下'一个标准、一把尺子、一条底线'"。

(二) 平台利益与公共利益冲突问题

当下,搜索引擎、信息平台成为信息的"大把关"和"大媒介"。搜索引擎、信息平台宣扬算法的价值无涉,但事实上算法具有明显的趋利性。搜索引擎、信息平台为追求自身私利而损害用户和公众利益的方式包括竞价排名、售卖热搜、平台"加V"等,这些情形成为媒介利益冲突中的新现象。

竞价排名涉及的是信息的呈现方式,付费多者的信息可被优先显示。搜索引擎和信息平台常常利用用户信任,与不良企业合谋,改变信息的呈现顺序,最终损害用户利益。2017年的"魏则西事件"①便是典型一例。医疗信息、教育信息等对社会公众至关重要,但也存在"竞价排名"问题。这些被"动过手脚"的信息的呈现方式,本身成为一种算计和陷阱,与"购买热搜"的原理相似,都是通过改变信息的显示顺序,使平台获利。平台在获取私利的同时,可能伤害公共利益,同时加深公众对媒体及社会的不信任。

"加V"是平台对用户予以权威性认证的行为。客观上,平台认证给个人、企业带来更高的辨识度和可信度。一般来说,"加V"用户的影响力均明显高于一般用户,对大众观念的形成和价值判断有着重要的引导作用。但本质上,平台"加V"行为具有如下两个特点:一是"加V"的标准和程序属于平台的商业秘密。平台倾向为大众型、社交型和最具价值型用户群体"加V",其中"最具价值型用户群体是最能帮助企业进行微博营销的核心群体"②。二是平台"加V"行为并非独立的第三方认证,平台与被"加V"用户属于利益相关方,缺乏中立及权威立场。三是"加V"行为或存在"付费加V"的可能。

第四节 新闻传播的示范效应

新闻报道具有一定的示范作用,对人们的行为起着积极或消极的影响。本节讨论新闻报道的正面示范和负面示范,并专门讨论自杀报道、校园凶杀报道的负面示范效应。

一、新闻传播的示范效应

(一)新闻传播的"示范—模仿"效应

示范与模仿现象无论是在人类社会还是自然界都普遍存在,示范和模仿是

---

① 2014年,西安电子科技大学21岁的大二学生魏则西患上滑膜肉瘤,多方求诊均被告知治愈希望不大。他利用百度搜索治疗信息,发现百度排名第二的武警北京市总队第二医院的生物免疫疗法(DC-CIK疗法)可进行治疗,进行了4次治疗后,魏则西病情恶化,于2016年4月12日不幸离世。后经证实该技术是外国已经淘汰的技术。此事件将百度"搜索竞价排名"推上了风口浪尖,百度"搜索竞价排名"是否违反《广告法》引发了广泛讨论。

② 何跃、帅马恋、余伟萍:《新浪微博加V用户特征分析》,《情报杂志》2014年第9期。

一种典型的教育方式。新闻传播的示范效应(Copycat Effect)是指新闻报道可能造成信息接收者对新闻事件中的人物及行为的模仿,即人们自觉或不自觉地以他人的行为为摹本,重复他人行为的现象。

新闻传播"示范—模仿"效应的产生过程,可参照美国著名心理学家班杜拉的"示范—模仿"四过程说:一是注意过程。观察者从大量示范事件中选择观察对象,从观察对象中获取自己感兴趣的信息。二是保持过程。观察者将从观察中获得的有关示范行为信息存储在记忆中。三是生成过程。观察者在外显行为水平上实现某个示范行为,它是一个不断接近的概念匹配过程。四是动机过程。如果观察者没有学习的动机,那么注意和保持过程不会导致生成过程。①新闻传播的"示范—模仿"可导致两种结果:一种是模仿,即你做什么我就做什么;另一种是逆反,即你做什么我偏不做什么。

新闻报道的示范效应与接收者的心理状态密切相关,即新闻传播的示范效应需要信息接收者具备一定的心理条件,示范者与接收者越具人口特征意义上的相似性,这种示范的影响就越大。因此,新闻报道示范效应的启动,"动机过程"是重点环节。如果信息本身与接收者的心理缺乏呼应,就无法启动接收者心理上的触发机制,模仿行为便不会发生。

(二) 正面示范和负面示范

新闻报道的正面示范是指新闻传播通过塑造典型、树立榜样等行为,营造积极健康的舆论氛围,引导公众践行社会主流价值观。"榜样的力量是无穷的",就是说榜样能够对社会公众起到积极的精神引领作用,激励其积极投身于社会主义建设的伟大实践,而这体现的就是新闻媒体巨大的示范效应。②媒体通过榜样的示范作用,弘扬正气,培育新风,催动受众心灵的转变。相较于纸媒,广播电视等媒体的示范效应更加明显。

对新闻传播正面示范效应及触发机制的了解,有助于新闻传播正面引导功

---

① 参见文金凤:《模仿带来的病毒式传播——以抖音视频中的模仿行为为例》,《传播力研究》2018年第20期。

② 周文霞、郭桂萍:《自我效能感:概念、理论和应用》,《中国人民大学学报》2006年第1期。

能的实现。公众看到新闻报道中的人通过自我奋斗获得成功,就会相信自我奋斗是成功的决定性因素,会更加积极努力。正面示范是我国新闻传播的主基调,新闻传播肩负着倡导社会主义核心价值观的重要使命。当然,不恰当的正面示范也可能引起受众对"低级红"的反感,导致负面的传播效果,因此,应当辩证看待正面示范的传播手法。

新闻报道的负面示范是指受众对媒体呈现的自杀、恐怖袭击、暴力犯罪等行为的模仿,例如有人学习新闻报道中描述的犯罪手法,实施相同或相似的犯罪。新闻报道的负面示范效应是新闻伦理关注的重要问题,新闻需要谨慎处理自杀、校园凶杀、恐怖袭击等反社会、犯罪事件的报道,以免引发模仿行为。模仿犯罪(copycat crime)是示范效应中被提及最多的。一些个案中,潜在的犯罪嫌疑人会参考、模仿犯罪报道中的犯罪手法、犯罪细节,用相似手法制造另外一起伤害事件,例如江苏泰兴凶杀案的凶手徐玉元就坦承自己正是从福建南平事件中获得了"启发"。这个"启发",显然是通过新闻报道获得的。① 对伤医行为和伤医事件的报道也存在类似问题。犯罪心理学家李玫瑾认为刑事案件报道是把双刃剑,它一方面可以引起社会公众的关注和防范意识,另一方面也很难摆脱消极的负面后果,"客观上帮助行凶者扩大了影响,还会在社会上造成恐慌"②。自杀报道同样具有显著的示范模仿效应。2010 年媒体对富士康连续跳楼事件的多次报道,就曾引发新闻报道是否起到了推波助澜作用的讨论。有法律心理专家观察了多起"跳楼自杀要挟讨薪"事件后发现,第一起跳楼讨薪报道后,这类案件呈递增趋势。③

在互联网传播中,目前出现了更多的负面示范。例如,短视频上跑酷、攀高等危险动作展示以及"吃播"等引起的负面效应广泛存在,社会上已出现因盲目模仿而导致伤亡的多起惨案。

要避免新闻传播带来的负面示范作用,就需要在报道中平衡"公众知情"与"负面后果"两种价值。一般而言,对容易引起负面示范的主题,媒体应合理预

---

① 李丽:《学者呼吁:媒体应冷处理"江苏泰兴案"》,《中国青年报》2010 年 4 月 30 日,第 5 版。
② 同上。
③ 惠铭生:《少报道或不报道校园血案如何》,《中国青年报》2010 年 5 月 14 日,第 2 版。

估其社会效果,谨慎呈现相关事件的细节。

(三) 新闻传播的教化功能

新闻传播具有潜移默化、广泛而强大的教育功能。新闻传播的教育功能不仅包括某些定位于教育的节目或文章,而是一种广泛意义上的信息塑造和观念建构。因为新闻传播的信息进入人脑后,为我们提供了这个世界"是什么样子"的认知图谱,进而影响公众的认知。在当下高度媒介化的时代,新闻传播已经成为人们"第一位"的老师和终身的老师①,它对人们的意识和观念的塑造作用越发明显。

新闻媒体的教育功能在形式上更为直观,并且是不间断和全覆盖的。据统计,2020年中国平均每人每天手机屏幕的使用时长是7.5个小时,手机里的文字和短视频成为影响用户观念和行为的重要因素。表面看,新闻传播的教育功能是传统学校教育的补充,但从效果和作用上看,它在某种程度上正在超越和颠覆传统教育。新闻报道通过对社会整体的影响彰显其报道效果,获得其报道行为的意义。所以在某种程度上,新闻报道的意义是由其报道效果决定的。尼尔·波兹曼曾将人类环境分为自然环境和媒介环境:"人生活在两种不同的环境里。一是自然环境,其构成要素是空气、河流和毛毛虫。二是媒介环境,其构造成分是语言、数字、形象、全息图,还包括一切符号、技术和机器。这些构造成分是人之所以成为今天这个样子的原因。"②新闻传播有选择地设置议程、汇聚关注,将"真实"带到"在场"和"当前"。例如一档娱乐节目中"宁可坐在宝马车里哭,也不愿坐在自行车后笑"的说法体现的就是金钱至上的人生观,它颠覆了传统教育中自我奋斗的人生观;直播平台对"捡漏"的倡导就在颠覆"不占小便宜"的传统教育观念。新闻传播的教育和教化作用在社交媒体时代正在跃升,它具有广泛而持续的影响,有着强大的作用力,也更加丰富、复杂和难以控制。

---

① 梁艳:《全球化语境下中国新闻媒体教育功能研究》,山东师范大学博士学位论文,2012年。
② 转引自〔美〕林文刚编:《媒介环境学:思想沿革与多维视野》第二版,何道宽译,中国大百科全书出版社2019年版,第44页。

二、自杀、校园犯罪报道中的示范效应及其规范

(一) 自杀报道的示范效应及报道规范

新闻传播伦理对示范效应的关注,始于自杀报道给社会带来的负面影响。早在18世纪晚期,人们便发现媒体对自杀事件的再现与现实生活中的自杀行为之间存在着某种复杂的关联。1774年,歌德的小说《少年维特之烦恼》问世,诱发了欧洲青年的自杀浪潮,自认与主人公命运相似、试图模仿维特自杀的青年读者比比皆是。这种现象后来被称为维特效应(Werther Effect),它促使人们开始关注新闻报道的示范效应。

新闻媒体对自杀事件集中、详细的报道能够影响企图自杀者的心理状态,几乎成为一种报道的伦理共识,但学界对自杀报道是否必然诱发自杀仿效还存在一定的争议。涂尔干作为世界上第一位研究自杀的社会学学者,对自杀的仿效作用曾持怀疑态度,他曾一度反对一些人提出的"禁止报刊报道自杀和犯罪"的观点,但是他也承认仿效作用会使意图自杀者的倾向更加明显。涂尔干在其《自杀论》一书中曾专章论述仿效问题,并提出"如果没有仿效的榜样就不会有仿效"的观点,认为自杀的前提是个体非常容易受感染;仿效不是自杀的原始因素,它只是使一种状态更加明显。[①] 不过涂尔干写作该书的时间是1897年,报刊刚刚进入大众化时期,媒介的影响与今天无法相提并论。

名人自杀事件的报道会诱发更明显的示范效应。2003年4月1日,香港影星张国荣跳楼自杀,当月香港的自杀率远高于往年同期的自杀率。社会心理学家菲利普斯通过对1947年到1968年间美国自杀事件的统计发现,每次轰动性自杀新闻报道后的两个月内,自杀的平均人数比平时多58人。[②] 媒体"动用整版报道自杀新闻或将数条自杀新闻集纳编排予以呈现,容易使受众产生自杀率高涨的误识,也有可能对心理脆弱的自杀企图者产生诱导作用,为其实施自杀

---

① 〔法〕埃米尔·迪尔凯姆:《自杀论:社会学研究》,冯韵文译,商务印书馆1996年版,第119、130页。
② 参见〔英〕杰米·巴特利特:《暗网》,刘丹丹译,北京时代华文书局2018年版,第236页。

行为提供动力"①。

新闻传播伦理规范中对自杀报道有明确的要求,目的就是规避负面示范的风险。在涉及公共利益需要报道自杀事件时,媒体也应尽量谨慎处理信息,不宜深度挖掘自杀行为的原因,谨防模仿者深度共情,同时媒体也应避免对自杀方式细节的描述。例如,南威尔士地区发生集体自杀事件时,警方曾要求媒体停止报道事件的任何消息,用以控制效仿性的自杀行为发生。②

世界各国的新闻媒体对于自杀报道都非常警觉,制定了较为详细的报道规范。《澳大利亚自杀报道的具体规范》规定,自杀的方法和地点不应详细描写(例如某个具体的药物或悬崖),除非报道结果的公共利益大于造成进一步自杀的风险时才可以这样做。丹麦《媒体行为规范》规定,自杀或企图自杀事件不应该被报道,除非存在明显的公共利益,或其他使该新闻合理化的理由。即使存在以上情况,报道也应尽可能深思熟虑,因其"违背良性新闻实践行为"③。德国的《新闻工作者伦理准则》规定,报道自杀事件时应保持克制,尤其是在公布自杀者姓名和对自杀情况的详细描述方面,只有在该自杀事件是当下历史的一部分或者与公共利益关系很大时才能例外。英国《编辑业务准则》规定,在报道自杀事件时,为了防止效仿行为,在考虑到媒体报道法律诉讼权利的同时,应该注意避免对自杀方法进行过多的细节描述。保加利亚《媒体伦理规范》也规定,应避免公开自杀方式的细节,从而降低(其他人)效仿的风险。

(二) 校园犯罪的示范效应及报道规范

学生,特别是低幼学生群体,易成为暴力分子报复社会行为的发泄对象。面对校园犯罪高发频发的现象,需要规范这类事件的报道,明确报道效果与公众知情权的取舍,规避报道的负面风险。

在美国,校园犯罪的报道已成专门的报道类别,也有针对犯罪报道示范效

---

① 路鹏程:《媒体自杀新闻的内容分析:一个精神健康传播的视角》,《新闻与传播研究》2005 年第 3 期。
② 参见〔英〕杰米·巴特利特:《暗网》,刘丹丹译,北京时代华文书局 2018 年版,第 237 页。
③ 参见牛静编著:《全球媒体伦理规范译评》,社会科学文献出版社 2018 年版,第 35 页。

应的专门研究。这些研究包括模仿犯罪的时间规律,即模仿者内心有自己的"媒体钟",模仿行为发生的时间可能会在主要媒体报道后的一天、一周、两周、一个月、一年、十年;也包括行为方式的规律,即模仿者会模仿暴力袭击者的具体行为,例如选择同类受害对象、相似的犯罪实施地,甚至在镜子前练习某个犯罪者射击的姿势等。

2010年,我国在45天内连续发生了6起校园凶杀事件,引发整个社会的高度关注。有观点认为,媒体应尽量减少对校园凶杀事件嫌疑人的报道,以减少对潜在犯罪者的刺激。他们认为,正是媒体对第一起校园凶杀事件大规模、详尽的报道引发了后续事件。

目前校园犯罪报道常见的问题包括:(1)美化犯罪,将有罪有错者打造成"反英雄"(Anti-Hero),即反社会或反政府的英雄。(2)新闻报道重点聚焦犯罪行为背后的原因、罪犯成长史,关注罪犯的内心世界,为犯罪行为找理由。(3)媒体缺乏必要的道义评判,同情心泛滥,倾向于重构犯罪行为的动机和犯罪者的心理过程。(4)过分自然主义的细节描写。文字、图片、镜头等都应以避免示范效应为报道原则,例如凶手的病史、婚姻状况、工作单位、姓名、照片。

规范校园犯罪报道,媒体一是不能做过分的渲染;二是要注意对舆论的正确引导;三是要权衡"公众知情"和"公共安全"两种价值,斟酌报道的手法,尽量规避校园犯罪的示范效应,避免刺激或诱发新的校园犯罪。

 案例①

1989年1月17日,美国加州一个名叫帕特里克·珀迪的男子闯入当地一家小学,持枪打死了5名学生,另有29名学生和教师受伤,之后他用另一支手枪自杀。当时,美国《时代》周刊在2月份以《武器装备的美国》做了一期封面报道,杂志内有超过6页纸的详细报道。作为报道由头,文章还提到了珀迪所使用的武器型号,同时也公布了珀迪的名字。同年9月14日,美国肯塔基州一个

---

① 参见阴卫芝:《校园暴力案报道的伦理反思》,《新闻记者》2010年第7期。

名叫约瑟夫·韦斯贝克尔的人持枪闯入了一家印刷厂,造成 8 死 13 伤。他手中所持的武器型号与 7 个月前珀迪使用的两支枪一模一样。事后警察在韦斯贝克尔的家里发现了这期《时代》周刊,韦斯贝克尔还在标题下边画了线。警察认为,韦斯贝克尔几乎用了 7 个月的时间谋划了自己的行动方案。

思考题

1. 你认为记者与消息源之间是怎样的关系?
2. 试举出几个新型的媒介利益冲突问题。
3. 试举出几个新型的媒介示范效应问题,并提出应对思路。

第十五章 新闻工作者的职业素养[①]

2016年2月19日,习近平总书记在党的新闻舆论工作座谈会上提出,要"引导广大新闻舆论工作者做党的政策主张的传播者、时代风云的记录者、社会进步的推动者、公平正义的守望者"。这"四者"是对新闻工作者素质的高度概括。同年11月7日,习近平总书记在会见中国记协第九届理事会代表和中国新闻奖、长江韬奋奖获奖者代表时,再度对广大新闻工作者提出四点希望:一是要坚持正确政治方向,二是要坚持正确舆论导向,三是要坚持正确新闻志向,四是要坚持正确工作取向。这"四点"是对新闻工作者素质的基本要求。本章拟从新闻敏感、业务能力、专业化、多种能力、道德情操、社会责任、执着勇敢、为民立言八个方面具体阐述新闻工作者的职业素质。

第一节 新闻敏感与业务能力

一、高度的新闻敏感

新闻敏感是新闻工作者对事物的一种"直觉",是指新闻工作者能够迅速、准确判断和识别具有新闻价值的信息与事实的能力。新闻敏感的特征主要表现在快捷和准确上,即能够迅速判断某一信息或事实具有很高的新闻价

[①] 本章部分内容参照刘斌:《法制新闻的采访与写作·法制新闻工作者的素质》,中国政法大学出版社2006年版,第287—297页。

值,迅速捕捉事物正在或即将发生的最新变化,预见有可能出现的具有价值的新闻事实,在纷繁复杂的诸多事实中迅速鉴别出最具有价值的新闻事实。

有人将新闻敏感归纳为四种表现类型:一是闪现型。这种类型的新闻敏感是一种"突然的灵感",是一种下意识的感觉,其特点是具有偶然性和敏捷性,新闻信号的产生很突然,有可能瞬间即逝。二是开掘型。这种类型的新闻敏感一般是以客观事物的浅层次为起点,思路上循序渐进,认识上去粗取精,方法上层层挖掘,迅速推测、捕捉、判断有新闻价值的信息。三是发散型。这种类型的新闻敏感一般是以某一问题、某一事件或某一现象为起点,借助想象,展开联想,向着不同的方向发散开来捕捉、追踪有价值的新闻信息。四是顿悟型。这种类型的新闻敏感一般是当时并没有识别出某一信息的新闻价值,之后在某些事实的暗示和启发下,或者是在认真思索之后,思路回折,突然顿悟,思想闸门被启示冲开,由迟钝变为敏感。[①]

新闻工作者的"敏感"是以文化的积累、实践经验的总结以及对相关社会现象和社会问题的认真思考为前提的,它产生于经验知识与新闻事件中的有关信息的联系及新闻工作者对此的重组、观察、思考。这种"敏感"只有与丰富的知识以及从实践中积累来的经验相遇,才能擦出"火花"。积累贫乏的记者,外界的信息再强烈、再珍贵,其思维的空间也是狭隘的,不容易产生联想,更难以产生创新思维。诚如张义利所言,我们对外物的观察,并不都是有准备的。经常会有一些陌生的对象和客体突然呈现在我们面前,闯进我们的头脑中来,需要我们对它做出判断。如果没有相应的知识,就无法理解它。在观察过程中,主体总是根据已有的知识、经验去面对客体做出解释,按照已有的关于客体的知识在符合自己需要的形式上占有客体,观察者的知识结构不同,不但对客体的注意方面不同,也会做出不同的解释。[②]

独具慧眼、具有敏锐的观察力对一个新闻工作者来说极为重要。观察,发端于耳目等感觉器官与外物的接触,是从人的感官对客观事物的感知开始的,但不能停留于感知。因为感知只能告诉人们事物的现象,并不能揭示事物的本

[①] 参见周瑞杰:《浅析新闻敏感的特点》,《记者摇篮》2003年第12期。
[②] 张义利:《浅谈新闻工作者的洞察力》,《青年记者》2003年第6期。

质。事物的本质隐藏在事物的内部,既非眼睛所能看到,也非耳朵所能听到,只能用思维去把握。一个对新闻高度敏感的记者会对具有新闻价值的事实产生条件反射,及时鉴别出其有无新闻价值或价值大小;他也能透过表象看到新闻价值,在人们司空见惯、习以为常的事实中挖掘出新意,还能从事物的变化和发展中预见到新的内容,发现新闻之后的"新闻"。

新闻敏感是新闻工作者必须具备的素质之一,是新闻工作者政治水平、理论水平和业务能力的综合表现,是记者对社会形势的洞察力和判断力的集中体现,也是新闻工作者迅速、准确地发现和捕捉新闻的特殊职业素质。新闻敏感的作用与意义在于,它能够帮助记者找到更多的新闻线索,准确高效地捕捉到新闻;能够帮助记者衡量新闻事实的新闻价值,进而有意识地筛选出有轰动效应的新闻,并决定是否投入精力进行采访与报道;能够帮助记者对各种新闻现象进行分析判断,从中发现和预测重大的新闻。新闻工作者要提高新闻敏感,就必须紧扣时代发展的脉搏,保持高度的政治敏感;就必须深入生活的第一线,亲临新闻事件现场仔细观察,在掌握大量素材的基础上激发灵感;就必须注重平时的知识积累,有强烈的社会责任感。

二、娴熟的业务能力

记者的业务能力主要包括捕捉新闻线索、策划采访报道、灵活运用采访技巧和拥有高水平的写作能力等方面。有学者就记者的业务能力进行了详细阐述,包括采访、撰写消息等多方面内容,体现了记者业务能力的综合性。[①]

新闻工作者要提高业务水准,必须练就"六功",即脑功(逻辑思维与形象思维)、眼功(敏锐观察与发现)、听功(善于倾听与询问)、记功(快速准确地记录)、写功(文字与语言表达)、做功(现代化图文制作与高科技传播技能),做到脑能想、腿能跑、耳会听、嘴会讲、手会做,不断提升自己的政治理论素养、文化知识素养和专业技能素养。范勇曾经提出,新闻记者应该具备获取新闻线索、

[①] 《记者业务的"二十五条军规"》,《青年记者》2005 年第 11 期。

辨别新闻线索、扎实报道新闻、随机应变，以及较高的口语和文字的表达能力。①在新闻业已经进入智能化的时代，新闻工作者还应当紧跟时代的步伐，具有熟练地掌握和运用高科技手段进行传播的能力。

这里需要特别指出的是，新闻工作者娴熟的业务能力是建立在良好的心理素质之上的。良好的心理素质一方面表现在遇到或处理危急的突发事件时处变不惊、临危不惧，在混乱或危险的新闻现场能够保持良好的心理状态，进而获取第一手的新闻素材；另一方面表现在能够在日常的新闻活动中克服心理障碍。所谓心理障碍，指的是人的心理活动中阻碍其内在意识、情感恰当表达的诸因素。记者的心理障碍主要有四种：一是自卑感。有的记者面对某些名人或大人物，往往会产生自卑心理，举止言谈很不自然，手脚不知往哪里放，当问的也不敢问。这样的采访，效果不会多好。二是优越感。此种心理状态，往往会以傲慢、固执和自我欣赏等方式表现出来，记者强烈的优越感只会使采访对象疏远自己，淡化彼此关系。三是嫉妒心理。嫉妒除了会抑制记者的工作热情外，还会驱使其去贬损工作对象的品格，乃至影响其采访与写作。四是恐惧心理。一些记者，尤其是法治新闻记者要接触一些特殊的场面，如凶杀现场、爆炸现场、追捕搏斗或枪战现场等，也可能要接触一些特殊的人员，如凶手、毒枭或其他犯罪分子等，恐惧心理往往致使其畏缩不前，进而失去最佳的采访时机。

新华社原社长郭超人在总结什么样的人能当记者、能当好记者时说："大多数人能想到、能做到，而你想不到、做不到，就当不了记者；大多数人能想到、能做到，而你也能想到、做到，可以当记者，但不一定是个好记者；唯有大多数人想不到、做不到，而你能想到、做到，那么你就能当一个好记者。"②此外，还有一个值得注意的问题，也可以算得上"诀窍"，就是在采访写作时一定要摆脱狭隘眼界的束缚，跳出就事论事的藩篱，尽可能站在纵观社会全局和历史发展的高度，把握和反映奔腾前进的时代精神。

---

① 详见范勇：《新形势下新闻记者应该具备哪些能力》，《速读》2017年第9期。
② 参见郭超人：《在写作技巧的背后》，新华社新闻研究所编：《新华社采编经验选萃》，新华出版社2000年版，第11—13页。

第二节 一专与多能

一、专业化

从新闻媒体的发展和记者成长的角度看,新闻队伍越来越趋向于专业化,新闻队伍的专业化成为中国新闻业追赶世界潮流的基本条件。专业新闻工作者的特点在于"专",即非常熟悉所报道领域的专业知识、法律法规和各种情况。但"专"绝不意味着排斥"博",无"博"不可能有真正意义上的"专"。"专"是核心竞争力,"专"能够体现深度,体现水平。要做到"专",就需要新闻从业人员成为专家型的工作者,成为他所从事的报道领域的专家,对某一个领域或某一个系统的情况有比较全面深入的了解。在信息社会,新闻从业人员的分工更加细化,需要在全能型的基础上向专家型转变,这已经成为一种必然趋势,但是专家型的新闻工作者必须建立在广博的知识面基础上,没有一个专家型的记者是只具有一门学科知识的人。随着人们生活的日益丰富和传媒竞争日渐激烈,社会对新闻报道不仅要求一事一报,而且更多地要求能够通过记者的深度报道,了解新闻的背景、获知事情发生的缘由,以把握事物发展规律。从新闻传播业界的实际情况来看,有专业背景的人才越来越受到广大媒体和新闻单位的青睐。当前虽然新闻从业人员的专业结构仍以新闻和中文专业为主,但是拥有政治、经济、法律、管理、计算机等专业背景进入新闻机构的人才比例正在不断上升,多数媒体在招聘新闻从业人员时已经不限于新闻传播或中文专业,更愿意招聘具有与其特色相关的专业背景的人才。

同时,专业新闻工作者还需要对法律法规极为熟悉。法治新闻报道经常涉及的部门是各级人大、政府、政法委、法院、检察院、公安、司法等系统及其他法律机构、团体、院校等,法治新闻工作者只有熟悉这些部门的性质、职能和特征,才能做好法治新闻报道。法治新闻报道经常要涉及法律法规,全国人民代表大会及其常委会制定颁布的称为"法律",国务院及其有关部委、地方人大制定颁布的称为"法规",最高人民法院和最高人民检察院可以做"司法解释";"法律"

"法规""司法解释"的位阶不同,法律效力也不同,下位法不能有悖于上位法。法治新闻工作者只有熟悉这些法律常识,才能做好法治新闻报道。此外,法治新闻报道经常涉及法律术语,法律术语是表示法律专用概念的词语,不是其他行业和日常生活中的常用语,一般情况下不讲求词汇的变换,不能交互使用同义词或近义词。它在法律的语境里反复出现,被习惯所确认和固定,进而形成了一种规则。比如涉及"诉讼"的有告诉、起诉、上诉、申诉、抗诉、自诉、公诉、胜诉、败诉、撤诉等术语,涉及"审判"的有一审、二审、终审、原审、再审、重审、提审、公审等术语。法律术语具有如下一些特征:一是语义的单一性。每一法律术语表示一个特定的法律概念,它要求任何人在任何情况下都必须对其做同一解释,而不能用其他词语替换。例如,法律术语中的"禁止"就不能用"不准"来替换。二是语义的相对性。许多法律术语的意义互相矛盾、互相对立,而且彼此互为因果,无此则不存在彼,如原告—被告、起诉—应诉、权利—义务、故意—过失、委托—代理等。三是词语的类义性。由于法律的调整对象涉及各种各样的法律关系,而表示这些法律关系的概念多为种属关系,于是就产生了不同层次的属概念和种概念。例如"法"下有宪法、刑法、民法、行政法、诉讼法等,在诉讼法之下又有刑事诉讼法、民事诉讼法、行政诉讼法等。四是术语组群。法律术语的术语组群因法学分支而形成,无论是其内容还是其功能均有明显的类别体系,如民法中的所有权、物权、他物权、抵押权、抵押权人、抵押物等,诉讼法中的诉、诉权、诉讼、诉讼主体、诉讼客体、诉讼标的等。此外,法律术语还具有使用上的变异性和独特的构词方式等特点。[①]新闻工作者如果不熟悉这些法律术语,就会在新闻报道中出现常识性的错误。

二、多种能力

在媒体融合的智能化时代,新闻工作者仅有"专"是不够的。一方面,任何一个领域的知识都不是孤立的。譬如近年来科技在推动社会发展方面起着越来越重要的作用,科技已经渗透到社会生活的各个方面,相当数量的新闻实践

---

① 参见华尔赓等:《法律语言概论》,中国政法大学出版社1995年版,第153—157页。

包含科技的成分。而新闻一直被界定在社会科学或是人文科学的范畴之内,所以新闻从业者对社会科学知识掌握较多,对自然科学的了解相对较少,缺乏应有的自然科学知识素养,导致在相关新闻报道中发生报道偏差或导向错误的现象。另一方面,媒体融合的大趋势要求新闻工作者必须摒弃原有的观念,在"专"的同时拥有"多能"。"多能"是时代对于新闻工作者的要求,主要是指在智能时代和媒体融合背景下,紧跟时代,融入时代,娴熟地掌握和运用新时代的传播手段。也就是说,原来从事平面媒体工作的新闻工作者要掌握电子媒体、网络媒体、智能媒体的基本知识与基本技能,能够熟练操作和运用电子媒体、网络媒体、智能媒体;同样,原来从事其他类型媒体工作的新闻工作者也要掌握本类型媒体之外的其他种类媒体的基本知识与基本技能,成为新闻传播领域的复合型人才,这样才能跟得上时代步伐。

民国初期新闻界的著名记者黄远生提出新闻记者应该有"四能":"能想"是指"调查研究,有种种素养";"能奔走"是指"交游肆应,能深知各方面势力所在,以时访接";"能听"是指"闻一知十,闻此及彼,由显达隐,由旁得通";"能写"是指"刻画叙述,不溢不漏,尊重彼此之人格,力守绅士之风度"[①]。在新的时代,融合传播、智能传播已是大势所趋,新闻工作者必须与时俱进,同时还要具有"多种技能";不仅要具有最为基本的职业素质,即能拍能写、能编能评、能出镜能主持,还要善于运用多媒体,掌握网络编程技术,能够直播连线报道。

第三节 情操与责任

一、高尚的道德情操

优秀的新闻报道作品凝聚着记者的思想品格、精神意识和价值取向。新闻工作者倘若没有强大的人格魅力,不论他如何有才气、有智慧,也很难有所成就,即使侥幸取得成功也往往会被人格的缺陷所吞噬,丧失其应有的价值。新

---

① 来晓梦:《黄远生"四能说"对当今新闻实践的指导意义》,《东南传播》2016年第1期。

闻报道作品的品位是随着作者人格力量的变化而变化的,人格力量的强弱,在一定意义上决定着作品品位的高低。①著名报人邵飘萍称记者是"布衣之宰相,无冕之王",他特别强调记者的"品性",包括人格、操守、侠义、勇敢、诚实、勤勉、忍耐等,指出品性为完全独立,不受社会恶习之熏染,不为虚荣利禄之所羁。所以要做好一名新闻工作者,首先是学会做人,要具有高尚的道德情操。

新闻工作是一种职业,更是一种事业。新闻作为一种职业,就要求从业者具有良好的职业道德。关于新闻工作者的道德修养,中外许多人士有过不少精辟的论述。为规范新闻工作者的道德行为,我国先后制定了《记者守则(试行草案)》和《中国新闻工作者职业道德准则》,并进行多次修订。现行有效的《中国新闻工作者职业道德准则》共七条:一是全心全意为人民服务,二是坚持正确舆论导向,三是坚持新闻真实性原则,四是发扬优良作风,五是坚持改进创新,六是遵守法律纪律,七是对外展示良好形象。2004年,有关部门还出台了《中国广播电视编辑记者职业道德准则》,包含责任、真实、公正、导向、品格、廉洁、附则等七个部分,共44条。

道德文章不分家。在新闻战线上,有许许多多的优秀新闻工作者,他们以高尚的人格、情操和职业道德感染广大读者,赢得了群众赞誉。但也有人在人格价值取向中出现了金钱与事业、物质与精神的失衡。一个优秀的新闻记者不论在何时何地,都需要保持一种高尚的道德情操,心中有"浩然正气",这样才能实现人格层次的自我超越,才能创作出高品位、高格调的作品。

1912年,袁世凯为了改变自己在舆论中的不良处境,拿出10万银圆收买当时著名报人梁启超,要他为自己歌功颂德。梁启超不但严词拒绝,而且鼓励学生蔡锷在云南发起讨伐袁世凯的起义,维护了一个报人的人格尊严。邵飘萍十分强调记者在道德人格方面的修养,他将"铁肩辣手"四字悬于报社办公室内,在宋教仁被袁世凯杀害后,大胆揭露袁世凯的倒行逆施,凛然宣示"报馆可封,记者之笔不可封也;主笔可杀,舆论之力不可杀"。1937年,《大公报》记者范长江名声日隆,蒋介石为了拉拢他,要他专门随自己采访,还决定拨给他一架飞机供他采访之用。范长江拒绝接收,他对同事说:接受这种优裕条件的代价,就是

---

① 参见兰乔瑾、岱岩:《记者要具备人格力量》,《中华新闻报》2004年1月14日。

让我出卖灵魂。这显示了一个记者的高贵人格。1941年10月,范长江应邹韬奋之约,在重庆写了一篇题为《怎样学做新闻记者》的文章,他说:"我想世界上很少人有像新闻记者这样有更多诱惑与压迫的。一个稍稍有能力的记者,在他的旁边一方面摆着:优越的现实政治地位,社会的虚荣,金钱与物质的享受,温柔美丽的女人,这些力量诱惑他出卖贞操,放弃认识,歪曲真理。另一方面摆着:诽谤、诬蔑、冷眼、贫困、软禁、杀头,这些力量强迫他颠倒是非,出卖灵魂。"[①]所以,要使自己成为一名优秀的新闻工作者,就必须具有高尚的道德情操。

随着信息时代的到来,近些年来我国新闻传播行业的从业人员数量不断增加,新闻工作者职业道德底线失守的现象屡屡发生。究其原因,既有社会文化和不良风气的影响、经济利益的驱使、媒体之间的激烈竞争等客观原因,更主要的原因在于一些新闻工作者自身的主观因素,因此,强化新闻工作者的职业道德"底线"意识尤为必要。职业道德底线是一个人在自己的职业生涯中所必须遵守的最低标准,新闻工作者的道德底线是:不做虚假新闻,不搞有偿新闻,不传播色情暴力等污染新闻传播环境的低俗信息,不侵犯报道对象的人格权和隐私权,不做有损于国家利益和民族团结的新闻报道,确保经过自己手的新闻报道客观、真实、准确。

二、高度的社会责任感

有人认为,记者的本源是一种"铁肩担道义,妙手著文章""秉笔直书,为民请命"的社会良知和济世情怀;是一种忧国忧民、面对社会进程中的种种问题时刻焦灼不安的社会责任感和历史使命感。新闻工作者应当具有系身于国家民族的抱负,把自己所从事的工作视为对弘扬民主与法治精神、推动民主与法治进程、促进国家民族发展所做的贡献。

老一辈报人邵飘萍竭力主张新闻工作者要有社会责任感,应当"尽自己之天职","平社会之不平"。他主张苟见有强凌弱、众暴寡之行为,必毅然伸张人道,而为弱者吐不平之气,使豪暴之徒不敢逞其志,不能不屈服于舆论之制裁。

[①] 范长江:《怎样学做新闻记者》,《青年记者》2004年第11期。

被誉为"中国第一位连挑黑帮的记者"曾华锋,出于高度的社会责任感,历经围攻、诉讼、流亡、陷害,不畏艰辛,不惧恐吓,写出《新化黑帮横行大沥天河》《绑匪竟在公安局领赎金》等一系列"挑黑"报道。① 被誉为"中国第一卧底记者"的石野,出于高度的社会责任感,为了采访到第一手资料,经常冒着生命危险卧底采访,曾四次死里逃生,他的许多作品是在刀光剑影中完成的。

梁衡认为:"惩恶扬善,铲除不平,这是记者为完成社会进步这个政治目标作的贡献。……新闻是现实生活最直接最快捷的反映,其信息导向又代表着历史进步的方向。从这个意义上说,新闻记者就是战士,就其承担的历史责任而言,他和肩负国家民族命运的政治家,和面对罪恶、罪犯的公安战士没有什么两样。所以他不能表现出丝毫的怯懦、犹豫,更不能临阵脱逃。"②

美国著名记者索尔兹伯里认为,一个好的记者应该具有强烈的社会责任感,今天的新闻应该成为明天的历史。英国早期著名报人约翰·德莱恩曾说:"新闻记者的职责与史学家相同,就是不顾一切地寻找事实真相,所以他所贡献给读者的,不是政策、国策之类,而是尽他们力量所能得到的事实真相。"中国的著名记者艾丰也说:"年轻的同行常常问:'作记者最重要的是什么?'我总是毫不犹豫地回答:'社会责任感'。"③因此,作为一个新闻工作者,必须要有高度的社会责任感和历史使命感,要不断地培养和训练自己的政治鉴别力,增强导向意识和大局意识,把握时代的脉搏,避免盲目性和片面性。

第四节　执着勇敢与为民立言

一、执着勇敢的精神

执着与勇敢的精神来源于新闻工作者强烈的社会责任感,它由新闻的时效性、突发性、连续性、风险性等特征决定,它要求新闻工作者敬业顽强,不辞艰

---

① 参见曾华锋:《调查记者》,中国方正出版社2004年版。
② 徐向明编:《中外新闻名家名言集》,南京大学出版社2003年版,第353页。
③ 上述三位的观点参见徐向明编:《中外新闻名家名言集》,南京大学出版社2003年版,第38、33页。

辛,不畏困扰,临危不惧,永不退缩。

1972年6月17日,美国《华盛顿邮报》记者鲍勃·伍德沃德和卡尔·伯恩斯坦调查"水门事件",受到来自白宫的阻力。当时的美国总统尼克松宣称:"白宫没有一个人与此事有关!"面对这样的现实,两名记者不气馁、不妥协,历时26个月,采访了440多个机构和个人,终于揭穿了"水门事件"的真相,由此引发了国会对尼克松的弹劾。1974年8月8日,尼克松被迫辞职。两名记者因此获得普利策公共服务奖,《华盛顿邮报》也由此备受世人注目。

记者坚韧不拔的精神,在中央人民广播电台《新闻纵横》栏目的《追踪霸州枪击案》中体现得较为充分。在一个半月的时间内,《新闻纵横》派出多名记者8次去霸州,连续发出8篇追踪报道。针对当地市委主要领导在新闻发布会上所说的"慌乱之中枪不慎走火",记者进行了独立的调查,不管调查多么艰难,记者紧追不舍,终于使真相大白。

作为一个新闻工作者,既要有同情心,也要有路见不平拔刀相助的侠肝义胆,还要有对正义、良知、社会公正的强烈追求。记者在采访中有时是需要勇气、胆略,甚至是牺牲精神的,因为在一些采访活动尤其是在采访一些刑事案件,曝光一些违法乱纪的内幕时,记者经常会面临各种混乱甚至危险场面。

二、为民立言的志向

新闻工作者要努力反映人民的呼声,弘扬法治的精神,传播正义的声音。一名优秀的新闻工作者,应当将"守土有责"的观念牢固树立起来,做"社会公平的守望者"。记者的使命就是做一个历史的忠实记录者和守望者,因为今天的新闻就是明天的历史,记者应该给人留下可资镜鉴的信史,而非稗史逸闻。

新闻报道的一项重要使命在于弘扬人文精神,或曰人文理念、人文关怀,使诸如公平、正义、自由、民主、科学、法治等理念发扬光大;记者的价值则在于使新闻报道记录的社会真实成为推动社会进步、完善制度安排的重要推手。记者的内心应像诗人,易于被一切新鲜的事物所触动;记者在写作时则应像史学家,应真实准确地记录事实真相。记者应该是现实主义者,以记录我们所处的这个时代为己任;记者也应该是理想主义者,总要想着使我们的生活更美好,使我们的制度安排更合理,使我们的社会更文明、更进步,使每个人都能更自由而全面地发展。简言之,记者既是记录者,又是新闻启蒙者,以新闻的方式进行思想的启蒙。

为民立言,就必须有胆识。胆识是新闻工作者的基本素质之一,没有胆识的记者往往只考虑个人的得失,不可能当好一名人民记者。作为一个有胆识的新闻工作者,要敢于讲真话,敢于揭露事实的真相,遇到棘手的问题不迂回、不绕道、不躲闪,直面问题,勇往直前,绝不能含糊其词,更不能昧着良心说假话;遇到黑恶势力的阻挠不胆怯、不瞻前顾后,更不能委曲求全、畏缩不前;遇到权贵的压力不回避、不逢迎、不屈服,直言不讳。要真正做到贫贱不移、富贵不淫、威武不屈、高压不弯,"笔可焚而事实不可改,身可杀而良心不可夺"①,养一身浩然正气。

案例

汤计与内蒙古呼格吉勒图案②

1996年4月9日,呼和浩特卷烟厂工人呼格吉勒图和工友闫峰向警方报案,在烟厂附近的公厕内发现一具下身赤裸的女尸。48小时后,负责该案的呼和浩特公安局新城分局办案人员认定,呼格吉勒图在女厕对死者进行猥亵时,用手掐住死者的脖子致其死亡。同年5月23日,呼和浩特市中级人民法院认定呼格吉勒图犯流氓罪、故意杀人罪,判处死刑。6月5日,内蒙古自治区高级人民法院二审"维持原判",核准死刑。6月10日,呼格吉勒图被执行枪决。2005年10月23日,系列强奸、抢劫、杀人案的犯罪嫌疑人赵志红落网,主动交代了在呼和浩特赛罕区邻近卷烟厂的公厕强奸杀人的过程。

新华社内蒙古分社记者汤计了解案情后,于2005年11月23日写出《内蒙古一死刑犯父母呼吁警方尽快澄清十年前冤案》内参。2006年11月28日,赵

---

① 任白涛语,引自徐向明编:《中外新闻名家名言集》,南京大学出版社2003年版,第350页。
② 《内蒙古呼格冤案重审背后原来有位好记者——9年奔走发出5篇内参》,《新华社每日电讯》2014年2月15日;张昱欣:《新华社记者为呼格案连写内参 九年奔波助冤案平反》,《新闻晨报》2015年1月5日。

志红案不公开审理,10 起命案只起诉 9 起,呼格吉勒图案没有起诉。汤计又在同年 12 月 8 日撰写内参《呼市"系列杀人案"尚有一起命案未起诉让人质疑》。呼和浩特中级人民法院称,仅有赵志红的口供,没有犯罪物证,不能认定真凶就是赵志红,也就不存在呼格吉勒图案的错判问题。2007 年初,汤计又先后撰写《死刑犯呼格吉勒图被错杀?——呼市 1996 年"4·09"流氓杀人案透析(上)》《死者对生者的拷问:谁是真凶?——呼市 1996 年"4·09"流氓杀人案透析(下)》内参。2007 年 11 月 28 日,又撰写《内蒙古法律界人士建议跨省区异地审理呼格吉勒图案件》。之后近四年时间,办理呼格吉勒图案的人员多数都得到了提拔,在公检法各条战线上成为把关人。汤计为了推动呼格吉勒图案复查,克服重重阻力、顶住重重压力、冒着重重危险,于 2011 年 5 月 5 日又撰写了《呼格吉勒图冤死案复核 6 年陷入僵局,网民企盼让真凶早日伏法》。终于在 2014 年 11 月 20 日,内蒙古自治区高级人民法院宣布呼格吉勒图案进入再审程序。

2014 年 12 月 15 日上午,内蒙古自治区高级人民法院对呼格吉勒图故意杀人、流氓罪一案做出再审判决,撤销内蒙古高级人民法院(1996)内刑终字第 199 号刑事裁定和呼和浩特市中级人民法院(1996)呼刑初字第 37 号刑事判决;宣告原审被告人呼格吉勒图无罪。呼格吉勒图案专案组原组长、时任呼和浩特市公安局副局长冯志明等多人被追责。呼格的亲属得到总计 2 059 621.40 元国家赔偿。在 2015 年 3 月 12 日第十二届全国人民代表大会第三次会议上,最高人民法院院长在报告中称,对错案"深感自责",时任最高人民检察院检察长表示,"对冤错案件首先深刻反省自己"。

2015 年 1 月,中共新华社党组决定,对在推动呼格吉勒图案重审中做出突出贡献的新华社内蒙古分社记者汤计予以表彰,记个人一等功。

思考题

1. 你认为一名法治新闻工作者应当具备哪些素质?
2. 新闻工作者如何培养高尚的情操与社会责任感?

参 考 文 献

中文著作类

陈丽丹:《新闻传播法概论》,法律出版社2015年版。
陈庆云:《公共政策分析》,中国经济出版社1996年版。
陈汝东:《传播伦理学》,北京大学出版社2006年版。
陈绚:《大众传播法规案例教程》,中国人民大学出版社2009年版。
陈绚:《广告伦理与法规》,中国人民大学出版社2015年版。
邓正来:《中国法学向何处去——建构"中国法律理想图景"时代的论纲》,商务印书馆2006年版。
丁淦林主编:《中国新闻事业史》,高等教育出版社2002年版。
冯晓青:《著作权法》,法律出版社2010年版。
顾理平:《新闻传播法学》,江苏教育出版社2012年版。
黄瑚主编:《新闻传播法规与职业道德教程》,复旦大学出版社2010年版。
来小鹏:《知识产权法学》,中国政法大学出版社2008年版。
蓝鸿文主编:《新闻伦理学简明教程》,中国人民大学出版社2001年版。
郎劲松:《中国新闻政策体系研究》,新华出版社2003年版。
李萍主编:《伦理学基础》,首都经济贸易大学出版社2004年版。
李扬:《著作权法的基本原理》,知识产权出版社2019年版。
刘剑文、张里安主编:《现代中国知识产权法》,中国政法大学出版社1993年版。
马怀德主编:《行政法与行政诉讼法》,中国法制出版社2015年版。
马俊驹:《人格和人格权理论讲稿》,法律出版社2009年版。

《媒体人新闻业务守则》编写组:《〈媒体人新闻业务守则〉释义》,中国政法大学出版社2015年版。

牛静编著:《全球媒体伦理规范译评》,社会科学文献出版社2018年版。

邵国松:《网络传播法导论》,中国人民大学出版社2017年版。

孙旭培:《新闻传播法学》,复旦大学出版社2008年版。

童兵、陈绚主编:《新闻传播学大辞典》,中国大百科全书出版社2016年版。

王利明、杨立新主编:《人格权与新闻侵权》修订版,中国方正出版社2000年版。

王利明主编:《中国民法典草案建议稿及说明》,中国法制出版社2004年版。

王迁:《知识产权法教程》第4版,中国人民大学出版社2014年版。

王迁:《网络环境中的著作权保护研究》,法律出版社2011年版。

王四新:《网络空间的表达自由》,社会科学文献出版社2007年版。

王泽鉴:《侵权行为法》第一册,中国政法大学出版社2001年版。

魏永征、张咏华、林琳:《西方传媒的法制、管理和自律》,中国人民大学出版社2003年版。

魏永征、周丽娜:《新闻传播法教程》第六版,中国人民大学出版社2019年版。

吴经熊:《吴经熊法学文选》,中国政法大学出版社2012年版。

夏淑华主编:《知识产权法理论与实务》,法律出版社1994年版。

萧燕雄主编:《传播法》,华中科技大学出版社2017年版。

新华社新闻研究所编:《新华社采编经验选萃》,新华出版社2000年版。

徐向明编:《中外新闻名家名言集》,南京大学出版社2003年版。

徐迅:《中国新闻侵权纠纷的第四次浪潮:一名记者严重的新闻法治与道德》,中国海关出版社2002年版。

徐迅:《探索第三种规范:对媒体法与伦理结合模式的研究》,世界图书出版广东有限公司2015年版。

曾世雄:《损害赔偿法原理》,中国政法大学出版社2001年版。

张宸编著:《当代西方新闻报道规范:采编标准及案例精解》,复旦大学出版社2008年版。

张今:《著作权法》,北京大学出版社2018年版。

张晋藩主编:《中国法制史》,群众出版社1994年版。

张文显主编:《法理学》,高等教育出版社2011年版。

赵阳、杨妍编著:《传媒政策与法规》,中山大学出版社 2010 年版。

郑玉波:《民法债编总论》,中国政法大学 2003 年版。

《知识产权法学》编写组编:《知识产权法学》,高等教育出版社 2019 年版。

中国大百科全书总编辑委员会《新闻出版》编辑委员会编:《中国大百科全书·新闻出版》,中国大百科全书出版社 1990 年版。

中华全国新闻工作者协会、新闻战线"三项学习教育"活动领导小组办公室编:《马克思主义新闻观百问百答》,学习出版社 2019 年版。

朱巍:《论互联网的精神——创新、法治与反思》,中国政法大学出版社 2018 年版。

中文译著类

〔瑞士〕贝蒂娜·许莉蔓-高朴、耶尔格·施密特:《瑞士民法:基本原则与人法》,纪海龙译,中国政法大学出版社 2015 年版。

〔美〕盖伊·塔奇曼:《做新闻》,麻争旗、刘笑盈译,华夏出版社 2008 年版。

〔美〕赫伯特·甘斯:《什么在决定新闻——对 CBS 晚间新闻、NBC 夜间新闻、〈新闻周刊〉及〈时代〉周刊的研究》,石琳、李红涛译,北京大学出版社 2009 年版。

〔美〕卡尔·霍斯曼:《良心危机:新闻伦理学的多元观点》,胡幼伟译,台北五南图书出版公司 1995 年版。

〔美〕拉雷·N. 格斯顿:《公共政策的制定:程序和原理》,朱子文译,重庆出版社 2001 年版。

〔美〕林文刚编:《媒介环境学:思想沿革与多维视野》第二版,何道宽译,中国大百科全书出版社 2019 年版。

〔美〕罗恩·史密斯:《新闻道德评价》,李青藜译,新华出版社 2011 年版。

〔德〕马克斯·舍勒:《伦理学中的形式主义与质料的价值伦理学》,倪梁康译,商务印书馆 2011 年版。

〔美〕威廉·哈森:《世界新闻多棱镜:变化中的国际传媒》第 5 版,张苏、苏丹译,新华出版社 2000 年版。

〔美〕韦尔伯·斯拉姆等:《报刊的四种理论》,中国人民大学新闻系译,新华出版社 1980 年版。

〔日〕五十岚清:《人格权法》,〔日〕铃木贤、葛敏译,北京大学出版社 2009 年版。

〔德〕西尔克·冯·莱温斯基:《国际版权法律与政策》,万勇译,知识产权出版社 2017

年版。

〔美〕谢丽·L. 伯尔:《娱乐法》,李清伟等译,上海财经大学出版社 2018 年版。

〔英〕约翰·密尔顿:《论出版自由》,吴之椿译,商务印书馆 1958 年版

〔日〕植木哲:《医疗法律学》,冷罗生等译,法律出版社 2006 年版。

期刊论文类

戴哲:《论著作权法上的作品概念》,《编辑之友》2016 年第 5 期。

冯晓青:《演绎权之沿革及其理论思考》,《山西师大学报(社会科学版)》2007 年第 5 期。

金松:《论作品的"可复制性"要件——兼论作品概念条款与作品类型条款的关系》,《知识产权》2019 年第 1 期。

李扬:《著作权法的四次浪潮及其司法回应》,《人民论坛》2019 年第 28 期。

梁志文:《论演绎权的保护范围》,《中国法学》2015 年第 5 期。

刘斌:《论传媒与司法公正》,《社会科学论坛》2005 年第 6 期。

刘斌:《让权力在阳光下运行——再论传媒与司法的关系》,《政法论坛》2008 年第 2 期。

刘科、贺献理:《非法出版期刊构成非法经营罪定罪量刑情节的适用》,《科技与出版》2011 年第 12 期。

梅术文:《"三网合一"背景下的广播权及其限制》,《法学》2012 年第 2 期。

潘祥辉:《论媒介制度的内涵及其分层演化原理》,《理论界》2012 年第 2 期。

齐爱民:《个人信息保护法研究》,《河北法学》2008 年第 4 期。

石佳友:《守成与创新的务实结合:〈中华人民共和国民法人格权编(草案)〉评析》,《比较法研究》2018 年第 2 期。

史永竞:《人工智能的著作权主体性探析》,《吉林大学社会科学学报》2019 年第 4 期。

孙南翔、张晓君:《论数据主权——基于虚拟空间博弈与合作的考察》,《太平洋学报》2015 年第 2 期。

孙阳:《演进中的合理使用规则及其启示》,《知识产权》2018 年第 10 期。

陶鹤山:《中国和欧洲传媒体制改革及其合作前景分析》,《开放时代》2001 年第 5 期。

王迁:《"模型作品"定义重构》,《华东政法大学学报》2011 年第 3 期。

王迁:《论人工智能生成的内容在著作权法中的定性》,《法律科学(西北政法大学学报)》2017 年第 5 期。

王文胜:《论营业转让的界定与规制》,《法学家》2012 年第 4 期。

魏东、郭理蓉:《关于煽动型犯罪的几个问题》,《云南大学学报(法学版)》1999年第1期。

肖冬梅、文禹衡:《在全球数据洪流中捍卫国家数据主权安全》,《红旗文稿》2017年第9期。

杨立新、袁雪石:《论声音权的独立及其民法保护》,《法商研究》2005年第4期。

张长弓:《日本媒体的主要运作机制》,《国际新闻界》2008年第5期。

张今:《数字环境下私人复制的限制与反限制——以音乐文件复制为中心》,《法商研究》2005年第6期。

张金平:《信息网络传播权中"向公众提供"的内涵》,《清华法学》2018年第2期。

张俊发:《媒体融合下著作财产权体系的重构》,《科技与出版》2019年第5期。

周茂雄、范亲敏:《走出困境:网络淫秽色情之规制》,《重庆邮电大学学报(社会科学版)》2017年第5期。

教师反馈及教辅申请表

北京大学出版社本着"教材优先、学术为本"的出版宗旨,竭诚为广大高等院校师生服务。

本书配有教学课件,获取方法:

第一步,扫描右侧二维码,或直接微信搜索公众号"北大出版社社科图书",进行关注;

第二步,点击菜单栏"教辅资源"—"在线申请",填写相关信息后点击提交。

如果您不使用微信,请填写完整以下表格后拍照发到 ss@pup.cn。我们会在 1—2 个工作日内将相关资料发送到您的邮箱。

书名		书号	978-7-301-	作者	
您的姓名				职称、职务	
学校及院系					
您所讲授的课程名称					
授课学生类型(可多选)	☐ 本科一、二年级 ☐ 高职、高专 ☐ 其他_____			☐ 本科三、四年级 ☐ 研究生	
每学期学生人数	_____ 人			学时	
手机号码(必填)				QQ	
电子信箱(必填)					
您对本书的建议:					

我们的联系方式:

北京大学出版社社会科学编辑室

通信地址:北京市海淀区成府路 205 号,100871

电子信箱:ss@pup.cn

电话:010-62753121 / 62765016

微信公众号:北大出版社社科图书(ss_book)

新浪微博:@未名社科-北大图书

网址:http://www.pup.cn